V&R

Das Neue Testament Deutsch

Neues Göttinger Bibelwerk

herausgegeben von Karl-Wilhelm Niebuhr und Samuel Vollenweider

Teilband 10

Die Briefe des Jakobus, Petrus, Johannes und Judas

Vandenhoeck & Ruprecht

Die Briefe des Jakobus, Petrus, Johannes und Judas

Übersetzt und erklärt
von
Theo K. Heckel

Vandenhoeck & Ruprecht

Bibliografische Information der Deutschen Nationalbibliothek:

Die Deutsche Nationalbibliothek verzeichnet diese Publikation in der Deutschen Nationalbibliografie; detaillierte bibliografische Daten sind im Internet über http://dnb.de abrufbar.

Wissenschaftlicher Satz: satz&sonders GmbH, Dülmen
Druck und Bindung: Hubert & Co BuchPartner, Göttingen
Printed in the EU

Vandenhoeck & Ruprecht Verlage | www.vandenhoeck-ruprecht-verlage.com

ISBN 978-3-525-57141-5

Inhalt

Zweiter Petrusbrief

Einleitung zu den Johannesbriefen

Erster Johannesbrief

Judasbrief

Exkurse

Haupteinleitung

Unsere Bibeln enthalten im Neuen Testament neben den Briefen, die den Apostel Paulus als Autor angeben oder ihm zugeschrieben wurden (Hebr), sieben kürzere Briefe. Es sind Briefe, die als Autoren Brüder Jesu nennen, so der Brief des Jakobus (Jak) und der des Judas (Jud) und Briefe, die unter Überschrift des Apostels Petrus (1–2Petr) oder des Johannes (1–3Joh) der in unseren Bibeln zu finden sind. Diese sieben Briefe werden auch die „Katholischen Briefe" genannt. Die Bezeichnung „Katholische Briefe" überliefert uns der Kirchenvater Euseb (gest. 339) in seiner Kirchengeschichte (h.e. 2,23,25). Die Bezeichnung zielt auf den angeblich umgreifend, griechisch „kath-holon", gehenden Adressatenkreis der Briefe. Die neuzeitliche Bezeichnung der „Katholischen Kirche" etwa im Gegensatz zur „Evangelischen Kirche" hat nichts mit dieser Bezeichnung zu tun. Um Missverständnisse mit diesem Sprachgebrauch zu vermeiden, rede ich von den kleinen apostolischen Briefen, auch wenn die Brüder Jesu den Titel Apostel nicht beanspruchten. Euseb schreibt seine Kirchengeschichte Anfang des 4. Jh. Er hat die Bezeichnung „Katholische Briefe" aus seinen Quellen übernommen. Der älteste erhaltene Beleg für die Bezeichnung gehört noch ins ausgehende 2. Jh. und stammt von einem Apollonius, der zur Unterscheidung anderer Kirchenväter dieses Namens „der Antimontanist" genannt wird. Dann redet auch der Kirchenvater Origenes (gest. 254) so, rechnet aber weitere Schreiben als unsere sieben dazu. Beide zitiert Euseb (h.e. 5,18,5; 6,25,5). Die sieben Briefe haben unterschiedliche Ursprungsorte, sind aber in einer Sammlung zusammengefasst.

1. Umfang der Sammlung der kleinen apostolischen Briefe

Noch im ausgehenden ersten Jahrhunderten sammelten Christen Bücher, die sie neben den Texten aus dem Alten Testament zur Verlesung und Auslegung in ihren Gottesdiensten benützten. Aus diesen Sammlungen entsteht das Neue Testament mit seinen 27 Schriften. Neben einem früh unbestrittenen Kern dieser Sammlung aus vier Evangelien und vielen Paulusbriefen gab es Schriften, deren Zugehörigkeit zu dieser verbindlichen Sammlung lange umstritten war. Die kleinen apostolischen Briefe gehören zu diesen umstrittenen Schreiben. Nach längeren Schwanken um den Umfang dieser Briefsammlung werden schließlich sieben Briefe zu den Katholischen Briefen gezählt: Jak, 1–2Petr, 1–3Joh, Jud. Diese Sammlung war über Jahrhunderte noch recht offen. Der 2 Petr war lange umstritten, noch Euseb nennt Zweifel an der Zuverlässigkeit dieses Schreibens. Die kleinen apostolischen Briefe sind alte Zeugnisse der frühen Christenheit und sind noch vor dem zweiten jüdischen Aufstand, dem Bar Kochba Aufstand (133–135 n. Chr.) verfasst worden. Das Alter dieser Zeugnisse begründet ihre Bedeutung, allerdings nicht allein. Es gibt einzelne weitere Schriften, die wir nicht im Neuen Testament finden, obwohl sie nicht später verfasst wurden als die spätesten Schriften, die noch Eingang in den Kanon gefunden haben. Etwa der Erste Klemensbrief (1Klem) dürfte älter sein als etwa der 2 Petr, aber er wurde schließlich nicht in das Neue Testament aufgenommen. Auch andere frühe christliche Schriften wie die Didache (Did), der Barnabasbrief (Barn) sind zeitlich kaum scharf abzurücken von den Spätschriften des Neuen Testaments. Einige alte Handschriften stellen diese Schriften ohne deutliche Abgrenzung neben solche Schriften, die jetzt in unserem Neuen Testament zu finden sind. Diese weiteren Schriften hatten ein hohes Ansehen genossen und wurden wohl auch im Gottesdienst verlesen und wohl deswegen in alten Textzeugen geführt. So enthält etwa der Kodex Sinaiticus (4. Jh.) den Barn und der Kodex Alexandrinus (5. Jh.) 1/2Klem. Allerdings liest der Sinaiticus diese für unser heutiges Verständnis nicht mehr zum Neuen Testament gehörigen Texte erst nach der Offb. Die sieben zu den Katholischen Briefen gezählten Schreiben gehörten schon etwas enger zusammen als die nachgereichten Schriften. Eine zarte Trennlinie lässt sich auch bei der Aufzählung der „göttlichen Schriften“ (*scripturae divinae*) bei Origenes zwischen den Katholischen Briefen und anderen Schriften erkennen (Origenes, princ 3,2,4). Dessen Schüler Eusebius katalogisiert den Barn und die Schrift „Hirt des Hermas“ eindeutig unter die „illegitimen“ Schriften (h.e. 3,25,4). Wie schwierig die Grenzen zu fassen waren, zeigt eine Kanonsliste, die wohl im 6. Jh. in den Kodex Claromontanus eingefügt wurde. Diese führt den Barn zwischen Jud und Offb. Bei der Umfangsbestimmung der Sammlung finden sich kaum griffige Argumente. Das Prinzip der Apostolizität wird jedenfalls auch bei der Siebenersammlung durchbrochen.

Das Ansehen der kleinen apostolischen Briefe war unterschiedlich. Einige sind sofort anerkannt worden. Ohne erkennbare Einwände finden sich der 1 Joh und der 1 Petr bei Irenäus (gest. um 200), wohl auch bei Polykarp von Smyrna (gest. um 165). Schon Papias (um 120) habe den 1 Petr verwendet, behauptet Euseb (h.e. 3,39,17). Die erhaltenen Papias-Fragmente lassen das nicht überprüfen. Anders als 1 Petr und 1 Joh waren Jak, Jud und der 2 Petr lange noch umstritten, der 3 Joh lässt sich vor

Origenes (gest. 254) nicht eindeutig belegen. Bei Origenes lassen sich die sieben kleinen apostolischen Briefe nachweisen, eine feste Größe als Korpus werden diese Briefe erst gegen Ende des 3. Jh. (Grünstäudl: 2016; Merkt: 1 Petr 15–31).

2. Die Anordnung der kleinen apostolischen Briefe

2.1 Im Neuen Testament: Das Neue Testament lässt sich in vier Teilsammlungen aufgliedern. Zwei dieser Teilsammlungen bilden den Grundstock des Neuen Testaments. Dies sind

- die vier Evangelien, das Tetraevangelium oder einfach nur das Evangelium und
- die Paulusbriefe, Apostolos genannt.

Eine dritte Teilsammlung des Neuen Testaments sammelt weitere Zeugnisse der Apostel. Zu dieser Sammlung gehören die Apg und die kleinen apostolischen Briefe. Diese Sammlung nennt die Abschlussbemerkung (Kolophon) des Kodex Alexandrinus (5. Jh.) „Taten der Apostel und die Allgemeinen" (gr. *katholikai*), in der Forschung hat sich die Bezeichnung „Praxapostolos" für diese Teilsammlung etabliert. Diese Zeugnisse wurden erst im Anschluss an die beiden zuerst genannten Teilsammlungen zusammengestellt. Lange umstritten und in der Textüberlieferung völlig eigenständig war die Offenbarung des Johannes, die als vierte Teilsammlung des Neuen Testaments aufgefasst werden kann.

Von seltenen Sonderfällen abgesehen ist die dritte Teilsammlung in drei unterschiedlichen Anordnungen überliefert (Schmidt: 2002, 473–479). Dabei verbinden (1) und (2) Apg und die kleinen apostolischen Briefe, während bei (3) auf Apg erst die Paulusbriefe folgen und dann erst die kleinen apostolischen Briefe:

(1) Die Apg mit den kleinen apostolischen Briefen stehen zwischen den Evangelien und den Paulusbriefen. Diese Anordnung bietet Papyrus 74 (6–7. Jh.), der neben der Apg alle sieben kleinen apostolischen Briefe liest. Die Verbindung von Apg-Katholische Briefe findet sich bei den großen Kodizes und vielen Kirchenvätern, ausdrücklich etwa bei Kyrill v. Jerusalem 4,36. Die gar nicht so zahlreichen Textzeugen, die älter sind als Pap. 74 und mehr als einen Brief bieten, zeigen kaum eine Ähnlichkeit mit unserem Neuen Testament oder einer Teilsammlung desselben, so etwa die Zusammenstellung von Texten des Papyrus 72.

(2) Wenige Handschriften, die wie (1) Apg und Katholische Briefe vereint lesen, bieten diese nach dem Corpus Paulinum, so der Kodex Sinaiticus

(4. Jh.). Bei (2) folgen also auf die Evangelien die Paulusbriefe, dann die Apg und die kleinen apostolischen Briefe.

(3) Eine dritte Anordnung trennt die Apostelgeschichte und die kleinen Apostelbriefe. Die Apg steht vor der Sammlung der Paulusbriefe, die kleinen apostolischen Briefe nach den Paulusbriefen. Diese Anordnung bietet im Westen die lateinische Bibel (Vulgata, um 400). Nur gr. Handschriften ab dem 11. Jh. trennen Apg und die kleinen apostolischen Briefe. Auch die schwer entzifferbare Majuskel 048 (5. Jh.) trennt wohl nicht den Praxapostolos. Allerdings trennen Apg und „Katholische Briefe" schon die Aufstellung des Kanon Muratori (um 200; Z. 39f. 68–72; Übersetzung AcA 1, 119), Euseb (h.e. 3,25,1–3), dann Augustin (354–430) mehrfach (z. B. doctr. chr. 2,13). Die meisten Bibelausgaben in modernen Sprachen und auch die kritische Ausgabe des griechischen Textes von Nestle-Aland folgen dieser Anordnung.

Die drei Reihungen ergänzen die Darstellung der Apg durch Zeugnisse von Personen aus apostolischer Zeit. Dieselbe Ausrichtung vermute ich hinter der kanonischen Überschrift der Apg, die übersetzt lautet: „Taten der Apostel". Die in den gr. Handschriften häufigste Reihung (1) ordnet die kürzeren kleinen apostolischen Briefe vor das Corpus Paulinum und durchbricht soweit das innere Gliederungsprinzip der Anordnung innerhalb des Corpus Paulinum, das sich weitgehend an die Brieflänge hält. Diese Vorordnung dürfte eine gewisse Hochachtung für die angenommenen Autoren der Briefe, die Geschwister Jesu, den Apostel Petrus und Johannes ausdrücken.

2.2 Die Reihenfolge der kleinen Briefe innerhalb der Teilsammlung der kleinen apostolischen Briefe („Katholische Briefe") lehnt sich an die Nennung der „Säulen" in Gal 2,9 an: Jakobus, Kefas für Petrus, Johannes. Etwa der Sinaiticus, Vaticanus und Alexandrinus bieten diese Reihenfolge der katholischen Briefe. Ab dem 4. Jh. finden sich auch Kirchenväterbelege für diese Reihenfolge. Es sind auch andere Reihungen belegt, v. a. im Westen steht meist der 1 Petr statt des Jak am Anfang (Merkt: 1 Petr 22f).

3. Die Zeugnisse als tatsächliche Briefe und als Literatur

Briefe sind in Schriftform geführte Dialoge unter räumlich getrennten Dialogpartnern. Bei den Briefen sind zwei Arten von Briefen zu unterscheiden, nämlich literarische Briefe und tatsächliche Briefe. Zielen Briefe auf bestimmte, dem Autor bekannte Adressaten, nenne ich diese Texte tatsächliche Briefe und unterscheide sie so von literarischen Briefen, die prinzipiell auch außerhalb eines bestimmten Leserkreises wirken sollen. Im Neuen Testament gibt es Beispiele für beide Briefarten.

Die meisten Briefe des Neuen Testaments sind ursprünglich tatsächliche Briefe gewesen. Echte Briefe überbrachte einst ein Briefbote im Original zur Adressatengemeinde und dort wurden sie dann verlesen. Auf Menschen außerhalb der genannten Adressatengemeinde, sei es räumlich ferne oder zeitlich viele später lebende Menschen, zielen solche tatsächlichen Briefe nicht. Wären diese Briefe nicht nachträglich neu heraus gegeben worden, wären sie nicht durch ein Editionsverfahren zu Literatur gemacht worden, hätten uns diese Schreiben nie erreicht und nie erreichen sollen.

Da wir im Neuen Testament solche ursprünglich tatsächlichen Briefe lesen, können wir auf ein Editionsverfahren schließen, das aus tatsächlichen Briefen literarische Briefe machte. Ein äußeres Anzeichen für diese Edition ist die Zusammenstellung mehrerer echter Briefe. Durch die Zusammenstellung mehrerer Briefe ist der Übergang von einem situationsgebundenen Schreiben zur Literatur vollzogen. Solche Briefsammlungen als Literatur gibt es auch außerhalb des Neuen Testaments, etwa die Briefe Platons, Ciceros oder Plinius' des Jüngeren.

Der hier greifende Editionsprozess kann unterschiedlich stark in die echten Briefe eingreifen. Wenn tatsächliche Briefe ediert werden, werden zeitbedingte Einzelheiten und nur im ursprünglichen Kontext verständliche Stellen gerne weggelassen. Wie stark die neutestamentlichen Briefe verändert wurden, können wir nicht feststellen, weil kein Original erhalten geblieben ist. Doch es gibt Hinweise darauf, dass Eingriffe wenn nicht gänzlich dann wenigstens weitgehend vermieden wurden. So sind etwa konkrete Grußadressen auch erhalten worden, als diese Personen längst unbekannt waren, oder widersprüchliche Stellen nicht harmonisiert worden.

Der einzig sicher erkennbare Texteingriff der Briefeditionen ist in den Bei-Texten (Paratexten) wie Überschriften festzustellen. Die Überschrift ist gleichsam ein erster Lesehinweis. Die Überschrift, oder lateinisch die *inscriptio* ist bei echt versandten Papyrusbriefen, die uns erhalten sind, meist auf der Außenseite des zusammengerollten Briefs aufgezeichnet und dient gleichsam als Adressaufkleber. Oft findet sich eine Textbeigabe mit ähnlicher Funktion auch nach dem Brief als *subsriptio*. Die jetzt überlieferten Überschriften der neutestamentlichen Briefe sind Überschriften zu edierten Briefen, sie passen in der überlieferten Form nicht zu echten Briefen. Wenn über einem Text nun „der dritte des Johannes“ steht, markiert diese Überschrift, aus welcher Perspektive heraus die Editoren arbeiteten: Zeugnisse dieses Johannes sollten erhalten bleiben, die konkreten Adressaten sind für den Herausgeber von minderer Bedeutung und werden nicht genannt.

Die kleinen apostolischen Briefe sind uns als Literatur überliefert. Einige dieser Schreiben zeigen allerdings deutlich, dass sie ursprünglich tatsächlich Briefe waren (Jak; Jud; 2–3Joh). Die Zusammenstellung der kleinen apostolischen Briefe sammelt Texte mit z. T. sehr deutlichem aktuellen Situationsbezug, etwa 3 Joh, mit Texten, die sich ohne erkennbare Einschränkung an alle wenden und insoweit die Bezeichnung „Katholische Briefe“ verdienen wie etwa der 2 Petr. Allein durch die Entschränkung der Leserschaft von einer bestimmten Adressatengruppe zu allen Hörern der Briefe in Gottesdiensten unterschiedlicher Orte und Zeiten bekommen die Worte der überlieferten Texte eine andere Bedeutung und sind entsprechend auf beiden Ebenen getrennt auszulegen.

Die Angriffe auf einen namentlichen genannten Christen, wie etwa im 3 Joh, bekommen in einer apostolischen Briefsammlung grundsätzliche Bedeutung, ohne dass die Umstände der Kritik genauer ermessen werden können. Manche Briefe im Neuen Testament haben vielleicht von Anfang an nur einen literarischen Ursprungsort und geben sich nur den Anschein eines Briefes, der in eine bestimmte Situation hinein geschrieben wurde. Etwa der Eph und der 2 Petr dürften so von Anfang an Literatur gewesen sein. Die meisten Briefe sollten zunächst in ihrer konkreten Ursprungssituation wirken und sind dann zusätzlich noch zur Literatur gemacht worden. Etwa der Apostel Paulus zielt mit seinem 1 Kor auf eine bestimmte, durch ihn gegründete Gemeinde, erst in der Zusammenstellung mit anderen Briefen bekommen seine Äußerungen bzw. Antworten grundsätzliche, situationsübergreifende Bedeutung. So wird z. B. die einmalige Sammlung für Jerusalem, die Paulus in 1 Kor 16,1–4 anspricht, zum grundsätzlichen Hinweis an alle Christen, Geld für Bedürftige zurückzulegen. Bei den kleinen apostolischen Briefen sind konkrete Ursprungssituation und Bedeutung innerhalb der Literatursammlung getrennt zu betrachten. Derselbe Text bekommt je nach dem Kontext, in dem er gedeutet wird, unterschiedliche Nuancen aufgeprägt.

4. Die Bedeutung der kleinen apostolischen Briefe

Die kleinen apostolischen Briefe sind nicht tragende Säulen des Neuen Testaments wie die Evangelien oder die Sammlung der Paulusbriefe. Sie stützen aber die Zeugnisse dieser Säulen. Die kleinen apostolischen Briefe stammen früher und strenger Definition z. T. nicht von Aposteln. Etwa Jakobus und Judas sind als Geschwister Jesu ursprünglich nicht zum Kreis der Apostel gezählt worden, der Verfasser von 2–3Joh dürfte Schüler eines Apostels gewesen sein, aber selbst diesen Titel nicht beansprucht haben. Aber es sind Zeugnisse, die auf die Vertrauten um Jesus zurückgehen und uns das Leben der ersten Christen im 1. Jh. bezeugen. Einzelne dieser Briefe zeigen noch recht frühe Verbandsstrukturen. Das

Verhältnis zum Judentum ist bei einzelnen Briefen noch nicht geklärt (Jak; 3 Joh). Die Briefe zeigen, dass bestimmte Sprachformen des Christentums bekannt waren. Wir haben im Apostolos und den Evangelien eine Sammlung von frühchristlichen Quellen, die sicherlich nur einen Teil der literarischen Produktion darstellt. Die Rezeption ähnlicher theologischer Themen in unterschiedlicher Ausformung zeigt die Vielfältigkeit der theologischen Entwicklung im 1. Jh.

Die theologische Bedeutung mehrerer der kleinen Briefe ist durch deren Sammlung verändert worden. Jak, Jud und 2–3Joh sind wohl nicht wegen ihres Inhalts in die Sammlung von Texten aufgenommen worden, die im Gottesdienst verlesen werden, sondern wegen der Bedeutung, die dem Autor zugemessen wurde, den die jeweilige Überschrift nennt. Bevor Jud und Jak als Literatur herausgegeben wurden, hatte kaum jemand diesen Schreiben besondere Bedeutung zugemessen. 2 Petr hat Jud benützt und ihn so außerhalb seiner ursprünglich begrenzten Adressatenschaft verwendet. Ähnlich zog wohl erst 1 Joh die kleinen joh Briefe (2–3Joh) heran, um seine Auslegung der joh Tradition zu festigen. Jak, Jud und 1–2Joh wurden nicht nachträglich pseudepigraph für neue Auseinandersetzungen geschaffen, sondern wurden von den späteren Vertretern als Literatur veröffentlicht und so über ihren ursprünglich begrenzten Adressatenkreis hinaus bekannt gemacht. Erst als die Verfasser wegen ihrer Verbindung zu Jesus hochgeschätzt wurden, sind deren Zeugnisse der Aufbewahrung für würdig erachtet worden, auch wenn sie inhaltlich kaum von Jesus Christus zeugen.

1–2Petr sind nicht vom Apostel Petrus, ja nicht einmal vom selben Verfasser geschrieben worden. Auch 1 Joh verfasste jemand anderes als 2–3Joh. Die Sorge um die rechte Deutung der eigenen Traditionen trieb die Autoren zum Schreiben. 2 Petr übernimmt Worte aus dem Jud. Wenn wir auf unseren Schreibtischen die beiden Briefe nebeneinander legen, können wir diese literarische Abhängigkeit nachweisen. Durch die Nebeneinanderstellung unterschiedlicher Zeugnisse, wie sie die Sammlung der kleinen apostolischen Briefe verbindet, wird eine komplexe neue theologische Aussage eröffnet. Die Einzelschrift wird nun als eine Stimme im Chor der anderen interpretiert.

Die Bedeutung von Schriften im Gesamtzeugnis der Schrift zu beleuchten, hat Brevard S. Childs (1923–2007) in seinem Lebenswerk eingefordert. Mehrere neuere Arbeiten nehmen diese Aufgabe auf (Nienhuis / Wall: 2013; Lockett: 2017). Neben der historischen Entwicklung der Briefsammlung der Katholischen Briefe fragen sie auch nach der theologischen Bedeutung dieser Sammlung in der gesamten Bibel. In ihrer Terminologie fragen sie nach dem Formierungsprozess („shaping“) und der Bedeutung der Anordnungsform („shape“) der Briefsammlung.

Jakobusbrief

A Einleitung

Der Jakobusbrief (Jak) leidet noch heute unter der abschätzigen Beurteilung, die ihm Martin Luther zukommen ließ. In der Vorrede zu seiner Übersetzung des Neuen Testaments schreibt Luther 1522, der Brief sei eine recht stroherne Epistel, aus dem also kein gutes Korn zur Seelennahrung zu dreschen sei (WA. DB 6, 10). Er wolle den Jak in den Ofen werfen, poltert der Reformator in einer Tischrede: „Ich werde ein mal mit dem Jekel den offen hitzen" (WA. TR 5, 382, Nr. 5854). Seine geringe Meinung über den Brief hat er auch in der Anordnung des Jak in der Reihenfolge der neutestamentlichen Schriften ausgedrückt. Gegen die in den Handschriften übliche Reihenfolge hat er diesen Brief ans Ende seiner deutschen Übersetzung verschoben. Bis heute stehen in den Lutherbibeln die vier Schriften, die Luther nicht mochte, nach den Johannesbriefen am Ende des Neuen Testaments: 1–3Joh, Hebr, Jak, Jud, Offb. Die Nummerierung der Schriften hört in Luthers Ausgabe auch vor dem Jak auf. So degradiert er den Jak zu einem Anhang (WA. DB 7, 386). Die Abneigung Luthers gegen den Jak verstellt noch heute einen unvoreingenommenen Zugang zum Jak, zumindest für die durch Luther geprägten Gemeindeglieder. In diesem Kommentar soll der Jak selbst zu Worte kommen, bevor eine theologische Wertung über ihn gesprochen wird.

1. Textüberlieferung des Jak

Der Jak eröffnet meist die Sammlung der kleinen apostolischen Briefe, die sog. Katholischen Briefe. Er ist im Verbund dieser sieben Briefe im Neuen Testament in griechischer Sprache überliefert (s. Haupteinl.). Die ältesten Handschriften mit Textstücken des Jak sind Papyri aus dem 3. Jh. Diese Papyri gehören zu den Funden von Oxyrhynchus in Nordägypten und enthalten nur einzelne Verse: Papyrus 20 (3. Jh.; enthält Jak 2,19–3,2; 3,3–9), Papyrus 23 (3. Jh.; enthält Jak 1,10–12; 1,15–18), Papyrus 100 (3.–4. Jh. enthält Jak 3,13–4,4; 4,9–5,1). Die großen neutestamentlichen Handschriften des 4. Jahrhunderts, der Kodex Sinaiticus und der Kodex Vaticanus enthalten den Jak vollständig. Aus diesen und vielen weiteren

Handschriften erstellen kritische Ausgaben den griechischen Text des Jak. Die beiden kritischen Ausgaben, der Nestle[28] (2012) und die Editio Critica Maior ([2]2013) bieten denselben Text des Jak und haben gegenüber den älteren kritischen Ausgaben nur wenige durchweg in der deutschen Übersetzung nicht mehr darstellbare Änderungen vorgenommen. Diese geringfügigen Änderungen in der Textrekonstruktion zeigen, wie zuverlässig der Text des Jak mittlerweile erstellt werden kann. An mehreren Stellen werden beim Jak Textverbesserungen diskutiert, die sich nicht auf Lesarten einer Handschrift berufen können, sog. Konjekturen, s. zu 2,1; 4,2.

Die ältesten uns erhaltenen Verweise auf den Jak stammen von dem Kirchenvater Origenes (gest. um 254). Er zitiert mehrmals Worte aus dem Jak und nennt dabei auch öfters den Brief ausdrücklich (ECM, Beiheft 18f). Weiter zurückreichende Belege für eine Kenntnis des Jak sind unsicher, weil sie nur thematische Ähnlichkeiten und ähnliche Stichworte zum Jak bieten, etwa bei Irenäus (gest. um 200; s. zu 2,7; 2,23). Noch Euseb (gest. 339) ist dem Jak gegenüber zurückhaltend und berichtet, dass einige diesen Brief für unecht halten (Euseb, h.e. 2,23,25).

2. Zur Person des Jakobus

Der Briefautor nennt sich im ersten Satz Jakobus. Diesen Namen (hebr. *Ja'aqob*) trägt im Alten Testament der Sohn Isaaks, der auch für das Volk Israel steht (Gen 49,7; Jes 14,1 u.ö.). Entsprechend beliebt ist der Name im Judentum. Nach Johannes ist es der zweithäufigste Name. Aus dem Umfeld Jesu heißen mehrere Männer Jakobus, so

- der Zebedaide Jakobus (19×),
- der Vater des Apostels Judas (Lk 6,16a; Apg 1,13c)
- der Sohn des Alphäus (Mt 10,3; Mk 3,18; Lk 3,15; Apg 1,13)
- Jakobus, Sohn der Maria (Mt 27,56; Mk 16,1; Lk 24,10, nach Mk 15,40 „Jakobus der Kleine“ genannt.

Die letzten beiden Nennungen könnten sich auf denselben Jakobus beziehen, der dann Alphäus als Vater und eine Maria als Mutter hätte.

Der in Jak 1,1 genannte Jakobus wird fast immer mit dem Bruder Jesu und späteren Leiter der Jerusalemer Gemeinde identifiziert. Dass ein anderer, vielleicht sonst unbekannter Jakobus den Brief schrieb, der erst später mit dem Herrenbruder identifiziert wurde, ist gelegentlich erwogen worden (z. B. Metzner 8–13). Die wenigen Angaben in Jak 1,1 lassen den dort genannten Jakobus nicht eindeutig zuschreiben. Spätestens mit der Aufnahme des Briefs in die Sammlung der kleinen apostolischen Briefe war Jakobus freilich als Herrenbruder verstanden worden.

Über diesen Jakobus, den Bruder Jesu, berichten die ersten drei Evangelien, die Synoptiker (Mt, Mk, Lk), innerhalb eines Abschnitts, der von Jesu Reise in seine Heimatstadt Nazaret handelt. Mk, der älteste dieser drei Berichterstatter, überliefert eine Frage, die über Jesus in Nazaret diskutiert wurde: „Ist dieser nicht der Zimmermann, der Sohn der Maria und Bruder des Jakobus, des Joses, des Judas und des Simon? Und sind nicht seine Schwestern hier bei uns?“ (Mk 6,3). Mk hat hier alte Überlieferungen aufgenommen, die Brüder Joses, Judas und Simon kommen bei ihm nicht mehr vor (Mk 15,40. 47 meint wohl einen anderen Joses).

Mt 13,55 übernimmt Jakobus aus Mk 6,3 als den nächst jüngeren Bruder Jesu. Er ändert aber auch Einzelheiten aus seiner Vorlage Mk 6,3. So tauscht Mt 13,55 den Namen des jüngeren Bruders, der bei Mk „Joses“ heißt, in die biblische Langform desselben Namens: „Josef“.

Auch Lk kennt Mk 6,3, aber er verkürzt seine Vorlage und nennt Jakobus und die anderen Geschwister Jesu nicht mehr. Bei Lk fragen die Leute aus Nazaret nur noch: „Ist dieser nicht ein Sohn des Josef?“ (Lk 4,22b). Auch sonst nennt Lk jüngere Geschwister Jesu nirgends. Vielleicht will Lk nicht von weiteren Kindern der Maria neben Jesus berichten und so offen halten, ob Jakobus vielleicht nur ein Halbbruder Jesu, also ein Sohn des Josef, nicht der Maria war. Auch in Apg 1,14 lässt Lk diese Deutung offen. Der ältere Bericht des Mk dürfte dagegen historisch zutreffend berichten, dass Maria nach dem erstgeborenen Jesus auch den Sohn Jakobus hatte. Ohne irgendeine Einschränkung nennt Paulus den Jakobus einen „Bruder des Herrn“ (Gal 1,19) und Josephus „einen Bruder Jesu“ (Josephus, ant 20,200).

Nach der Überlieferung der Evangelien geht die engere Familie Jesu und damit auch Jakobus deutlich auf Distanz zu ihrem in Galiläa lehrenden Verwandten (Mk 3,31–35parr; Joh 7,5, vgl. 3,21). Nach Ostern hat Jakobus sich bald zu den Anhängern Jesu gezählt. Paulus berichtet von der herausragenden Bedeutung des Jakobus in der Urgemeinde in Jerusalem. Dass er im apokryphen Hebräerevangelium sogar vor Paulus erster Zeuge des Auferstandenen gewesen sein soll, überkompensiert wohl seine bekannt gewordene Zurückhaltung gegenüber Jesus vor dessen Tod (Ev Hebr, Fragment 5; AcA 1, 604f).

Paulus hebt ihn mit Petrus und Johannes auf eine Stufe, wenn er ihn eine der „Säulen“ nennt (Gal 2,9). Eine besondere Bedeutung hat Jakobus in Antiochia (Gal 2,12f). Auch die Apostelgeschichte kennt ihn als Führer. Er bewahrt mit einem Kompromissvorschlag das jüdische Erbe (Apg 15,13–22) und vermittelt für Paulus, als dessen Geldunterstützung von den Bedürftigen in Jerusalem abgelehnt zu werden droht (vgl. Apg 21,18–26). Nachdem Petrus Jerusalem verlassen hat (Apg 12,17) und nach dem Tod des Zebedaiden Jakobus ist der Herrenbruder Jakobus der wichtigster Mann in Jerusalem, „Bischof der Bischöfe“ nennen ihn

Quellen ab dem 2. Jahrhundert (PsClem, ep 1,1; recog 1,68,2: „princeps episcoporum"; indirekt auch Hegesipp bei Euseb, h.e. 4,22,4).

Über den Tod des Jakobus gibt es mehrere Berichte, die in manchen Details voneinander abweichen, aber soweit übereinstimmen und historisch zuverlässig sind, dass Jakobus eines gewaltsamen Todes noch vor dem jüdischen Aufstand starb (Josephus, ant 20,200; Hegesipp bei Euseb, h.e. 2,23,14–18). Breit belegt und wohl auf dessen Lebzeiten noch zurückreichend ist die Bezeichnung „Jakobus der Gerechte", die letztlich dessen Toratreue würdigt (Hegesipp bei Euseb, h.e. 2,23,4. 7; 4,22,4; Clemens Al., Hypotyposen bei Euseb, h.e. 2,1,4f; EvHebr, Fragment 5 [AcA 1, 605], PsJosephus bei Euseb, h.e. 2,23,20; EvThom [NHC 2/2], log 12; 1ApcJak [NHC 5/3], p. 32; 2ApcJak [NHC 5/4], p. 44. 60f; Euseb, h.e. 2,1,2).

Jakobusüberlieferungen im frühen Christentum: Jakobus bleibt zunächst der große Ahne für die Judenchristen. Später findet er aber auch besondere Beachtung in christlichen Strömungen, die kaum Interesse am jüdischen Erbe zeigen.

Jakobus im Judenchristentum: Das Hebräerevangelium (AcA 1, 593–606) und die in den Pseudoklementinen (NTApo^5, 2, 439–488) gesammelten Schriften bezeugen eine Hochschätzung der Person des Jakobus. Auch heterodoxe Kreise des 2. Jahrhunderts ehren Jakobus. Dies zeigt etwa EvThom: „Jesus sprach zu ihnen: ‚Woher (auch immer) ihr gekommen seid – zu Jakobus dem Gerechten sollt ihr gehen, um dessentwillen der Himmel und die Erde entstanden sind'" (EvThom, log 12; Übers. Plisch).

Apokryphe Jakobusliteratur: Die Jakobus-Akten und apokryphe Jakobus-Literatur soweit sie bis zum ausgehenden 2. Jahrhundert entstanden sind, dazu gehören insbesondere die sich auf Jakobus den Gerechten zurückführende Texte aus dem Fund von Nag Hammadi (EpJak, 1/2ApcJak), zeigen an keiner Stelle eine Spur des Jak (Nienhuis, Pratscher). Der Brief ist erst spät verbreitet worden.

Im Herbst 2002 konnte ein Sammler ein Ossuar, also eine Steintruhe vorweisen, auf der die hebräische Inschrift prangte: „Jakobus, Sohn des Josef, Bruder des Jesus". Die Schrift war kundig aus zeitgenössischen Inschriften zusammengesetzt, so dass einzelne namhafte Forscher zunächst die Echtheit attestierten. Dann entlarvte aber die genaue Überprüfung der Oberfläche die Fälschung (AcA 1, 289; vielleicht echt nach Deines: 2017, 346–354).

Es ist nicht alles echt, was den Namen des Jakobus trägt. Der Jak wäre eine der wichtigsten Quellen, um zu erschließen, wie Jakobus dachte. Doch auch bei diesem Brief ist umstritten, ob er wirklich auf den Herrenbruder Jakobus zurückgeht oder ob ein unbekannter späterer Autor sich nur als Jakobus ausgab. Dann wäre der Jak pseudepigraphisch.

3. Zur Pseudepigrahie des Jak

Der Jak gilt unter den Fachgelehrten des 20. und 21. Jh.s überwiegend als ein Schreiben eines unbekannten späteren Autors, der sich als „Jakobus“ ausgibt. Der Jak sei also pseudepigraphisch. So urteilten auch die großen Kommentatoren des Jak, etwa Dibelius, Burchard, Popkes und Allison. Es gibt seit einigen Jahren Einwände gegen diese These. Unter den neueren deutschsprachigen Forschern verteidigt K.-W. Niebuhr die Ansicht, dass tatsächlich der Herrenbruder den Jak verfasst habe (auch Johnson, Bauckham, McCartney). Die Argumente gegen eine Verfasserschaft des Jak durch Jakobus betreffen mehrere Bereiche:

(1) *Griechische Sprachkompetenz:* Die Sprache des Briefes verrät keine Sprachprobleme des Autors. Er schreibt ein ordentliches hellenistisches Griechisch. Er neigt zu Komposita, kurzen, oft unverbundenen (asyndetischen) Sätzen, kultiviert die Sprachmelodie der griechischen Sprache in Paranomasien (z. B. 1,2. 11. 21; 2,18; 3,2. 8. 17) und Alliterationen (4,13 f), liebt Doppelformulierungen (Hendiadyoin: 1,4. 6. 17. 21. 26 u.ö.) und macht Wortspiele (1,22; 4,14). Der Autor des Jak hat diesen Brief in griechischer Sprache erstellt. Der Jak ist keine Übersetzung. Der Jak zeigt wie alle anderen neutestamentlichen Schriften in mehr oder weniger starker Ausprägung einen Einfluss der hebräischen bzw. aramäischen Sprache auf die griechischen Formulierungen, sogenannte Semitismen. So redet Jak 1,22 etwa von „Tätern des Wortes“ und meint damit Menschen, die auch ausführen, was sie sagen und nicht etwa Hersteller von Worten bzw. Dichter (s. zu 1,22). Ein Bewohner Galiläas im 1. Jahrhundert wie der Herrenbruder Jakobus kann eine griechische Schreibfähigkeit errungen haben, wie sie im Jak vorliegt (s. Einl. 1 Petr, 3.).

(2) *Abhängigkeit von Paulus?* Viele Ausleger deuten den Jak so, dass er auf eine Rezeptionsgeschichte des Röm zurückblicke und somit nicht in die historisch verbürgte Lebenszeit des Herrenbruders passe. Besonders Jak 2,14–16 – aber nicht nur dieser kurze Abschnitt – sei von paulinischen Ausführungen abhängig. Einzelne Ausleger deuten den Jak sogar als ein Schreiben, das durchgängig als Gegentext zu Paulus verfasst worden sei (s. u. [5]). Diese Extremposition, wie auch die verbreitete gemilderte Deutung des Jak auf dem Hintergrund der paulinischen Texte, halte ich für historisch wenig plausibel (s. Einl., 4. und Exkurs zu 2,14).

(3) *Abhängigkeit des Jak von frühchristlicher Literatur:* Wenn der Jak z. B. das ca. um 80–90 n. Chr. geschriebene Mt-Ev voraussetzen würde, wäre er zwingend pseudonym (s. zu 5,12). Bei genauerem Hinsehen erweisen sich die Ähnlichkeiten zu anderen frühchristlichen Schriften

allerdings nicht als Abhängigkeiten des Jak von diesen und sprechen daher auch nicht gegen die die Orthonymität des Jak (s. u. Einl., 4.).

(4) *Verhältnis zum nicht christusgläubigen Judentum:* Die durch die gr. Übersetzung des Alten Testaments (Septuaginta) geprägte Gedankenwelt des Jak passt eher zu einem Juden vor dem 1. Aufstand (66–70 n. Chr.), als zu einem Autor, der um 90–100 schreibt, wie es die Vertreter der Pseudepigraphie annehmen. In dieser Zeit wäre eine stärkere Auseinandersetzung mit der mittlerweile weitgehend eigenständigen christlich geprägten Überlieferung zu erwarten.

(5) *Jak als Gegentext zu Paulus?* Im Verbund der neutestamentlichen Schriften steht der Jak neben dem Röm. Wer erst den Röm liest und dann den Jak, meint leicht, Jak polemisiere gegen Paulus. In diesem Abschnitt sollen zwei Ausleger zu Wort kommen, die den Jak so verstehen, als sei er von seiner Entstehung an schon als Gegentext zu Paulus formuliert worden.

M. Hengel versuchte eine Deutung des Jak zu profilieren, die den Jak als eine Streitschrift deutet, die sich fast durchgängig gegen die Person und die Lehre des Paulus richtet (Hengel: 1987). Hengel deutet dabei etwa die Aussagen gegen Reiche im Jak als Polemik gegen Paulus. Nach Hengel wäre der Jak vielleicht noch zu Lebzeiten des Paulus um 60 n. Chr. und vielleicht sogar orthonym vom Herrenbruder Jakobus verfasst worden. Diese einseitige Deutung fand kaum Gefolgschaft.

D. Nienhuis hält den Jak für pseudonymisch und datiert ihn etwa in die Mitte des 2. Jahrhunderts (Nienhuis: 2007). Nach Nienhuis verfasste ein unbekannter Autor im Osten, vielleicht in Jerusalem, den Jak, um mit dem Jak eine durch ihn neu erschaffene Briefsammlung zu eröffnen. Diese Briefsammlung rahmen zwei Briefe von Herrenbrüdern (Jak und Jud). Dazwischen sind Zeugnisse von Aposteln gesammelt (1–2Petr; 1–3Joh). Die so entstandene Briefsammlung der kleinen apostolischen Briefe bzw. der „Katholischen Briefe“ richte sich gegen den Alleinvertretungsanspruch eines vermeintlich paulinischen Evangeliums, wie es Markion im 2. Jahrhundert vertrat. Die Sammlung erinnere an das jüdische Erbe der Christenheit in einer Zeit, als Markioniten und andere sich von diesem Erbe lösen wollten. Nienhuis sieht seine Spätdatierung des Jak unterstützt durch die späte Bezeugung des Briefes: kein Text bis zum Ende des 2. Jh. verweist auf den Jak. Zudem sei der Jak literarisch abhängig vom 1 Joh und dem 1 Petr. Wie der 1 Petr vereinnahme der Jak die Geschichte Israels für das Christentum. Die bleibende Erwählung Israels stehe für beide Briefe außerhalb ihres Problemhorizonts. Eine solche Israelvergessenheit wäre für Jakobus den Gerechten im 1. Jh. undenkbar. Diese These könnte die Geschichte der Textsammlung der kleinen apostolischen Briefe zutreffend zeichnen. Die Entstehungsgeschichte des Jak allerdings ist früher anzusetzen. Der Jak ist nicht vom 1 Petr abhängig (s. Einl., 4.) und in der Israelfrage sind beide Briefe unterschiedlich zu beurteilen: Während Jak *noch nicht* Christen und Juden als zwei getrennte Gruppen wahrnimmt, ist z.Z. des 1 Petr diese Trennungsgeschichte soweit fortgeschritten, dass bei ihm von einer Israelvergessenheit geredet werden kann. Richtig schätzt Nienhuis m.E. die theologische Bedeutung der Briefsammlung in den Auseinandersetzungen des 2. Jahrhunderts ein. Der Jak ist bis zur Mitte des 2. Jh.s ein nicht oder wenig beachtetes Zeugnis geblieben und erst dann verbreitet worden. Diese Verbreitung setzt ein neues Interesse voraus, das so entstanden sein mag, wie es Nienhuis für die Entstehung des Jak vermutet.

Die Apg teilt mit Jak die späte Bezeugung in den uns erhaltenen Texten. Sie dürfte in derselben Zeit im „Praxapostolos" verbreitet worden sein, jener Textsammlung, die neben der Apg auch die „Katholischen Briefe" enthält (s. Haupteinl.). Weder die Apg ist erst in der Mitte des 2. Jahrhundert verfasst worden noch ist es der Jak.

4. Anknüpfungen des Jak an frühchristliche Überlieferungen

Der Jak zeigt eigentümliche Berührungen mit der paulinischen Theologie und den Evangelienüberlieferungen und anderen frühchristlichen Schriften.

(1) *Paulinismus:* Der Jak fußt in manchen Einzelheiten v.a. in 2,14–18 auf Traditionen, die wir aus den Paulusbriefen kennen. Die Diskussion ist weiter offen (s. Exkurs zu 2,14–18). Es überwiegt noch die Ansicht, den Jak nach den paulinischen Briefen anzusetzen und so die Darstellung im Jak als Auseinandersetzung mit Paulus oder paulinischen Parolen zu deuten. Ich gehe davon aus, dass der Jak einen frühjüdisch verbreiteten Diskurs aufnimmt, der Abraham, Werke und Glaube aufeinander bezieht. Jak setzt aber nicht die spezielle Position des Paulus zu diesem Diskurs voraus. Der Jak lässt sich nicht leicht in die sonstige kritische Paulusrezeption einfügen, wie sie etwa die Pseudoklementinen belegen.

(2) *1 Petr:* Öfters gibt es die These, der Jak sei vom 1 Petr literarisch abhängig. Doch diese These interpretiert Ähnlichkeiten zu eindeutig als Abhängigkeiten (so z.B. Nienhuis, Allison). Wort- und Motivähnlichkeiten finden sich z.B. bei Jak 1,2–4 (zu 1 Petr 1,6f), Jak 1,18. 21 (zu 1 Petr 1,22–

2,2) und Jak 4,6–10 (zu 1 Petr 5,5–9). Da der Jak und der 1 Petr die gemeinsamen Worte unterschiedlich theologisch verwenden, liegt wohl keine Abhängigkeit vor, sondern eine gemeinsame Quelle, die der Jak und der 1 Petr unabhängig voneinander aufnehmen (Konradt: 2003). Wahrscheinlich teilen Jak und 1 Petr nur dort ähnliche Themen und seltene Worte, wo sie dieselbe, für uns nicht erhaltene Quelle benützten. Vielleicht war die Antiochenische Gemeinde nach dem Antiochia-Zwischenfall (Gal 2,11–14) der Ort, von dem ähnliche Überlieferungen zum Jak, 1 Petr und Mt-Ev weitergetragen wurden (Konradt: 2004).

(3) *Jesusüberlieferung* im Jak: Keine neutestamentliche Schrift außerhalb der Evangelien bietet so viele Anspielungen auf Worte Jesu wie der Jak (Foster: 2014). Allerdings zitiert der Jak nicht und macht auch nicht anderweitig deutlich, dass er auf Worte Jesu anspielt. Ähnlichkeiten bestehen nur zur Überlieferung von Worten Jesu und lassen sich vielfach der erschlossenen Logienquelle zuordnen, also der aus den Übereinstimmungen von Mt und Lk ohne Mk-Parallele erschlossenen schriftlichen Quelle (s. zu Jak 1,2. 4. 5; 2,5; 4,4; 5,2f. 9). Doch Jak zeigt auch Ähnlichkeiten zu Wortüberlieferungen, die uns erhalten sind im Mk-Ev (s. zu 3,1), im Sondergut des Mt (s. zu 2,10; 4,12; 6,12) und zum Sondergut des Lk (s. zu 4,9). Er übernimmt die Worte Jesu aus der mündlichen Überlieferung, die nach ihm in der Logienquelle und den uns erhaltenen Evangelien verschriftet wurden. Der Jak hat schwerlich eine Fassung der Logienquelle vorliegen (so Hartin 81–85). Die uns erhaltenen Evangelien kennt er wohl auch noch nicht (s. zu 5,12). Insgesamt setzt der Jak eine paränetische Rezeption von Jesuslogien voraus (Konradt: 2004).

(4) *Weitere literarischen Abhängigkeiten des Jak:* Einzelne, in der jüdischen und christlichen Literatur seltene Motive und Worte teilt der Jak mit dem *1. Klemensbrief* (1Klem) und dem *Hirt des Hermas* (Hermas). 1Klem wurde wohl um 96 n. Chr. in Rom verfasst und an die Gemeinde nach Korinth gesandt. Hermas wurde um 130 n.Chr in Rom verfasst. Es ist eine umfängliche christliche Schrift aus fünf Visionen (visiones), zwölf Geboten (mandata) und zehn Gleichnissen (similitudines). Die Schriften sind wohl nicht direkt voneinander abhängig. Die punktuellen Gemeinsamkeiten erklären sich durch uns nicht bekannte Überlieferungen, die Jak, 1Klem und Hermas teilen (s. zu 1,6; 4,5). Wegen der Gemeinsamkeiten zu 1Klem und Hermas muss der Jak nicht ungefähr zur selben Zeit auch in Rom verfasst worden sein (so Allison 29. 96f; Metzner 24f). Der bei den Evangelien festzustellende schnelle Austausch innerhalb der frühen Christenheit nimmt dieser Vermutung ihre Überzeugungskraft. Eine Quelle, die 1Klem und Hermas in Rom benützt haben, kann 50 Jahre vorher in Palästina entstanden sein.

Ähnlich sind auch die Übereinstimmungen zu den *Testamenten der Zwölf Patriarchen* (TestXII) einzuschätzen. Diese Testamente sind wohl frühjüdisch verfasst worden, uns aber nur in einer durch Christen überarbeiteten Form erhalten geblieben.

5. Zur zeitlichen Ansetzung des Jak

Der Jak bietet keine klaren Indizien für eine sichere Datierung. Erst Origenes (gest ca. 254) kennt eindeutig den Jak. Die Vertreter der Echtheit setzen den Brief vor dem Tod des Jakobus 62 n. Chr. an. Die Vertreter der Pseudepigraphie gehen eher zum Ende des 1. Jahrhunderts oder dem Anfang des 2. Jahrhunderts. Die Stoffe im Jak, die wir aus den Evangelien nach Mt, Mk und Lk kennen, sollten nicht für eine Spätdatierung des Jak herangezogen werden. Die größte Nähe zu synoptischen Überlieferung im Jak zeigt Jak 5,12 (s. dort). Selbst Jak 5,12 ist eher unabhängig von der Parallele in Mt 5 entstanden als von Mt abhängig.

Die im Jak verarbeiteten Traditionen verlangen keine Datierung in das 2. Jahrhundert. Meist knüpft der Jak an jüdische und manchmal an eindeutig frühchristliche Auslegungstraditionen an (z. B. Königsherrschaft 2,5; Parousia 5,7f). In seiner Argumentation entfaltet der Jak keine Christologie, setzt sie aber in den Titeln in 1,1 und 2,1 voraus. Wenn diese Titel in 1,1 und 2,1 spätere Zufügungen sein sollten (Allison), bleibt unerklärt, warum ein christlicher Bearbeiter ein jüdisches oder ebionitisches Schreiben so und nur so ergänzt unter Schriften aufgenommen haben sollte, die eine entfaltete Christologie bieten wie z. B. 1 Petr und 1–2Joh. Zudem wäre eine Übernahme der Naherwartung, wie sie Jak 4f voraussetzt, um die Jahrhundertwende oder später wohl auch nicht unverändert übernommen worden. M.E. ist die Annahme wahrscheinlicher, der Brief sei authentisch vom Herrenbruder um 60 n. Chr. an Gemeindeleiter außerhalb des Heiligen Landes geschrieben worden.

6. Aufbau des Jak

Der Jak drängt seine Gliederung nicht auf. M. Dibelius vermutete, dass dieses Schriftstück zu einer Gattung von Sammlungen gehöre, die keine Anordnung des Stoffs intendiere. Doch es gibt durchaus Ansätze einer Textanordnung. Beim Jak lassen sich drei Teile (I–III) unterscheiden: Die Brieferöffnung (I: 1,1–15) führt hin zum Briefkorpus (II: 1,16–5,6) und Epilog (III: 5,7–20), der Hinweise gibt, wie sich die Adressaten angesichts des nahen Gerichts verhalten sollen. Der Jak enthält ein Anordnungsprinzip, das den Lebensweg eines Christen entlang geht. Von den Anfängen, dem Einpflanzen des Wortes durch Gott (Jak 1,18) bis zu den Mahnungen angesichts des nahen Endes (Jak 5,7–9) und der Rettung der Seele (Jak 5,20). Der Jak bietet mehrere thematische Einzelblöcke von Mahnungen, die er ohne erkennbaren inneren Zusammenhang auflistet.

7. Theologische Eigenart des Jak

Der Jak erhält uns ein Zeugnis des frühen, jüdisch geprägten Christentums, bevor spezifisch christliche Formulierungen zum Christusereignis üblich geworden sind.

(1) *Die Rede von Gott im Jak:* Gott ist nach dem Jak freigebig, alle gleich achtend (2,1–13) und hält Gericht. Der auferstandene Christus heißt auch Herr, wie Gott, der Schöpfer im Frühjudentum. Oft ist die Bezeichnung „Herr“ nicht eindeutig Gott oder dem auferstandenen Jesus zuzuordnen. Vielleicht ist diese Unschärfe vom Autor intendiert oder sie zeigt zumindest, dass der Autor hier keine Abgrenzung für nötig hielt (s. zu 1 Joh 1,5).

(2) *Die Lehre von Jesus Christus:* Der Jak enthält keine ausgeführte Lehre über das Verhältnis des Menschen Jesus von Nazaret zu Gott. Der Autor stellt sich als Diener Jesu, des Gesalbten, vor (1,1). Die Titel „Gesalbter“ (gr. *christós*) und „Herr“ (gr. *kýrios*) bezieht 2,1 auf Jesus. Dass Jesus der Sohn Gottes, oder Gott der Vater Jesu sei, sagt der Jak nie. Der Jak redet öfters vom Vertrauen auf Gott (1,3. 6; 2,14–26; 5,15) bzw. vom Glauben an den Herrn Jesus Christus (2,1). Jakobus kennt also den Glauben an den auferstandenen Gesalbten. Als Beispiel für das Ausharren im Leid nennt Jak 5,11 Hiob, ohne dabei an Jesus zu erinnern (s. zu 5,11). Der Jak verehrt Jesu als Lehrer wahrer Weisheit. Seine Anweisungen führt er zwar nie ausdrücklich auf Jesus zurück, sie haben aber für ihn auch ohne Schriftgrundlage unbedingte Autorität (s. zu 5,12). Der „gute Name“ (2,7) dürfte auf das Aussprechen des Namens Jesu über dem Täufling anspielen. Der auferstandene Gesalbte wird bald wiederkommen, um Gericht zu halten.

(3) *Die Lehre über das Ende der Geschichte (Eschatologie):* Der Jak geht von einer Erscheinung des Herrn aus, die bald kommen wird. Ob er damit die Wiederkunft Jesu meint, oder eine Erscheinung Gottes, bleibt undeutlich. Nach der Erscheinung des Herrn wird Gericht gehalten über alle Menschen. Der Jak lässt nicht erkennen, dass Gottes gegenüber Israel ausgesprochene Verheißung im Gericht retten würde.

(4) *Die Gemeindeorganisation* behandelt der Jak nicht direkt, sie lässt sich ansatzweise erschließen. Er nennt die Ortsgemeinde Synagoge (2,2) und Ekklesia (5,14). Nachdem ein Bewusstsein für die Unabhängigkeit des Christentums vom Judentum aufgekommen war, war die Bezeichnung „Ekklesia" für die christliche Gemeinde, die Bezeichnung „Synagoge" für die jüdische Gemeinde üblich geworden. Der Jak passt eher in die Zeit, als dieses Bewusstsein noch nicht vorlag (s. zu 1,1). Der Jak setzt keine Ämterstrukturen voraus, die über das Judentum hinaus weisen und frühchristliche Neuentwicklungen erkennen lassen. Er kennt Presbyter (s. zu 5,14) und Lehrer (s. zu 3,1). Der Jak sorgt sich um den Zusammenhalt der Gemeinde, insbesondere um den sozialen Ausgleich (s. zu 1,27; 2,1–6. 15f; 5,–1–6). Ihn interessiert der Lebensvollzug, das Ethos der Gemeinden, kaum dagegen die rechte Formulierung christlicher Lehren. Für ihn ist die Tora v.a. eine Weisung des Zusammenlebens. Reinheitsvorschriften thematisiert der Jak nicht.

(5) *Merkmale weisheitlichen Denkens im Jak:* Weisheitlich sind die Schriften, die allgemeine Erfahrungen in kurzen Sätzen thematisieren und auf Gott beziehen. Hauptquellen weisheitlicher Literatur im Alten Testament sind das Buch der Sprüche, einzelne Psalmen, z.B. 1. 119, Hiob; in der jüdisch-hellenistischen Literatur kommen etwa Tob, Sir, Phokilides, Weish und die Testamente der Zwölf Patriarchen dazu. Weisheitliche Darlegungen stellen gerne Menschentypen generalisierend vor: der Weise, der Spötter etc. Oft stehen diese Typen in gegensätzlichen Paaren gegenüber. Solche Gegensatzpaare liebt auch der Jak: gering/arm-reich 1,9–11; 2,2–6; Täter-Hörer 1,22–25; Glauben-Taten 2,14–26; Freundschaft-Feindschaft 4,4, Gott-Teufel 4,7; Trauer-Lachen 4,9; Erniedrigen-Erhöhen 4,10.

Der Jak hat weisheitliche Motive, aber er ist keine Weisheitsschrift (so Frankemölle). Im Jak fehlen einige sonst typisch weisheitliche Motivfelder: So verwendet nur Jak 1,5 und der Abschnitt 3,13–18 das Stichwort Weisheit. Es fehlt eine Lehrer-Schüler-Terminologie wie die Anrede „mein Sohn" u.ä. Stattdessen nennt Jakobus die Adressaten „meine Brüder" (1,2. 16. 19; 2,1. 5. 14; 3,1. 10. 12; 5,12. 19), „Geliebte" (1,16. 19; 2,5) oder nur „Brüder" (4,11; 5,7. 9. 10). Weitere für weisheitliche Schriften typische Themenfelder fehlen im Jak: etwa das häusliches Umfeld, Themen rund um Ehe/Sexualität, Freundschaft, Fleiß und Faulheit. Jak kennt keine Personalisierung oder Hypostasierung der Weisheit wie Weish 8,22–31; Sir 24. Er benützt keine Weisheitsspekulationen für eine Lehre von der Schöpfung, von Christus oder den letzten Dingen (Eschatologie). Jakobus kompiliert nicht aus Schriftstücken, er ist mit frühjüdischen Diskursen vertraut und hat dabei seine Sprache geprägt.

(6) *Zur Geschlechterrolle:* Der Jak spricht die Adressaten durchgängig an mit grammatikalisch männlichen Bezeichnungen, nämlich als Mann (gr. *anḗr*: 1,8. 12. 20. 23; 2,2; 3,2) und synonym Mensch (gr. *ánthrōpos*: 2,20), auch oft als Brüder oder meine Brüder (gr. *adelphoí mou*: 1,2. 16. 19; 2,1. 5. 14; 3,1. 10. 12; 5,12. 19). In seinen Beispielen nennt er generisch auch nur Männer (z. B. 1,7; 4,11b). Sein Beispiel der Rahab (s. zu 2,25) und die Anrede als Ehebrecherinnen (s. zu 4,4) zielt nicht etwa nur auf weibliche Adressaten. Jak 2,15 zeigt, dass er Brüder und Schwestern (gr. *adelphaî*) differenziert ansprechen kann. Es lässt sich nicht erweisen, dass der Jak mit den männlichen Anreden die Frauen mitangesprochen wissen will (Adam xxi).

(7) *Kommentare zum Jak:* Ältere Kommentare sind nur in Bruchstücken erhalten von Didymus Caecus (gest. 398) und Augustin (gest. 430). Der älteste vollständig Kommentar zum Jak stammt von Beda Venerabilis (gest. 735). Die lat./dt. Ausgabe von Matthias Karsten macht diesen gehaltvollen Kommentar gut zugänglich. Recht ausführlich stellt Frankemölle die Auslegungsgeschichte des Jak von der Antike bis zum Ende des 20. Jh.s dar (Frankemölle 94–120). Von den neueren Auslegern prägte lange Zeit M. Dibelius (1883–1947) die Diskussion (KEK 15, 1. Aufl. 1921; engl. 1975). D. Allison bietet ein aktuelles Handbuch zu allen Einzelheiten (ICC, 2013), ähnlich für die dt. Forschung R. Metzner (ThHK 14, 2017).

B Kommentar

Überschrift

Überschriften eröffnen uns Texte und deuten möglichst knapp an, welche Inhalte zu erwarten sind. Die Funktion der Überschriften übernehmen in den Handschriften der Bibel meist Formulierungen, die entweder über den Texten stehen als *inscriptiones* oder nach den Texten als *subscriptiones*. Unsere Bibelausgaben wie auch die griechische Textausgabe des Nestle stellen diese Formulierungen als Überschriften über den Text. Die Überschrift des Jak besteht aus zwei Worten:

(des) Jakobus Brief

Textüberlieferung: Welche ursprüngliche Überschrift die verschiedenen Überlieferungen der erhaltenen Textzeugen am besten erklärt, lässt sich aus den Textzeugen schwer feststellen. Die ältesten Textzeugen, etwa die oben genannten Papyri, fallen als Belege für eine Überschrift aus, weil sie weder Anfang noch Ende des Jak bezeugen (ECM 1. 102). Allein bei Pap. 74 ist der Anfang so erhalten, dass Editio Critica Maior zu diesem Papyrus sagt, er lasse die Überschrift aus „wie es scheint" (ECM 1, Anm. 2–4 j'). Schwerlich wurde der Jak ursprünglich ohne Überschrift überliefert.

(des) Jakobus: Die Überschrift reiht den Jak ein in die Sammlung der wegen ihres Autors gesammelten Briefe. Schon diese Gleichförmigkeit weist darauf hin, dass die Überschrift des Jak wie die anderen Überschriften zu den anderen kleinen apostolischen Briefen (1–2Petr; 1–3Joh, Jud) vom Herausgeber dieser Briefsammlung und nicht vom Autor der so überschriebenen Texte selbst herstammt (s. Haupteinl.). Die meisten Textzeugen lesen in der Überschrift den Textsortenhinweis *„Brief"*. Ein echter Brief ist an bestimmte Adressaten gerichtet, die möglichst in der Überschrift und/oder dem Präskript genannt werden. Aus dem Jak lässt sich erschließen, dass der Absender bestimmte Gemeindeleiter in der Diaspora anschreiben wollte. Er wollte also einen echten Brief und nicht Literatur in Briefform schreiben.

Viele Handschriften erweitern in der Überschrift das Wort „Brief" mit dem Attribut „katholisch" (gr. *katholikḗ*) und sagen damit, der Brief sei an die Allgemeinheit, an alle gerichtet. Jüngere Handschriften fügen durch Zusätze ihre Vermutungen zum Brief hinzu, die sie aus dem Brief erschlossen haben. Z. B. dass der Brief ein „Schriftstück (gr. *grámma*) an die Hebräer" sei (so Minuskeln 945. 1739) oder „an die in der Diaspora glaubenden Juden" (Minuskel 94), oder dass er „von Jerusalem" aus geschrieben sei (Minuskel 330). Jüngere Handschriften bezeichnen den Autor des Briefs als „Bruder Gottes" (gr. *adelphótheos*). Dieses griechische Wort ist sonst nicht belegt und für Jakobus neu gebildet worden. Diese Zusätze nehmen üblich gewordene Deutungen in die Überschrift und können so die Wirkungsgeschichte des Jak erläutern.

I Briefeingang (Jak 1,1–15)

Die Brieferöffnung führt hin zum Hauptteil und besteht aus zwei Teilen, dem Präskript (1,1) und das Proömium (1,2–15).

I 1 Präskript (Jak 1,1)

1 Jakobus, Gottes und des Herrn Jesu Christi Knecht an die zwölf Stämme, die in der Zerstreuung (sind), um zu grüßen.

1 Das Präskript nennt den Absender im Nominativ, dann die Adressaten im Dativ und schließt mit einem Verb. Dieses Präskript in einem Satz ist die im Neuen Testament seltenere, jüdisch-griechische Eröffnung gegenüber den häufigeren orientalischen Präskripten in zwei Sätzen.

Zum Absender *Jakobus:* Wohl nur der Herrenbruder und Gemeindevorstand in Jerusalem kann sich ohne weitere Erläuterung herausnehmen, an die Zwölf Stämme in der Diaspora zu schreiben. Nur diesem Jakobus wird in einzelnen erhaltenen Zeugnissen des 2. Jh.s eine solche übergreifende Bedeutung zugesprochen. *Gottes und des Herren:* der Verfasser nennt zwar Gott und Jesus Christus einzeln und unterscheidet sie soweit, bezieht beide aber eng aufeinander. Schwerlich soll Gott als Prädikat zu Jesus verstanden werden (so Vouga). Fehlende Artikel sind im Briefpräskript üblich. Die Selbstbezeichnung *Knecht* umschließt die Genitive und beendet die Absenderangabe. Der doppelte Genitiv beim Knechtstitel ist ohne Parallele. Jakobus nennt sich als vollständig Abhängiger Gottes und Christi. Als Knecht Christi bezeichnet sich etwa auch Paulus in Röm 1,1. Der Titel unterstreicht die Zugehörigkeit zu Gott bzw. dem Gesalbten und hebt so die eigene Bedeutung. Der Titel ist womöglich für Jakobus typisch gewesen, dies unterstützt eine Notiz, die ein früher Kirchenvater über Jakobus überliefert.

Dieser frühe Kirchenvater Hegesipp verfasst um 160 n. Chr. ein in Fragmenten erhaltenes Werk. Hegesipp berichtet darin auch von Jakobus und schreibt etwas dunkel, Jakobus sei *Oblias* (gr. *ōblías*) genannt worden (bei Euseb, h.e. 2,23,7). Diese Bezeichnung könnte ein verstümmeltes gr. *ōbadías*, die Umschrift des hebr. Obadja sein, das auf deutsch „Knecht Jahwes“ bedeutet (Pratscher). Nach einer anderen Deutung nimmt diese Bezeichnung Metaphern auf, die wichtige Personen als Baustücke des Heiligtums bezeichnen, wie etwa als Säule, Fundament oder Fels (vgl. Gal 2,9; Eph 2,20; Mt 16,18). Oblias gehe auf eine verstümmelte Bezeichnung zurück, die Jakobus als Ringmauer des Volkes benenne (hebr. *gebul am*), eine Ehrenbezeichnung, die aus Jes 52,12 abgeleitet wurde (Bauckham).

Jakobus schreibt *an die zwölf Stämme:* Von diesen, auf die zwölf Söhne Jakobs zurückgeführten Stämmen gibt es seit dem Untergang des Nordreichs (722 v. Chr.) nur noch zwei – wenn man die Leviten eigens zählt – drei Stämme. An die ehemalige Fülle von zwölf Stämmen erinnert auch Jesus mit der Zwölfzahl seiner Jünger (Mk 3,14parr; vgl. Barn 8,3; EvEb nach Epiphanius, pan 30,13,3 [AcA 1, 617]). Jakobus gehört nicht zu diesen zwölf Jüngern. Die Adresse nimmt eine im Frühjudentum vielfach ausgesprochene Verheißung als Gegenwart. Die Verheißung erwartete die Sammlung aller Stämme Israels am Ende der Zeiten, insbesondere auch die Sammlung der in der *Zerstreuung* (gr. *diasporá*) lebenden Juden außerhalb des Heiligen Landes. Zur Zeit Jesu lebten deutlich mehr Juden in der Diaspora als in Judäa/Israel. Das Wort Zerstreuung (gr. *diasporá)* ist eine fast exklusiv frühjüdische Neuprägung. Das Wort bezeichnet in der griechischen Bibel, der Septuaginta, das Gebiet außerhalb des Heiligen Landes oder diejenigen Juden, die außerhalb des Heiligen Landes leben bzw. leben müssen. Das Nomen kommt im Neuen Testament nur einmal vor in Joh 7,35 und in den Adressangaben des Jak und 1 Petr (je 1,1). Viele Forscher nahmen diese Gemeinsamkeit zum Anlass, eine literarische Abhängigkeit der Briefe zu vermuten. Doch das gemeinsame Stichwort hat in beiden Briefen eine unterschiedliche Bedeutung. Der 1 Petr wendet sich an „erwählte Fremdlinge“ in bestimmten Provinzen der Diapora und nimmt diese Adressierung inhaltlich wieder auf. Die der Diaspora korrespondierende Heimat ist für den 1 Petr im Himmel. Der Jak impliziert aus Jerusalem, also aus der Heimat im Heiligen Land an die darüber hinausreichende Diaspora geschrieben zu sein. Der Jak verwendet den jüdischen Diasporabegriff nicht metaphorisch. Das gemeinsame seltene Stichwort „Diaspora“ kommt ohne die kontextuelle Verknüpfung des einen Briefes im anderen vor. Für sich gelesen ließe die Adresse erwarten, dass sich Jakobus an das weltweite Judentum wandte. So schriebe er einen wahrhaft „katholischen“, nämlich an alle gerichteten Brief. Tatsächlich lässt der Brief keine konkreten Adressaten erkennen. Seine Perspektive geht wohl über Palästina hinaus, z. B. bis Antiochia, wohin nach Gal 2,12 „Einige (Leute) des Jakobus“ kommen. Schwerlich hat der Jak aber tatsächlich das weltweite Judentum im Blick.

Exkurs: Jak als Diaspora-Brief?

In neuerer Zeit redeten mehrere Exegeten von Diasporabriefen wie von einer festen Gattung (Dochhorn, Niebuhr, Klein). Als Beispiele für Diasporabriefe werden angeführt: Jer 29 (36^{LXX}); EpJer; 2 Makk 1,1–9; 1,10–2,18; syrApokBar 78–86=Ep2Bar, ParJer 6,17–23; 7,23–29; kaum auswertbar: 4QApokrJer C (dt. Maier II, 350–352). Diese Texte aus sieben Jahrhunderten verbinde eine gemeinsame

Kommunikationssituation (Mutterland-Diaspora) und thematische Übereinstimmungen. Die mühsamen Versuche, eine geprägte Form von Diasporabriefen zu erschließen, sprechen m. E. eher gegen die Annahme einer Gattung „Diasporabriefe". Weder der Jak noch der 1 Petr nennen ein Mutterland. Das aus Jak und 1 Petr erschließbare „Mutterland" unterscheidet sich von dem der anderen angeführten Briefe (s. zu Jak 1,1; 1 Petr 1,1). Die unter der Überschrift „Diasporabriefe" gesammelten Schriften sind schwerlich im Bewusstsein einer bestimmten geprägten sprachlichen Form geschrieben worden.***

Aus dem Jak lässt sich für die Adressaten ein bestimmtes Profil erschließen: Er schreibt nach 3,1 an die Lehrer in den Gemeinden, vielleicht auch an solche, die für die Sitzordnung bei den Gottesdiensten zuständig sind (s. zu 2,1–12). Es sind literate Leute gewesen, wohl eher Städter, die eine Nähe zum Judentum haben, weil sie Anspielungen auf die Septuaginta verstehen. Der Brief lässt m. E. nirgends erkennen, dass er zwischen den Adressaten als „Christen" und einem sonstigen Judentum unterscheidet. Soweit erhält der Brief ein Selbstverständnis, wie es vor dem ersten jüdischen Krieg (66–70 n. Chr.) selbstverständlich war: Die an Christus glaubende Gruppe versteht sich als jüdische Gruppe. Die Adressaten sind nach unserem Verständnis Christen. Diese Kategorie „Christen" war dem Herrenbruder Jakobus wohl noch nicht bekannt und jedenfalls noch nicht auf eine religiöse Gruppe außerhalb des Judentums fixiert. Schon z. Z. der Paulusbriefe toben die Geschwisterkämpfe zwischen den Gruppen, die später als Christen und Juden einzeln bezeichnet wurden. Gegen Ende des 1. Jahrhunderts haben die Christen ohne Abgrenzungstendenz die Ehrenbezeichnungen der Juden stillschweigend auf sich bezogen (so 1 Petr, auch Apk u. a.). Demgegenüber erhält der Jak ein älteres Stadium. *Um zu grüßen:* dieser alleinstehende Infinitiv ist in Präskripten verbreitet (Apg 15,23; 23,26) und soll wohl in Gedanken durch ein „sagt" bzw. „schreibt" ergänzt werden – eine Auslassung (Ellipse) des Verbums dicendi (BDR 480.5b; 389.2).

I 2 Proömium (Jak 1,2–15)

Die erste thematische Einheit reicht von 1,2 sicher bis 1,11, m. E. auch bis 15, aber wohl nicht weiter. Der Jak bietet keine unstrittigen Gliederungssignale. Weil diese Einheit Themen knapp anreißt, die der weitere Brief entfaltet, lässt sie sich als *Proömium* bezeichnen. Ich unterteile in vier kleinere Einheiten (1,2–4/ 5–8/ 9–11/ 12–15).

I 2.1 Versuchungen als Bewährungen (Jak 1,2–4)

2 Haltet es für lauter Freude, meine Brüder, wenn ihr in verschiedene Prüfungen geraten seid, 3 wenn ihr erkennt, dass Prüfmittel an eurem Glauben Beständigkeit erwirken. 4 Die Beständigkeit aber hat ein vollendetes Werk, so dass ihr Vollendete und Vollkommene seid ohne in irgendetwas zurückzubleiben.

2–4 Der Brief verbindet die Sätze in 1,1 bis 1,6 mit Kettenschlüssen, die jeweils ein Wort oder Wortteil im folgenden Satz aufnehmen. Diese Reihe eröffnet das Verb „freuen“ (oder: „Grüßen“) in 1,1, das 1,2 aufnimmt, weiter verklammern die Worte „Beständigkeit“ 3/4 (vgl. Röm 5,2f), „vollkommen“ 4a/4, „zurückbleiben“ 4b/5a, „erbitten“ 5b/6a, „beurteilen“ 6a/b. Der Kettenschlusses verbindet über die Sinnabschnitte hinweg. Er unterstreicht nicht die Zusammengehörigkeit eines Abschnitts, sondern verklammert etwas äußerlich den Redefluss. Der Verfasser hat sich um den Wohlklang seiner griechischen Worte bemüht. Das vorangestellte erste Wort hat denselben Anlaut wie die letzten drei Wörter des Verses 1,2.

Vielfältige gleiche Motive und Worte haben die Ausleger zu unserem Abschnitt gesammelt. Keine dieser Parallelstellen nennt der Jak oder soll bei den ersten Lesern abgerufen werden. Keine dieser Parallelen lässt zudem den Jak besser verstehen. Der Brief verwendet Motivbausteine, die auch in anderen frühjüdischen oder christlichen Texten vorkommen. Etwa das Bild der Läuterung durch Versuchungen, oder das Ziel, Vollendete zu sein. Besonders dicht sind die Anleihen an Jesus Sirach.

Das weisheitliche Buch schrieb der Weise Ben Sira um 180 v. Chr. in hebräischer Sprache. Es ist in der Septuaginta in der griechischen Übersetzung des Enkels erhalten, welche dieser um 120 v. Chr. erstellte. In den Lutherbibeln findet es sich unter den alttestamentlichen Apokryphen.

Doch auch zu Sir 2 sind die Parallelen nicht so spezifisch, dass Jesus Sirach für den Autor oder seine Leser bewusst gemacht werden sollte. Wichtig sind die Parallelfelder m. E. eher indirekt für die Deutung, nämlich um zu erheben, wo Jakobus genuin eigene Gedanken formuliert. Motive und Wortverbindungen, die sich vor ihm nicht belegen lassen, können auf seine eigene Absicht deuten, die ihn innovativ werden ließ, oder mangels anderer Belege für uns so erscheinen lässt.

2 *haltet es für … Freude:* Freude ist ein unmittelbares Gefühl. Hier aber wird an eine durch Reflexion veränderbare Grundeinstellung appelliert. Das Motiv, Prüfungen geduldig (Sir 2; Weih 3,4–7, Jak 5,7–11) bis freudig (Mt 5,12; Apg 5,41; 1 Petr 1,6; 4,12f) aufzunehmen, ist jüdisch-christlich häufig zu finden, z. B. Sir 2,1–6:

Mein Kind, willst du Gottes Diener sein, so bereite dich auf Anfechtung vor. [2]Mache dein Herz bereit und steh fest und wanke nicht, wenn sie über dich kommt.

[3]Halt dich an Gott und weiche nicht, damit du am Ende erhöht wirst. [4]Alles, was dir widerfährt, das nimm auf dich, und sei geduldig bei jeder neuen Demütigung. [5]Denn wie das Gold durchs Feuer, so werden auch, die Gott gefallen, durchs Feuer der Trübsal erprobt. – [6]Vertraue Gott, so wird er sich deiner annehmen; geh gerade Wege und hoffe auf ihn!

Lauter Freude: das vorangestellte und so betonte griechische Wort heißt sonst auf dt. „alle". Es soll wohl eine ungeteilte, ohne Eintrübung als Freude verstandene Haltung andeuten. Das hier mit *Prüfungen* übersetzte Wort (gr. *peirasmós*) wurde im hellenistischen Judentum (LXX) geprägt. Es bezeichnet äußere oder innere Verwicklungen und Nöte (Bedrängungen oder Versuchungen), die einem Menschen das Vertrauen in Gott nehmen können, vgl. die Vaterunserbitte „und führe uns nicht in Versuchung" (Mt 6,13par Lk 11,4). Das Phänomen kann nur einen frommen Juden/Christen treffen, denn es bezeichnet die Versuche, ihn von Gott zu lösen. Jak 1,2 geht von dem individuellen Erlebnis aus und differenziert dann innerhalb dieser „Prüfungen" (wie 1 Petr 1,6; 4,12; Verb geprüft werden: Jak 1,13 [3×]. 14). Anders als der 1 Petr entfaltet der Jak nicht, welche irdischen Ursachen und Verursacher die Versuchungen etwa haben mögen. Dass Gott als Letztverursacher nicht möglich ist, hält Jak 1,13fin ausdrücklich fest. **3** *Wenn ihr erkennt:* Der Jak verweist auf eine intellektuelle Grundlage zur Freude, er verlangt also, das unmittelbare Gefühl „Freude" zu analysieren. *Prüfmittel:* Das Leiden wertet der Jak positiv und vergleicht es mit dem Vorgang der Edelmetallläuterung. Dieser Vergleich ist biblisch und außerbiblisch verbreitet. Im Neuen Testament kommt das Wort für Prüfmittel nur hier und in 1 Petr 1,7 vor. Doch während das Wort in Jak 1,3 für das Mittel steht, das die Prüfung verursacht, verwendet es 1 Petr 1,7 für das durch die Prüfung erfolgreich bewährte Gut. Die spezifisch christliche bzw. paulinische Bedeutung des Begriffs *Glauben* ist in 1,3 kaum vorausgesetzt. Es geht um das allgemeine Zutrauen und Vertrauen zu Gott. Inhaltlich auf Jesus Christus bezieht 2,1 den Glauben. Das Nomen *Beständigkeit* bezeichnet die Fähigkeit, auszuharren trotz widriger Umstände, die ein Ablassen anregen. Jak 5,11 nimmt das Stichwort auf und redet von der Beständigkeit Hiobs. **4** Das Ziel der *Vollendung* ist im Frühjudentum verbreitet genannt. Die Ausgangsstelle ist die Weisung Gottes: „Du aber sollst untadelig (gr. *téleios*) sein vor dem HERRN, deinem Gott." (Lev 19,2; Dtn 18,13). Auch Jesus nennt dieses Ziel in der Bergpredigt (Mt 5,48). Hier ist die Vollendung im Hendiadyoin (s. Einl., 3.) mit *Vollendete und Vollkommene* hervorgehoben und im folgenden Partizip erläutert: *ohne ... zurückzubleiben.* Das wesentliche Merkmal der Vollendung findet sich im Menschen, in seiner gefestigten Grundhaltung. Dies akzentuiert 1,5–8 durch das Gegenüber der „Zweierlei Seelen" und das „nicht Bekritteln" oder „Geringschätzen" (s. d.). Nur wer ein ungeteiltes Vertrauen auf Gott hat, kann ein *vollendetes Werk* erreichen. Wie die Kraft des Magneten bei unmittelbarer Verbindung die Anziehungskraft an andere Metalle weitergeben kann, so bedarf Gottes Wirken auch der engen Verbindung im Vertrauen, um seine Kraft weitergeben zu können. Die Rede von einem vollendeten Werk ist neu im Jak. Es versteht den Menschen aus seinem Werk: der Mensch ist, was er tut. Aber der Mensch „erwerkelt" sich nicht seine Persönlichkeit, er erhält sie auf seine Bitte hin von Gott.

I 2.2 Ungeteiltes Zutrauen zu Gott (Jak 1,5–8)

**5 Wenn aber einer von euch Mangel leidet an Weisheit, soll er bei Gott
erflehen, der gibt jedem einfach so und ohne zu schmähen und es
wird ihm gegeben werden. 6 Er soll aber erflehen im Glauben ohne
Geringschätzung. Denn wer geringschätzt, gleicht (dem) Seegang des
Meeres, der sich vom Wind bewegen lässt und getrieben wird. 7 Denn
jener Mensch soll nicht meinen, dass er etwas beim Herrn empfangen
wird. 8 Ein Mann zweier Seelen, unbeständig ist er auf allen seinen
Wegen.**

5–8 Der Abschnitt spricht von einem Mangel, den er zu beheben empfiehlt: der Mangel an Weisheit (1,5), von möglicher Geringschätzung (1,6 [2×]) und von einem Mann zweier Seelen (1,8). Da der Abschnitt nicht andeutet, verschiedene Fälle zu behandeln, dürften die Missstände bei einem Menschen auftreten. Es geht um das Fehlverhalten eines Christen, der generisch Mensch oder Mann genannt wird (s. Einl. 8). Den Mangel an Weisheit soll der Angesprochene durch Erflehen, also ein Gebet beheben (vgl. Spr 2,3–6; Weish 7,15; Hermas, mand 9,4) bzw. um Gott um Einsicht bitten (Weish 7,7; Ignatius, Pol 1,3; Hermas, sim 5,4,3). Der Weise schlechthin, König Salomo, betet um ein „ein hörendes Herz" (1 Kön 3,9) bzw. um „Weisheit" (2 Chr 1,10; Weish 8,21; 9,4–6; Josephus, ant 8,23). Dass Jakobus an ein Gebet verweist, unterscheidet ihn von moralischen Besserungsschriften, die eher an die Vernunft appellieren oder von Menschen, die meinen, aus eigener Kraft den rechten Weg einschlagen zu können. Der Jak hat ein vielfältiges Vokabular für das Beten: bitten (gr. *aitéō* 1,6; 4,2f) und mehrere Ausdrücke für beten/Gebet in 5,13–18 (s. d.). Mit diesem Anliegen eröffnet und beschließt er seinen Brief (5,13–18). Hegesipp (2. Jh.) überliefert eine Personaltradition zu Jakobus, die dessen ständiges Gebet unterstreicht: „Seine Knie wurden hart wie die eines Kamels, da er ständig auf Knien lag, um zu Gott zu beten und ihn um Verzeihung für sein Volk zu bitten" (Hegesipp bei Euseb, h.e. 2,23,6).

5 *einfach so:* Das Gebet um Weisheit ist von Gottes Freigiebigkeit her uneingeschränkt wirksam, aber der Betende kann durch seine innere Haltung das Erbetene verfehlen. Nicht erfüllte Gebete nennt 1,7

und 4,3. Unbedingte Erhörung eines Gebets führen viele frühchristliche Überlieferungen ausdrücklich auf Jesus zurück (Mk 11,23f par Mt 21,21f; Mt 7,7 par Lk 11,9; Joh 14,13f; 16,23; vgl. 1 Joh 3,22; 5,14f; Hermas, sim 6,3,6). **6** *Geringschätzung/wer geringschätzt:* das Verb kann wertfrei ein abwägendes Unterscheiden bezeichnen. Hier aber dürfte es einen inneren Vorbehalt, ein Zaudern, vielleicht auch ein Bekritteln und Geringschätzen ansprechen. Die Haltung „es wird schon nichts taugen" verdirbt die Wirkung.

Hermas, mand 9, wohl um 130 verfasst, bietet thematisch und in mehreren Worten (14 Worte vom Stamm *dipsych**; „vollendet"; „Prüfung") eine enge Parallele zu Jak 1,5–8. Hermas ist wohl weder direkte Vorlage für den Jak, noch ist der Hermas abhängig von Jak 1,6. Hermas dürfte wie Jak aus einer uns nicht erhaltenen Tradition schöpfen, die von „Zwei-Seelern" spricht. Diese Tradition ist auch in einem für uns nicht nachweisbaren und soweit apokryphen Zitat enthalten, das 1Klem 23,3 („die Schrift sagt") und 2Klem 11,2 („ein prophetisches Wort") fast wörtlich gleich zitieren: „Unglückselig sind die Zweifler (*dípsychoi*), die geteilten Herzens sind, die sagen: Dies hörten wir auch … und nichts ist uns davon widerfahren / haben wir gesehen"). Jak 1,6 verwendet das Verb „geringschätzen" (gr. *diakrínō*). Das bei Hermas und dem apokryphen Zitat für das Geringschätzen stehende Verb bedeutet „zaudern" (gr. *distázō*) und gibt eine beim Geringschätzen mitgemeinte Nuance wieder. Dieselbe Tradition wird auch hinter Jak 4,5 vermutet (s. dort).

Seegang des Meeres: Wie den Wellen im Meer fehlt bei den angesprochenen Menschen eine klare Grundlage der Persönlichkeit. Stattdessen formt die jeweilige Wetterlage ihre Gestalt. Wieder hat der Jak zwei Worte für eine Sache (Hendiadyoin), wenn er 1,6 schließt: … *vom Wind bewegen lässt und getrieben wird.* **7** Damit der Vers nicht der in Jak 1,5 genannten These widerspricht, ist das „Nicht-Erhalten" beim Geringschätzer so zu deuten, dass Gott zwar freigebig Weisheit austeilt, aber diese Gabe trotzdem nicht ankommt. Die falsche Haltung macht gegenüber der Weisheit taub (vgl. 4,3). **8** Zur Anrede mit *Mann* s. Einl., 8. Der Jak hat kein Sensorium dafür, dass diese Anrede die mitavisierten Frauen ausschließt. Aus der Bezeichnung „ein Mann *zweier Seelen*" ist das Adjektiv „zweier Seelen" (gr. *dípsychos*) vor Jak nicht belegt, wenn auch ähnliche innere Zwiespälte vielfach thematisiert wurden, etwa Sir 1,28: „Tritt nicht vor den Herrn mit gespaltenem Herzen" (gr. *en kardía dissḗ*). Beda nennt drei Beispiele:

„Der Mann aber ist gespalten im Geist, der sich einerseits, um den Herrn anzurufen, niederkniet und Bittrufe aussendet, anderseits aber, wenn ihn im Innern das Gewissen anklagt, kein Vertrauen hat, dass er etwas erlangen kann. Der Mann ist gespalten im Geist, der sich hier mit der Welt freuen will und zugleich dort mit Gott herrschen will; ebenso ist der Mann gespalten im Geist, der bei guten Taten nicht die Belohnung in seinem Innern, sondern äußerlich Anerkennung sucht" (Übers. Karsten 75. 77)

Der Jak formuliert wohl eigenständig oder übernimmt aus einer für uns verlorenen Überlieferung (s. zu 1,6), weil er ein besonderes Problem umschreiben will. Die Gedanken von einem inneren Widerspruch in Gal 5 oder Röm 7 setzt Jak nicht voraus. *Unbeständig:* der im Wellenbild (1,6) angedeutete Mangel zeigt sich hier: es gibt keine zuverlässige und feste Grundlage bei einem solchen Menschen. *Auf allen seinen Wegen:* die in griechischen Worten ausgedrückte hebräische Wortverbindung, ein Semitismus, beschreibt die „Lebenswege" im Hinblick auf das Verhalten. Die durch Jakobus getadelte Haltung wirkt sich in vielfältig wechselnden Lebensentscheidungen aus.

I 2.3 Gott erhöht und erniedrigt (Jak 1,9–11)

9 Es soll sich aber rühmen der geringe Bruder in seiner Erhöhung,
10 der Reiche aber in seiner Erniedrigung, weil er wie eine Blüte des
Grases zugrunde gehen wird. 11 Denn die Sonne geht auf zusammen
mit dem Sengen und dörrt das Gras und seine Blüte fällt heraus und
die Anmutigkeit ihres Anblicks geht zugrunde. So wird auch der Reiche auf seinen Reisen ausgelöscht werden.

9–11 Der Abschnitt stellt zwei Menschentypen gegenüber: den Demütigen und den Reichen. Dieses Gegenüber ist nicht ganz symmetrisch. Offenbar geht es Jakobus um eine Haltung, die er durch die beiden Begriffe verdeutlichen will. Reichtum steht auf der Seite der selbst erworbenen, aber stets bedrohten und soweit vergänglichen Absicherungen. Jakobus nimmt Bilder aus der Prophetenrede Jes 40,2–9^{LXX} auf. Diese Rede in eine bestimmte historisch vergangene Situation deutet Jak auf die gegenwärtig angebrochene Endzeit hin. Eine solche eschatologische Deutung von Jes 40 ist im Judentum öfters belegt (z. B. 1QS 8,13f; PsSal 11,4), prominent etwa durch Johannes den Täufer (Mt 3,3; Lk 3,4; Joh 1,23) und im frühen Christentum (mit anderer Spitze: 1 Petr 1,24f).

9 *Der geringe Bruder:* wie im Christentum allgemein lobt der Jak eine Haltung, die sich ihrer Geringheit bewusst ist. *In seiner Erhöhung:* eine Erhöhung bewirkt Gott, das setzt Jakobus voraus, vgl. Jak 4,6. **10** *Der Reiche*, ergänze aus V. 9 „rühme sich der Erniedrigung". Schon Beda deutet dies als Ironie: „Dass dies im Spott, der auf Griechisch ‚Ironie' genannt wird, gesagt worden ist, steht fest" (Übers. Karsten 77). Ich zögere, denn warum sollte Jakobus eine ausweglose Vernichtung ironisch ansprechen? Eher soll der Reiche einen zukünftigen Geldverlust als Prüfung annehmen, durch die er zwar sein Geld verliert, durch die er aber mit der Demut auch Festigkeit bei Gott erlangen kann. Reichtum gleicht einer *Blüte des Grases*, wie es Jakobus in Anlehnung an Jes 40,6^{LXX} formuliert. Ohne den Bezug auf den biblischen Grundtext wäre die Formulierung „die Blüte des Grases“ etwas schräg. Jakobus ist zwar stilistisch ambitioniert, aber er feilt nicht an Worten der griechischen Bibel. Wie in Jes 40,6^{LXX} lässt Jak 1,10 auch die bestimmten Artikel weg und fügt sie dann in Jak 1,11 wieder hinzu wie Jes 40,7^{LXX}. **11** Keine noch so gut im Saft stehende Blüte kann auf Dauer gegen die sengende Sonne ankämpfen. Menschliche Sicherungen können nicht bestehen. Jakobus trägt ausdrücklich nach, dass die Außenwirkung vergeht, die Blüte verliert die *Anmutigkeit des Anblicks*. Die Wortwahl ist biblisch nicht vorgeprägt. Von der vergehenden Anmut im Zusammenhang mit einem Zitat aus Jes 40,6 redet noch der Brief des Baruch an die neuneinhalb Stämme in der Diaspora, überliefert in der syrischen Baruch-Apokalypse (100–130 n. Chr.): „Wir sinnen über ihrer Anmut Schönheit nach, indes sie doch in Unreinheit leben – wie Gras, das dürr wird, werden sie verdorren“ (syrBar 82,7; Übers. Klijn, JSHRZ V/2, 178). Die in syrBar formulierte Polemik gegen die mächtigen Heiden dürfte vom Jak unabhängig sein. Jak 1,11 unterstreicht metaphorisch die gesellschaftlichen Folgen des finanziellen Verlusts. In der Metapher unterscheidet Jakobus die äußere Erscheinung und das betroffene Wesen. Mit dem vergehenden Reichtum muss nicht zwingend zugleich der Reiche selbst zugrunde gehen. Dass die äußere Erscheinung vergeht, thematisiert auch der Blick des „Nur-Hörers“ in den Spiegel (1,23f). Jakobus bringt ein neues, seltenes Verb in der Zusammenfassung *„auslöschen“* (gr. *maraínō*; im Neuen Testament nur hier), das aber in ähnlichen Diskursen auch Hiob und das Buch der Weisheit Salomos kennen (LXX nur: Hi 15,30; 24,24; Weish 2,8; 19,21). Jakobus will schwerlich an diese Texte erinnern. Den Lebenswegen (1,8) entsprechen beim Reichen die *Reisen*, seine Unternehmungen (vgl. 4,13). Das Auslöschen trifft den Reichen mitten in seiner rastlosen Umtriebigkeit. Das Passiv verweist schwerlich auf Gott, es ist wohl kein *passivum divinum*. Gott wird das Elend des Armen wandeln. Dieses biblische Motiv unterstreicht auch mit der entsprechenden Erniedrigung der gegenwärtig Reichen die Jesusüberlieferung (Lk 6,20f. 24f par Mt 5,3–6; Polykarp, Phil 2,3; Lk 14,11 par Mt 23,12 [Q?]) und der Lobgesang Marias: „Er [der Herr] übt Gewalt mit seinem Arm und zerstreut, die hoffärtig sind in ihres Herzens Sinn. [52]Er stößt die Gewaltigen vom Thron und erhebt die Niedrigen. [53]Die Hungrigen füllt er mit Gütern und lässt die Reichen leer ausgehen“ (Lk 1,51–53) bzw. Georg Neumarks Lied „Wer nur den lieben Gott lässt walten“: Es sind ja Gott sehr leichte Sachen / und ist dem Höchsten alles gleich:/ den Reichen klein und arm zu machen,/ den Armen aber groß und reich./ Gott ist der rechte Wundermann,/ der bald erhöhn, bald stürzen kann (Evang. Gesangbuch 369/6).

I 2.4 Bewährung zum Leben oder geködert zum Tod (Jak 1,12–15)

12 Selig ist ein Mann, der beständig bleibt bei der Prüfung, weil er als bewährt Befundener den Kranz des Lebens erhalten wird, den verheißen bekommen haben (sc. von Gott), die ihn lieben. 13 Keiner aber, der geprüft wird, soll sagen, dass er von Gott geprüft werde. Denn Gott ist keiner, der durch Schlechtigkeiten geprüft werden kann, er prüft aber auch keinen. 14 Ein jeder aber, der geprüft wird, wird durch seine eigenen Begierden geprüft, indem er fortgerissen und geködert wird.
15 Dann entbindet die Begierde, nachdem sie begattet wurde, Sünde, die Sünde aber bringt zur Welt, wenn sie ans Ziel gelangt ist, (den) Tod.

12–15 Der Abschnitt stellt den beständigen Mann einem Menschen gegenüber, der sich in seinen Begierden verliert. Der Beständige wird ewiges Heil erhalten, die „Krone des Lebens“, während der in seinen Begierden Verlorene den Tod erleidet.

12 *Selig:* Makarismus oder Seligpreisung hier mit artikellosen „*Mann*“, statt „Mensch“ (s. Einl 8). Jakobus übernimmt die Sprechweise der Psalmen („selig der Mann“: Ps 1,1; 32,2; 34,9; 40,5 u.ö., auch Spr 28,14; Jes 56,2), die so sonst im Neuen Testament fehlt. Mit dem Makarismus kommt unaufdringlich eine eschatologische Perspektive in den Jak. Selig ist der in Prüfungen Ausdauernde (1,2–4; vgl. 5,11), *der beständig bleibt*. Einen *Kranz* trägt eine Person als sichtbares Zeichen, die eine Prüfung bzw. einen Wettkampf erfolgreich bestanden hat. Hier wird auf das ferne Ziel verwiesen, das bei mangelnder Ausdauer nicht erreicht werden könnte, vgl. Offb 2,10, sachlich ähnlich 1 Petr 5,4. „*Leben*“ ist hier als eschatologisch gefülltes und qualifiziertes Leben zu verstehen, denn biologisch lebendig ist jeder angesprochene Mensch ohnehin. *(sc. von Gott):* Dass Gott der Gebende sein muss, erschließt sich aus dem Zusammenhang, vgl. 2,5fin. Jak 1,12 nennt – wie üblich im Judentum (vgl. Bill. 3, 751) – Gott nicht ausdrücklich. Die Lutherübersetzung (auch Revision 2017) folgt schlechteren Textzeugen, die hier „den Herrn“ oder „Gott“ ausdrücklich nennen. *Die ihn lieben:* wörtlich wieder in 2,5; eine für Israeliten (Ex 20,6; Dtn 5,10; u.ö.) wie für Christen üblich gewordene Bezeichnung (1 Kor 2,9; 8,3; Röm 8,28 u.ö.). **13** Nicht Gott schickt die Prüfungen, behauptet Jakobus gegen das offenkundige Zeugnis z.B. von Abraham (Gen 22,1) und Hiob. Jakobus lehnt es so ab, die Verantwortung auf Gott abzuwälzen (vgl. Sir 15,11–14). Die Gefahr lauert vielmehr im Innern des Menschen, in seinen Begierden. *Ist keiner, der … geprüft werden kann:* Gott kann nicht gefangen und geködert werden und steht außerhalb der Gefahr, in Prüfungen zu scheitern. Die lateinische Bibelübersetzung, die Vulgata, der Luther folgt, ist die Aussage wohl zu banal. Sie interpretiert: Gott ist nicht ein Versucher zum Bösen. So wird allerdings der Folgesatz zur plumpen Wiederholung. Es ist undeutlich, ob mit den *Schlechtigkeiten* hier schlechte Leidenschaften gemeint sind oder dämonische Kräfte benannt werden sollen. Jedenfalls kann keine von beiden Gott schaden. **14** *Begierden:* Dieses innerseelische Phänomen verwendet Jakobus, ohne es einzuführen. Keine uns bekannte ähnliche Diskussion ist die spezifische Vorlage für Jakobus. Die philosophischen Fachdiskussion verwenden den Begriff „Begierde" in anderen Zuschnitten, so etwa innerhalb der platonischen Dreiteilung der Seele, die dem Jak fremd ist. Begierde, beim Jak als Grundgröße singularisch vorgestellt, heißt die innere Neigung, die schnell Lust befriedigen will und dabei langfristige Ziele ignoriert, wie etwa Verantwortung gegenüber anderen Menschen und Gott. Dass die Begierden alle Schlechtigkeiten und Sünden verursachen, ist feststehende Meinung im Frühjudentum (Philon, dec 142. 173; spec 4,84; QGen 1,47; ApkMos 19,3), Christentum (Röm 7,7f, 1 Petr 2,11, vgl. Bill. 3, 234–237) und auch sonst (Maximus von Tyrus, dial 24,4A). *Fortgerissen* (gr. *ex[h]élkō*, hap. leg.) … *geködert:* vielleicht kommen beide Bilder aus dem Fischfang. Jakobus übernimmt diese Bilder aus philosophischen Diskursen (Platon, ep 7, 325A; Philon, prob 159 u.ö., Josephus, Ap 2,284; Mark Aurel 2,12,1). Die Begierde ist weder ein Dämon noch eine überindividuelle Macht, sondern eine je eigene Neigung, die sich aber schnell der Selbstkontrolle zu entziehen versteht. Sie hat ein erhebliches Suchtpotential mit tödlichem Ausgang. **15** *Begattet wurde – entbindet – bringt zur Welt:* Der Jak übernimmt hier Zeugungsmetaphern für seelische Entwicklungen (vgl. Ps 7,14f; von Jak unabhängig auch Justin, dial 100,5). Die Begierde muss *begattet* werden. Das im Partizip verwendete Verb ist in der Septuaginta in dieser Bedeutung vorgeprägt und häufig, aber auch profangriechisch möglich. Für das Gebären des Todes aus der Sünde verwendet der Jak eine seltene Vokabel „zur Welt bringen" (gr. *apokyéō* im Neuen Testament nur noch Jak 1,18; LXX nur 4 Makk 15,17, oft bei Philon). Das präsentische Verb „gebären" steht dem futurischen „wird empfangen" (1,12) des beständigen Menschen gegenüber. Während der Kranz des Lebens am Ende der Zeiten verliehen wird, ist der Tod in den Begierden schon gegenwärtig. Zeugungsmetaphern für Seelengrößen kennt insbesondere Philon von Alexandrien in seinen Auslegungen zur Tora (Gen-Dtn), den „Seelenallegoresen".

Exkurs: Seelenkonstellationen und Schriftauslegung

Philon von Alexandrien (gest. um 40 n. Chr.) hat viele Traktate hinterlassen, in denen er die Tora wörtlich und übertragen (allegorisch) auslegt. Meist untersucht der Alexandriner zunächst den „Literalsinn" (gr. *rhētón*) einer Torastelle und anschließend den „Sinn gemäß der Vernunft" (gr. *pros ton diánoian*). Bei dieser Auslegung bezieht Philon die verschiedensten Themen der Bibelstellen auf seelische Stimmungen und Handlungen des *einzelnen Menschen*, meist speziel auf Seelenkonstellationen. Er beschreibt sein Verfahren so: „Nun gibt wohl nach dem Wortlaute der Satz keinen Sinn, bezieht man ihn aber auf die in der Seele wohnenden Kräfte, so findet man die sich aus ihm ergebende Folgerung ..." (Philon, det 95). Philon kennt, von wenigen Ausnahmen abgesehen, nur einen „Klangkörper", der den spröden Wortlaut der überlieferten Texte zum Erklingen bringt: die menschliche Seele. Philon betreibt Seelenallegorese. Personen und Orte in der Tora sind für Philon gleichsam Chiffren für Konstellationen der Seele eines Menschen. Aus den häufig wiederkehrenden Personen und Orten der Tora ergibt sich so eine „Metasprache" für Seelenkonstellationen. Die Bedeutung des Landes „Ägypten" z. B. als „Körper" setzt Philon oft als bekannt voraus. Der Auszug aus Ägypten steht für Philon als Befreiung der Vernunft aus der Knechtschaft für den Körper.

Im Umfeld Philons gibt einzelne Belege für ähnliche Seelenallegoresen. Etwa die Art, in der 4 Makk die Geschichte aus 2 Makk 6f aufnimmt ist auch eine Seelenallegorese. Das EvThom legt Jesus Sprüche in den Mund, die nur auf dem Hintergrund platonischer Seelenbilder verständlich werden (EvThom 8). Auch Jak deutet Seelenkonstellationen, er knüpft dabei an Diskurse an, wie sie die Seelenallegoresen Philons und andere auch kennen.***

Die Sünde zahlt, wenn es denn ans Zahlen geht (*wenn sie ans Ziel gelangt ist)*, mit dem Leben des Betroffenen und gebiert so *(den) Tod.* Sachlich ähnlich redet Röm 6,23 vom Tod als der Sünde Sold. Insgesamt genügen die Indizien nicht, Jak eine literarische Abhängigkeit vom Röm nachzuweisen, zumal Röm 6f das heilige Gesetz (Röm 7,12) gegen den Vorwurf verteidigt, Schlechtes zu verursachen. Das Gesetz ist im Jak nicht angegriffen und entsprechend auch nicht verteidigt. Die Begierde und die Sünde lenken ab von den lebensgefährdenden Kosten, die sie den Befallenen aufzubringen zwingen, bis er unter der Last zusammenbricht und ausweglos verloren ist. *Dann entbindet die Begierde ... den Tod*: Das Bild der Wehenschmerzen wendet das apokalyptischen Judentum und das frühen Christentum auf die in Wehen liegenden Endzeit an (vgl. 1QHod 11,7–12; Mk 13,8; Röm 8,22). Jak nimmt dies Bild hier wohl bewusst selbstwidersprüchlich und soweit ironisierend auf (vgl. Jes 26,17f): Statt einer neuen Kreatur mit neuen Möglichkeiten kommt nur der Tod zur Herrschaft, der alles Leben beendet. Jak hat mit dem Tod das Gegenstück zum Leben in 1,12 („Kranz des Lebens") ausformuliert.

II Briefkorpus (Jak 1,16–5,6)

Das Briefkorpus des Jak lässt sich in vier Hauptteile gliedern (II 1–4).

II 1 Gottes eingepflanztes Wort (Jak 1,16–27)

Der erste Hauptteil (1,16–27) stellt Gottes Freigebigkeit heraus, mit der er den Christen versorgt und so neu gebiert (16–18) und dabei sein Wort einpflanzt. Jak betont die Verantwortung des Empfängers, diese Pflanzung nicht durch Zorn (19–21), Fixierung auf Äußerlichkeiten (22–25) oder unkontrolliertes Reden am Wuchs zu hindern (26f).

II 1.1 Vollendetes erschafft Gott in uns (Jak 1,16–18)

16 Lasst euch nicht irreführen, meine geliebten Brüder. 17 Jede gute Gabe und jedes vollendete Geschenk ist von oben, weil es herabkommt vom Vater der Lichter, bei dem es weder Veränderung noch eine Verschattungskonstellation gibt. 18 Weil er es wollte, gebar er uns durch das Wort der Wahrheit, dass wir sozusagen Erstlingsgabe seiner Geschöpfe seien.

16–18 Die Neuanrede markiert einen neuen Abschnitt. Zunächst entfaltet 1,16–18 Jak 1,5 und nennt die positive Gegenseite zu 1,14f: allein Gott erschafft Gutes und Vollendetes in uns.

16 Die Einführung „*Lasst euch nicht irreführen*“ warnt davor, sich selbst die Fähigkeit zu guten und vollendeten Werken zuzutrauen. *Meine geliebten Brüder:* s. Einl. 7 (5). **17** *Gabe/Geschenk:* Jak formuliert die ersten sieben griechischen Worte in einem fast reinen Hexameter (BDR 487.2[8], vgl. Jak 4,5). Der sinntragende Satzteil „*ist von oben*“ wäre allerdings schon außerhalb des Versmaßes. Da der Hexameter nur einen Teil des Satzes abdeckt, ist er wohl eher zufällig. Das Stichwort *vollendete* bei dem Geschenk erinnert an das vollendete Werk (1,4), das hier auf Gott zurückgeführt wird. Die Aussage ist verbreitet: Platon, resp 2, 379C; Tob 4,19; Philon formuliert oft ähnlich: „Es gibt nichts Gutes, das nicht von Gott wäre“ (sacr 63; vgl. post 80; migr 73; spec 1,224). Gabe und Geschenk ist wieder Hendiadyon, wie öfters im Jak (s. 1,4). *Von oben:* die Formulierung spricht den göttlichen Bereich in einer Raummetapher an. Der obere Raum ist im Folgenden als das Himmelsfirmament angesprochen, 3,15–17 nimmt dies auf. Die *Lichter* beim „Vater der Lichter“ sind entsprechend die Sterne (Ps 136,7; Jer 4,23; mit abweichender Vokabel Gen 1,16). Der etwas undeutliche abschließende Relativsatz 1,17fin spielt wohl an auf Gestirnskonstellationen, die Gestirne im Schatten anderer unsichtbar werden lassen, schließt aber solche Einschränkungen für Gott und seinen Wirkungsbereich aus, inhaltlich ähnlich wie 1 Joh 1,5.

Textüberlieferung: Der Text in 17fin ist unsicher überliefert, es gibt zahlreiche Varianten, die verbessern wollen. Pap. 23 (3. Jahrhundert) liest stilistisch hart drei Genitive nach den gr. Worten für „es gibt nicht". Diese wären wohl partitiv zu deuten: bei dem es weder (etwas) von Veränderung oder von einer Konstellation (oder) von einem Schatten gibt.

Die zu vermutende Aussage ist wohl: *Bei ihm*, also im Herrschaftsbereich Gottes, sind die Gaben ohne Sprünge, Veränderungen, kurz: zuverlässig. Gott gibt uneingeschränkt und ohne irgendeinen Vorbehalt oder nachträgliche Reue (vgl. 1,5). Die Lichter am Himmel mögen gelegentlich verdeckt sein, der Vater der Lichter und seine Gaben dagegen nicht. **18** *Weil er es wollte:* Gott errettet uns willentlich. Die Heilstat drückt Jak mit demselben Verb aus, wie in 1,15 die Geburt des Todes durch die Sünde (gr. *apokýō*). Das seltene Verb kommt im Neuen Testament nur in Jak 1,15 und 18 und in der griechischen Bibel (LXX) nur einmal übertragen vor (4 Makk 15,17). Die Geburt aus Gott ist geschehen (Aorist), die Geburt des Todes wird sein, wenn die Sünde zur Vollendung gelangt ist (1,15). Jak beschreibt hier eine Wiedergeburt, wie sie mit anderen Begriffen auch 1 Petr 1,3. 23; Joh 3,5, 1 Joh 3,9; 4,7; 5,18 und Tit 3,5 nennt (s. Exkurs zu 1 Petr 1,3). Das Bild von der Geburt unterstreicht den individuellen und anknüpfungslosen Neuanfang des Christseins (wohl nicht: des Judeseins) durch Gott. Diese Geburt geschieht durch das *Wort*. Eine Wiedergeburt durch das Wort nennt auch 1 Petr 1,23, aber mit anderen Vokabeln. Dahinter steht die Schöpfung durch das Wort, wie sie der biblische Schöpfungsbericht andeutet: „Gott sprach … und es war so" (Gen 1,3 u.ö.). Ps 33,6. 9; 148,5 nimmt dieses Motiv auf. Die Schöpfung durch das Wort entfalten viele frühjüdische Schriften, darunter Jub 12,4; Weish 9,1; Sir 39,23; 42,15b; SibOr 3,20 bis hin zum Joh 1,3, Hebr 11,3, im Kontext der Wiedergeburt 1 Petr 1,23 und eben auch Jak 1,18. Das *Wort der Wahrheit* ist wohl weder die Sinaitora („Gesetz der Wahrheit" Mal 2,6; so aber Allison) noch Christus als das Wort im Sinne von Joh 1 (so Kirchenväter, u. a. Athanasius, Orat 3 c.Ar. 61), sondern Gottes Wort für uns. Welche für Menschen vernehmbaren Worte dieses „Wort der Wahrheit" meint, erlaubt Jak 1,18 nicht zu sagen. Dieses Wort jedenfalls pflanzt Gott ein, s. u. zu 1,21. Spekulation über die Schöpfungsmittlerschaft der Tora (Sir 24) oder Christi (Joh 1) sind dem Jak fremd. Während die Sünde auf ein lebloses Ende zuläuft, den Tod, eröffnet Gottes Geburt eine Zukunft und Aufgabe in der Fülle seiner Kreaturen. Hier wie öfters im Jak verbindet sich der Absender in der 1. Person pl. mit den Adressaten (auch 2,1. 21; 3,3. 6. 9; 4,5; 5,17) *Wir* seien *Erstlingsgabe seiner Geschöpfe*. Die Erstlingsgabe bezeichnet die dem Schöpfer zugedachten Erstertrag. Hier ist dieser Opferterminus übertragen verwendet, es ist nur *sozusa-*

gen Erstlingsgabe. Dass die Christen die Schöpfung wie Erstlingsgaben eröffnen, knüpft an einzelne Aussagen im Frühjudentum an, die sagen, dass die Israeliten (Jer 2,3; Philon, spec 4,180 u.ö., auch 1Klem 29,3) oder ein bedeutender Mensch die Schöpfung anführt oder trägt (etwa Jakobus nach EvThom log. 12). So bezeichnet 1 Kor 15,20. 23 Christus als Erstlingsgabe der Entschlafenen. Der Opfercharakter tritt ganz zurück, wenn Menschen als Erstlingsgaben eines größeren Bekehrungsgebiets bezeichnet werden (Röm 16,5; 1 Kor 16,15). Wie beim nicht bildlichen Opfer eröffnet die Erstlingsgabe eine Segenskraft, für die durch das Opfer begünstigten Geschöpfe.

II 1.2 Lasst Gottes Wort in euch wachsen! (Jak 1,19–21)

19 Denkt daran, meine geliebten Brüder: Es soll folglich jeder Mensch schnell sein zum Hören, langsam zum Sprechen, langsam zum Zorn. 20 Denn Zorn eines Mannes verfertigt keine Gerechtigkeit Gottes. 21 Daher, wenn ihr ablegt allen Schmutz und Übermaß der Schlechtigkeit, nehmt in Milde an das eingepflanzte Wort, das Macht hat, eure Seelen zu retten.

19–21 Wiederum eröffnet eine Anrede einen neuen Abschnitt. Es geht in 1,19–21 darum, Gottes an uns geschehene neue Geburt, das eingepflanzte Wort, auch wirken zu lassen und es nicht durch unbedachte Taten im Zorn zu überdecken.

19 Die Anrede *„Denkt daran"* soll an Bekanntes erinnern. Hatte sich Jakobus in 1,18 zweimal mit den Adressaten zu einem Wir / uns zusammen geschlossen, tritt er diesen nun wieder gegenüber: 1,21fin redet er dann von „euren Seelen". Eine allgemeine Regel leitet Jak in biblischer Formulierung (Semitismus oder Septuagintismus) mit der typisierenden Rede *„jeder Mensch"* ein. Zurückhaltung beim Reden mahnen Weisheitslehrer aller antiken Kulturen an, oft auch mit der Gegenüberstellung von *schnell* und *langsam* (Spr 14,29; 16,32; Sir 5,13). Der Erfahrungssatz bekommt im angefügten Nachsatz gleichsam eine Begründung angehängt. Die Form eines Satzes mit zwei parallelen Nachsätzen ist frühjüdisch vorgeprägt und etwa im Mischna-Traktat „Sprüche der Väter" (Pirke Avot) häufig zu finden (Allison). Der *Zorn* könnte zu einer voreiligen Rede verführen, die einmal ausgesprochen, nicht mehr rückgängig gemacht werden kann. **20** Jakobus zielt auf das Ergebnis, wenn er mahnt, den Zorn zu vermeiden. Es geht darum, ob am Schluss Gerechtigkeit Gottes ausgeführt oder *verfertigt* wird: „Herr, … wer wird wohnen auf deinem heiligen Berg? [2]Einer, der untadelig wandelt und Gerechtigkeit übt, der die Wahrheit redet in seinem Herzen, [3]der nicht betrogen hat mit seiner Zunge …" (Ps^{LXX} 15,1b–3a; vgl. Apg 10,35; Hebr 11,33). *Gerechtigkeit*

Gottes ist hier die Verhaltenssolidarität, die Gottes Willen und Wesen zukommt entsprechend der hebräischen *zedakah* im Alten Testament. Die paulinischen Zuspitzung des Begriffs „Gerechtigkeit Gottes", als der Eigenschaft, die Gott dem Glaubenden zukommen lässt, setzt Jakobus nicht voraus. **21** Wie Kleider soll das Laster abgelegt werden. Dieses Laster, eben noch als Zorn angesprochen (1,19f), umschreibt Jakobus nun im Hendiadyoin mit zwei sich interpretierenden Begriffen: *allen Schmutz* und (alles) *Übermaß der Schlechtigkeit.* Der Auftrag wird vorsichtig nur darauf beschränkt, ein Übermaß an Schlechtigkeit abzulegen. Das „alle" vor Schmutz ist wohl auch zu Schlechtigkeit zu denken. Etwas widersprüchlich verlangt das eine (legt ab allen Schmutz ...) eine vollständige psychische Hygiene, das andere nur eine grobe Vorreinigung. Vielleicht meint das hier mit Schmutz übersetzte, recht seltene Wort (gr. *ryparía*) wie die verwandten Wörter in Jak 2,2 (gr. *ryparós*) und 1 Petr 3,21 (gr. *rýpos*) einen Schmutz im Ohr (Ohrenschmalz) und nicht übertragen eine ethische Verfehlung (Bauer: Wb 1477). Dann wäre die Verbindung zum vorangehenden Vers enger: diese Reinigung erleichtert das Hören. Statt sich im Zorn zu verschließen, soll das Wort *in Milde* angenommen werden. In Milde gehört zum Infinitiv „annehmen" und sollte daher nicht durch ein Komma davon getrennt werden (mit Nestle^{28} gegen Nestle^{27}). Das bei der Geburt durch Gott mitgegebene Wort dürfte hier als *das eingepflanzte Wort* angesprochen sein. Das hier mit „eingepflanzt" wiedergegebene Wort zielt in seiner Grundbedeutung auf eine Anlage im Innern im Sinne von „angeboren" (so auch in Weish 12,10; einziger Beleg LXX), ohne auf Gott als den Verursacher dieses Vorhandenseins abzuheben. Hier ist wegen der Bildfolge Gott als der Einpflanzende zu denken, der wie bei der Wiedergeburt nicht eine natürliche Anlage aktiviert, sondern eine neue Existenz erschafft (vgl. Barn 1,2: „weil ihr ... die Gnade der Geistbegabung eingepflanzt erhalten habt"; Barn 9,9: „die eingepflanzte Gabe seiner Lehre"). Das Motiv des in das Herz geschriebenen Gesetzes ist bereits atl. vorgeprägt (Ps 37,31; 40,9; Jes 51,7). Jakobus formuliert wohl im Anschluss an eine Verheißung, nach der die Tora im Herzen verankert werden wird: „Ich will mein Gesetz in ihr Herz geben und in ihren Sinn schreiben" (Jer 31,33 bzw. 38,33^{LXX}). Diese Verheißung ist im Frühjudentum vielfältig aufgenommen worden (1QHod 12,10; 4Q504 Frgm 1, 2,12f; dt. Maier II, 607: „Dein Name ist ausgerufen über uns ... und um uns einzupflanzen deine Tora in unser Herz"). Die partiell ähnliche stoische Lehre vom ausgesäten Wort (gr. *lógos spermatikós*), das in die Welt und in den Menschen eingepflanzt ist, dürfte für Justin (um 155 n. Chr.) durch die bei Jeremia belegte Verheißung anwendbar geworden sein (Justin, apol 2,8,1; 2,13,5; apol 1,32,8). Justin bezieht sich (auch) auf die stoische Lehre, noch nicht aber der Jak. Er kommt von der alttestamentlichen Verheißung her (Allison 313–316). Nach dem Jak ist die Verheißung allerdings schon gegenwärtig realisiert. Das Wort ist schon eingepflanzt, die Rettung steht aber noch aus, daher hat dieses Wort bislang nur *Macht* (vgl. 4,12: „der zu retten ... vermag"). Aber es wird *eure Seelen* erlösen und so retten (vgl. 5,20).

II 1.3 Hörer und Täter des Wortes (Jak 1,22–25)

22 Werdet nun Täter des Wortes und nicht nur Hörer, die sich selbst betrügen. 23 Weil, wenn einer Hörer des Gesetzes ist und nicht Täter, gleicht dieser einem Mann, der sich hineindenkt in die Oberfläche seines Werdens im Spiegel. 24 Er dachte sich nämlich hinein, ist weggegangen und sofort hat er vergessen, welcher Qualität er war. 25 Der aber, wenn er hineinspitzte in das vollendete Gesetz der Freiheit, wenn er verblieb, wurde kein Hörer des Vergessens, sondern ein Täter des Werkes, dieser wird selig sein in seiner Ausführung.

22–25 Der Abschnitt lebt wie so viele weisheitliche Texte von der Gegenüberstellung zweier Typen, die der Jak „Hörer" und „Täter des Wortes" nennt (1,22f; 25; auch 4,11). Aus dem Zusammenhang wird klar, dass er einen Menschen, der Weisungen vernimmt, aber nicht danach handelt, einen „Nur-Hörer" nennt. Diesem „Nur-Hörer" stellt Jakobus einen anderen Typus gegenüber, der Weisungen hört und auch danach handelt, den ich „Auch-Täter" nenne. Der Jak stellt für seinen „Nur-Hörer" und den „Auch-Täter" zwei typische Handlungsweisen nacheinander vor. Einzelne Wendungen sind nicht ganz klar deutbar. Die Gegensatzpaare sind m. E. so aufgeteilt:

Nur-Hörer	Auch-Täter
dachte sich hinein in	spitzte hinein in
die Oberfläche seines Werdens im Spiegel	das vollendete Gesetz der Freiheit,
ist weggegangen	verblieb
	(Wort ist eingepflanzt)
vergaß sofort, welche Qualität er hatte	wird selig und bringt zur Ausführung.

22 Für einen Griechen ohne hebräischen Sprachhintergrund umschreibt die Wortverbindung „*Täter des Wortes*" einen Gestalter von Worten, einen Dichter (z. B. Thukydides 1, 11, 2; auch Philon; vgl. Apg 17,28). Ein „Täter des Gesetzes" ist entsprechend ein Verfasser von Gesetzestexten (Platon, def 415B 7). In der hebräischen Literatur ist die Wortverbindung „Täter des Wortes" vorgeprägt durch das Verb „tun" mit dem Nomen „Wort" und bezeichnet jemanden, der ein Wort oder eine Anweisung durch seine Handlungen ausführt (z. B. Gen 19,25; Ri 6,29). Das „Wort“ (Jak 1,22) nimmt das „eingepflanzte Wort“ (Jak 1,21) auf und steht wie dort für das Gesetz, wie es später ausdrücklich heißt: „Täter des Gesetzes“ (Jak 4,11).

Textüberlieferung: Einzelne Textzeugen lesen analog auch in 1,22 „Täter des Gesetzes“ und gleichen so die Redeweisen aneinander und an Röm 2,13 an.

Die Wendung „Täter des Gesetzes“ findet sich auch in gr. jüdischer Literatur (1 Makk 2,67, vgl. Ps^{LXX} 103,20; 148,8). In der jüdischen Traditionsliteratur wird diese Redeweise weiter gepflegt (Bill. 3, 84–88). Wenn auch Paulus vom „Täter des Gesetzes“ (Röm 2,13) redet, muss Jak 1,22 nicht von Röm 2,13 abhängen. Dazu ist die Wortverbindung in der jüdischen Überlieferung zu vielfältig vorbereitet. Jak 1,22 warnt: „*Nur Hörer*“ drohen *sich selbst* zu *betrügen*. Das griechische Wort für „Betrügen“ (*paralogízomai*, anders 1,26: *apatéō*) enthält den Bestandteil „*lógos*“, um dessen Übersehen es hier geht: Der sich selbst Betrügende stützt sich nicht auf das eingepflanzte Wort (gr. *lógos* 1,21). **23–24** Die Gegenüberstellung von „Nur-Hörer“ (1,23 f) und „Auch-Täter“ (1,25) hat einzelne Asymmetrien. 1,23 beginnt mit einem präsentischen Partizip (indem er *sich hineindenkt*), das dann im Aorist aufgenommen wird: *er dachte sich hinein*. 1,24 beschreibt wohl eine typische Abfolge von Tätigkeiten: sich hineindenken in die Oberfläche, weggehen (gr. Perfekt), und vergessen (gr. Aorist). Auf der Seite des Täters (1,25) stehen drei Partizipien im Aorist und erst am Schluss das Verb „wird er sein“. Die Wendung „*Oberfläche seines Werdens*“ oder „das Angesicht seines Wesens“ ist ohne Parallele. Hier formuliert der Autor selbst. Der angehängte Genitiv „des Werdens“ muss ein bestimmtes Betrachtungsobjekt ansprechen, sonst wäre er überflüssig. Jakobus will wohl sagen: Der „Nur-Hörer“ will das im Innern eingepflanzte Wort, das Ebenbild Gottes (Jak 3,9), an der Oberfläche sehen, dort seine Qualität festmachen (24fin). Jak 1,11 stellte das Vergehen der äußeren Erscheinung im Bild von der verdorrenden Blume heraus. Jakobus warnt vor einem Selbstverständnis, das sich auf äußere Vorzüge stützt. 2,1–13 nimmt mit dem „Reichen“ diese Linie auf. Der *Spiegel* als Gegenstand, auf dem das Angesicht des Werdens durch den Nur-Hörer betrachtet wird, ist schwer deutbar. Wohl zielt der Vergleich darauf, dass das Bild im Spiegel keinen eigenständigen Bestand hat. Es spiegelt Existenz vor, ist aber nur Lichtreflexion. **25** Der dem Nur-Hörer gegenübergestellte „Täter“ vertieft sich nicht, er neigt sich vor, um in einen besonderen Bereich *hineinzuspitzen*.

Sir 14,20–23: Wohl dem, der über die Weisheit nachsinnt und sie aufnimmt in sein ganzes Denken; [23]der ihre Wege von Herzen betrachtet und ihren Geheimnissen immer weiter nachforscht, ihr wie ein Späher nachschleicht und auf ihren Wegen auf sie wartet [24]und guckt zu ihrem Fenster hinein (gr. *parakýpton*) und horcht an ihrer Tür … (Luther).

Dasselbe seltene Verb (*parakúptō*) verwendet auch 1 Petr 1,12 in anderem Zusammenhang, schwerlich besteht hier eine Abhängigkeit. Das *vollendete Gesetz der Freiheit* führt Jakobus nicht ein und erklärt die Wortverbindung nicht. *Hörer des Vergessens:* Mit dieser semitisierenden Sprechweise meint Jak einen vergesslicher Hörer, den er dem *Täter des Werkes* gegenüber stellt. Dieser *wird selig sein* zwar nicht sofort, aber letztlich, *in seiner Ausführung.*

Exkurs: Das Gesetz im Jak

Der Jak redet positiv bis überschwänglich vom Gesetz als dem „Gesetz der Freiheit" (1,25; 2,12), dem „königlichen Gesetz" (2,8, vgl. Königsherrschaft 2,5), dem „ganzen Gesetz" (2,10) und öfters ohne Näherbestimmungen (2,9. 11; 4,11 [4×]). In 1,25 liegt es nahe, die das Gesetz qualifizierende Freiheit als Freiheit von der Verknechtung der Begierde zu deuten (1,14f). Das Gesetz ist vollendet (1,25). Es hat wie alle vollendeten Werke Gott als Urheber (1,17 ; vgl. 1,4). Die Wortverbindung „Gesetz der Freiheit" ist für uns vor Jak nicht belegt, aber kaum von Jakobus erfunden worden. Irenäus (gest. um 200) nennt mehrmals ein Gesetz der Freiheit (*libertatis lex:* advhaer 4,34,4; 4,37,1; 4,39,3; *decreta libertatis:* advhaer 4,13,2). Da Irenäus im Kontext keine weiteren Übereinstimmungen zu Jak 1 zeigt, dürfte er unabhängig von Jak formuliert haben.

Die Wortverbindung überrascht jeden, der durch die lutherischen Gesetzesdeutung geprägt wurde. Entweder „Gesetz" oder „Freiheit", möchte man sagen. Nun aber: das Gesetz der Freiheit soll unser Maßstab sein. Nach Paulus sind wir chancenlos, wenn wir versuchen, mit dem Gesetz Freiheit zu erlangen (z. B. Gal 2,16; 3,11). Allerdings redet Paulus durchaus auch positiv vom Gesetz: es ist gut, heilig und gerecht (Röm 7,12). Es gibt bei ihm ein „Gesetz des Geistes" (Röm 8,2) und sogar ein „Gesetz Christi" (Gal 6,2). Bei diesen Stellen kommt Paulus der Rede von einem königlichen Gesetz oder einem Gesetz der Freiheit recht nahe. Paulus führt zum Gesetz Christi aus: „Einer trage des anderen Last, so werdet ihr das Gesetz Christi erfüllen" (Gal 6,2). Ganz ähnlich fasst Jesus das Grundprinzip des Gesetzes zusammen (Mk 12,31par Mt 22,39par Lk 10,27, vgl. EvThom log. 25; Mt 19,19). Er zitiert dazu das Nächstenliebegebot aus der Tora: „Du sollst den Nächsten lieben wie dich selbst" (Lev 19,18). Diese Zusammenfassung der Einzelgebote im Grundgebot der Nächstenliebe kennt auch das Judentum (vgl. Bill. 1, 357. 907f; 3, 306). Z. B.: Ein Heide will das Gesetz kennen lernen „während er auf einem Bein steht". Nach einer schroffen Abweisung erfährt der Heide dann bei Rabbi Hillel: „Was dir nicht lieb ist, das tue auch deinem Nächsten nicht. Das ist die ganze Tora und alles andere ist nur die Erläuterung; geh und lerne sie". (bShab 2,5, fol. 31a; dt. Goldschmidt, 1, 521f). Ganz ähnlich fasst Paulus die Tora zusammen: „... und was da sonst an Geboten ist, das wird in diesem Wort zusammengefasst: ‚Du sollst deinen Nächsten lieben wie dich selbst.'" (Röm 13,9; vgl. Gal 5,14) Paulus kommt zu dieser Zusammenfassung erst gegen Ende seiner Briefe (Röm 13,8–10; Gal 5,14). Vorher stellt er klar: Es kommt auf Gott an. Gott wird an uns aktiv, wir selber sind in Fragen des Heils im guten Sinne passiv, nämlich Empfangende. Wir werden gerecht gesprochen *allein* aus Glauben, wie Luther Röm 3,28 richtig interpretierend übersetzte. Soweit stimmen Jak und Röm überein. Auch Paulus fügt an: Gott wird so für uns aktiv, dass wir auch im Guten aktiv werden können. Wir können unseren Nächsten lieben wie uns selbst.

Wie wirkt es sich auf das Liebesgebot aus, wenn Gott unserem Bemühen vorausgeht? Was ändert sich für uns, wenn wir mit unserem Tun auf Goett antworten? Die Worte des Gebots ändern sich nicht, aber Gott hat mich verändert. So fallen nun dieselben Worte auf einen anderen Menschen. Jakobus macht diese Veränderung des Menschen fest an dem „eingepflanzten Wort". Paulus hält dieses veränderte, neue Sein mit einem anderen Bild fest als Jakobus. Bei Paulus heißt es: „So lasst uns ablegen die Werke der Finsternis und anlegen die Waffen des Lichts … zieht an den Herrn Jesus Christus und sorgt für den Leib nicht so, dass ihr den Begierden verfallt" (Röm 13,12b. 14). Das neue Gewand entspricht einem neuen Sein, einer inneren Verwandlung. Diese Verwandlung durch Gott befreit uns aus der Herrschaft der Begierden. Nach Paulus verleiht Gott uns seinen Geist (Röm 8,9; Gal 4,6; 5,25), erneuert Gott unsere Vernunft (Röm 12,2), unseren „Inneren Menschen" (2 Kor 4,16). Nach Jak 1,18 werden wir aus Gott geboren und er pflanzt uns sein „Wort der Wahrheit". Diese Neuschöpfung ist auch im Jak nicht eine menschliche Leistung. Gott hat sein Wort eingepflanzt und dieses Wort wirkt im Menschen. Nicht was andere oder die Begierden aus einem Menschen gemacht haben, sondern was Gott aus ihm machen will, das zählt. Dass in mir eingepflanzte Wort erfasst das „vollendete Gesetz der Freiheit" und führt so zum „vollendeten Werk" (1,4). Das eingepflanzte Wort braucht etwas Zeit zum Wachsen und Keimen, daher ist es wichtig, dass der angesprochene Mensch dabei bleibt, verbleibt und ausharrt. „Weil Gott für unser Heil genug getan hat, können wir für das Wohl der Welt nicht genug tun" (E. Jüngel, Gott als Geheimnis der Welt, 1977, 468) ***

II 1.4 Das Reden und das religiöses Engagement (Jak 1,26f)

26 Wenn einer meint, religiös engagiert zu sein, (dabei) seine Zunge nicht zügelt, sondern sein Herz betrügt, ist dieses religiöse Engagement vergeblich. 27 Ein reines religiöses Engagement und unbeflecktes bei Gott, dem Vater ist eben dieses: sich den Waisen und Witwen zuwenden in ihren Bedrängnissen, sich selbst makellos halten von der Welt.

26–27 Nur in diesen zwei Versen redet Jakobus vom religiösen Engagement. Neben dem Zorn (1,19–21) und der Klammerung an Äußerlichkeiten (1,23f) kann ein ungezügeltes Reden Gottes gute Anlage verderben. 3,1–12 wird diese Linie aufnehmen.

26 *Religiös engagiert zu sein*: Die Vokabel (gr. *thrēskós*) hat vielleicht Jakobus neu gebildet in Anlehnung an das seltene *thrēskeía* (hier und Apg 26,5; Kol 2,18, nicht gr. Apokryphen, 5× Philon, oft bei Josephus). Sie bezeichnen den nach Außen sichtbaren Gottesbezug des Einzelnen, sein religiöses Engagement und seine Gottesverehrung. Die *Zunge zu zügeln* ist eine verbreitete Metapher für das kontrollierte Reden (s. zu 3,2).

Sein Herz: die Mahnungen des Jak wenden sich an einzelne Menschen und werden durch den Einzelnen behoben. Röm 12,3–21 dagegen zielt auf das gemeinsame Tragen der Lasten bzw. auf ein Verhalten in der Gemeinschaft der Gläubigen. *Betrügt:* hier das normale Verb (gr. *apatáo*), vgl. aber 1,22. *Vergeblich.* (lat. vanus), hier im Sinne von: für alle nutzlos, ohne bleibende Wirkung, ohne Werk. **27** *Reines/unbeflecktes*: zwei aus der Kultsprache übernommene Vokabeln qualifizieren das richtige religiöse Verhalten. Es ist auf Reinheit in der Praxis zu achten, gegen alle geistige Gespaltenheit (vgl. 1,8). *Unbefleckt* (gr. *amíantos*): Die im Neuen Testament seltene Vokabel (4×) findet sich auch in 1 Petr 1,4, dort allerdings qualifiziert sie Gottes für uns bereitetes Erbe. *Waisen und Witwen* sind die typischen besonders schutzbedürftigen Menschen in der Bibel. Sie leiden besonders, wenn zu ihrer prekären Lage noch besondere Schwierigkeiten, *Bedrängnisse*, hinzukommen. *Welt*distanz drückt 1,27 so aus, dass Einflüsse, die von der Welt ausgehen, ein Gemeindeglied besudeln könnte wie Schmutz (vgl. 1,21). Jakobus setzt voraus, dass die Bereiche Welt und Gemeinde voneinander klar getrennt werden können. Ein Beispiel für die Verunreinigung durch die Welt, genauer: durch die Bevorzugung eines einflussreichen Reichen, führt der folgende Abschnitt aus.

II 2 Handeln nach Gottes Weisung (Jak 2,1–26)

Nach den allgemeinen Hinweisen, wie mit dem durch Gott eingepflanzten Wort umzugehen sei, nennt der Hauptteil II 2 zwei Beispiele, die sich an Verantwortliche in der Gemeinde wie z. B. Lehrer richten. Sie sollen bei den Menschen, mit denen sie zu tun haben, auf Gottes Gabe, nicht auf das Potential ihres Geldes achten (2,1–13). Ferner sollen die Adressaten nicht mit einem Wissen um das rechte Gottesverhältnis zufrieden sein, sondern dem eingepflanzten Wort zu Werken verhelfen (2,14–26).

II 2.1 Keine Vorzüge für Reiche (Jak 2,1–13)

1 Meine Brüder, nicht in Bevorzugungen haltet den Glauben an die Herrlichkeit unseres Herrn Jesus Christus. 2 Denn wenn ein Mann hineinginge in eure Versammlung, mit goldberingten Fingern im glänzenden Gewand, es ginge aber auch ein Armer hinein im dürftigen Gewand, 3 ihr würdet euch aber dem zuwenden, der das glänzende Gewand trägt und sagtet: Du setze dich schön hierher, und dem Armen sagtet: Du steh oder setze dich dort unter mein Podium, 4 würdet ihr da nicht (diese) geringschätzen unter euch und würdet Richter mit

schlechten Erwägungen? 5 Hört, meine geliebten Brüder, hat nicht
Gott die in der Welt Armen auserwählt, Reiche zu sein im Glauben
und Erben der Königsherrschaft, die er denen verheißen hat, die ihn
lieben? 6 Ihr aber verachtet den Armen. Drücken euch nicht die Rei-
chen und zerren sie euch nicht vor Gericht? 7 Verleumden diese nicht
den guten Namen, der auf euch gelegt worden ist? 8 Wenn ihr frei-
lich das königliche Gesetz ausführt gemäß der Schrift: „Liebe deinen
Nächsten wie dich selbst“, handelt ihr gut. 9 Wenn ihr aber bevor-
zugt, begeht ihr eine Sünde, von dem Gesetz werdet ihr überführt als
Übertreter. 10 Wenn nämlich einer das ganze Gesetz einhielte, würde
aber bei einem straucheln, wird er gegenüber allen (Geboten) schuldig.
11 Denn indem er sagt: Du sollst nicht ehebrechen. Wenn du aber nicht
ehebrichst, aber mordest, bist du Übertreter des Gesetzes geworden.
12 So redet und so handelt als durch ein Gesetz der Freiheit im Begriff
Stehende, beurteilt zu werden. 13 Denn ein gnadenloses Gericht dem,
der keine Barmherzigkeit kennt! Barmherzigkeit triumphiert über das
Gericht!

1–13 Das eben eingeforderte soziale Engagement entfaltet 2,1–13. Von der Anrede her richtet sich der Abschnitt an alle. Das Beispiel richtet sich primär an Gemeindeleiter oder Platzanweiser, die potentielle Geldgeber nicht bevorzugen sollen. Der Maßstab, mit dem Gott liebt, soll die Angesprochenen leiten, dass Nächstenliebegebot gegenüber jedem einzuhalten unabhängig von den zu erwartenden Unterstützungen. Eine Finanzierung der kirchlichen Personalkosten, die nicht von der Spendenfreudigkeit der Mitglieder abhängt, wie z. B. in Deutschland durch die Kirchensteuer, erleichtert den Geistlichen, diese Mahnung umzusetzen.

1 Ohne Ansehen der Person, ohne *Bevorzugungen*, wörtlicher „ohne das Gesicht zu heben“ sollen die Angesprochenen ihren Glauben haben.

Die Formulierung „das Gesicht heben“ setzt ein altes Zeremoniell voraus: Vor einem orientalischen König verneigen sich alle Besucher tief und verharren in dieser Stellung. Der König hebt nun seinen Freunden einzeln das Gesicht und erlaubt dem so Gewürdigten damit, mit ihm von Angesicht zu Angesicht zu reden. Aus diesem Zeremoniell nimmt die hebräische Sprache den Begriff heraus „das Gesicht heben“ und bezeichnet so eine Bevorzugung (Lev 19,15; Mal 1,8; Lk 20,21). Jak hat hier das abgeleitete Nomen (gr. *prosōponlēmpsía*). Gott kennt solche Bevorzugungen nicht (Dtn 10,17; Sir 35,12f; Apg 10,34; Röm 2,11; Gal 2,6; Eph 6,9, vgl. Kol 3,25). Stammverwandt formuliert dies 1 Petr 1,17.

Die hebräische Wendung ist hier in griechischen Worten nachempfunden, die wohl kein Hellene gleich verstehen würde. Jakobus denkt an Lev 19,15: „Du sollst nicht unrecht handeln im Gericht: du sollst den Geringen nicht vorziehen (wörtlich: das Gesicht heben), aber auch den Großen nicht begünstigen, sondern du sollst deinen Nächsten recht richten". Jak 2,8 zitiert das drei Verse später aufgezeichnete Nächstenliebegebot (Lev 19,18). Die Aufforderung in Jak 2 richtet sich an Menschen, die mit ihrer Zuneigung oder Bevorzugung etwas ausrichten können. Wer Macht hat, etwa als Richter, den soll diese Warnung erreichen, seine Macht nicht zu missbrauchen. Die auf den Glauben folgenden fünf Genitive sind schwierig aufzulösen.

Textüberlieferung: Es gibt einen radikalen Vorschlag, die Schwierigkeit zu lösen. Allison empfiehlt, die drei Worte „unser" und „Jesus Gesalbter" (gr. *hēmṓn … Jēsoú Christoú*) als Glosse zu streichen (Allison 382–384). Ohne diese Worte würde Jakobus den Glauben an den Kyrios der Herrlichkeit nennen, eine zwar im Frühjudentum nicht übliche, aber verständliche Wendung. Dieser konjizierte Text könnte mit dem Herrn Gott meinen, ohne die spezifisch christliche Sprechweise vom „Herrn Jesus Christus" zu übernehmen. So wäre der Jak für Juden offen. Der in den Handschriften überlieferte Text dagegen nennt hier wie nur noch in 1,1 Jesus Christus. Da die durch Allison vorgeschlagenen Streichung keinen Textzeugen vorweisen kann, halte ich seine Konjektur für eine unwahrscheinliche Annahme.

Wahrscheinlich sind die auf das Wort „Glaube" folgenden Genitive so aufzulösen (Burchard 97f): Das Objekt des Glaubens ist die Herrlichkeit, die durch die Genitive „des Herrn", „Jesu" und des „Gesalbten" (gr. *christoú*) attributiv näher bestimmt wird. Glaube an die Herrlichkeit meint Glaube an den erhöhten oder wiederkommenden Gesalbten.

2–4 Das Wort für die Versammlung lautet hier „Synagoge", das biblische Wort für den Ort der Versammlung und auch das dazugehörige Gebäude. Solche Plätze und Gebäude gab es z. Z. Jesu in der Diaspora sicher, in Judäa wahrscheinlich. Die Gemeinden mit Heidenchristen wurden bald aus dem Synagogenverbund ausgeschlossen und mussten in Privathäuser weichen (Joh 9,22; 12,42; 16,2, vgl. Lk 6,22; Apg 19,8–10). Der Name „Synagoge" wird für die christlichen Versammlungsräume im Neuen Testament gemieden (vgl. Offb 2,9; 3,9), im frühen 2. Jh. dann aber wieder benützt (Ignatius, Pol 4,2; Hermas, mand 11,9). Jak 2,2 bewahrt eher einen sehr altertümlichen Sprachgebrauch. Es könnte mit dem Wort „Versammlung" auch die Zusammenkunft zum Abhalten eines Gerichts angesprochen sein. Insbesondere wenn der Reiche als Nicht-Christ zu deuten wäre, würde dies seine Anwesenheit erklären. Doch die erläuterungslose Nennung „in *euren* Versammlungen" deutet m. E. eher auf eine Versammlung zum gemeinsamen Hören der Schrift. Die Thematik des Rechts übernimmt Jakobus aus Lev 19,15. Aus dieser Torastelle heraus hat er seine Warnung formuliert. Wird hier ein jüdischer Synagogengottesdienst angesprochen? Dazu passt nicht, dass die Armen als Erben der Königsherrschaft angesprochen werden (s. 2,5). Diese Verheißung ist spezifisch christlich.

3 Textüberlieferung: Nestle[28] stellt bei der Anrede an den Armen die Worte für „dort" und den Imperativ „setze dich" um (mit Vaticanus u.a.). Nestle[27] (mit Sinaiticus und dem hier nicht sicher lesbaren Pap. 74 u.a.) bietet der Redner u.U. zwei Orte an: „stell dich (z.B. da hinten hin) oder setz dich hierher unter mein Podium". In beiden Versionen bleibt die Anweisung an die Armen etwas undeutlich. Sie sollten schwerlich unter eine Fußbank kriechen.

Vielleicht versucht Jakobus hier, auf die biblische Sprechweise der Unterwerfung anzuspielen, die wörtlich sagt „Jemanden zum Fußschemel für jemand zu machen" (Ps 110,1; Hebr 10,13). **4** Nach der Darstellung des Hegesipp (um 160 n. Chr.) war Jakobus aus religiösem Antrieb heraus eine wenig gefällige Erscheinung: „Eine Schere berührte nie sein Haupt, noch salbte er sich mit Öl oder nahm ein Bad … er trug kein wollenes, sondern ein leinenes Gewand" (bei Euseb, h.e. 2,23,5f). Sollte diese Tradition den Adressaten bekannt gewesen sein, wüssten sie den Briefschreiber auf der Seite des Armen mit dürftigen Gewand. Hegesipp berichtet auch, dass jüdische Führer ihn anreden: „wir bezeugen dir, auch das ganze Volk, dass du gerecht und unparteiisch bist (wörtlich: du nimmst kein Gesicht)" (Euseb, h.e. 2,23,10fin.).

5 Die Neuanrede nach der rhetorischen Frage markiert keinen neuen Abschnitt, sondern eine Fortsetzung in der Thematik, für die Jakobus durch die Frage sensibilisiert hatte. Die *Armen* hier sind zunächst wirtschaftlich arm, aber durch ihren engen Gottesbezug auf anderer Ebene reich: *im* Bereich des *Glauben* (vgl. 1,3). Die Armen sind Erben der Königsherrschaft (Mt 5,3. 5par Lk 6,20b). **6** V. 6 zielt auf Gemeindeleiter, die beim Platz-Zuweisen auch die Finanzierung der Gemeinde im Blick haben. Offensichtlich reiche Besucher könnten als Stifter manche Haushaltslücke schließen. Die äußere Person darf nicht zum Maßstab werden für das Urteil in Glaubensdingen (Spr 14,31; Ps 41,2; 1 Kor 11,22b). Wer als Platzzuweiser so auf das äußere Ansehen schielt, verfehlt den Maßstab Gottes. Zudem erinnert Jak 2,6 daran, dass reiche Leute, statt zu unterstützen, Gemeindeglieder verklagten (vgl. Apg 16,19). **7** Der *gute Name* könnte der Name Gottes sein. Der Nachsatz deutet wohl auf die Taufhandlung hin. In 1 Petr 4,16 ist es der Christenname, der zu Anklagen führen kann (s. dort). Irenäus kennt die Rede vom „guten Namen Jesu", den einige Irrlehrer besudeln, ohne erkennbar auf Jak zu rekurrieren (advhaer 1,27,4). **8** Zum Gesetz s. zu 1,25. Das „*Gesetz ausführen*" benützt ein Verb, das mit dem Wort „vollendet" (gr. *téleios*,) stammverwandt ist. Vollendet ist ein Leitwort des Jak (1,4. 17. 25). Nach dem Jak erschafft Gott vollendete Werke. **9** *Übertreter* des Gesetzes ist wohl eine geprägte Formulierung (Röm 2,25, Lk 6,4 in der Ergänzung des Textzeugen D). 2,9 schließt den Kreis zu 2,1. Die Worte sind von Lev 19,18 getragen. Die folgenden Verse geben dem Beispiel eine grundsätzliche Bedeutung. **10** Wie bei einem Luftballon ein Stich den ganzen Ballon zerstört, zerstört *eine* Übertretung den Gesetzesgehorsam insgesamt. Die These ist keine Erfindung des Jakobus. In der Mischna heißt es: „Jedem, der [nur] ein Gebot nicht tut, wird Gutes nicht gegeben, und seine Tage nicht vermehrt, und er erbt nicht das Land" (mQidd 1,10; dt. Correns). Paulus kennt diese These (vgl. Gal 3,10; 5,3). Mt 5,17–20 betont ein entsprechendes Erfüllen aller, auch der kleinsten Gebote. **11** Das etwas drastische Beispiel soll wohl Einzeldiskussionen entbehrlich machen. Es gibt beim Übertreten eines Gesetzes kein Ausgleichskonto. Jak setzt eine Grundhaltung voraus: Wer aufrichtig ist, ist es immer, oder er ist es eben nicht. Wer einen Teil übergeht oder übertritt, übergeht oder übertritt das ganze Gesetz. Nach dieser Erklärung ist dann vom Gesetz der Freiheit die Rede (s. zu 1,25).

12 Jakobus mahnt dies gegenüber unansehnlichen Leuten an, also gegenüber Armen, die sich nicht durch ihre Erscheinung Respekt verschaffen können. Diese Mahnung nimmt Gottes Erwählung zum Maßstab für unser Handeln am Nächsten. Es ist Ehrfurcht vor dem Schöpfergott, die uns drängt, unseren Nächsten zu lieben. Alles das erwarten wir von einem christlichen Schreiben, wir hören es hier von Jakobus. Aber dann kommt im letzten Vers ein Schlussakkord, der noch viel tiefere Gedanken nennt: **13** Das hier mit *triumphieren* übersetzte Verb heißt sonst „sich rühmen" (Röm 11,18 [2×], Jak 3,14; vgl. 4,16). Wann triumphiert Barmherzigkeit? In der Welt wird sie gerne ausgenützt. Wie kann über das Gericht noch etwas siegen, ja sogar darüber triumphieren? Gerichte können nur die Gräben zwischen den gegnerischen Parteien feststellen und dann einen Ausgleich festsetzen. Gerichte können keine Brücken bauen über Abgründe. Barmherzigkeit aber kann überbrücken. Denn Barmherzigkeit schaut nach dem zukünftig Möglichen. Gottes Barmherzigkeit verändert uns, dass wir im gerechten Gericht nicht unserer Eigensinnigkeit anheimfallen, sondern in die Gemeinschaft der Kinder Gottes gezogen werden. So triumphiert Barmherzigkeit zuletzt. Diese Barmherzigkeit eröffnet uns das Gesetz der Freiheit, das königliche Gesetz, das über das Gericht triumphiert: Weil Gott uns derart liebt, sollen wir unseren Nächsten lieben wie uns selbst.

II 2.2 Lebendig begrabener Glaube (Jak 2,14–26)

14 Was nützt es, meine Brüder, wenn einer sagte, er habe Glauben, aber Werke habe er nicht? Vermag nicht der Glaube ihn zu retten? 15 Wenn ein Bruder oder eine Schwester nackt sind und sie für den Tag an Nahrung Mangel haben, 16 es sagte aber irgendwer von euch zu diesen: Macht euch auf in Frieden, wärmt euch und sättigt euch. Ihr aber gäbet ihnen nicht das Notwendigste für den Leib, was nützt es? 17 So ist auch der Glaube: Wenn er keine Werke hat, ist er für sich tot. 18 Aber

jemand sagt: Du hast Glauben, und ich habe Werke. Zeige mir deinen Glauben ohne die Werke, und ich werde dir aus meinen Werken heraus den Glauben zeigen! 19 Du glaubst, dass Gott einer ist? Soweit so gut; auch die Dämonen glauben und erbeben. 20 Willst du aber erkennen, o Hohlkopf, dass der Glaube ohne die Werke wirkungslos ist? 21 Wurde Abraham, unser Vater, nicht aus Werken gerecht gesprochen, als er seinen Sohn auf den Opferaltar hinaufführte? 22 Du siehst, dass der Glaube (dauerhaft) zusammenwirkte mit seinen Werken und aus den Werken wurde der Glaube zu Vollendung gebracht. 23 Und die Schrift ist erfüllt worden, wenn sie sagt: Abraham aber glaubte Gott und es wurde ihm als Gerechtigkeit angerechnet und er wurde Freund Gottes genannt. 24 Ihr seht: Aus Werken wird ein Mensch gerecht gesprochen und nicht aus Glauben allein. 25 Ebenso aber wurde nicht auch Rahab, die Prostituierte, aus Werken gerecht gesprochen, weil sie die Boten aufnahm und einen anderen Weg losschickte? 26 Denn wie der Leib ohne Geist tot ist, so ist auch der Glaube ohne Werke tot.

14–26 Eine neue Frage eröffnet einen neuen Abschnitt. Ein besonderes Thema des Jak ist seine Darstellung des Verhältnisses von Glauben und Werken. Zu dem Abschnitt Jak 2,14–26 hat es endlose Debatten gegeben, denn hier scheint Jak vielleicht der paulinischen, zumindest aber der lutherischen Rechtfertigungslehre, zu widersprechen.

Exkurs: Das Verhältnis von Jak 2 zur paulinischen Theologie

Der enge Bezug von Jak 2,14–26 zur Rechtfertigungstheologie des Paulus wie er sie in Gal und Röm entfaltet, fielen bald auf. Wie sind die Ähnlichkeiten historisch zu erklären? Die unübersehbare Vielzahl der Lösungsvorschläge fasse ich in den Positionen (1)–(4) zusammen.

(1) *Jak vor dem Röm:* Theodor von Zahn (1838–1933) hielt den Jak für das älteste Schreiben des Neuen Testaments, auf das u. a. Paulus im Röm reagiere. Jakobus kenne noch keine Heidenchristen (Zahn: Einleitung in das Neue Testament, 1. Bd., Leipzig, 3. Aufl. 1906, 52–108). Der große Erlanger hat in Deutschland wenig Zustimmung zu dieser Frühdatierung gefunden. Position (2) und (4) variieren seine These.

(2) *Jak und Paulus sind unabhängig voneinander:* Nach dieser These werden die Ähnlichkeiten überbewertet. Der Jak ist eigenständig und unabhängig von Paulus zu deuten (so z. B. Frankemölle 468 f). Diese These muss einige auffällige wörtliche Übereinstimmungen in Formulierungen erklären, die vor Paulus nicht belegt sind (nach Allison 445 f):

- „gerecht gesprochen werden" (gr. *dikaioústhai*) mit instrumentalen *aus* (gr. *ek*), so Röm 3,20; 4,2; 5,1; Gal 2,16 (3×); 3,24; Jak 2,21. 24 f. Aber auch Mt 12,37: Ob diese Stelle eine Paulusreminiszens oder Beleg für eine von Paulus unabhängige Diskussion ist?

- „aus Werken" ist vor Paulus selten (LXX nur Ri 19,16B), weder in den gr. alttestamentlichen Apokryphen, noch bei Philon oder Josephus, dann aber 11× bei Paulus, 3× Jak (2,21. 24. 25).
- „ohne Werke": Röm 3,28; 4,6; Jak 2,18. 20. 26. Einmal bei Philon, dort aber Werk im sg., sonst erst ab Origenes wieder.

Zudem verwenden Jak und Paulus in ihrer Abrahamdarstellung Gen 15,6 wörtlich gleich, aber mit zwei kleinen Abweichungen vom Text der uns überlieferten Septuaginta (LXX).

LXX kai epísteusen Abram
Röm 4,3 epísteusen de Abraám
Jak 2,23 epísteusen de Abraám

Doch die beiden Änderungen (der Partikel *de* und *Abra(h)ám* statt *Abram*) gegenüber dem Text der LXX belegt schon Philon, s. u. zu 2,22f. Es bleiben trotzdem mehrere auffällige, vorher für uns unbelegte Parallelen zwischen Paulus und Jakobus, die durch eine Abhängigkeit des Jak von Paulus nicht überraschen würden. Zwar gibt es in der Ideengeschichte auch Beispiele für unabhängige Erfindungen, etwa die Infinitesimalrechnung, die Isaak Newton (1643–1727) und Gottfried Wilhelm Leibniz (1646–1716) wohl unabhängig voneinander entwickelten, aber die mehrfache große Nähe zw. Jak 2 und Röm 4 sollte nicht einfach als Zufall abgehandelt werden.

(3) *Die nachpaulinische Deutung:* Die Mehrheitsmeinung kommt zu dem Schluss, dass der Jak auf Paulus aufbaue. Die Extremposition, nach der der Jak durchgängig gegen den ungenannten Paulus polemisiere (M. Hengel; D. R. Nienhuis), fand kaum Zustimmung (s. Einl. 3). Doch für den Abschnitt Jak 2,14–26 gehen die Mehrzahl der Ausleger davon aus, dass bei der Entgegensetzung von Glauben und Werken, der Jak den Röm voraussetze und soweit nachpaulinisch sei. Er knüpfe an einzelne zentrale Stichworte dieses Briefes an, v. a. das Begriffspaar „Glaube" und „Werke" übernehme er von Paulus. Auch die Rolle Abrahams referiere er mit einem kritischen Seitenblick zur paulinischen Darstellung (Röm 4; Gal 3). Nach dem Jak sei Abraham ein Beispiel für die zu Werken führende Wirkung des Glaubens (2,21–24). Der Jak fasse, wie andere Schriften nach Paulus, die Rechtfertigung allein aus Glauben als Zentrum der paulinischen Theologie auf und kritisiere sie. Der Jak poche auf die Früchte des Glaubens, während Paulus die göttliche Wirkursache des Glaubens hervorheben wolle. Auch für Jakobus sind freilich die Früchte des Glaubens nicht möglich, ohne dass sie durch Gott gewirkt sind (Avemarie, ZThK 98, 2001, 298). Gegen diese Position spricht: Die Deutung von Abraham in Jak 2 unterscheidet sich von der des Paulus, ohne dessen Argumentation zu berücksichtigen. Statt Gen 15,6 mit Gen 17 zu verbinden, wie Paulus, geht Jak 2 von Gen 15,6 zu Gen 22, der Bindung Isaaks. Der Jak versteht es als Werk, dass sich Abraham anschickte, seinen Sohn zu opfern. Mit dieser Darstellung folgt der Jak der üblichen Deutung der „Bindung Isaaks" (Gen 22,1–19), die allein und wohl originär Paulus verlassen hatte in Röm 4. Paulus unterstreicht wie der Jak, dass Glaube und Werke zusammengehören. Die im Jak angegriffene Position scheint den Glauben zu einer von Handlungen unabhängigen Disposition des Menschen verkümmern lassen zu wollen (s. zu 2,17). Es bleibt aber als Differenz zwischen Jakobus und dem Paulus von Röm 3, dass Paulus allein Gott als Ursache für die

Rettung durch den Glauben, und damit für die Werke in den Blick nimmt, während Jak 2,24 die menschliche Beteiligung fordert, ohne damit Gottes notwendige Vorarbeit bestreiten zu wollen.

(4) *Die nebenpaulinische Deutung:* Nach dieser These setzt Jak 2 nicht Gal 3 oder Röm 3f voraus, sondern formuliert aus einer ähnlichen Diskussionslage heraus, ohne die paulinische Position oder einer ihrer Fortsetzungen aufzunehmen (Konradt, in: Schlosser: 2004, 178–190). Diese Deutung betont, dass es eine breite Diskussion um Glaube und Werke auch unabhängig von Paulus gab. Schon vor Paulus war Abraham als Textbeispiel im Diskurs verankert. Insbesondere die Bindung Isaaks (Gen 22,1–19) ist im Frühjudentum vielfach interpretiert worden (z. B.: LibAnt 18,5; vgl. 32,2–4; 40,2; 4 Makk 7,14; 13,12; 18,11; Josephus, ant 1,222–236). Im frühen Christentum ist dieser Diskurs um Abraham fortgesetzt worden und Gen 15,6 einbezogen worden. An diesen Diskurs, so Position 4, knüpfen Paulus und Jakobus unabhängig voneinander an.

Jak 2,23 nennt Abraham einen Freund Gottes im Anschluss an das Zitat von Gen 15,6 (s. zu 2,23). Dieses Motiv hat er nicht bei Paulus vorgefunden. Auch die Nebeneinanderstellung von Abraham und Rahab dürfte erst in christlicher Zeit erfolgt sein (s. u. zu 2,25). Jak 2 knüpft an eine bereits in christlichen Kreisen fortgesetzten Abrahamdiskurs an, die das Glaubensthema mit dem Nomen Glaube (gr. *pístis*) einbrachte. Auf diesen Diskurs bauen der Jak wie Paulus unabhängig voneinander auf. Dieses Buch folgt dieser Position. Vielleicht erklärt sich die Nähe der Ausgangsbasis durch einen recht eng zusammengehöriges Ausgangszentrum des Diskurse, der in der Antiochenischen Gemeinde gepflegt geworden sein könnte (Konradt). Nicht nur die durch Paulus zu erschließenden Gegenpositionen, sondern auch die theologische Nähe des Jak zum Mt-Ev verweisen auf diesen Ort. ***

14 Nicht der Glaube ohne Werke rettet, sondern das sich in Vertrauen und Werken durchsetzende Wirken Gottes im Menschen. **15–16** Der Vers geht von konkreten Notsituationen aus und differenziert sogar zwischen Mann und Frau. Der Mangel spricht wörtlich davon dass sie „nackt“ sind. So soll wohl ausgedrückt werden, dass es ihnen an angemessener und gegen Kälte schützender Kleidung fehlt. Im Fortgang verbindet der Jak die beiden eben differenziert angesprochen Darbenden und ordnet den, der sein Wort erhebt, wieder ein in die pluralisch angeredete Gemeinde. Der „Jemand“, den Jak den Abschiedsgruß aussprechen lässt, könnte jemand sein, dem solche Grüße oblagen, also ein Gemeindesprecher oder Lehrer. Das Segenswort wird durch die unterlassene Gabe zur bitteren Worthülse, die weder der Gemeinde hilft im Gericht (vgl. 2,14) noch den Darbenden in ihrer Not. Jak verdeutlicht: Es gibt Situationen, in denen statt Worten Taten nötig sind (1,27, vgl. 1 Joh 3,17). **17** Den toten Glauben (auch 2,26; 2×) interpretiert 2,18 als wirkungslosen Glauben. Dieser Glaube wäre eine Disposition, keine das Leben von Gott aus bestimmende Macht.

Disposition (gr. *héxis*) ist eine z. B. durch Schulung und Übung gewonnene Fähigkeit, die bei ihrer Ausübung das Können erweist. Schulbeispiel seit Aristoteles dafür ist die Disposition einer Instrument-Beherrschung. Wer Flöte spielen kann,

kann dies jederzeit unter Beweis stellen, wenn man ihm eine Flöte reicht. Auf dem Weg von der Möglichkeit zum Flötespielen hin zur Wirklichkeit kann fast jeder Mensch sich einordnen und sagen: der Möglichkeit nach bin ich Flöten-Spieler, nur ein geübter bzw. ausgebildeter Musiker kann diese Möglichkeit dann auch wohlklingend umsetzen. Nur dieser hat die Disposition zum Flöten.

18 Es folgt eine Zwischenüberlegung 2,18a, gestaltet als fiktiver Dialog. In diesem schwer deutbaren, auch textlich unsicherem Vers geht es wohl darum, dass ein fiktiver Sprecher gegen einen anderen antritt, der behauptet, Glauben ohne Werke zu haben. Der Beweisgang lässt sich am Beispiel eines Menschen erklären, der behaupten würde, ein virtuoser Flötenspieler zu sein. Ein solcher Virtuose könnte schnell entlarvt werden, wenn er eine Flöte gereicht bekommt und aufspielen soll und dies dann nicht kann. Der Testfall ist beim Glauben nicht ganz so einfach überprüfbar. In 2,18 verlangt der Sprecher keinen Tatbeweis, sondern stellt seinen durch Taten untermauerten Glauben gegenüber.

19 Statt Taten bietet der in 2,18 Angegriffene wohl einen Bekenntnissatz, um seinen Glauben zu belegen.

Das Bekenntnis zum einen Gott, das *Schema Jisrael* (Dtn 6,4), betet ein frommer Jude täglich. Dieses Bekenntnis ist fast allgegenwärtig. Der Text war auf kleinen Papyrusröllchen in Käpselchen (Phylakterien) an den Türstöcken verbreitet. Dieses Bekenntnis wird auch im frühen Christentum übernommen (Mk 12,29. 32; Röm 3,30; 1 Kor 8,4. 6; Gal 3,20; Eph 4,6; 1 Thess 1,9; 1 Tim 2,5; 1Klem 46,6; Ignatius, Magn 8,2; Hermas, mand 1,1; 2Klem 3,1).

Soweit so gut: Nicht den Inhalt des Bekenntnisses kritisiert der Sprecher in Jak 2,19. Er weist aber dieses Vorbringen von Worten zurück. Solche Bekenntnisse haben auch die Helfer der widergöttlichen Macht, die *Dämonen* (wörtlich: Demönchen), die ihr Bekenntnis sogar durch das Erschaudern vor Gott untermauern. Wenn das Sprechen eines Bekenntnissatzes als Glauben genommen würde, *„glauben“* sogar diese. Aber diese Bekenntnisse helfen keinem – im Gegenteil: **20** *Hohlkopf*, wörtlich: „leerer Mensch“ verwendet das durch Jesus in der Bergpredigt (Mt 5,22) genannte Schimpfwort (hebr. *raqa*). **21** Der Vers stellt eine rhetorische Frage, auf die er ein „Ja“ erwartet. Die zweite Frage widerspricht der Abrahamsanwendung bei Paulus im Gal und Röm. Würde Jak 2 auf Paulus antworten wollen (Exkurs zu 2,14, Position [3]), würde 2,21 das angegriffene Argument in eine rhetorische Frage verpacken. In einer Auseinandersetzung werden Gegnerpositionen nicht mit rhetorischen Fragen aufgenommen. Die Selbstverständlichkeit, mit der Jakobus hier um Zustimmung heischt, kommt aus der Gewissheit, dass er der allgemeinen Abrahamdeutung entspricht. Paulus allerdings argumentiert gegen diesen Konsens. Jak kennt die paulinische Sonderdeutung nicht, s. Exkurs zu 2,14 Position (4).

22–23 Das Zusammenwirken von Glauben und Werken belegt Jak mit Abraham. Er zitiert Gen 15,6 mit zwei Änderungen, die beide auch vorchristlich belegt sind (Philon, mut 177): ein „aber“ nach dem ersten Verb und Abraham statt Abram (so auch Philon, migr 44). Jak wendet Gen 15,6 so an, dass diese Stelle auf Gen 22,8 (die Bindung Isaaks) vorverweise: Abraham vertraute auf Gott und hätte seinen Sohn geopfert, dies wird ihm als Gerechtigkeit angerechnet, dadurch wird er gerecht gesprochen und hat sein Heil (vgl. 1 Makk 2,52). Die Verknüpfung und gegenseitige Auslegung von Gen 15 und 22 erleichtern vielleicht die gemeinsamen Worte (hebr. *gezera schawa*): „wie die Sterne“ in 15,5 und 22,17. Für den Jak ist das Verb „er glaubte“ (gr. Aorist) ein effektiver Aorist, der Abrahams Gehorsam zur Bindung Isaaks als Glauben bezeichnet. Paulus dagegen hebt darauf ab, dass Abraham in Gen 15,6 schon Glauben zugesprochen bekommt, bevor er in Gen 17 mit der Beschneidung eine Tat folgen lässt. Paulus deutet den Aorist in Gen 15,6 als einen ingressiven Aorist, der den Ausgangspunkt bezeichnet. Die Nachbemerkung zu Abraham, er wurde Freund Gottes genannt, ist zwar nicht als Fortsetzung von Gen 15,6 überliefert, aber anderweitig bezeugt, vgl. Jub 19,9: „Denn er [sc. Abraham] wurde glaubend gefunden. Und er wurde aufgeschrieben als Freund des Herrn auf den Tafeln des Himmels.“ (Übers. Berger, JSHRZ 2, 422, vgl. 2 Chr 20,7^{MT}; Dan 3,35f^{LXX}, Jes 41,8; CD 3,2–4). Paulus redet nicht von dieser Freundschaft. So deutet der Satzteil an, dass Jak einen von Paulus unabhängigen Abrahamdiskurs aufnimmt. Wie Jak ergänzt auch Irenäus Gen 15,6 mit dieser Notiz (advhaer 4,16,2). Irenäus kennt diese Abraham als Freund-Gottes-Tradition auch in einem anderen Kontext (advhaer 4,13,4), ebenfalls ohne erkennbar auf Jak anzuspielen. **24** Nach diesem ersten Fazit knüpft Jak noch einen zweites an.

25 Zum Ahnherrn Abraham gesellt Jak *Rahab*, eine Frau, die durch ihre mutige Tat in die Heilsgeschichte Israels Eingang fand und auch im Stammbaum Jesu aufgeführt wird (Mt 1,5; vgl. Hebr 11,31; 1Klem 12,1–8). Josua 2 erzählt von ihr: die *Prostituierte* (wörtlich: die Käufliche) Rahab hat zwei Kundschafter Josuas vor den Nachstellungen ihres Königs listig gerettet und wurde dann bei der Einnahme Jerichos verschont (vgl. Jos 6,25). Von Paulus hat Jakobus das Rahab-Beispiel nicht, überhaupt wird ihrer in der hellenistischen jüdischen Literatur nur durch Josephus namentlich gedacht (ant 5,8. 9. 11. 15. 26. 30), als er Jos nacherzählt. Anders als Hebr 11,31 und Jak 2,25 verschweigt Josephus ihre in Jos 2,1; 6,17. 22. 25 genannte Tätigkeit als Prostituierte. Der biblische Ausgangstext Jos 6,25 deutet Rahabs Stellung zum Judentum nur an. Jak wie das rabbinische Judentum, das gelegentlich auf sie verweist (Bill. 1, 20–23), nennen Rahab nun ausdrücklich eine Proselytin, also eine zum Judentum übergetretene Frau, die die Gebote hält. Hebr 11,31 und 1Klem 12,1 betonen ihren Glauben, Jak setzt ihn voraus, ohne ihn zu nennen. Das Beispiel scheint erst im Umkreis der frühen Christenbewegung interessant geworden zu sein, weil Rahab nun für eine zum Heilsbereich hinzugekommene Heidin stehen konnte. Hätte Rahab nur geglaubt, ohne ihrem Glauben Taten folgen zu lassen, hätten die Schergen des Königs von Jericho die Kundschafter Israels gefangen nehmen können. Die Kundschafter nennt Jak anders als die Septuaginta „Boten". Die Beispiele von Abraham und Rahab nennen sehr gegensätzliche Personen und dabei moralisch problematische Werke, die Gott zur Gerechtigkeit anrechnet, nämlich Vorbereitung zur Tötung des Sohnes bei Abraham bzw. Verrat gegenüber der eigenen Herrschaft zugunsten Israels bei Rahab.

26 Das zweite Fazit verwendet einen in der Antike verbreiteten Vergleich, der festhält, dass nur derjenige leben kann, bei dem Leib und Geist zusammenwirken. Glaube ohne Werke ist ein Leichnam.

II 3 Lehre soll Frieden schaffen (Jak 3,1–18)

Die Hauptteile II 2 und II 3 lassen sich nicht scharf abtrennen. Ging es im Hauptteil II 2 darum, dass die Gemeindeleiter ihrer Verantwortung für das eingepflanzte Wort auch in ihren Handlungen Raum geben, geht es nun vordringlich um verantwortliches Reden (3,1–12), das der von Gott herkommenden Weisheit zu ihrer Frucht verhilft, dem Frieden (3,13–18).

II 3.1 Verantwortung für das Wort (Jak 3,1–12)

**1 Ihr sollt nicht viele Lehrer sein wollen, meine Brüder, wisst, dass wir
ein härteres Urteil empfangen werden. 2 Denn oft straucheln wir alle.
Wenn jemand beim Reden nicht strauchelt, ist dieser ein vollendeter
Mann, fähig, auch dem ganzen Leib die Zügel zu führen. 3 Wenn wir
aber den Pferden die Zügel in den Mund legen, dann dazu, dass sie uns
gehorchen, dann lenken wir auch deren ganzen Körper. 4 Seht, auch
noch so große Schiffe, selbst wenn sie von heftigen Winden getrieben
werden, werden gelenkt durch ein sehr kleines Steuerruder, wohin die
Absicht des Steuermanns will. 5 So ist auch die Zunge ein kleines Kör-
perteil und rühmt sich doch großer Dinge. Seht, ein wie kleines Feuer
eine so große Menge Holz anzündet. 6 Auch die Zunge ist ein Feuer.
Als die Welt der Ungerechtigkeit ist die Zunge in unsere Körperteile
hingestellt, die den ganzen Körper beschmutzt und entfacht den Kreis-
lauf der Entstehung und wird entfacht durch die Gehenna. 7 Denn jede
Gattung, seien es Landtiere oder Vögel, Kriechtiere oder Meerestiere,
wird gebändigt oder ist (bereits) gebändigt durch die menschliche Gat-
tung. 8 Die Zunge aber vermag keiner der Menschen zu bändigen, sie**

ist ein unbeständiges Übel, angefüllt mit todbringendem Gift. 9 Mit eben derselben (sc. Zunge) lobpreisen wir den Herrn und Vater und fluchen wir die Menschen, die nach dem Ebenbilde Gottes erschaffen sind; 10 aus demselben Mund geht hervor Lobpreis und Fluch. Dies soll nicht so geschehen, meine Brüder! 11 Sprudelt etwa aus ein und derselben Quellöffnung sowohl süßes und bitteres (sc. Wasser)? 12 Ist es etwa möglich, meine Brüder, dass ein Feigenbaum Oliven hervorbringt, oder ein Weinstock Feigen? Und auch Salziges (vermag) nicht, Süßwasser hervorzubringen.

1–12 Die Verantwortung in der Lehre thematisiert dieser Abschnitt. Er macht diese Möglichkeiten an der Zunge fest und ihren großen Möglichkeiten, durch das gesprochene Wort zu wirken. Den Umgang mit dem Wort spricht auch 1,19. 26; 2,12 an und 4,11f redet noch einmal davon. Jak thematisiert das Sprechen durch das Wort „Zunge“, eine biblisch v. a. in Jesus Sirach vorgeprägte Metonymie (25× Sir, z. B. 5,13). Jak nimmt das Körperteil in den Blick, das für das vernehmbare Sprechen des Wortes verantwortlich ist. In 3,10 wechselt Jak in selber Absicht von der „Zunge“ zum „Mund“. So geht Jak den Weg des Wortes von innen (das eingepflanzte Wort, 1,21) über das Artikulieren („Zunge“) zu dem beim Sprechen sichtbaren Körperteil („Mund“). Zum Stichwort „Zunge“ reiht Jak mehrere Gedanken. Die Warnung vor zu vielen Lehrern bringt ihn zum Thema des verantwortlichen Redens (3,1f). Die Gegenüberstellung von kleiner Steuereinheit zu einem großen bewegten Körper spricht 3,3–5 an. Die Gefährlichkeit der Zunge (3,6–8) und deren gegensätzliche Möglichkeiten beschließen den Abschnitt (3,9–12).

1 Der Verfasser zählt sich zur Gruppe der *Lehrer*. Lehre ist hier eine zu verantwortende und zu lernende Tätigkeit, keine charismatische oder prophetische Gabe. Nicht die Berufswahl spricht Jakobus hier an, sondern das Verhalten miteinander. Sie sollen sich nicht gegenseitig belehren. Die substantivische Formulierung „viele Lehrer“ erzwingt wie beim „Täter des Wortes“ kein festes Amt des Lehrers. Wer aus den vielfältigen Wirkmöglichkeiten des eingepflanzten Wortes sich auf die Rede, also die mündliche Unterweisung konzentriert, wird besonders streng geprüft werden, ob er nicht durch Worte den Taten zu entfliehen suchte (vgl. 1,26f). Sie werden ein *härteres* (wörtlich: größeres, vgl. 4,6) *Urteil* empfangen (vgl. Mk 12,40b: diese werden empfangen ein übergreifendes Urteil, gr. *perissóteron kríma*; vgl. Röm 13,2). Das Urteil ergeht in Gottes Endgericht wie in 4,11f, 5,1–3. **2** Das adverbielle *oft*, gr. wörtl. „viele“, ist klassisch möglich, aber überwiegend semitisierendes Griechisch (Bauer: Wb 1380; BDR 160.2[3]). Ob der *Leib* der eines Individuums ist oder auf die Gemeinde zielt, bleibt zunächst undeutlich. Die Bilder sprechen die Verantwortung im eigenen Körper an, der eine Verantwortung in der Gemeinde entsprechen soll. *Straucheln* (vgl. 2,10) meint das Sich-Verfehlen im Gesetz. Ein *vollendeter Mann* ist nach Jak einer, der das eingepflanzte Wort (1,21) in Wort und Tat zur Wirkung bringt. Vollendetes schafft Gott (vgl. zu 1,4. 17. 25), soweit ist dieser vollendete Mann keine menschliche Möglichkeit. Die Zügel führen (vgl. 1,26), meint nicht nur zügeln (so etwa das „langsam zum Sprechen" 1,19), sondern das richtungsweisende Lenken des ganzen Körpers. Dies nimmt das Lenken in 3,3f und das Bändigen in 3,7f auf. Der Jak setzt voraus, dass die Gemeinde durch die Lehrrede gelenkt wird – von Personen gelöste Literatur ist nicht im Blick. Weder Strukturen, Geld noch Personen lenken die Gemeinde. Die kirchliche Exekutive ist für ihn das Wort. So betreibt Jak auch mit seinem Brief Gemeindeleitung in der Diaspora. **3** Die konventionellen Bilder von der Zunge und dem Steuermann benützt Jak, um die Gemeindeleitung anzusprechen. **4** Die *Absicht* oder der Antrieb des Steuermanns: Der Wille in der Person lenkt das ganze Schiff. Der Wille ist nicht willkürlich, sondern auf einen Kurs ausgerichtet. Der *Steuermann* heißt wörtlich: der (gerade) Führende. Die Wortwahl setzt kein festes Amt voraus. **5** Während die Zügel in der Hand des Reiters bleiben, wie das Ruder in der Hand des Steuermanns, erweitert Jak das Bild auf Initialzündungen, die Reden verursachen, ohne den weiteren Prozess zu steuern. Ein einmal entfachtes Feuer ist nicht mehr in der Hand dessen, der es entzündete. Dass ein Funke ein großes Feuer entfachen kann, ist kulturübergreifend festgehalten worden (Homer, Ilias 2,455f; Sir 11,32; Philon, migr 123; dec 173). Beim Holz denkt Jak wohl eher an Buschbrände als an Brennholz, das bei den geringen Waldbeständen in Palästina vielen Menschen zu kostbar ist, um es zu verfeuern. Jak hat sich zu den Bildern durch Jesu Sirach anregen lassen.

Sir 38,12–15: Wenn viel Holz da ist, wird das Feuer umso größer, und wenn der Streit hart ist, entbrennt er umso heftiger; wenn einer Macht hat, wird sein Zorn umso größer, und wenn einer reich ist, wird sein Zorn umso heftiger. [13]Schnell sein zum Zank zündet ein Feuer an, und schnell sein zum Streit führt zu Blutvergießen. [14]Bläst du in einen Funken, so wird ein Feuer daraus; speist du aber darauf, so verlöscht er; und beides kann aus deinem Munde kommen.

Wie Jak vereinigt Philon das Bild vom Steuermann und Pferdelenker. Philon stützt sich auf das platonische Bild vom Wagenlenker, der die Seelenteile lenkt (Phaidr 246A–247E):

Wenn der Wagenlenker wirklich (das Fahrzeug) leitet und die Tiere am Zügel hält, so geht der Wagen, wohin er will; wenn diese aber die Zügel abschütteln und die Herrschaft gewinnen, dann ist schon oft der Führer abgeworfen worden, die Tiere sind durch ihr ungestümes Vorwärtsstürmen in einen Graben gestürzt, und alles ist zu Schaden gekommen; auch ein Schiff geht richtig seinen Weg (gr. *euthydromei*), solange der Steuermann (gr. *kybernētēs*) die Griffe festhält und das Steuer richtig lenkt (gr. *pēalouchei*), es wird aber umhergeschleudert, wenn ein widriger Sturm über das Meer braust und der Wirbel fasst. [§ 224] Ebenso geht, solange der Geist als Wagenlenker oder Steuermann der Seele das ganze Wesen (gr. *tou zooú hólou*) beherrscht, wie der Staatsmann einen Staat, auch das Leben seinen richtigen Gang (gr. *euthýnetai*); sobald aber die unvernünftige Sinnlichkeit den Vorrang gewinnt, tritt schlimme Verwirrung ein, wie wenn sich Sklaven gegen ihre Herren empören; denn dann wird, um die Sache richtig zu bezeichnen, der Geist im Feuer verbrannt, da die Sinne die Flamme entzünden (gr. *tēn flóga egeirousón*) und die Wahrnehmungsgegenstände als Brennstoff (gr. *hypobeblēménon*) verwenden (Philon, all 3,223f; Übers. Heinemann).

Der Jak verwendet einzelne mit diesem Philon-Abschnitt stammverwandte Vokabeln in seinem Diskurs aber ohne erkennbare Abhängigkeiten. Die Metaphorik war verbreitet. **6** Auch die Zunge vermag wie *Feuer* zu wirken; sie ist soweit ein Feuer. „Komm und sieh, wie viele Brände sie anzündet“ (LevRab 16 nach Bill. 3, 756). Der zweite Satz enthält zwei Nomen im Nominativ, *Welt* und Zunge. Sonst verwendet Jak das Wort „Welt“ (gr. *kósmos*) für die Welt als Gegenüber zu Gott (1,27; 2,5; 4,4 [2×]). Die Welt heißt hier semitisierend „Welt der Ungerechtigkeit“, gemeint ist die ungerechte Welt. Als zweites Nomen im Nominativ folgt die Zunge. Wie diese beiden Worte zusammengehören, ist nicht deutlich. Eine syrische Übersetzung (Peschitta) ergänzt ein Wort für „Holz“ und versteht 6a als allegorische Deutung von 5fin: „Das Feuer ist die Zunge, das Holz die ungerechte Welt“. Doch diese Lesart ist zu schwach belegt, der syrische Übersetzer glättete den auch ihm kaum verständlichen Satz. Soll hier vielleicht die Zunge als Einfallstor der ungerechten Welt beschrieben werden? Unklar bleiben auch die weiteren Worte: *Kreislauf der Entstehung*: Das Werden und Vergehen ohne Fortschritt („Vollendung“) auf Gott hin? Soll so der Lebenslauf beschrieben werden? Der Ausdruck ist biblisch nicht vorgeprägt und schwer deutbar.

Das buddhistische „Rad der Wiedergeburt“ klingt ähnlich. Doch wie sollte der Jak zu einem buddhistischen Gedankensplitter gekommen sein? Ein Austausch mit buddhistischen Ideen ist nicht unmöglich. In seiner Auslegung zur Seewandelperikope (Mt 14,22–33) führt U. Luz eine buddhistische Erzählung an und resümiert: „Der buddhistische Text ist die engste Parallele zu Mt 14,28–31“ (Luz, EKK 1, Tlbd. 2, 410; vgl. Allison 540).

Beschmutzt: vgl. unbeschmutzt von der Welt 1,27; Schmutz der Welt ist dort die Sichtweise, die Witwen und Waisen übersieht, also den sozialen Dienst vernachlässigt. Statt der positiven Möglichkeiten des Sprechens entfaltet Jak nur die negativen. Das Wort *Gehenna* kennen weder LXX, noch Philon oder Josephus, dann aber ist es in der jüdischen Literatur belegt (Bill. 4, 1016–1165). Die Bezeichnung ist vom Hinnom-Tal südlich des Tempelbergs in Jerusalem abgeleitet, in dem Kinder geopfert wurden (2 Kön 16,3; 21,6). Es steht elfmal in den Synoptikern für die Hölle (z. B. Mk 9,43–47 par Mt 18,9). In dieser Gehenna lodert ein Höllenfeuer

(Dtn 32,22; Jes 66,24; Offb 21,8 u.ö.), in dem die Zunge im Sinne des *ius talionis* brennen wird. 3,6 redet von der Aktivität der Zunge in drei Partizipien im Präsens (*beschmutzt … entfacht … wird entfacht*), wobei das dritte Partizip für die eschatologische Zeit des Gerichts steht. **7–8** Gemäß des Schöpfungsauftrags Gen 1,28 hat der Mensch seine Aufgaben gemeistert oder ist dabei, sie zu meistern, nur das Reden ist ungebändigt. Die Rede von der *menschlichen Gattung* ist aus philosophischen Diskursen schon seit Philon in jüdischer Literatur nachweisbar (Bauer: Wb 1733). Jakobus misst dem Sprechen des Menschen eine fast einseitig negative Sonderrolle zu. Das Lob Gottes als Möglichkeit der Zunge wiegt ihre Schlechtigkeit nicht auf. Das Chorlied in der Antigone des Sophokles unterstreicht vorwiegend die positiven Möglichkeiten des Sprechens, des *lógos*. „Ungeheuer ist viel, nichts | Ungeheuerer als der Mensch. … Und die Sprache | Und luftgewirkte Gedanken lehrte er sich“ (Sophokles, Antigone, Z. 331f. 352. 353; Übers. Kuchenmüller). Warum Jakobus nur die todbringende Seite des Sprechens herausstellt, verrät er nicht. **9–10** Die Zunge lässt sich nicht dem Willen des Steuermanns unterordnen, sondern nimmt widerstreitende Wirkungen in Angriff. Die nach dem Ebenbild Gottes (Gen 1,26) erschaffenen Menschen fasst Jakobus hier zusammen, ohne eine Sonderrolle des erwählten Volkes zu nennen. *Dies soll nicht so geschehen:* Nach den Negativbeispielen meint Jak wohl nicht, durch seinen Appell das bislang unmögliche Bändigen bewirken zu können. Allein das Schweigen liegt in der Macht der Hörer, darauf zielt die Reihe (vgl. 1,19). Es könnte sein, dass die Adressaten hier aufgefordert werden, keine Verfluchungsformel in ihren Gebeten zu sprechen. Insbesondere wenn der Brief an Juden und nicht nur an Judenchristen gerichtet sein sollte, wäre diese Warnung naheliegend (so Allison 552f), oder, wie in diesem Buch vorausgesetzt, der Jak diese Unterscheidung noch nicht voraussetzt. Eine Fluchformulierung, die Birkat Ha-Minim, gehörte wohl noch im 1.Jh. n.Chr. zum täglich zu betenden Gebet für Juden.

Die Birkat Ha-Minim ist eine Verfluchung von Häretikern („Minim“), die nach einer Überlieferung des Talmud (bBer 28b) durch Samuel den Kleinen (um 100 n.Chr.) in das Achtzehn-Bitten-Gebet, das Schemone Esre, eingefügt wurde. Da eine Version des Gebets aus den Funden der Kairoer Geniza statt von Minim von Nazoräern spricht, spekulieren manche Forscher darüber, ob dieser Zusatz von Anfang an gegen die neue Gruppe der Christen gerichtet war. Die Fluchformel war wohl allgemein gedacht, aber zunehmend speziell gegen Christen angewendet worden. Dass Juden die an Christus Glaubenden verfluchten, beklagt schon Mitte des 2.Jh. der Kirchenvater Justin (Justin, dial 16,4; 96,2).

So wäre zu erklären, warum das Verfluchen ausdrücklich thematisiert werden muss. Sollten die Grenzen zwischen Juden und Christen noch nicht klar gezogen sein, wäre dieser Hinweis auch an eine aus unserer

Perspektive christliche Gemeinde sinnvoll, die Jak warnt, Fluchformeln zu übernehmen.

11–12 In der rhetorischen Frage heischt Jakobus nach Zustimmung zu der Feststellung, dass in der Natur jedes Wesen auf eine bestimmte Wirkung festgelegt ist. Der *Feigenbaum* bringt als Frucht *Feigen*, der Olivenbaum *Oliven*, der *Weinstock* Trauben. Die Beispiele sind konventionell (z.B. Seneca, ep 87,25; Epiktet, diss 2,20,18). Jak setzt nicht erkennbar die Jesusüberlieferung voraus, die vom guten Baum spricht, der gute Früchte hervorbringt (Mt 7,18; 12,33; Lk 6,43f). Die Beispiele könnten die Sonderrolle der Zunge bzw. des Sprechens herausstellen. Der gute Ursprung des Wortes bei Gott ließe gute Wirkungen erwarten. Die Beispiele sollen wohl eher auf eine im Menschen vorhandene *salzige* Quelle hinweisen, die dass *Süßwasser* ungenießbar machen könnte.

II 3.2 Gottes Weisheit stiftet Frieden (Jak 3,13–18)

13 Wer ist weise und verständig unter euch? Er soll aus seinem guten Lebenswandel seine Werke zeigen in Milde der Weisheit 14 Wenn ihr aber einen bitteren Eifer habt und Streitigkeiten in euren Herzen, sollt ihr euch nicht rühmen und gegen die Wahrheit lügen. 15 Diese Weisheit nämlich ist nicht von oben herab gekommen, sondern ist weltlich, irdisch-seelisch, dämonisch. 16 Denn wo Eifer und Streitigkeit ist, dort ist Unbeständigkeit und jegliche schlechte Betätigung. 17 Die Weisheit von oben ist zunächst rein, dann friedlich, gütig (billig), zuverlässig, voll an Erbarmen und guten Früchten, nicht geringschätzend, ungeheuchelt. 18 Frucht aber der Gerechtigkeit wird eingesät in Frieden denen, die (dann) Frieden schaffen.

13–18 Der Abschnitt stellt die Weisheit von oben einer schlechten irdischen Weisheit gegenüber. Die Wirkungen der unteren wie der oberen Weisheit beschließen den Abschnitt in dieser chiastischen Anordnung: Weisheit oben/unten, Wirkung unten/oben. Wahre Weisheit schafft Frieden. 17f dringt auf ein friedliches Zusammenleben durch tragfähige Kompromisse. Ähnlich vermittelnd stellt Lk den Herrenbruder Jakobus in der Apg dar, sowohl beim Apostelkonvent (Apg 15) als auch bei der heidenchristlichen Kollekte, die Paulus nach Jerusalem bringt (Apg 21). Die Einheiten 3,1–12 und 3,13–18 verbinden thematische Anklänge zum Thema Selbstruhm (3,5. 14) und Unordnung (3,8. 16, vgl. 1,8). Die Gegenüberstellung von süßem und bitteren Wasser (3,11f) nimmt 3,14 im bitteren Streit auf. **13** Die Redewendung „*aus* etwas etwas *zeigen*“ (2,18; 3,13) dürfte Jak geprägt haben. Die *Milde* kommt aus der Weisheit, die den anderen beachtet und sich nicht auf den eigenen Zorn verhärtet (vgl. 1,21). Wie viele andere Autoren empfiehlt Jakobus den Lebenswandel und nicht etwa eine Lehrrede zum Maßstab der Weisheit zu machen. **14** *In euren Herzen*: gr. singular, wohl ein Semitismus (so der hebräische Text von Ps 4,5; Sach 7,10; 8,17; LXX hat je Plural; BDR 140[3]). *Lügen* impliziert, gegen die *Wahrheit* zu sprechen. Vielleicht spricht Jakobus diese Selbstverständlichkeit aus, um an das eingepflanzte Wort der Wahrheit in 1,18 zu erinnern.

15 In diesem Vers personalisiert Jakobus ansatzweise die Weisheit (vgl. Sir 24). Drei Bestimmungen beschreiben die negative Weisheit. Die dritte Bestimmung *dämonisch* legt die ersten beiden auf eine negative Bedeutung fest. Diese Weisheit ist „nur" *irdisch*, nicht von oben, also durch Gott verursacht. Die zweite Bestimmung heißt wörtlich „seelisch". Das in der LXX nur einmal spät (4 Makk 1,32; 1. Jh. v. oder n. Chr.) zu findende Wort verwendet Philon von Alexandria oft (43×). Bei ihm hat das Wort oft eine negative Bedeutung. Im Rahmen seiner Seelenallegorese unterscheidet Philon wie sein Vorbild Platon einen höheren Seelenteil von einem niederen. Erst durch den göttlichen Geist erhebt sich die Seele zu Gott hin, ohne diesen ist sie geistlos, nur *irdisch-seelisch*. Ähnlich abwertend findet sich die Vokabel auch im Neuen Testament (vgl. 1 Kor 2,14; 15,44; Jud 19). Jak übernimmt die Vokabel aus einem ähnlichen Seelendiskurs, wie ihn Philon und die Gegner des Paulus in Korinth wohl unabhängig von ihm geführt haben. **16** *Unbeständigkeit* kennzeichnet den Mann zweier Seelen (1,8) und die ungezähmte Zunge (3,8). **17** *Zunächst rein*, unbeschmutzt von der Welt (1,27) und daher solidarisch mit den Ebenbildern Gottes, die in der Welt gerne übersehen werden, den Witwen und Waisen.

Um die Sklavenhaltung in den Vereinigten Staaten abzuschaffen, erwog Frederick Douglass (1817–1895) auch über Gewalt nachzudenken. Oft bezog er sich in seinen Reden auf Jak 3. Die betonte Reihenfolge „*erst* rein, dann friedlich", nannte der fromme Kämpfer eine Weisheit von oben (Allison 563). Doch er ging nicht so weit wie John Brown, der nach der Tötung von fünf Sklavenhaltern 1859 zwar gehenkt, dann aber im Lied „John Browns body" unsterblich wurde.

Das Wort zuverlässig ist vielleicht auch mit „gehorsam", „folgsam" wiederzugeben (Bauer: Wb). *Nicht geringschätzend:* Vgl. das ähnliche nicht verneinte Wort Jak 1,6. Jak beschreibt die dämonische Weisheit im rauhen Wortklang (3,15 gr.: *epígeios, psychikḗ, daimoniṓdēs*). Dagegen fließen die Wörter, mit denen er die Weisheit von oben beschreibt, dahin in Paronomasie und Rhythmus (3,17f gr.: *épeita eirēnikḗ, epieikḗs, eupeithḗs, mestḗ eléous kai karpṓn agathṓn, adiákritos, anhypókritos, karpós de dikaiosýnēs en eirḗnē speíretai tois poioúsin eirḗnēn*). **18** Die Worte „Frucht der Gerechtigkeit" prägte die griechische Bibel, außerhalb der jüdisch-christlichen Literatur ist sie nicht belegt (Ausnahme: Epikur, Fragment 519 [Usener/Arrighetti], überliefert bei Clemens Al., strom 6,24,10, jüd.-christl. Einfluss?). Das Bild zielt auf das Ergebnis, die gute Tat. Mit dem Verb *wird eingesät*, dessen ungenanntes Subjekt Gott sein soll (*passivum divi-*

num), schafft Jakobus einen Freiraum für Gottes Aktivität, auf den die Frucht zurückgeht. Gottes Saat setzt sich durch bei denen, die in Frieden sind, die also nicht durch Zorn (1,20) die Saat gefährden. Dann keimt und blüht Gottes Saat auf zur „Frucht der Gerechtigkeit“ und zum göttlichen Schalom-Zustand, dem Frieden.

II 4 Demut schafft Frieden (Jak 4,1–5,6)

4,1–5,6 Dieser Abschnitt zeigt, wie innere Widersprüche umschlagen können zu Auseinandersetzungen in der Gemeinde. Die genaue Abgrenzung ist schwierig. In 3,17f leitet das Stichwort „Frieden“ über zum folgenden Abschnitt, könnte aber auch einen übergreifenden Sinnabschnitt markieren. Der Wechsel von grundsätzlichen Erörterungen hin zu Gemeindeproblemen lässt mich 4,1–5,6 zusammennehmen.

II 4.1 Hochmut verdrängt Gott, der allein Frieden gibt (Jak 4,1–12)

**1 Woher (kommen) die Kämpfe und woher die Auseinandersetzungen
unter euch? (Kommen sie) nicht von daher, aus euren Leidenschaften,
die in euren Gliedern im Kampf liegen? 2 Ihr begehrt und habt nicht,
ihr mordet und eifert und vermögt nicht, es zu erreichen; ihr habt
Auseinandersetzungen und kämpft, ihr habt nicht, weil ihr für euch
nichts erbittet. 3 Bittet und ihr erhaltet nicht, weil ihr schlecht bittet,
um für eure Lüste etwas zu erreichen. 4 Ehebrecherinnen!, wisst ihr
nicht, dass Freundschaft mit der Welt Feindschaft mit Gott ist? Wer
nun Freund sein will mit der Welt, wird als Feind Gottes dastehen.
5 Oder meint ihr, dass die Schrift Geschwätz redet? Auf Neid aus ist
der Geist, der in uns Wohnung nahm. 6. Wird er eine größere Gnade
geben? Daher sagt Gott: Dem Hochmütigen widersteht, dem Demütigen aber gebe ich Gnade (Spr 3,34^{LXX}). 7 Ordnet euch nun Gott unter,
widersteht aber dem Teufel und er wird von euch fliehen; 8 ihr seid
Gott nahe und er wird euch nahe sein. Reinigt Hände, Sünder, und
heiligt Herzen, Zweiseeler! 9 Seid bedrückt und trauert und weint!
Euer Lachen soll zur Trauer verwandelt werden und die Freude in Niedergeschlagenheit. 10 Demütigt euch vor dem Herrn und er wird euch
erhöhen. 11 Redet nicht schlecht über einander, Brüder. Wer schlecht
redet über einen Bruder oder seinen Bruder beurteilt, redet schlecht
über das Gesetz und beurteilt das Gesetz; wenn du aber das Gesetz
beurteilst, dann bist du nicht ein Täter des Gesetzes, sondern ein Beurteiler. 12 Einer ist der Gesetzgeber und Beurteiler, der zu retten und zu
vernichten vermag. Wer aber bist du, der du den Nächsten beurteilst?**

1–12 Jak stellt dar, wie innerseelische Kämfe zu Kämpfen zwischen Personen werden bzw. asoziales Verhalten verursachen.

1 Die beiden Fragen thematisieren Kämpfe innerhalb einzelner Personen, in denen Leidenschaften innere Kämpfe verursachen. Solche inneren Kämpfe thematisieren 4 Makk, oft Philon, Paulus in Röm 7,7f und viele andere. Jakobus zielt darauf, dass diese inneren Kämpfe nie ein erfülltes Ende ermöglichen, nie zum Frieden führen (vgl. 1,14f; Hermas, mand 9,5). **2** Es geht weiter um innerseelische Kämpfe und somit um Mord in Gedanken. Möglicherweise knüpft Jak bei dieser drastischen metaphorischen Sprache, die abschätzige Gedanken als Mord bezeichnet, an Radikalisierungen der Tora an, wie sie von Jesus in der Bergpredigt überliefert werden: Ihr habt gehört, dass zu den Alten gesagt ist: „Du sollst nicht töten"; wer aber tötet, der soll des Gerichts schuldig sein. [22]Ich aber sage euch: Wer mit seinem Bruder zürnt, der ist des Gerichts schuldig; wer aber zu seinem Bruder sagt: Du Nichtsnutz!, der ist des Hohen Rats schuldig; wer aber sagt: Du Narr!, der ist des höllischen Feuers schuldig. (Mt 5,21f; vgl. Sir 34,25f; 1 Joh 3,15; slHen 10,5)

Textüberlieferung: Erasmus hat vorgeschlagen statt „ihr mordet" (gr. *phoneúete*) zu lesen: „ihr seid neidisch" (gr. *phthoneíte*; Ersamus Annotationes [1535] zSt.). Im Griechischen unterscheiden sich beide Lesarten nur in drei Buchstaben. Einen analogen Fall bieten Jak 4,5 und 1 Petr 2,1 (s. dort), vgl. auch die wohl sekundäre Ergänzung von „Morde" nach „Neidereien" in Gal 5,21. Obwohl sich Erasmus auf keine Handschrift stützen konnte, folgen ihm einige Ausleger (u. a. Dibelius; Allison). Die Textänderung ohne Textzeugen (Konjektur) erleichtert den Text und ist daher m. E. abzulehnen.

3 Die Bitten an Gott können analog 1,6–8 wegen der inneren Gespaltenheit nicht erfüllt werden. **4** Auch der Ehebruch ist übertragen angesprochen. Von der grammatischen Form her redet Jak weibliche *Ehebrecherinnen* an. Die weibliche Form wird in einer frühjüdischen Schrift auf Adam angewendet. Vielleicht kommt diese weibliche Form aus dem biblisch geprägten Bild von der Ehe zwischen Gott und seinem erwählten Volk (vgl. Hos 1–3; Jes 54,5f; Jer 3,20, vgl. Jes 1,21; 57,3). Diese Bildprägung erklärt jedenfalls die Anrede und meint Ehebruch als Verfehlung gegenüber Gott. Wer seine Hoffnungen auf die Welt setzt, bricht den Bund mit Gott (vgl. Mt 6,24par Lk 16,13 [Q]; 2Klem 6,1; EvThom, log. 47; 1 Joh 2,15–17). Diesen geistlichen Ehebruch begeht der Doppelseeler aus 1,8.

5 Der erste Satz lässt ein Zitat aus der Heiligen Schrift erwarten. Der zweite Satz (V. 5b) bringt aber kein uns bekanntes Zitat. Erst nach der Wiederaufnahme des Verbs folgt in 6b ein Zitat, nun mit dem ausdrücklichen Subjekt Gott. Das Zitat in 6b stellt den Hochmütigen und Gott gegenüber. Diese Gegenüberstellung dürfte 5b. 6a vorbereiten. Es könnte V. 5b auch eine uns unbekannte Schrift zitieren, die einige Forscher aus verwandten Verweisen (1Klem 23,3f; 2Klem 11,2–4; Hermas, mand 3,1;

sim 5,6,5) erschließen (s. zu 1,6; Allison 617–622). Durch diesen Zusammenhang lassen sich die für sich schwer deutbaren Sätze etwa so verstehen: 5b dürfte den Geist des Hochmütigen ansprechen, der nur am Übertreffen anderer interessiert ist und so auf Neid aus ist. Dieser Satz ist wohl als ironische Frage zu deuten. Die Lesart dreier byzantinischer Handschriften „auf Mord aus ist der Geist“ (gr. *phónon* statt *phthónon*) ist zu schwach bezeugt, um Ursprünglichkeit zugesprochen zu bekommen (Minuskeln 181, 1243, 2492, 10.–14. Jh.). **6** Wird der Geist, der im Menschen Wohnung nahm (5b, Aorist) mehr noch als Neid geben können, etwa gar Gnade? Doch in 4,6a ist wohl Gott das Subjekt, dies wird erst aus dem anschließenden Zitat heraus plausibel. Wie im anschließenden Zitat aus Spr 3,34 soll Gottes Gabe an den Demütigen mit dem Hochmütigen kontrastiert werden. Dann weist der Satz 6a auf die gegenüber dem hochmütigen Geist weiter reichenden Möglichkeiten Gottes hin. Wie 1 Petr 5,5 zitiert 4,6 Spr 3,34^{LXX}. Das Zitat in 1 Petr wie in Jak stimmt im zweiten Versteil mit Spr 3,34^{LXX} überein. Im ersten Versteil ändern 1 Petr 5,5 wie Jak 4,6 die Bezeichnung Herr (gr. *kýrios*) in „Gott“ (gr. *ho theós*). Dass Jak wie 1 Petr das Subjekt „Herr“ im Text der Septuaginta durch „der Gott“ ersetzen, müssen sie nicht voneinander abgeschrieben haben, zumal auch weitere frühjüdische und christliche Schriften das Zitat von Spr 3,34 mit „Gott“ einleiten (Arist 263; 1Klem 30,2; Ignatius, Eph 5,3; Clemens Al., strom 3,6,49). Allerdings teilt Jak 4 weitere sonst seltene Motive mit 1 Petr 5, so die Stichworte „Teufel“ und „widerstehen“ (4,7/1Petr 5,8f), die Aufforderung zur Erniedrigung (4,10/1Petr 5,6) und das Erhöhen (4,10/1Petr 5,6). Ich kann nicht sehen, wie der eine Brief vom anderen beeinflusst sein könnte, weil mir die thematische Einordnung der gemeinsamen Motive ohne Bezug zu sein scheint (gegen Nienhuis 204–211). Beide benützen wohl unabhängig voneinander eine Auslegungstradition zu Spr 3,34.

7–8 Die inneren Kämpfe, angefacht durch die Begierden und Leidenschaften führt 4,7 auf den *Teufel*, wörtlich: den Verwirrer, zurück. Statt weltliche Maßstäbe und göttliche gleichzeitig achten zu wollen und so zum Zweiseeler zu werden, soll nur Gottes Maßstab anerkannt werden und soweit sollen die Angesprochenen sich unterordnen. Zum Heiligen s. 3,17, zum Zweiseeler s. 1,8. **9** V. 9 empfiehlt, schon jetzt den bevorstehenden Umschwung vorwegzunehmen, statt sich im weltlichen Glück zu sonnen. Die weltliche Freude wird umgekehrt werden in tatsächliche Trauer analog der Umkehr, die 1,10f thematiesiert und auch andere urchristliche Texte kennen, vgl Lk 6,21b. 25b (je Sondergut Lk): Selig seid ihr, die ihr jetzt weint; denn ihr werdet lachen. ... 6,25b: Weh euch, die ihr jetzt lacht! Denn ihr werdet weinen und klagen. **10** Demütigung und Erhöhung kontrastiert auch 1,9f. Das Gebot, nicht schlecht übereinander zu reden (auch 5,9), hat Jakobus aus der jüdischen Überlieferung.

Lev 19,16: Du sollst nicht als Verleumder umhergehen unter deinem Volk. Du sollst auch nicht auftreten gegen deines Nächsten Leben; ich bin der HERR.

Sir 7,12f: Einen bekümmerten Menschen verlache nicht; denn es gibt einen, der erniedrigen und erhöhen kann. [13]Streu keine Lügen über deinen Bruder aus und auch nicht über deinen Freund.

11 Mit dem *Gesetz* ist das königliche Gesetz (2,8) Gottes gemeint, das in der Nächstenliebe sein Zentrum hat (Lev 19,18; s. Exkurs zu 1,25). **12** *Gesetzgeber* als Bezeichnung für Gott kennt das Frühjudentum (LXX nur Ps 9,21; öfters Josephus und Philon), im Neuen Testament nur hier (vgl. Barn 21,4). Frühchristlich wird es auf Jesus als neuen Gesetzgeber übertragen (Justin, dial 12,2; 14,3; 18,3; Origenes, Cels 3,8). Zurückhaltung im Beurteilen mahnte schon 2,1–13. Thematisch ähnlich heißt es in der Bergpredigt: Richtet nicht, damit ihr nicht gerichtet werdet. [2]Denn nach welchem Recht ihr richtet, werdet ihr gerichtet werden; und mit welchem Maß ihr messt, wird euch zugemessen werden (Mt 7,1f).

II 4.2 Warnung vor dem baldigen Ende (Jak 4,13–17)

13 Also nun, die sagen: Heute oder morgen werden wir in diese oder jene Stadt reisen und dort ein Jahr zubringen und Geschäfte treiben und Gewinn machen. 14 Eben ihr kennt nicht den nächsten Tag oder die Beschaffenheit eures Lebens. Denn ihr seid ein Rauch, der kurz sichtbar ist, dann auch verschwindet. 15 Statt dass ihr sagt: Wenn der Herr will, werden wir auch leben und dies oder jenes tun. 16 Nun aber rühmt ihr euch in euren Lebensmöglichkeiten. Jegliche derartige Rühmung ist übel. 17 Für den nun, der weiß, Gutes zu tun, aber es nicht tut, für diesen ist es Sünde.

13–17 Zwei Anwendungsfälle fügt Jakobus an in 4,13–5,6. Eine zwar gefährdete, aber durch Bekehrung noch zu rettende Gruppe von umtriebigen Geschäftsleuten (4,13–17) nennt er zunächst, dann unrettbar verlorene Reiche (5,1–6).

13 Jakobus hat örtlich und sozial mobile Geschäftsleute kennen gelernt, die wie Paulus gewohnt sind, sich in Städten zurecht zu finden, s. u. zu 5,1–6. **14** Der Reichtum hat keinen Bestand, weil Gott ihn nicht erhält.

Textüberlieferung: Statt des Artikels im Sg. lesen einzelne Handschriften Pl., dt.: „die Dinge des nächsten Tages“. Nestle[28] kennzeichnet die beiden Lesarten als gleichwertig. Der Sinaiticus liest keinen Artikel.

15 Die „conditio Jacobea“ *wenn der Herr will* (lat. *deo volente*) ist in der Antike vielfältig belegt (z. B. Platon, Alk 1, 135D 6; jüd. Belege: Bill. 3, 758).

J. J. Wettstein (1693–1754) veröffentlichte 1751/52 sein „Novum Testamentum Graecum". In einem zweiten Apparat sammelt rd. 30.000 Parallelen aus der klassischen und jüdischen Literatur. Vom mehrbändigen „Neuen Wettstein" erschien 1996 ein Teilband, der das hellenistische Vergleichsmaterial zum Jak in deutscher Übersetzung auflistet (zu 4,15: Neuer Wettstein 2/2, 1332–1334).

16–17 Statt die Zeit mit Selbstruhm zu verschwenden, sollten gute Projekte in Angriff genommen werden. Lebensmöglichkeiten im Plural beschreibt die individuellen Formen des Wohlstands (vgl. 1 Joh 2,16). Unterlassene Hilfe macht schuldig. Menschen, die um das rechte Verhalten wissen, es aber nicht umsetzen, handeln besonders verächtlich und werden entsprechend hart bestraft (vgl. Lk 12,47; 2 Petr 2,21; Barn 5,4; Hermas, sim 9,18,2; syrBar 15,6; 4 Esr 7,72).

II 4.3 Euer Reichtum verklagt euch (Jak 5,1–6)

1 Also nun: die Reichen: Weint, dabei heult auf angesichts eurer herandrängenden Nöte. 2 Euer Reichtum ist modrig und eure Kleider sind von Motten zerfressen. 3 Euer Gold und Silber ist rostig geworden, deren Rost wird gegen euch ein Beweis sein und wird eure Körper verzehren wie Feuer. Ihr häuftet Schätze in den letzten Tagen. 4 Siehe, der Lohn der Arbeiter, die eure Ländereien abmähten, der (Lohn), der von euch vorenthalten wurde, schreit; und die Hilferufe der Erntearbeiter sind in die Ohren des Herren Zebaoth gedrungen. 5 Ihr schlugt euch voll auf der Erde und hattet Party-Zeit, ihr mästetet eure Herzen am Tag der Schlachtung, 6 ihr verdammtet, mordetet den Gerechten, der gegen euch keinen Widerstand leistet.

1–6 Jakobus unterstreicht die Dringlichkeit der Warnung von 4,13–17. Dazu verweist er auf unrettbare Reiche. Er verurteilt einen rücksichtlos erworbenen Reichtum. Geldanhäufungen ermöglicht der im Hellenismus einsetzende und durch Großkaufleute organisierte weltweite Handel. Das Staunen über den bislang nur bei Königen bekannten Reichtum von Händlern und die moralischen Gefahren dieses Händlerlebens in fremden Städten zeichnet etwa der „Tobiaden-Roman" (130 v. Chr., Alexandria) auf, den wir über die Exzerpte des Josephus kennen (Josephus, ant 12,154–236). Jak spricht aus der Perspektive eines staunenden Betrachters von großen Geldmengen, die in seinem Adressatenkreis verwaltet werden.

1 *Heult auf:* Die lautmalerische Vokabel ist biblisch vorgeprägt (Jes 13,6; 15,3 u.ö.). **2–3** *Gold* rostet nicht. Jakobus kennt sich mit diesem Metall vielleicht nicht aus. Rostendes Silber kennt Jesus Sirach 29,10. Anders als die thematisch ähnlichen Worte Jesu in der Bergpredigt geht es Jakobus um die sozialen Versäumnisse, weniger um die persönliche

Gottesbeziehung: „Ihr sollt euch nicht Schätze sammeln auf Erden, wo sie die Motten und der Rost fressen und wo die Diebe einbrechen und stehlen. [20]Sammelt euch aber Schätze im Himmel, wo sie weder Motten noch Rost fressen und wo die Diebe nicht einbrechen und stehlen. [21]Denn wo dein Schatz ist, da ist auch dein Herz“ (Mt 6,19–21; vgl. Lk 12,33f). **4** *Lohn … vorenthalten* vergleicht auch Sir 34,27 mit Töten: Wer dem Arbeiter seinen Lohn nicht gibt, der ist ein Bluthund. Jakobus appelliert an die soziale Verantwortung wie in 1,27 gegenüber Witwen und Waisen. *Herr Zebaoth*: Jakobus übernimmt die biblische Gottesanrede „Herr“ hier mit dem hebräischen Wort in gr. Buchstaben Zebaoth, dt.: Herr der Heerscharen, wie sie sich häufig in der gr. Bibel (Septuaginta) findet (vgl. Jes 5,9^{LXX}). Das Nomen *Herr* steht im Jak meist direkt für den einen Gott Israels (2,19; 4,12), den Vater der Lichter (1,17), der die Menschen nach seinem Ebenbild erschuf (3,9). An einigen Stellen denkt die Anrede an den Gesalbten d. h. den erhöhten Christus, der durch diese Anrede mit dem einen Gott auf eine Stufe gestellt wird, so ausdrücklich in 1,1; 2,1. Die Parusie des Herrn meint entsprechend auch die Wiederkunft Christi (s. zu 5,7f). Der Gesalbte ist auch gemeint, in dessen Namen die Kranken gesalbt werden (s. zu 5,14f). Jak denkt in der Sprache der Schriften Israels, die er in Ansätzen dehnt, um dem Gesalbten Jesus eine einzigartige Rolle neben dem Schöpfergott und Vater (1,17. 27; 3,9) zuzuordnen. **5** Jak beschreibt aus der Perspektive eines Menschen, der staunt über das Leben der wirtschaftlich erfolgreichen Handelsreisenden und ihnen ein böses Ende im Gericht ankündigt. **6** Von Übergriffen der Reichen berichtet auch 2,6b. *Der keinen Widerstand leistet*: Der Singular überrascht. Spricht Jak mit *dem Gerechten* von Jesus Christus (so schon Beda z.St.)? Warum wechselt Jakobus dann vom Aorist zum Präsens? Anders als der 1 Petr stützt sich der Jak nie auf das Verhalten Jesu vor seinem Tod, hier etwa auf das Motiv, dass Jesus sich ohne Widerstand festnehmen ließ (Mt 26,51parr.). Spricht hier Jakobus von sich? Dann wäre der Aorist *„den ihr mordetet“* unpassend bzw. würde dadurch ein pseudonymer Autor seine Fiktion unterlaufen. Es liegt wohl eher ein generischer Singular vor („jeder Gerechte“; wie 5,16; vgl. 5,7 der=jeder Landwirt).

III Epilog: Mahnungen angesichts des nahen Gerichts (Jak 5,7–20)

Ein Briefschluss in der Art der Paulusbriefe mit Grüßen, Hinweisen zur Übermittlung etc. fehlt im Jak. Soweit wirkt 5,7–20 eher wie ein Briefkorpusabschluss. Jakobus mahnt in diesen Versen angesichts des nahen

Endes der Geschichte. Im Einzelnen ist nicht herausgehoben, ob Gott oder der auferstandene Christus kommt. Für Jak ist diese Unterscheidung unbedeutend. Die sonst grundlegende Unterscheidung zwischen Gott und Mensch kann Jakobus offenhalten. So drückt er in traditionell jüdischer Sprache seine implizit hohe Christologie aus. Auch Paulus kann in der Frage des Gerichtsvorsitzes zwischen Gott und Christus wechseln (vgl. Röm 14,10/2Kor 5,10).

III 1 Geduld gegenüber der heranwachsenden Saat Gottes (Jak 5,7–11)

7 Habt nun Geduld, Brüder, bis zur Ankunft des Herrn. Siehe, der
Landwirt wartet geduldig auf die wertvolle Frucht der Erde bei ihr, bis
er bekäme Früh- und Spätregen. 8 Habt auch ihr Geduld, stärkt eure
Herzen, weil die Ankunft des Herrn genaht ist. 9 Ihr sollt nicht über-
einander stöhnen, Brüder, damit ihr nicht verurteilt werdet. Siehe,
der Richter steht vor den Türflügeln. 10 Nehmt als Vorbild für das
Unglück Erleiden und die Geduld, Brüder, die Propheten, die im Na-
men des Herrn sprachen. 11 Siehe, wir preisen als selig die beständig
sind in Beständigkeit. Von Hiob habt ihr gehört und das Ende, (das
ihm) der Herr (bereitete), kennt ihr, weil der Herr vielerbarmend und
barmherzig ist.

7–11 Das Thema Bewährung und Geduld war bereits in 1,2–4 angeschnitten. Nun mahnt Jakobus angesichts des nahen Endes der Zeit zur Geduld. Dass das Ende der Geschichte nicht so bald erfolgte, wie es etwa 5,8f andeutet, ist für Jakobus kein Problem. Wie Paulus lebt er in der Naherwartung (Röm 13,11–14) und wie die Jesusüberlieferung hält er daran fest, dass das Ende zeitlich nah und limitierbar ist (Mk 9,1par). Die frühe Christenheit hat unterschiedliche Ansätze entwickelt, das Ausbleiben der Wiederkunft Jesu zu erklären. Die „Parusieverzögerung“ wurde etwa so aufgenommen:

- Die verstrichene Zeit macht das Ende jetzt noch näher.
- Das Weltende meinte das individuelle Ende im Tod.
- Mit Verweis auf Gottes Zeitperspektive erklärt z. B. der 2 Petr das Ausbleiben des Endes.
- Erst in der Neuzeit wird auch formuliert, dass diese Verheißung einfach falsch war.

Jakobus zeigt keinen Anlass für derartige Erklärungsversuche. Bei einem pseudepigraphischen Schreiben aus der Zeit um 100 oder später wären solche Erklärungen wohl zu erwarten. Die Schlussmahnungen ohne solche Ansätze, das Ausbleiben der Parusie zu erklären, sind m. E. ein Hinweis auf eine frühe Entstehungszeit der Worte.

7 Der Anschluss an das vorhergehende Thema ist unklar. Die Schelte der Reichen (5,1–6) ist beendet, das zweite Wort *„nun"* kann nicht folgernd verstanden werden, sondern markiert eher ein neues Thema wie auch die Anrede *„Brüder"*. Die *Ankunft des Herrn* meint im christlichen Kontext die Ankunft Gottes (TestJud 22,2 [christl. Zusatz?]; Hermas, sim 5,5,3; 2Klem 12,1) oder Jesu zum Gericht (1 Thess 2,19 u. öfters; 1 Kor 15,23; Mt 23,3. 27. 37. 39; 1 Joh 2,28; 2 Petr 1,16; 3,4. 12). *Frucht der Erde* ist biblische Sprechweise (Num 13,26; Dtn 1,25; Ps 105,35; Mal 3,11; vgl. Jak 3,18: Frucht der Gerechtigkeit). *Wertvoll* oder kostbar nennt man sonst nicht eine Frucht der Erde. Hier dürfte die hinter dem Bild anvisierte Sache das Attribut erklären. Das uneingeschränkte Leben, das die Adressaten erwarten, ist kostbar; die „Frucht der Erde" steht bildlich für dieses Leben. Der Abschlusssatz sagt wörtlich nur „bei früh oder spät", das von einigen Handschriften ergänzte Nomen „Regen" dürfte inhaltlich richtig die verkürzte biblisch vorgeprägte Sprechweise auflösen (Dtn 11,14; Jer 5,24; Hos 6,3, Joel 2,23, Sach 10,1). Jak 5,7 verweist auf jahreszeitlich typische Regengüsse im mittleren Osten. Deren Kommen, nicht unsere Geschäftigkeit lässt die Felder gedeihen (vgl. Mk 4,26–29). *Bei ihr*: Der Bauer bleibt an der Frucht; diese im Bild wenig wahrscheinliche Angabe ist aus der intendierten Sache heraus formuliert. Die Adressaten sollen Geduld haben, aber „dabei", also in der Gemeinde bleiben. „Werdet ihr nun auf meine Gebote hören, die ich euch heute gebiete, dass ihr den HERRN, euren Gott liebet und ihm dienet von ganzem Herzen und von ganzer Seele, [14]so will ich eurem Lande Regen geben zu seiner Zeit, Frühregen und Spätregen, dass du einsammelst dein Getreide, deinen Wein und dein Öl" (Dtn 11,13f). **8** Die Herzen stärken ist wohl geprägte Sprechweise, vgl. 1 Thess 3,13; Jak dürfte ähnliches meinen wie in 4,8: reinigt die Herzen; die Menschen sollen von innen heraus beständig sein (statt unbeständig sein s. 1,8; 3,16) und ausdauernd auch in Belastung oder Bedrückung. **9** Jak geht ohne Erklärung von der Geduld zum *Stöhnen* über: Packen einige an, während andere sich in Geduld üben, also nur warten? Üble Nachreden s. 4,11. *Damit ihr nicht verurteilt werdet* steht wörtlich auch in Mt 7,1 par Lk 6,37 (Logienquelle). Da diese Wendung vorher nicht belegt ist, dürfte Jak und die Logienquelle auf dieselbe Jesus-Überlieferung zurückgehen. Die Nähe des Gerichts kündigt der Nachsatz an (vgl. Offb 3,20). Der Plural „Türen" ist formelhaft und wohl durch die beiden *Türflügel* bedingt, hinter denen die so beschriebene Person (wohl Jesus der Gesalbte) bereits steht. Eine Himmelspforte scheint auch Mk 13,29 par Mt 24,33 anzudeuten.

10 Als *Vorbild* im Bereich des *Unglückerleidens* und der *Geduld* verweist Jak auf die Propheten. Das Hendiadyoin Unglückerleiden und Geduld steht wohl für das Ausharren im Leiden (vgl. BDR 378). Die Todesschicksale der Propheten nennen die biblischen Prophetenbücher kaum, aber aus hellenistischer Zeit fehlt es nicht an ausschmückenden Erzählungen von Märtyrertoden der Propheten (Hebr 11,32–39; Vitae Prophetarum, AscJes). **11** Die *beständig sind in Beständigkeit: figura etymologica* im Griechischen (auch 5,17). Das Thema Ausharren in Geduld entfaltet auch Sir 2,1–23. *Von Hiob habt ihr gehört*: Nur hier im Neuen Testament wird Hiob ausdrücklich genannt (dann 1Klem 17,3; 26,3; 2Klem 6,8). *Das Ende, das der Herr bereitet* hat – wörtlich: das Ende des Herrn. Immer wieder wurde vermutet, dass Jak hier vom Schicksal Hiobs zum Schicksal Jesu springt (so schon Augustin und Beda z.St.). So wäre die Schwierigkeit umgangen, dass ein Leser des biblischen Hiobbuches kaum den Eindruck gewinnt, Hiob sei geduldig gewesen. Hat Jakobus nur die Rahmenkapitel gelesen? Doch der begründende Nebensatz passt schlecht zu einem solchen Hinweis auf das Ende Jesu. Anders als 1 Petr hat der Jak nie das Verhalten Jesu bei seiner Verurteilung und Hinrichtung angesprochen, so dass der knappe Hinweis „das Ende des Herrn" nicht auf diesem Hintergrund zu verstehen ist. Es liegt eher ein kausativer Genitiv vor (vgl. 2 Kor 12,1; Josephus, bell 5,459 nach Allison): Das Ende, das der Herr (sc. für das Leiden des Hiob) bereitete. Wie kommt Jakobus dazu, Hiob als geduldig Leidenden zu nennen?

Die Hiobtradition hinter Jak 5,11: Die Rezeption der Person Hiobs ist in hellenistischer und rabbinischer Zeit nicht auf die Vorgaben des biblischen Buchs Hiob beschränkt. Überarbeitungen des Hiob-Textes bezeugen Veränderungen in der Hiobrezeption: Etwa der Zusatz Hiob 42,17^{LXX}, der nachträgt: „Und Hiob vollendete sein Leben als Älterer und in Fülle von Tagen". Ein weiterer LXX-Zusatz redet von einer Auferstehung des Hiob (Hi 42,17a^{LXX}). Es lässt sich dann eine Linie aufweisen, die Hiob als ausharrenden Leidenden stilisiert. Hinweise auf einen geduldigen Hiob finden sich in frühjüdischen und rabbinischen Texten und auch im Koran. In diese Auslegungstradition gehört auch Jak 5,11 (Dassmann, E.: Art. Hiob, RAC 15 [1991] 366–442). Hiob wurde in biblischer Zeit öfters als ausdauernder Dulder verstanden. Qumrantexte, aramäische Nacherzählungen bzw. Übersetzungen (Targume) zu Hiob in Höhle 4 und 11 zeichnen Hiob als den unschuldigen, demütigen Dulder (Dassmann, Art. Hiob 377). Von einem sonst unbekannten Exegeten Aristeas (um 100 v. Chr.) überliefert Euseb ein Fragment: „Als Gott ihn [sc. Hiob] auf die Probe gestellt habe, sei er (ihm) treu geblieben. (...) 4. [A]ls er aber (von ihnen sc. [den Freunden]) getröstet (werden sollte), habe er gesagt, er werde auch ohne Trost in seiner Frömmigkeit fest bleiben, auch unter (so) schrecklichen Umständen. Gott aber, angetan von seiner Unerschütterlichkeit, habe ihn von seiner Krankheit erlöst" (Euseb, praepEv 9,25,1–4; Übers. Walter, JSHRZ 3, 295 f). Das „Testament Hiobs", im Original gr. geschrieben, 1. Jh. vor bis 2. Jh. n. Chr. (dt. Schaller, JSHRZ 3) nennt viele im bibl. Hiob nicht belegte Personen und Einzelheiten. Die Schrift betont die Geduld Hiobs (1,3 u.ö., Dassmann, Art. Hiob 375). Die Rabbinen kennen Hiob als geduldig (Dassmann, Art. Hiob 368–372). Die Vulgata-Version des Buchs Tobit erhält eine entsprechende Tradition: „Diese Prüfung aber ließ Gott über ihn (sc. Tobias) kommen, damit den Späteren ein Beispiel seiner Geduld gegeben werde sowie auch [der] des heiligen

Hiob“ (Tob 2,12^{Vulg}; Übers. Ego, JSHRZ 2/6, 933, Anm. g). Im Koran heißt es von Hiob: „Wir fanden, dass Hiob geduldig war“ Sad (= 38. Sure), 44.

III 2 Schwurverbot (Jak 5,12)

12 Vor allem aber, meine Brüder, ihr sollt nicht schwören, beim Himmel nicht, nicht bei der Erde noch bei irgendeinem anderen Eid. Es soll bei euch das: „Ja“ ein „Ja“ sein und das „Nein“ ein „Nein“, so dass ihr nicht dem Gericht verfallt.

12 Warum Jak zwischen den Mahnungen zur Geduld und den folgenden Mahnungen zum Gebet vor Eiden warnt, ist unklar. Es ist wohl nur die äußere Klammer um die Mahnungen von 5,7–20 relevant, dass das nahe Endgericht sie veranlasst. Die inhaltlichen und wörtlichen Ähnlichkeiten von Jak 5,12 zu Mt 5,33–37 sind vielfältig. Zudem kennen fast nur diese beiden Stellen im Frühjudentum und frühen Christentum ein generelles Schwurverbot (Meier, J. P.: The Prohibition of Oaths, in: Ders.: A Marginal Jew, Bd. 4, 2009, 182–234). Der Abschlusssatz mahnt zur generellen Aufrichtigkeit (vgl. Jes 5,20). Mehrere jüdische wie auch griechisch-römische Texte warnen vor leichtfertigen Eiden (Dtn 23,22; Sir 23,9–11; Philon, dec 84f, Bill. 1, 328–330; Epiktet, Enchir 23,5 u.v.a.). Der Satz Jak 5,12fin bzw. Mk 5,37 hat rabbinische Parallelen, die Jesu Schwurverbot vorbereiten, aber nicht ähnlich radikal belegen: „Rabbi Jose ben Jehuda sagt: ... Allein dies lehrt dich, dass dein „Ja“ aufrichtig sein muss, und „nein“ aufrichtig sein muss! Abaije erwiderte: Dies besagt, dass man nicht so mit dem Munde und anders im Herzen rede“ (bBM fol. 49a, Goldschmidt 7, 600; Bill. 1, 336). Ähnlich wie Mt 5,37 und Jak 5,12 formuliert auch slavHen 49,1: „Denn ich schwöre euch, meine Kinder – doch siehe, ich schwöre weder mit einem einzigen Schwur, noch beim Himmel, noch bei der Erde, noch bei einem anderen Geschöpf, das der Herr geschaffen hat. Denn der Herr hat gesprochen: ‚Bei mir sind weder Schwur noch Unrecht, sondern Wahrheit‘. So, wenn unter den Menschen keine Wahrheit ist, so sollen sie schwören mit dem Wort: Ja, ja; wenn aber so: Nein, nein“ (Übers. Böttrich, JSHRZ 5, 968–970). Die Überlieferungslage des slavHen erlaubt nicht, den Text sicher in vorchristliche Zeit zurück zu datieren. Es könnte eine christliche Ergänzung vorliegen, die durch Mt 5,33–27 oder Jak 5,12 angeregt wurde. Weil aber slavHen anders als diese möglichen Vorlagen gerade kein absolutes Schwurverbot ausspricht, könnte dieser Text eine jüdische Schwurkritik unabhängig von Jesus bezeugen (Böttrich, JSHRZ 5, 804. 969f). Josephus berichtet von den Essenern, sie hätten Eide abgelehnt: „Alles, was sie sagen, ist gewisser als ein Eid; zu schwören aber lehnen sie ab, da sie es für schlimmer halten als den Meineid“ (Josephus, bell 2,135, Übers. Michel-Bauernfeind). Er berichtet auch, Herodes habe die Essener entsprechend befreit, einen Eid abzulegen (ant 15,371). Die Texte von Qumran unterstützen diesen Bericht nur in Ansätzen: Eide sollten vermieden, wenn aber gesprochen, gehalten werden. (11QT 53,9–54,7). Der Treueeid zur Gemeinschaft der Essener war diesen nicht verboten (Josephus, bell 2,139. 142; 1QS 5,8). Das generelle Schwurverbot Jesu radikalisiert die gegenüber Eiden kritische Tendenzen. Die Personaltraditionen über Jakobus stellen den Herrenbruder als Naziräer vor (s. Einl.), der sich einer Weihe unterzogen haben muss (Num 6,2). Nach Apg 21,24 rät Jakobus auch Paulus, sich einer solchen Weihe anzuschließen. Die zahlreichen Eide in der Bibel bereiten Jak offensichtlich keine Probleme (vgl. zu Jak 1,13).

Exkurs: Jak 5,12 und die Weisung Jesu in Mt 5,33–37

Jak 5,12 weist nicht auf Jesus hin, er unterstreicht nicht von Jesu Person her die Autorität der Worte. Jak 5,12 nennt zunächst die möglichen Bereiche, bei denen nicht geschworen werden soll, Himmel und Erde wie Mt 5,34f. Zu Mt 5,35bf fehlen Wortparallelen, dann ist 5,12fin wieder weitgehend parallel zu Mt 5,37. Für diese Beobachtungen gibt es zwei mögliche, allerdings sich widersprechende Erklärungsansätze:

(1) *Jak 5,12 ist von einer Vorstufe von Mt 5,33–37 abhängig:* In Mt 5,33–37 lassen sich mehrere Überlieferungsschichten unterscheiden. Die möglichen Schwurbereiche in 35bf erweitern wohl sekundär das erste Paar von Himmel und Erde in 35a. 36 wiederholt unnötig das Verb. Jak 5,12 stimmt nach dieser Rekonstruktion mit der erschlossenen älteren Überlieferung von 5,33–37 überein und wäre so von dieser älteren Überlieferung abhängig, bevor diese weiter geführt wurde und schließlich Mt ihr die Endgestalt in 5,33–37 gab. Wortüberlieferungen Jesu wären also zu Jak und Mt gelangt, ohne dass sich diese kannten.

(2) *Jak 5,12 setzt Mt 5,33–37 voraus:* Die zweite, seltener vertretene Erklärung der Ähnlichkeiten geht davon aus, Jak 5,12 habe Mt 5,33–37 in der auch uns vorliegenden Form gekannt und habe nur Teile davon übernommen. Etwa der Hinweis „noch bei einem anderen Eid“ könnte Mt 5,35f kennen und verkürzen. Justin schreibt in der Mitte des 2. Jh. seine 1. Apologie und bietet eine verkürzte Version des Schwurverbots (Justin, apol 1,16,5). Dass Justin das Mt-Ev kennt, ist weitgehend anerkannt. Jak könnte analog verkürzt haben. Die Überlieferungslage des Texts Justins macht die Lage noch komplizierter. Justin apol 1,16,5 kommt Jak 5,12 in zwei Details gegen Mt 5 nahe: Justin hat den Artikel vor dem „Ja“ und „Nein“, zusätzlich steht noch die Verbindungspartikel „und“ (gr. *kai*). Dass Jak 5,12 auf Justin wirkte, ist sehr unwahrscheinlich. Unser Text Justins geht allerdings auf nur eine (!) Handschrift zurück, die 1363 angefertigt wurde. Vielleicht ist die Übereinstimmung Justins mit Jak 5,12 erst in den rd. 1200 Jahren eingetragen worden, die zwischen der Textfassung Justins und der uns erhaltenen Handschrift liegen. Diese Angleichung wäre dann einem Abschreiber unterlaufen, der Jak 5,12

oder eher die soweit gleiche Formulierung von 2 Kor 1,17 im Kopf hatte und daher in den Justin-Text einführte.

Die Entscheidung ist schwierig, die wenigen ähnlichen Fälle einer möglichen Abhängigkeit des Jak vom Mt-Ev (s. Einl., 4 [3]) sind ähnlich unsicher und machen m. E. auch kumulativ die Entscheidung nicht leichter. Zur Zeit Jesu gibt es Ansätze, die mahnen, das Schwören zu unterlassen. Das in seiner Allgemeinheit unbelegte Schwurverbot in der Bergpredigt und in 5,12 erklären diese Ansätze allerdings noch nicht. Das radikale Schwurverbot geht wohl auf Jesu Lehre zurück. Diese Lehre gelangt zu Jakobus und unabhängig von ihm auch in die Bergpredigt.
***

III 3 Erbittet Hilfe vom Herrn im Gebet (Jak 5,13–18)

13 Erleidet einer unter euch ein Unglück, soll er beten. Ist jemand guten Mutes, soll er singen. 14 Erkrankt einer unter euch, soll er die Ältesten der Gemeinde herbeirufen und sie sollen über ihm beten, wobei sie ihn mit Öl salben im Namen des Herrn. 15 Und das Gebet des Glaubens rettet den Hingestreckten und der Herr erweckt ihn. Und wenn er Sünden begangen hat, wird ihm vergeben werden. 16 Bekennt nun einander die Sünden und betet füreinander, dass ihr geheilt werdet. Eine Bitte des Gerechten stärkt, weil sie wirksam ist. 17 Elias war ein Mensch, uns gleichgeartet, und im Gebet betete er, es solle nicht regnen, und es regnete nicht auf das Land für drei Jahre und sechs Monate. 18 Und er betete wiederum, und der Himmel gab Regen und das Land brachte seine Frucht hervor.

13–18 Das Thema Gebet verbindet die Verse 13–18, die unterschiedliche Vokabeln benützen: beten (gr. *eúchomai* 5,16; *proseúchomai* 5,13f. 17f) und das Gebet (gr. *déēsis* 5,16; *euchḗ* 5,15; *proseuchḗ* 5,17).

13–14 Diese Stelle zusammen mit Mk 6,13 begründet die Tradition der Krankensalbung.

Krankensalbung: Den Ritus der Krankensalbung kennt die röm.-kath. Kirche bis zum 2. Vaticanum auch unter der Bezeichnung „Letzte Ölung“ (Vorgrimmler, H.: Art. Krankensalbung., TRE 19 [1990], 664–669). Lutheraner angefangen durch den Reformator selbst polemisierten gerne gegen diesen Brauch. Luthers Schrift „Von der babylonischen Gefangenschaft der Kirche“ von 1520 widmet der letzten Ölung ein Kapitel (WA 6, 567–571; LDStA 3, 358,25–369,36): „Wenn irgendwo dummes Zeug geredet worden ist, dann ganz besonders an dieser Stelle. Ich lasse hier beiseite, dass viele uns recht glaubhaft versichern, diese Epistel könne nicht vom Apostel Jakobus stammen noch sei sie des apostolischen Geistes würdig, mag sie auch durch Gewohnheit Ansehen erlangt haben, ganz gleich, wer sie verfasst hat. Aber selbst wenn sie vom Apostel Jakobus wäre, so würde ich sagen, dass es dem Apostel nicht zusteht, in eigener Autorität ein Sakrament einzusetzen, das heißt eine göttliche Verheißung samt zugehörigen Zeichen zu stiften; das war nämlich allein Christi Sache." (Übers. Preul, LDStA 3, 361, 11–20). Wird der Ritus nicht als Sakrament verstanden, hat Luther übrigens nichts dagegen, wenn sich Gemeindeälteste zum Gebet am Krankenbett versammeln und dabei eine Ölung vornehmen.

Das Singen soll Freude vernehmbar machen (PsSal 15,3) auch in misslicher Situation (vgl. Apg 16,25). Die Ältesten der Gemeinde sind hier soweit als Amt gefasst, dass sie einem Kranken bekannt sein sollen. Die Gemeinde ist so überschaubar oder so gut organisiert, dass dieses Gremium erreichbar ist. Krankenbesuch als besondere Aufgabe der Gemeindeältesten kennt auch Polykarp, Phil 6,1: Die Ältesten sollen alle Kranken besuchen. Polykarp teilt die durch Jak vorausgesetzte Tradition, er setzt nicht Jak 5,14 voraus. Kranke zu besuchen, gebietet das Judentum (Sir 7,39^{Luther} = 7,35^{LXX}) und Jesus (Mt 25,36). Von medizinischen Fachkräften redet Jak 5 nicht, anders Sir 38,1–9. 12–14. Weniger positiv ist Sir 38,15 gemeint: Wer vor seinem Schöpfer sündigt, der soll dem Arzt in die Hände fallen! Das Gebet *über ihm* statt für ihn ist im biblischen Griechisch einmalig und setzt wohl eine gebetsbegleitende Geste über dem Kranken voraus. Die Salbung mit Olivenöl nimmt übliche Bräuche auf, vgl. Mk 6,13b (Sondergut): „und [die Jünger] salbten viele Kranke mit Öl und machten sie gesund"; vgl. Mk 16,18b (Nachtrag an das Mk-Ev, um 120 n. Chr.): „auf Kranke werden sie die Hände legen, so wird's besser mit ihnen werden". **15** Die Kraft des Gebets nimmt Jak 1,5–8 auf. Der Vers behauptet nicht, dass Krankheit auf Sünden zurückzuführen sei, hält aber wie die Bibel öfters, einen Zusammenhang für möglich (vgl. Lev 26,16, Mk 2,5–10, vgl. Joh 9,2f). Hiob verwahrt sich prominent gegen die These, seine Krankheit sei Folge einer Sünde. *Wird ihm vergeben werden*: d.h. Gott wird ihm vergeben (*passivum divinum*). **16** Die Ohrenbeichte ist hier an kein Amt gebunden und bereits im Frühjudentum und frühen Christentum üblich (Neh 9,2f; Mt 3,6a; 1 Joh 1,9; Did 4,14). Der Wechsel vom Plural zum Singular leitet über zum Beispiel des Elias. **17–18** *Im Gebet betete er*: figura etymologica vgl. zu 5,11. Das Beispiel des *Elia* nimmt 1 Kön 17,1. 7; 18,1. 41–46 auf. Elia ist für Jakobus nicht eine Himmelsgestalt und Bote der Endzeit (Mal 3,1. 23) wie etwa in der synoptischen Tradition (Mt 17,10–13par Mk 9,11–13; vgl. Mk 9,4; Mt 11,14) oder im rabbinischen Judentum (Bill. 4, 764–798), sondern nur *Mensch* wie wir und trotzdem mächtig im Gebet. Auf Elias Gebetseinsatz bei Trockenheit für Regen verweisen auch Sir 48,3a; Josephus, ant 8,319. [324]. 328. 343–346; 4 Esr 7,109a; VitaeProph 21 (Elia-Vita) 4; rabbinische Elia-Verweise bei Bill. 3, 750f. LibAnt 48,1 berichtet dasselbe von Pinchas; vgl. Offb 11,6a. Lk 4,25 (Sondergut Lk) hat wie Jak 5,17 gegen 1 Kön „dreieinhalb Jahre". Diese Übereinstimmung belegt keine Abhängigkeit. Diese nicht zu pressende Zeitangabe für eine geraume Zeit (Bill. 3, 751) geht letztlich zurück auf die Zeitangabe in Dan 7,25; 12,7: „eine Zeit und zwei Zeiten und eine halbe Zeit“, vgl. die unterschiedlichen Angaben für diese Zeitspanne in Offb 11,2; 13,5: „42 Monate“; Offb 12,6: „1260 Tage“; Offb 12,14 zitiert Dan 7,25; 12,7. Die Erzählungen über den Herrenbruder Jakobus betonen dessen Gebetseinsatz (Hegesipp bei Euseb, h.e. 2,23,16f). Epiphanius von Salamis (gest. 403) berichtet, dass Jakobus durch sein Gebet eine Dürre beenden konnte. So überträgt er das hier von Elia gesagte auf Jakobus selbst (Panarion 78,14,1).

III 4 Umkehr nach Abfall (Jak 5,19f)

19 Meine Brüder, wenn einer von euch abirrt von der Wahrheit und einer ihn wieder umwendet, 20 soll er wissen, dass einer, der sich abwendet als Sünder von seinem Irrweg, seine Seele rettet aus dem Tod und er wird eine Menge an Sünden zudecken.

19–20 Die beiden Verse stehen eigenständig wie 5,12. Thematisch ähnliche Zusammenstellungen der Themen Krankenheilung, Beichte und Umkehr deuten darauf, dass Jak eine in der Gebetsliteratur üblich gewordene Themenfolge übernimmt (Allison 747f). Das wohl schon zur Zeit Jesu soweit fixierte Achtzehn-Bitten-Gebet („Schemone-Esre“) nennt in den Bitten 5 und 8: „Bringe uns zurück, JHWH, zu dir, dass wir umkehren in Buße … Heile uns, JHWH, von dem Schmerz unseres Herzens … und bringe Heilung unseren Wunden. Gepriesen seist du, der die Kranken seines Volkes heilt“ (nach Schröter-Zangenberg: Texte zur Umwelt des NT, 2013, 497). In einem großen Gebet in 1Klem 59,2–61,3 (Ende 1. Jh.) heißt es etwa in 1Klem 59,4: „die Gefallenen richte auf, den Betenden zeige dich, die Kranken heile …“.

19 Die Umkehrthematik nimmt Themen des Hesekiel auf, insbesondere aus dem Hes 34, dem Kapitel über die schlechten Hirten: Ich selbst will meine Schafe weiden, und ich will sie lagern lassen, spricht Gott der HERR. [16]Ich will das Verlorene wieder suchen und das Verirrte zurückbringen und das Verwundete verbinden und das Schwache stärken und, was fett und stark ist, behüten; ich will sie weiden, wie es recht ist. (Hes 34,15f) *Abirrt von der Wahrheit* heißt für Jak zum Zwei-Seeler werden, s. zu 1,8. **20** *Seine Seele rettet*: Die Seele wird, auch wenn der Körper im Tod vergeht, in Gemeinschaft mit Gott bleiben und so den fast Verlorenen doch retten. Wie diese Rettung erwirkt wird, sagt Jakobus nicht ausdrücklich. Der Kontext (5,15f) lässt an ein Gebet für den Bruder denken. Der Abschluss *„er wird eine Menge an Sünden zudecken“* nimmt eine Überlieferung auf, die im hebr. Text Spr 10,12 ähnlich zu finden ist, nicht aber in Spr^{LXX}. Da der Jak sonst die gr. Bibel (Septuaginta) benützt, nimmt er eher ein Sprichwort auf, als dass er Spr zitiert. Die ähnlichen Worte aus 1Klem 49,5, 2Klem 16,4 und 1 Petr 4,8 deuten nicht auf literarische Abhängigkeiten, sondern auf eine Zitierkonvention. Sünden werden nicht dem vergeben (wörtlich: zugedeckt), der sich bekehrte, sondern eher dem, der diese Bekehrung bewirkt. Sonst würde die Rettung der Seelen nachträglich abgeschwächt.

Nachwort

Johann Gottfried Herder (1744–1803) kontert gegen Luthers abschätziges Urteil zum Jak mit den Worten: „Wenn der Brief strohern ist, so ist in dem Stroh viel starke, feste, nahrhafte, nur unausgelegte unausgetretene Frucht“ (Briefe zweener Brüder Jesu in unserm Kanon [1775]), GA, hg. v. B. Suphan, 7, 500 A. 2, nach Dibelius 13).

Erster Petrusbrief

A Einleitung

Der 1 Petr steht nach dem Jakobusbrief in den meisten Bibeln an zweiter Stelle der Sammlung der kleinen apostolischen Briefe, der sog. Katholischen Briefe (s. Haupteinl., 2.2).

1. Textüberlieferung des 1 Petr

Der 1 Petr wurde ursprünglich in griechischer Sprache verfasst. Eine weitgehend identische Rekonstruktionen des Textes aus der Menge der erhaltenen Textzeugen bieten die kritischen Ausgaben des Nestle^{28} (2012) und mit noch reicherem Nachweis der Bezeugungen auch die Editio Critica Maior zum 1 Petr (^{2}2013). Die ältesten erhaltenen Zeugen mit dem griechischen Text finden sich nach den genannten kritischen Ausgaben in zwei Papyri: Papyrus 72: ein Papyrusblatt der Sammlung Bodmer aus dem 3–4 Jh., enthält 1/2Petr und Jud. Papyrus 125: (=Pap. Oxyrhyn. 4934), 3.–4. Jh., enthält 1 Petr 1,23–2,5. 7–12. Noch älter ist der Text, den der Crosby-Schøyen Kodex MS 193 aus dem 3. Jh. bezeugt (sa 31 in der Editio Critica Maior). Dieser Papyrus enthält neben anderen jüdisch-christlichen Schriften eine Übersetzung des 1 Petr in sahidischer Sprache. Sahidisch ist ein koptischer Dialekt, den Ägypter in der ausgehenden Antike sprachen. Der griechische Pap. 72 wie der sahidische Papyrus stammen wohl aus demselben Pachomius-Kloster „Faw Qibli" am Nilufer. Beide Papyri wurden in der ausgehenden Antike in Tonkrügen gesichert und 1952 wieder entdeckt. Der sahidische Papyrus wurde erst 1990 veröffentlicht.

2. Der Apostel Simon Petrus

Der Apostel Petrus war zweifellos einer der engsten Vertrauten Jesu und einer der wichtigsten Zeugen nach Jesu Tod. Seine Lebenswege müssen wir aus den Evangelien, der Apg und vereinzelten Bemerkungen des Paulus erschließen (vgl. Böttrich: 2001, Bockmuehl: 2012). Der Name übersetzt den aramäischen Zusatznamen Kefas (1 Kor 1,12 u.ö., Joh 1,42), den Jesus selbst seinem Jünger Simon bzw. genauer Symeon (so Apg 15,14, 2 Petr 1,1) gegeben haben dürfte (vgl. Mk 3,16). Vorchristlich ist der Name Petrus nicht belegt. Petrus kam nach Joh 1,44 wie sein Bruder Andreas (Joh 1,40) aus Betsaida, einer zu deren Lebzeiten kleinen hellenistischen Dorfanlage, die an der Mündung des Jordan in den See Genezareth lag.

Die Bewohner Betsaidas werden unter den Eroberungszügen des Alexander Jannaeus (84–83 v. Chr.) zwangsweise judaisiert. Um 30 n. Chr. nannte der Herodessohn Philipp die Stadt „Livia-Julia“ zu Ehren der Mutter des Tiberius und der Frau des Augustus (Josephus, ant 18,28). Reste eines kleinen Tempels (6 × 20 m) zu Ehren der Julia wurden ausgegraben. Die jüdischen Fischer in diesem Ort dürften etwas Griechisch gesprochen haben. Der griechische Name Andreas, den der Bruder des Petrus trägt, deutet darauf hin.

Petrus wohnte als Erwachsener 8 km westlich im galiläischen Dorf Kafarnaum im eigenen Haus (Mk 1,29parr) und lebte dort als Fischer mit einem eigenen Boot (Lk 5,3). Petrus war verheiratet (1 Kor 9,5, vgl. Mk 1,29–31parr). Nachdem ihn Jesus berufen hatte, war er bald Sprecher der Jünger. Wenn Jesus kleinere Gruppen aus dem Zwölferkreis auswählte, gehörte er immer dazu. Die Geschichte von der Verleugnung Jesu erhält wohl eine im Kern historische Erinnerung. Nach Jesu Tod erschien ihm der Auferstandene (1 Kor 15,5, Lk 24,34). Er wurde wieder Sprecher der Jünger (vgl. Mk 16,7 und Mk 16,8 kürzerer Zusatzschluss: „die um Petrus“) und er gehörte bald zu den Säulen der Urgemeinde in Jerusalem (Gal 2,9). Er reiste auch aus Palästina heraus, z. B. nach Antiochia (Gal 2,11–14, vgl. 1 Kor 9,5). Einer schon im 1Klem belegten Überlieferung nach starb er zusammen mit Paulus. Petrus könnte in den sechziger Jahren durch Nero umgebracht worden sein (vgl. 1Klem 5,7; Joh 21,19). Ob diese früh belegte Tradition über Petri Tod in Rom historisch zutreffend ist, bleibt unbeweisbar. Die Apg vermerkt zuletzt über Petrus, er sei zu einem anderen Ort aufgebrochen (Apg 12,17), schweigt aber über seinen weiteren Weg. Im Römerbrief deutet Paulus nirgends an, dass Petrus in Rom sei.

Der 1 Petr wäre eine der wichtigsten Quellen, um zu erschließen, wie Petrus dachte. Doch gerade bei diesem Brief ist umstritten, ob er wirklich auf den Apostel Petrus zurückgeht. Wir haben keinen unbestrittenen Originaltext des Petrus, durch den wir die Echtheit des 1 Petr überprüfen können (s. Einl., 3). Die Personaltraditionen über Petrus wachsen schnell an. Er wird als die Autorität hinter dem Mk-Ev gedeutet (s. Exkurs zu 5,13). Mit dem 1 Petr oder, falls der 1 Petr von Petrus stammt, kurz danach setzt die petrinische Pseudepigraphie ein, die vielfältig weiter wächst. Hinter den pseudepigraphen Petruswerken stehen so unterschiedliche theologische Strömungen und Interessen, dass es nicht sinnvoll ist, von einer Petrus-Schule zu reden. Der 2 Petr z. B. verweist auf den 1 Petr, knüpft aber theologisch kaum an den 1 Petr an.

3. Zur Pseudepigraphie des 1 Petr

Der 1 Petr wurde wohl nicht vom Apostel Petrus verfasst. Unter den neueren Forschern gilt der 1 Petr gemeinhin als pseudonym (z. B. N. Brox, P. Achtemeier, J. H. Elliott, R. Feldmeier, M. Vahrenhorst, J. Schlosser). Der Brief ist nach dieser Ansicht wohl erst nach dem Tod des Petrus geschrieben worden. Pseudonymität im Neuen Testament ist ein vor allem im Corpus Paulinum diskutiertes Phänomen. Doch beim 1 Petr ist die Sache anders gelagert als bei Paulus: Für die Beurteilung der Paulusbriefe haben wir Protopaulinen, also unbestritten echte Paulusbriefe, wir haben aber keine unbestritten echten Äußerungen des Petrus. Es sind daher allgemeine Wahrscheinlichkeitsurteile nötig. Es gibt immer wieder erwägenswerte Versuche, den 1 Petr als echten Brief des Petrus zu deuten, in neuerer Zeit etwa durch Karen H. Jobes. Die Argumente, die dagegen sprechen, dass der Apostel Petrus tatsächlich den Brief verfasste, sind im Wesentlichen folgende:

(1) Die Sprache des Briefes verrät keine Sprachprobleme des Autors. Um die Wende vom ersten zum zweiten Jahrhundert gilt Mk als Dolmetscher des Petrus. Wenn 1 Petr von Petrus selbst wäre, hätte er keinen Dolmetscher gebraucht, denn der 1 Petr ist in gutem Griechisch abgefasst.

Die Stilhöhe festzustellen, ist schwierig. Durch einen Katalog von Kriterien, der sich v. a. auf Partikel und deren Verwendung stützt, versucht Jobes den Stil objektivierbar zu machen (Jobes 325–338). Muttersprachler unterscheiden sich gerade bei der Verwendung von kleinen Wörtern von Menschen, die erst nachträglich Griechisch lernen. Die Grammatik der Muttersprache übertragen manche auf die neu erlernte Sprache. Wenn ein hebräisch oder aramäisch sprechender Mensch nachträglich Griechisch lernt, sind daher Semitismen in seinen griechischen Zeugnissen zu erwarten. Solche Semitismen sind z. B. in Aufzählungen zu erkennen, wenn ein Autor das Possessivpronomen im Genitiv an jedes Substantiv anhängt. Im Hebräischen oder Aramäischen klärt ein Suffix die Zugehörigkeit und hängt an jedem Wort der Reihe. Ein griechischer Schriftsteller würde das Possessivpronomen nur an den letzten Begriff anhängen. Jobes arbeitet anhand ihrer Kriterien heraus, dass das Griechisch des 1 Petr noch im Bereich der Muttersprachler anzusiedeln ist.

Allerdings ist auch griechische Muttersprache für einen Fischer aus Betsaida nicht auszuschließen. Der Bruder des Petrus, Andreas hat ebenso einen griechischen Namen wie der ebenfalls aus Betsaida stammende Jünger Philippus (Joh 1,40–44; 12,21).

(2) 1 Petr setzt eine Christianisierung des nördlichen Kleinasiens voraus, wie sie zu Lebzeiten des Petrus wohl nicht bestand. Ein neuerer Versuch, die Adressaten als durch Claudius aus Rom vertriebene Christen zu deuten, die nun in Kleinasien siedelten (Jobes), ist kaum plausibel zu machen.

(3) 1 Petr wendet sich nach der Mehrheitsmeinung an Heidenchristen, die wohl nicht im Zentrum des Interesses des Petrus lagen.

Der Kirchenvater Euseb (h.e. 3,1,2), einzelne spätere Ausleger, darunter etwa J. Calvin und in jüngerer Zeit K. Jobes und J. Dunn, sehen in der Adresse in 1,1 einen Hinweis darauf, dass sich der 1 Petr an Judenchristen wende. Angesichts von Stellen wie 1 Petr 1,18 (s. dort) überzeugt die These einer judenchristlichen Adressatenschaft kaum (s. auch zu 2,9f). Die Differenz Heidenchristen und Judenchristen ist für 1 Petr kein Thema mehr.

(4) Der Brief sagt in 5,13, Petrus schreibe aus Babylon. Babylon wurde eine stehende Chiffre für Rom nach der Tempelzerstörung durch die Römer 70 n. Chr. Aber im 1 Petr muss „Babylon“ nicht für Rom stehen.

Bis in neuste Zeit bleiben dagegen Bedenken (Zwierlein): Es ist unüblich, einen konkreten Ortsnamen beim Briefschluss zu nennen. Die Ausnahme der Ignatius-Briefe darf für 1 Petr nicht zum Belegfall stilisiert werden. Ignatius von Antiochien verfasste auf seiner Reise nach Rom ins Martyrium sieben erhaltene Briefe (um 110). Wenn er im Briefschluss Absendeorte nennt, ist dies durch diese besonderen Umstände bedingt. In 1 Petr 5,13 verrät vielmehr das im Griechischen vor dem Brief nicht belegte Wort „miterwählt“ die Hand des Autors, der zum Beschluss eine Ringkomposition zum Anfang bilden will: Ich bin Miterwählter in der Fremde. Für diese Fremde steht Babylon. Der Autor wie die Adressaten leben also in der Fremde. Der Ausdruck verschlüsselt kaum einen bestimmten Ort der Erde, er dürfte eher metaphorisch die Fremdheit in der Welt oder im Fleisch ausdrücken.

So gedeutet hilft die Angabe „Babylon“ nicht, den Abfassungsort des Briefes zu bestimmen. Die Summe der Argumente spricht gegen eine Abfassung des 1 Petr durch den Apostel Petrus.

4. Anknüpfungen des 1 Petr an frühchristliche Überlieferungen

Der 1 Petr zeigt eigentümliche Berührungen mit der paulinischen Theologie und den Evangelienüberlieferungen.

(1) *Paulinismus:* Der 1 Petr fußt in manchen Einzelheiten auf Traditionen, die wir aus den Paulusbriefen kennen. In der Forschung ist daraus immer wieder eine Abhängigkeit des 1 Petr von den Paulusbriefen erschlossen

worden. Die Briefform des 1 Petr kann für sich kaum die Abhängigkeit von den paulinischen Briefen belegen. Soweit Paulus hier prägend gewesen sein sollte, verbreitet sich diese Form schnell und geht keineswegs mit einer inhaltlichen paulinischen Prägung einher. Nach 1 Petr 5,12 überbringt ein Silvanus den Brief an die Adressaten. Dieser Überbringer könnte identisch sein mit dem Mitarbeiter des Paulus (1 Thess 1,1; 2 Kor 1,19; 2 Thess 1,1) und eine gewisse personale Verschränkung des 1 Petr mit dem Mitarbeiterstab des Paulus festhalten oder andeuten wollen.

Eine besondere Nähe zum Corpus Paulinum zeigt der 1 Petr bei manchen Begriffen und Themenfeldern, die wir in der frühen Christenheit sonst nur bei Paulus belegen können:

- „in Christus"-Formel 3,16; 5,10.14
- Stichworte wie Charisma 4,10, Gewissen 2,19; 3,16. 21
- „nicht gleichschalten" 1,14, vgl. Röm 12,2
- das Bildfeld vom „Inneren Menschen" 3,4 (s. dort)
- Dicht sind die Anleihen an Röm 13,1–7 in 2,14–17 (s. dort)

Die hier genannten „paulinischen" Begriffe tragen nicht die Argumentation im 1 Petr, sondern sind eher eingestreut in viele andere Überlieferungen. Beim Bildfeld vom Inneren Menschen weicht die Terminologie des 1 Petr auffällig ab von der des Paulus. Der 1 Petr hat das Motivfeld wohl unabhängig von Paulus aufgenommen.

Der 1 Petr fügt sich *nicht* in die sonstige Paulusrezeption im Neuen Testament. Anders als die Briefe der Paulusschule (Kol, Eph, 1/2Tim, Tit) sind die Anleihen an die Formulierungen der Protopaulinen gering und zu viele nicht von Paulus ableitbare Theologumena tragen dazwischen die Argumentation. Die Paulusverehrung eines Lk, die ohne Kenntnis von dessen Briefen auskommt, ist zu unspezifisch, um mit den vagen oder vermeintlichen Paulusanleihen des 1 Petr verglichen zu werden. 1 Petr 5,12 benennt den Briefüberbringer Silvanus, vielleicht denselben den auch Paulus in seinen Briefen nennt (2 Kor 1,19; 1 Thess 1,1; 2 Thess 1,1). Diesen nennt Lukas gräzisiert „Silas" (Apg 15,22. 27. 32. 40 und öfter).

1 Petr entfaltet seine Theologie ohne ehrfürchtiges Bewusstsein gegenüber paulinischem Gedankengut. In Terminologie und Sache spricht der 1 Petr anders von der Gemeinde/Kirche als die paulinischen Schreiben. Statt des bei Paulus üblichen Begriffs der Ekklesia (Gemeinde/Kirche) hat der 1 Petr das sonst so nicht verwendete Stichwort der „Brüderschaft" (2,17; 5,9). Der Verfasser des 1 Petr hat einige paulinische Gedanken aufgeschnappt und verwendet sie, aber er entstammt keiner Paulus-Schule. Freilich sind m. E. auch diese Gedankensplitter kaum vor 70 n. Chr. zum Autor des 1 Petr gelangt. Hier liegt ein Problem, wenn man den Brief durch den Apostel Petrus verfasst deuten will.

Zurückhaltung gegen einen vermuteten „Paulinismus“ des 1 Petr mahnen in neuerer Zeit mehrere Forscher an (J.H. Elliott, J. Herzer). Dass 1 Petr den Röm und Eph kannte, sollte nicht bestritten werden (Horrell: 2013, 12–20).

(2) *Verhältnis zum Jak:* Die früher öfter angenommene Abhängigkeit des 1 Petr vom Jak interpretiert Ähnlichkeiten zu forsch als Abhängigkeiten. Wahrscheinlich teilen Jak und 1 Petr nur dort ähnliche Themen und seltene Worte, wo sie dieselbe aber für uns nicht erhaltene Quelle benützten (s. Einl. Jak, 4 [2].).

(3) *Jesusüberlieferung im 1 Petr:* Für eine zeitliche Ansetzung des 1 Petr gegen Ende des 1. Jh.s spricht eine verschiedentlich auftretende Jesusüberlieferung, die 1 Petr schon aus dem Mt-Ev geschöpft haben könnte und nicht aus den Quellen, die auch dem Mt-Ev vorlagen (so Metzner: 1995; kritisch Vahrenhorst 42–44).

(4) *Frühchristliche Traditionen:* Weitere Ähnlichkeiten zu erhaltenen frühchristlichen Schriften sind zwar an einzelnen Stellen auffällig, aber nicht als literarische Abhängigkeiten zu deuten. Die seltenen Worte, die 1 Petr und der Ende des 1. Jh. in Rom verfasste 1Klem gemeinsam haben, u. a. die Geschwisterschaft (1Klem 2,4, s. zu 2,17), deuten eher auf ein gemeinsames Herkunftsmilieu als auf literarische Abhängigkeit.

5. Zur zeitlichen Ansetzung des 1 Petr

Der 1 Petr gibt sich in 1,1 als ein Rundschreiben an die Christen in mehreren Gebieten Zentral- und Westanatoliens (s. zu 1,1). Die Einschätzung dieser und weiterer Angaben führt zu unterschiedlichen zeitlichen Ansätzen für den 1 Petr. Die Mehrheitsmeinung setzt den Brief etwa 80–100 n. Chr. an. Nach Euseb kennt Papias (um 120) den Brief (h.e. 3,39,17). Eine Ansetzung des Briefes nach der Jahrhundertwende halte ich daher für weniger wahrscheinlich.

B Kommentar

Überschrift

(des) Petrus Brief, erster

Textüberlieferung: Diese Überschrift lesen bereits frühe Textzeugen, meist statt des ausgeschriebenen Wortes „erster“ mit dem Buchstabenzeichen für „erster“, ein Alpha (z. B. Papyrus 72, Sinaiticus 2. Korrekor und viele andere). Ohne Zählung erster o. ä. liest der älteste Textzeuge diese Überschrift (sa 31; s. Einl., 1). Die Editio Critica Maior zu den katholischen Briefen nennt einige Varianten zu dieser Überschrift. Einige dieser Varianten zeugen von späterer Zeit, wenn etwa die Überschrift lautet: „Erster katholischer Brief des heiligen und überall geehrten Apostels Petrus“ (Majuskel 020). Einzelne späte Zeugen vermerken auch in der Subscriptio, dass der Brief in Rom verfasst wurde (1739Corr; 1751; u. a.), manche ergänzen dort auch: „durch Silvanus“ (378, 915, 1845 u.a). Bei einigen sonst wichtigen Zeugen ist der Anfang nicht erhalten, so dass diese keine Variante bezeugen können (so Papyrus 4 und Papyrus 81). Zwar keine Überschrift vor dem Text aber nach dem Text lesen als subscriptio wichtige weitere frühe Textzeugen: *(des) Petrus erster* (die erste Hand des Sinaiticus, Alexandrinus und Vaticanus).

Die Überschrift reiht den anschließenden Text ein in die Reihe der wegen ihres Autors gesammelten Briefe. Der älteste erhaltene Textzeuge (sa 31) könnte durch seine fehlende Zählung belegen, dass der 1 Petr ursprünglich noch ohne den 2 Petr an seiner Seite überliefert wurde. Auch Irenäus (gest. um 200) leitet ein Zitat von 1 Petr 1,8 ein mit den Worten „das sagt Petrus in seinem Brief“ (advhaer 4,9,2). Irenäus zitiert auch sonst den 1 Petr, nie allerdings den 2 Petr (s. zur Überschrift 2 Petr).

I Briefeingang (1 Petr 1,1–12)

Der Briefeingang besteht aus den zwei Teilen Präskript (1,1f) und Proömium (1,3–12).

I 1 Präskript (1 Petr 1,1f)

1 Petrus, Apostel Jesu Christi, an die Erwählten, die in der Fremde der Zerstreuung [sind] von Pontos, Galatien, Kappadokien, Asia und Bithynien, 2 gemäß der Vorhersehung Gottes des Vaters in der Heiligung des Geistes zu Gehorsam und Besprengung des Blutes Jesu Christi, Gnade für euch und Friede möge [sc. durch Gott] gemehrt werden.

Das Präskript hat wie in den Paulusbriefen drei Teile: Es nennt den Absender im Nominativ (1,1a), den Adressaten im Dativ (1,1b–2) und schließt mit einem Gruß (1,2fin).

1a Zu *Petrus* s. o. (Einl., 2). Die kurze Nennung des Namens ohne weitere Erklärungen setzt bei den Adressaten voraus, dass diese den Autor kennen. Sofern dieser Brief ursprünglich wirklich als Brief versandt wurde, richtet er sich also an Personen in Kleinasien, die Petrus kannten. Wie diese Bekanntschaft zustande kam, verrät der 1 Petr nicht. Der Titel *Apostel* reiht Petrus ein unter die Zeugen des irdischen oder des auferstandenen Christus. Die Bezeichnung Apostel haben die frühen Christen neu geprägt. Er leitet sich ab vom Verb „senden" (gr. *apostéllein*). Nicht die Wortgeschichte, sondern die Institution des Botenrechts erklärt den Begriff.

Ein Herrscher bzw. Gott stattet einen Boten mit der Vollmacht aus, ihn mit allen Rechten zu vertreten und etwas auszurichten. Dazu wird der Bote gesandt. Noch die gr. Übersetzung des Alten Testaments (LXX) benennt Beauftragte fast durchgängig nur verbal. Nur einzelne Handschriften der LXX verwenden das Nomen „Apostel" an zwei Stellen (1 Kön 14,6; Jes 18,2). Wenn Gott jemand sendet, lässt der gr. Begriff (gr. *ángeloi*) offen, ob es sich bei dem Gesandten um ein himmlisches Wesen, dt. Engel, oder um einen Menschen handelt. Der Begriff „Apostel" legt sich fest auf einen menschlichen Boten.

Im Neuen Testament finden sich fast alle der rund 80 Belege im Corpus Paulinum und bei Lk. Der Begriff findet sich im weiteren Sinne verwendet für Gesandte allgemein, so z. B. Joh 13,16 (die einzige Stelle im Joh-Ev). Geprägt wurde der Begriff wohl spezifisch für Gesandte Jesu. Genauer: von Jesus Christus Gesandte mit einem bestimmten Auftrag, meist: das Evangelium zu verkündigen. Der Begriff impliziert also eine personal-dauerhafte Sendung wie bei Propheten des Alten Testaments. Die Sendung konnte Jesus nur zu Lebzeiten aussprechen, so dass die Generation der Apostel keine fortlaufenden Nachfolger erhielten. Paulus deutet seine Berufung durch den auferstandenen Christus als letzten Sonderfall, der ihn den durch Jesus gesandten Aposteln gleichstelle.

1 Petr 1,1 nennt Petrus einen Apostel, ohne auf diesen Titel im weiteren Brief zurückzukommen. Der Titel war für Petrus nie umstritten. 1,1 hat den Titel ohne Artikel. Dies entspricht dem knappen im Briefeingang üblichen Stil (BDR 268.2). *Jesu Christi*: so auch häufig bei Paulus. Die eigentliche Autorität hinter dem Briefschreiber ist der durch Gott gesalbte und auferstandene Jesus, der Christus.

1b–2 Die Adressaten stehen im Dativ. Wie es in Briefeingängen üblich ist, fehlt das Verb „schreibt an" o. ä. Der Autor nennt die Angeschriebenen *die Erwählten*. Der Ausdruck impliziert, dass die Angeredeten durch Gott auserwählt wurden. Der weitere Brief macht deutlich, dass diese Erwählung zwar schon stattgefunden hat, aber sich erst nach einer Bewährungsprobe im Endgericht auch wirklich fühlbar durchsetzen wird. Gegenwärtig leben die Erwählten noch in der *Fremde*, vgl. 1,17;

2,11. Fremde sind die Adressaten nicht primär durch ihre gesellschaftliche Stellung (J. H. Elliott), sondern weil sie in Gott beheimatet sind (R. Feldmeier). Diese theologisch begründete Fremdheit hat dann auch gesellschaftliche Folgen, von denen der Brief handelt. Dieses Motiv des Lebens in der Fremde bzw. ohne volle Bürgerrechte nennt die Bibel erstmals für Abraham (Gen 17,8; 23,4; 35,27). Der Verfasser des Hebr deutet mit diesem Motiv das Leben der Christen vor der noch ausstehenden Verheißung (Hebr 11,9–16; 13,14, vgl. Phil 3,20). Die Adressaten leben in der *Diaspora*. Diese im Griechischen sonst kaum benützte Vokabel prägte die gr. Übersetzung des Alten Testaments, die Septuaginta, um die als Strafe empfundene Zerstreuung Israels, des Volkes Gottes, unter die Heiden zu bezeichnen. Doch beschränkt 1 Petr die in 1,1 angesprochenen Menschen nicht auf Juden. Es liegt also schon eine Übertragung des Begriffs auf die Bruderschaft (s. zu 2,17) vor. Die der Diaspora korrespondierende Heimat nennt 1 Petr nicht. Diese Heimat ist jedenfalls nicht Israel, das Heilige Land der Bibel, wie es in einem innerjüdischen Diskurs selbstverständlich wäre. Die Adressaten leben in fünf Provinzen, die zusammen mit 350.000 qkm etwa die Größe Deutschlands nach 1990 haben. Das Gebiet liegt in der heutigen Türkei zwischen Schwarzmeerküste und dem Taurusgebirge. Was die Adressaten so verbindet, dass sie mit einem Rundschreiben angesprochen werden sollen, verrät der 1 Petr nicht. Sind die Adressaten ehemals in Rom mit Petrus in Kontakt gewesen und dann vertrieben worden, so dass der Brief sich an jetzt in der Fremde Wohnende wendet (K. Jobes)? Gegen diese Vermutung spricht, dass der Brief wohl überwiegend Heidenchristen anspricht, die schwerlich mit Petrus in Rom Kontakt haben konnten. Die Anordnung der fünf Provinzen ist rätselhaft. Es wird ein etwas schwer nachvollziehbarer Kreis abgelaufen.

Die Reihung könnte die Reiseroute des Briefüberbringers Silvanus angeben, erwog F. J. A. Hort (1828–1892). Dann wäre die Überbringung recht weit im Osten der Schwarzmeerküste losgegangen. Solche Reisen zwischen der römischen Provinz Pontus und Rom unternehmen im 1. und 2. Jh. etwa Aquila (Apg 18,2), der gleichnamige Bearbeiter der griechischen Textüberlieferung des Alten Testaments Aquila und Markion, so dass Sinope in der Provinz Pontus durchaus als Ausgangspunkt der Rundreise eines Überbringers von Rom plausibel sein könnte. Diese Annahme kann auch erklären, warum die üblicherweise als Doppelprovinz geführte Provinz Pontus-Bithynien in 1,2 auf Anfang und Ende der Reihung aufgeteilt wurde.

Diese ohne weitere Erklärungen aufgeführte Liste spricht für eine Ursprungssituation des Briefes, in der die Route ohne Erklärung verstanden werden konnte. Für eine beliebige Erfindung wäre die Reihung etwas bizarr und würde eher eine Unkenntnis der lokalen Verhältnisse vermuten lassen. Dafür aber enthält der Brief zu viele Details, die nicht einfach ein spätes Stadium des Christentums wiedergeben.

Zu den genannten Provinzen und deren Christianisierungen: Ein paulinischer Einfluss ist in *Galatien* und der *Asia* zu vermuten. Die übrigen Provinzen sind wohl außerhalb des paulinischen Einflussbereichs. Ausdrücklich gilt dies nach Apg für *Bithynien*: „Sie zogen aber durch Phrygien und das Land Galatien, da ihnen vom heiligen Geist verwehrt wurde, das Wort zu predigen in der Provinz Asien. [7]Als sie aber bis nach Mysien gekommen waren, versuchten sie, nach Bithynien zu reisen; doch der Geist Jesu ließ es ihnen nicht zu. [8]Da zogen sie durch Mysien und kamen hinab nach Troas" (Apg 16,6–8). In Bithynien gab es wohl Juden. Wir erschließen das aus einem Brief, den Philon überliefert (Philon, legat 281). In seinem Bittschreiben an Kaiser Caligula angesichts der Krise um die Kaiser-Statue im Tempelbereich 40 n. Chr. listet Agrippa Bithynien unter den Kolonien Jerusalems auf. Christen in Bithynien sind auch durch den Briefwechsel des jüngeren Plinius mit Trajan bekannt.

Exkurs: Plinius und die Christen in Bithynien

Der Senator Plinius (61-ca. 113) war ab 111 n. Chr. oberster römischer Beamter in der Provinz Bithynien-Pontus, heute Nordwest-Türkei. Er war befreundet mit dem Kaiser Trajan und korrespondierte mit ihm. In seinem lateinischen Briefwechsel bittet er den Kaiser um Rat, wie er mit Christen verfahren solle: „An Verhandlungen gegen Christen (*de Christianis*) habe ich noch niemals teilgenommen. Daher weiß ich nicht Bescheid über Art und Ausmaß der üblichen Bestrafung wie auch der Untersuchung. [...] Wird schon der Name (*nomen ipsum*) bestraft, auch ohne Verbrechen, oder werden die mit dem Namen verbundenen Verbrechen bestraft? Einstweilen bin ich bei den Leuten, die mir als angebliche Christen angezeigt wurden, folgendermaßen verfahren: (3) Ich habe sie gefragt, ob sie Christen seien. Die Geständigen fragte ich unter Androhung der Todesstrafe ein zweites und ein drittes Mal. Diejenigen, die hartnäckig darauf beharrten, ließ ich zur Hinrichtung abführen. Denn darüber zweifelte ich nicht: Was es auch sein mochte, das sie zu gestehen hatten, ihr Starrsinn und ihre trotzige Verstocktheit verdienen auf jeden Fall Bestrafung. [...] (6) Andere [...] bezeichneten sich zunächst als Christen, dann widerriefen sie aber. Sie seien es zwar gewesen, hätten sich jedoch wieder abgewandt, einige vor drei, andere vor noch mehr Jahren, manch einer sogar vor 20 Jahren. [...]" (Plinius, ep 10,96,1–3. 6. 9; Übers.: Giebel). Bereits Justin (um 150) und Tertullian (um 200) beziehen sich in ihren Apologien des Christentums auf diese Stelle und der aus ihr abgeleiteten Folgen für Christen (Justin, apol 1,4; Tertullian, apol 2,6–20).

Die im 1 Petr vorausgesetzten Schwierigkeiten sind wohl überwiegend nicht durch staatliche Stellen verursacht (s. zu 4,16). Die bei Plinius vorausgesetzte Situation dürfte erst nach dem 1 Petr entstanden sein (anders D.-A. Koch: Geschichte des Urchristentums, 2. Aufl. 2014, 470–479), da bei Plinius die Verdächtigungen nicht nur irgendwo vor heidnische Gerichte vorgedrungen sind, sondern nun auch den obersten römischen Staatsvertreter, eben Plinius, beschäftigen. Verfolgungen oder Übergriffe staatlicher Instanzen sind im 1 Petr nicht erkennbar und hätten wohl bei 2,13–16 einschränkende Formulierungen gezeitigt.***

2 Der angehängte Satzteil *gemäß der Vorhersehung* (1,2) bezieht sich wohl auf „Erwählte“ und soll diesen Akt durch Gott vor der persönlichen Entscheidung der Adressaten herausstellen. Der Vers zeigt ein differenziertes Gottesbild: Vater, Geist und Sohn wirken zusammen, die Art des Wirkens drückt 1,2 mit den Partikeln aus: auf Veranlassung Gottes mittels des Geistes wirksam in *Gehorsam und Besprengung des Blutes Jesu Christi*. Ein ähnliche dreigliedrige Struktur findet sich auch in 1,3–12. Die inhaltliche Aufarbeitung solcher Formulierungen führt in späterer Zeit zum trinitarischen Gottesbegriff. Die Begriffe *Gehorsam* und *Besprengung* beziehen sich wohl auf Jesus Christus und sind daher als der Gehorsam zu verstehen, den Jesus bei seiner Verurteilung einhielt, und die metaphorisch als Opferbesprengung benannte Tötung, die er erlitt. Der Briefgruß (1,2fin) formuliert wie in Segenswünschen üblich mit dem im Neuen Testament selten geworden Aorist Optativ (BDR 384^{3}). Der Optativ (so auch 3,14. 17) belegt noch keine hohe Sprachkompetenz des Autors, der hier einem Briefgruß aus biblischer Vorlage übernommen haben könnte (Dan $4{,}1^{\text{Theod}}$; $4{,}37c^{\text{LXX}}$; vgl. $3{,}31^{\text{MT}}$).

I 2 Proömium (1 Petr 1,3–12)

**3 Gepriesen [ist] der Gott und Vater unseres Herrn Jesus Christus, der
gemäß der Größe seines Erbarmens uns wiedergeboren sein ließ als lebendiges Hoffnungsgut durch die Auferstehung Jesu Christi von den
Toten, 4 zur unvergänglichen und unbefleckten und unverwelklichen
Erbschaft, bewahrt in den Himmeln für euch, 5 die (ihr) in der Macht
Gottes Bewachten (seid) durch Glauben zum bereiteten Heil, das zur letzten Zeit offenbar werden wird.**
**6 In ihm jubelt ihr, eine kurze Zeit noch ist es nötig, dass ihr betrübt
werdet durch vielfältige Prüfungen, 7 damit eure Werteinschätzung
des Glaubens wertvoller vorgefunden werden möge als Gold, das vergehend ist, wenn es durch Feuer geprüft wird, zu Lob und Herrlichkeit
und Ehre bei der Offenbarung Jesu Christi, 8 den ihr liebt, obwohl ihr ihn nicht gesehen habt, auf den hin ihr preist, indem ihr glaubt, obwohl ihr (ihn) bislang nicht seht, mit unaussprechlicher und verklärter
Freude, 9 wenn ihr erhaltet das Ziel des Glaubens [von euch]: Rettung der Seelen.**
10 Nach dieser Rettung (sc. der Seelen) suchten die Propheten und forschten nach, als sie die für euch (bestimmte) Gnade prophezeiten.
**11 Sie erforschen, auf wen oder auf welche Zeit der in ihnen vorherbezeugende Geist Christi die Leiden für Christus und die danach (seienden) Herrlichkeiten kundtat. 12 Denen (sc. den Propheten) wurde
offenbart: Nicht für sich selbst, aber für euch dienten sie mit diesen**

(Dingen), welche euch nun verkündet wurden, indem sie (die Propheten) für euch das Evangelium verkündigen im heiligen Geist, der vom Himmel gesandt wurde, auf die (Dinge) hin Engel begehrten, einen Blick zu erhaschen.

3–12 Die erste thematische Einheit 1,3–12 kann für sich stehen oder in den Briefabschnitt 1,1–2,10 eingereiht werden. Für diese Einordnung spricht, dass das Motiv des Erbarmens von 1,3 in 2,10 wieder vorkommt. Doch ein solcher langer Eingangsteil entspricht nicht den Briefkonventionen, die auch im 1 Petr hinreichend deutlich hervortreten. Zudem präludiert 1,3–12 auch Themen, die erst im späteren Brief entfaltet werden, wie das gegenwärtige Leiden (1,6b, vgl. 3,14; 4,12f; 5,9f). Der Briefeingang ist in der Form einer Preisung (Eulogie) gestaltet wie auch 2 Kor 1,3; und Eph 1,3 (vgl. Lk 1,68; Röm 1,25; 9,5; 2 Kor 11,31). Vorchristlich ist diese Art von Briefeingang nicht belegt. Wenn 1 Petr hier nicht Paulus nachahmt, wurde er vielleicht durch Konventionen angeregt, die uns nur noch durch Paulus bekannt sind. Die Eulogie hat eine trinitarische Grundstruktur: Sie lobt Gott Vater (1,3–5), dann Jesus Christus (6–9) bevor sie das Wirken des Geistes würdigt (10–12).

3 *Der Größe seines Erbarmens*: 1 Petr bezieht die Wortfolge „das Viele" auf das Erbarmen Gottes. Zunächst blickt der Autor zurück auf die individuelle Erwählung, die er mit dem Bildfeld der Wiedergeburt benennt. Die Vokabel für „*Wiedergeboren* sein lassen" oder „der uns neu gezeugt" hat im Neuen Testament nur 1 Petr 1,3. 23.

Exkurs: Wiedergeburt

Das frühe Christentum kennt das Bildfeld von der Wiedergeburt gelegentlich und bezeichnet es mit wechselnden Begriffen, selbst innerhalb des 1 Petr wechselt der Begriff für die selbe Sache von 1,3. 23 zu 2,2 (R. Feldmeier: Wiedergeburt, BThS 25, Göttingen 2005, 75–99). Das Bildfeld von der Wiedergeburt findet sich nicht in der griechischen biblischen Überlieferung des Judentums, der Septuaginta. Eine abweichende Lesart zum Prolog des Buches Sirach ist die einzige Ausnahme (Sir Prol Z. 28vl). Wie kommt 1 Petr zu diesem Bildfeld? Eine Herkunft des Bildes aus Mysterienreligionen ist unwahrscheinlich. Dort gibt es zwar die Rede von einer Wiedergeburt, aber es fehlt dort der apokalyptische Rahmen für die Vorstellung, entsprechend ist dort die „Wiedergeburt" wiederholbar. Das in Mt 19,28 erhaltene Jesuswort verlegt die Wiedergeburt in das Ende der Zeiten und kann daher schwerlich 1 Petr geprägt haben. Eher passt die paulinische Rede von der Taufe als schon erfolgtem Mitsterben mit Christus und noch ausstehendem Mitauferstehen in den Hintergrund von 1 Petr (Röm 6,4; 2 Kor 5,17; vgl. Tit 3,5: das Bad der Wiedergeburt). Dieselbe Sache mit anderen Vokabeln meint auch Johannes, wenn er von von einer Geburt von oben spricht (Joh 3,3; 1 Joh 2,29, 3,9f; 5,1–5; vgl. Jak 1,18). Das rabbinische Judentum entfaltet die Vorstellung: „Der Proselyt gleicht einem eben geborenem Kind" (bJeb 4,12, fol. 48b; dt. Goldschmidt 4, 479, vgl. Bill. 2, 423). Diese Bildanwendung zielt darauf, den Proselyten von allen Schuldzuweisungen zu befreien, die er vor seiner Zuwendung zum Judentum begangen haben mag. Der Gedanke der neuen Geburt spielt in der jüdischen Schrift aus hellenistischer Zeit „Josef und Asenet“ (JosAs) eine wichtige Rolle. Diese Schrift versucht die Notiz aus Gen 41,45 zu verarbeiten, nach der Josef eine ägyptische Priestertochter, also eine Heidin geheiratet habe. Eine „neue Geburt“ befreit sie von dem Makel einer heidnischen Herkunft. Jakob hält die Hand auf das Haupt Asenets und betet: „und wiederforme sie (mit) deiner Hand der verborgenen, und wiederlebendigmach sie (mit) deinem Leben“ (JosAs 8,9; vgl. 15,5; 16,16; 18,9; Übers.: Burchard, JSHRZ 2/4, 651). Die vielfältige Aufnahme des Bildes im Judentum und im frühen Christentum in unterschiedlicher Terminologie macht es wahrscheinlich, dass das Bildfeld schon im Judentum beheimatet war, als es der 1 Petr aufgreift. Im 1 Petr zielt die Wiedergeburt auf die noch bevorstehende Lebenszeit (bes. 1,23), die durch die neue Geburt eine besonders intensive Gottesverbundenheit erhalten hat.***

Mit dem Partizip Aorist verweist der 1 Petr bei der Wiedergeburt auf einen punktuellen Anfang, wie er in der Taufe gefeiert wird. Doch der Ort dieser Wiedergeburt hat zugleich einen Bezug zur Auferstehung Jesu: Es ist die Eingliederung in den Auferstehungsleib Jesu Christi, bzw. in die „Familie“ Gottes. Der 1 Petr mischt mehrere Bilder, um seine Aussagen zu entfalten, s. Exkurs zu 2,4f. Die so entstehende neue Gemeinschaft beschreibt 1 Petr mit dem Bild der „lebendigen Steine“ (2,5) und bezieht die Gemeinschaft so auf einen Tempel. In 1,23 wird die Kraft, welche die Neugeburt bewirkt, auf das Wort Gottes zurückgeführt (vgl. Jak 1,18), in 2,2 auf die „worthafte“ Milch für den Neugeborenen. *Lebendige Hoffnung* meint wohl eine durch die Gegenwart des Auferstandenen (1,3fin) gestärkte Hoffnung. Es besteht ein Bezug zur Taufe mit einer sehr grundsätzlichen Taufvorstellung: Jeder ist vor aller Zeit (1,2) erwählt durch Gott, hat also gleichsam einen Platzhalter bei Gott. Die einzelnen Christen sind Thema, nicht (nur) das Kollektiv eines Leibes Christi. **4** Der Vers reiht vier ähnlich klingende Worte aneinander. Die verwendeten Eigenschaftswörter sind der philosophischen Gotteslehre entlehnt und zeigen so einen bewusst griechisch formulierenden Schreiber. Der Jünger Petrus war dazu schwerlich in der Lage. Das noch ausstehende Heilsgut gibt es erst im Erbfall, es ist gegenwärtig *bewahrt in den Himmeln für euch*. Das Ineinander von schon gültigen Heilstatsachen („erwählt“) und noch anhaltender Hinterlegung im Himmel zielt auf die Existenz der Adressaten zwischen Taufe und Erlösung. Der 1 Petr arbeitet hier mit einem räumlichen eschatologischen Vorbehalt ähnlich wie der Kolosserbrief (vgl. Kol 1,5). Wir sind zwar schon wieder geboren, die Parusie Christi steht aber noch aus. In dieser Zwischenzeit ist die Fülle des Heils zwar vollständig, aber eben räumlich getrennt „bewahrt in den Himmeln“. Eine ähnliche Verwahrung des Heils im Himmel setzt auch die Rede vom „oberen Jerusalem“ voraus: Gal 4,26; himmlisches Jerusalem: Hebr 12,22; 13,14, auch Offb 21: Erst am Ende der Zeit kommt das himmlische Jerusalem auf die Erde. Während das Bild vom himmlischen Jerusalem die kollektive Eschatologie unterstreicht, hebt die Metaphorik des 1 Petr die individuelle Erlösung hervor. So geht es z. B. um die Erlösung der Seelen (1,9fin), nicht um die Erlösung der Welt. Der 1 Petr nennt den Himmel hier hebraisierend wie die griechische Bibelübersetzung im Plural (wörtlich: „in Himmeln"), an anderen Stellen auch im Sg. (1,12; 3,22). Schwerlich will er damit die Fülle der Himmelssphären (Pl.) von einem einzelnen Himmel (Sg.) differenzieren. Die hebraisierende Sprache der Septuaginta prägt ihn gelegentlich, aber nicht durchgängig. In 1,4fin wechselt der Autor vom „Wir" zum „Ihr", bei der Anredeform bleibt er dann bis zum Ende. Dieser wohl unbewusste Übergang markiert, dass der Autor sich nun auf die besondere Situation seiner Adressaten einstellt. **5** Angesprochen sind die einzelnen Gemeindeglieder, nicht die Gemeinden. Dieser Zug zum Individualismus könnte durch die Ursprungssituation verursacht worden sein: Die angesprochenen Christen sind für den Absender nicht in einer Gemeinde gefasst, sondern zerstreut in mehreren Provinzen. Der Brief nennt nur am Rande den Verbund der Christen in der Gegenwart, s. zu 2,17.

6 Textüberlieferung: Der griechische Text nach Nestle[28] liest hier das vom unpersönlichen Ausdruck abhängige Partizip „Betrübte" im Akkusativ, eine etwas geschmeidigere Ausdrucksweise (BDR 408) als die von Nestle[27] bevorzugte Lesart im Nominativ. Diese stilistische Variante ist in der dt. Übersetzung nicht ausdrückbar.

Der V. 6 konstatiert Jubel und Betrübnis. Das Verb „jubeln" steht im Präsens. 1,8 wiederholt das Verb, hier lesen einzelne griechische Handschriften und Irenäus (gest. um 200) ein Futur (Irenäus, advhaer 4,9,2: *gaudebitis*; 5,7,2: *exsultabitis gaudio*). Eine futurische Deutung, wie sie zwei Textzeugen hier und in 1,8 lesen, verdeckt den präzisen Ort, in dem der Jubel aufkommen kann. Trotz der Betrübnis ist Jubel möglich, allerdings nur *„in diesem"*. Der Bezug der Wendung „in diesem" ist hier wohl nicht unspezifisch im Sinne von: „in dem bislang Gesagtem", so 2,12; 3,16. 19; 4,4, sondern ist auf Gott zu beziehen und schränkt dann das gegenwärtige Jubeln ein: Es ist kein öffentliches Sich-Freuen, sondern ein Sich-Freuen in Gott bzw. Christus. Grammatikalisch möglich wäre auch ein Bezug des „in diesem" auf den letzten Zeitraum (1,5), dann bliebe aber das Nebeneinander von Leid und Jubel in der Gegenwart unaufgelöst. Mit den *„Prüfungen* in einer festgesetzten Zahl" deutet der Brief das Leid in der Gegenwart der Adressaten an. **7** Die hier mit *„Wertschätzung"* übersetzte seltene Vokabel benennt meist das Prüfungsmittel, den Prüfstein, vgl. Jak 1,3, hier aber wohl das Geprüfte. Indem Papyrus 72 und andere Textzeugen nur einen Buchstaben weglassen, lesen sie eine Vokabel, die üblicherweise das Geprüfte bezeichnet. Der 1 Petr fügt an das artikellose Bezugswort „Gold" das Partizip mit dem bestimmten Artikel: Gold, das vergänglich ist. So kann eine bekannte Tatsache hervorgehoben werden (BDR 412.3). Doch das Bild übertreibt wohl, denn gerade Gold ist ausgesprochen beständig und dass es vergehe, widerspricht aller Erfahrung. Das übertreibende Bild soll dem Glauben eine Beständigkeit zusprechen, die über die des Goldes hinausreicht, denn selbst Gold vergehe. Noch echter als Gold wird sich der Glaube aber erst in der Zukunft erweisen, nämlich bei der Offenbarung Jesu Christi. Damit ist die Wiederkunft gemeint, nicht eine Offenbarung während des Wirkens Jesu. Der Sieg über das Leid steht noch aus, ist gegenwärtig „nur" Hoffnung. **8** Der Verfasser stellt nicht seine enge Vertrautheit mit Jesus heraus wie etwa 1 Joh 1,1–4. Er lobt den Glauben, der ohne Schauen gefestigt ist, vgl. Joh 20,29. **9** *Rettung der Seelen*: Zur Frage, ob hier Seelen den ganzen Menschen meinen, oder nur dessen überlebensfähigen geistlichen Anteil s. Exkurs zu 3,19.

10 Die Arbeit der Propheten ist abgeschlossen, entsprechend formuliert der 1 Petr deren Arbeit in der Vergangenheitsform des Aorist. Mit Propheten sind schwerlich nur die uns im Alten Testament überlieferten Schriftpropheten angesprochen. Eher sind geistbegabte Propheten angesprochen, die im Umfeld der Jünger aus den Heiligen Schriften die anstehenden Aufgaben der ersten Jesusanhänger erheben. Solche Propheten christliche Propheten zu nennen, wäre anachronistisch, weil sie schon vor Jesu Tod prophezeiten, s. 1,11. Den historischen Adressatenkreis der Propheten, das Bundesvolk, blendet die Darstellung in 1,10–12 aus. Eine solche Israelvergessenheit im Umgang mit Propheten kann für den Jünger Petrus kaum angenommen werden. Hier erweist sich der Autor als Abkömmling der heidenchristlichen Schriftrezeption. Ein für den Brief typisches Stilmerkmal tritt hier erstmals auf: Der Autor setzt zwischen den bestimmten Artikel und das dazugehörige Nomen die Näherbestimmungen (1 Petr 1,11. 14. 15. 17 (3×). 18. 21; 2,2. 9 (2×). 15; 3,1. 2. 3. 4 (2×). 15. 16. 19. 20; 4,2. 4. 8. 12. 13. 14. 17; 5,1 (3×). 2. 4. 9. 10. 13). Diese Umklammerungen deuten auf einen bewusst griechisch formulierenden Autor; sie sind etwa bei Paulus kaum zu finden. **11** Das Anschluss-Partizip nimmt die in 1,10 zusammenfassend genannte Arbeit der Propheten auf. Die Propheten erforschen wiederholt und andauernd, daher steht hier das Partizip Präsens. Dem Partizip ist ein Hauptsatz untergeordnet, der das Objekt der Forschung angibt: Der *Geist Christi* (dt.: des Gesalbten) tat immer wieder (gr. Imperfekt) kund. Die Forschungsarbeit der Propheten betrifft also die Zuweisung der in ihnen aufgetretenen Erfahrung auf einen bestimmten und so beschaffenen Zeitraum. Die Formulierung ist nicht eindeutig. Die Propheten forschten entweder nach der Zuordnung einer Person zu einen bestimmten Zeitraum (mit x beginnt die Endzeit) oder nach den Ereignissen innerhalb eines näher zu bestimmenden Zeitraums (die Endzeit ist derart beschaffen). Ein typischer Gegenstand der Erforschung ist sonst die Schrift, die Forschungsarbeit ist sonst Schriftexegese, hier aber erforschen die Genannten „den Geist Christi in ihnen". Dass Christus schon vor seiner irdischen Existenz wirken kann, setzen auch andere Stellen im Neuen Testament voraus, vgl. 1 Kor 10,4. Doch nur unsere Stelle lässt den Geist Christi in den Propheten wirken. Dessen Geist bezeugt so vorher bestimmte Leiden und (Arten von) Herrlichkeiten auf Christus hin. Der Vers meint die für Christus bestimmten Leiden und die danach eintreffenden Herrlichkeiten, die in Christus gebündelt sind und uns mitbetreffen, weil wir in ihm sind. Der Plural Herrlichkeiten könnte vielleicht an die Leiden im Plural angeglichen worden sein, oder (eher): In beiden Fällen sind einzelne Szenen bedacht, die leidvoll oder verherrlichend sind. **12** Die Propheten verkündeten nicht für ihre Zeitgenossen: „Aber nicht für dieses Geschlecht war sie (sc. die Vision) bestimmt, sondern für das ferne, das kommen wird" (äthHen 1,2; Übers. Berger, JSHRZ 5/6, 507). *Welche euch nun verkündet wurden:* Der Verfasser des Briefes schreibt an Leute, denen nicht er selbst das Evangelium verkündet hat. Das Verb „verkündigen" impliziert wohl eine mündliche Unterweisung der Adressaten. *Geist, der vom Himmel gesandt wurde:* Der Geist ist an den Auferstandenen gebunden und wirkt jetzt in ihnen, vgl. 1,20. Der „Tröster" (gr. *paráklētos*) im JohEv wirkt ähnlich (Joh 14,16. 26; 15,26; 16,7). Der Geist Christi bewirkt die Kontinuität von der Prophetie einst zur Erfüllung, die jetzt ansteht. Schon die Propheten haben das Evangelium verkündet für euch. Eine außerchristliche Erfüllung, etwa für nicht christusgläubige Juden, erwägt diese Stelle nicht. Die Arbeit der Propheten hatte nach 1 Petr nie einen anderen Sinn, als für die Adressaten etwas anzukündigen. Die Schriftauslegung wie sie in einigen Kommentaren aus Qumran bekannt wurde, die Pescher-Auslegungsmethode (z. B. 1QpHab), legt die Prophetenbücher ähnlich aus, weil nach ihr die Worte der Propheten in der Gegenwart der Kommentarleser in Erfüllung gehen, vgl. Lk 1,1: die unter uns in Erfüllung gegangenen Ereignisse. 12fin redet vom Neid der Engel: Die Adressaten stehen in einer Offenbarungskette, die selbst Himmelswesen neidisch macht. Das heißt: Gott zieht sie seinen himmlischen Dienern vor. EpAp (Mitte 2. Jh.) nimmt diese Stelle auf: Wahrlich, ich sage euch, eine derartige und eine solch große Freude hat (euch) mein Vater bereitet, dass sie Engel und Herrschaften zu schauen und zu sehen begehrten und begehren werden … (EpAp 19, AcA 1, 1073). Der an den Adressaten wirkende Geist ist Inhalt der Eulogie 1,3–11. Nun geht der 1 Petr zu seinem Thema über: Lebt entsprechend diesem euch geschenkten Geist.

II Briefkorpus (1 Petr 1,13–5,11)

Briefeingang und -abschluss erweist 1,13–5,11 als Briefkorpus (II), das sich in drei Abschnitte aufteilen lässt (II 1/II 2/II 3). Insgesamt schimmert bei der Themenfolge des Briefes eine biographische Anordnung durch: II 1 verweist auf den durch Gott bewirkten neuen Status, die neue Geburt (1,13–2,10). II 2 beleuchtet das gegenwärtige Leben besonders (2,11–4,11). II 3 hebt die Gegenwart als Anbruch des Gerichts und der Endzeit hervor (4,12–5,11).

II 1 Lebt, was ihr seid (1 Petr 1,13–2,10)

Die Neuanrede in 2,11 markiert deutlich eine Abschnittsgrenze. Die Unterabschnitte in 1,13–2,10 sind weniger klar abzugrenzen. Den Abschnitt 1,13 bis 2,10 verbinden Themen, die den Neuanfang der Adressaten mit Gott besonders hervorheben. Ich teile II 1 (1,13–2,10) in fünf Abschnitte ein: 1,13–17; 1,18–21; 1,22–25; 2,1–3; 2,4–10.

II 1.1 Lebt getragen vom Geist auf die Begegnung mit dem Herrn (1 Petr 1,13–17)

**13 Daher, nachdem ihr die Hüften des Durchdenkens hochgegürtet
habt, hofft vollkommen, indem ihr nüchtern seid, angesichts der euch
zugekommenen Gnade in der Offenbarung Jesu Christi. 14 Wie Kinder
des Gehorsams (seid) ihr nicht gleichgeschaltet mit den Begierden, (wie
es) früher in eurer Unwissenheit (war), 15 sondern wie der heilig (ist),
der euch berief, werdet Heilige in jedem Verhalten 16 wie es geschrie-
ben vorliegt: ihr werdet Heilige sein, weil ich heilig bin. 17 Und weil
ihr als Vater anruft den, der ohne Ansehen der Person richtet nach
eines jeden Werk, verhaltet euch mit Respekt für die Zeitdauer eurer
Fremdlingsschaft.**

13 Der erste Satz sagt in etwas eigentümlich verschränkten Metaphern: Richtet euch auf das Eschaton aus. Der Satz nennt in zwei Partizipien die Voraussetzung für den folgenden Imperativ. Das 1. Partizip redet vom *Hochgürten*, also einem Richten der Gewänder. Bildspender ist die Vorbereitungshandlung zum Aufbruch aus dem Sitzen von einem, der ein wallendes orientalisches Gewand trägt, das er erst richten muss, bevor er losgeht. Entsprechend verbreitet wie diese Gewänder ist auch die Redeweise vom „Hochgürten der Hüfte“ für das Sich-Bereiten zur Aktivität. Die Redeweise kennt in dieser Terminologie auch Polykarp 2,1 und mit z. T. anderen Begriffen findet sich die Redeweise biblisch öfters belegt

(Nah 2,1 u.ö.). Spezifisch für 1 Petr ist die Näherbestimmung der Hüften als Hüften *des Durchdenkens*. Der 1 Petr vermengt öfter Metaphern aus unterschiedlichen Bildbereichen wie hier (s. Exkurs bei 2,4). Statt des Gewandes soll hier das Durchdenken hochgegürtet werden. Damit ist der abwägende und vorausplanende Verstand des Menschen angesprochen. Das 2. Partizip nennt eine weitere Voraussetzung des nachfolgenden Imperativs: *indem ihr nüchtern seid*. Dies soll ein Dauerzustand sein, daher steht das Partizip im Präsens. Nüchternheit steht hier als Metapher für die Lebenshaltung (1,13; 4,7; 5,8). Ähnlich kann auch Paulus mahnen (1 Thess 5,6. 8; 1 Kor 15,34, vgl. 2 Tim 4,5). Die Mahnung zielt auf eine Einschätzung der erlebten Welt, die sich nicht in Wunschwelten bzw. den Leidenschaften verlieren soll. Die Verwendung des Worts „Nüchternheit" geht hier von realer Nüchternheit über zum bildlichen Gebrauch. Ähnlich doppelbödig redet schon Platons Symposion (dt.: Gastmahl) von Nüchternheit und Trunkenheit. Die frühen Christen haben diesen Bildgebrauch auch gekannt.

In der Rahmenhandlung des Symposions treffen sich Sokrates und andere zu einem etwas alkohlreduzierten Gelage (symp 176E; 212D). Die Reden über den Eros sind längst im Gange, da kommt Alkibiades sturztrunken hinzu, übernimmt ungefragt den Vorsitz, füllt ein Gefäß mit rund 2l Wein, trinkt es aus, reicht es neu gefüllt weiter an Sokrates und tönt: „Gegenüber Sokrates, ihr Männer, nützt das Kunststück nichts, denn wie viel auch immer einer ihm befiehlt, so viel trinkt er auch aus und ist niemals auch nur ein bisschen mehr betrunken" (214A; Übers. Paulsen/Rehn). Nach dem Gelage wanken alle trunken nach Hause, nur Sokrates nicht (223D). Der alexandrinische Jude Philon (gest. um 40 n.Chr.) kennt Platons Symposion. In eigenständiger Aufnahme des Bildes stellt Philon das Ineinander von Nüchternheit und Trunkenheit als Ideal dar: Der Heilignüchterne ist vom göttlichen Geist im Verstand eingenommen („betrunken"), kann dadurch aber seine Leidenschaften besiegen „nüchtern" sein. Wer dagegen an Geist nüchtern ist, wird durch seine Leidenschaften hinweggerissen und so im schlechten Sinn „trunken". Dieses Ineinander von geistiger Trunkenheit und Nüchternheit gegenüber den Leidenschaften bezeichnet Philon öfters als „betrunkene Nüchternheit" in wechselnder Terminologie (Philon, Werke 6, 62 Anm. 4: all 1,83f; all 2,29; all 3,82; cont 88; ebr 147f; fug 32. 166; Mos 1,187; opif 71; prob 13; QGen 2,68; somn 2,190). Das Bildfeld der geistlichen Nüchternheit findet sich breit gestreut: Die Schrift „De sublimitate", ca. 2. Jh. n. Chr., sagt über Demosthenes, er setze seine Worte „mit Vorsicht, zum Beweis, dass man selbst beim (bacchantischen) Schwärmen nüchtern sein muss" (Longinus, sublim 16,4).

Vollkommen hofft: Das Adverb „vollständig" ließe sich auch zum Partizip „seid nüchtern" ziehen. Jedoch impliziert das Nüchtern-Sein eine vollständige Nüchternheit, die nicht durch das „vollständig" eine etwa tolerierte Promillegrenze ausschließen muss. Die Hoffnung allerdings wird durch die Unheilserfahrungen auf die Probe gestellt und soll gegen diese gegenwärtigen Erfahrungen vollständiges Heil in der Zukunft erwarten.

Der Satz zeigt durch seine Wortstellung, dass der Autor griechisch denkt und seine Worte stilistisch geschickt zu setzen weiß: Er setzt nach dem Partikel (gr. *epí*) mit Artikel ein attributives Partizip mit davon abhängigem Dativ-Personalpronomen und dann erst das Nomen zum Artikel. So schreibt ein Grieche, hier folgt der Autor keiner semitischen Wortfolge. Die angeratene Hoffnung appelliert nicht nur an eigene Möglichkeiten, sondern die Hoffnung soll *die euch zugekommene Gnade* aufnehmen. Die Gnade ermöglicht und trägt die Hoffnung. Wie die Gnade zu den Adressaten gekommen ist, verschweigt die passivische Formulierung. Der Überlieferungsweg der Gnade ist nicht bedacht, geht aber jedenfalls nicht auf Petrus zurück (vgl. 1,12). Mit dem Stichwort *Offenbarung Jesu Christi* stützt und limitiert der 1 Petr die Hoffnung. Es geht bei der Offenbarung wohl eher um die Wiederkunft des auferstandenen Christus als um die Menschwerdung Jesu, vgl. 1,4. **14** Der Vers bietet einen der stärksten Semitismen des Briefes in der Bezeichnung *Kinder des Gehorsams*, statt griechisch zu formulieren: „gehorsame Kinder“, zudem ohne Artikel. Die Sprache verweist auf den biblischen Ursprung der Rede. Den hebraisierenden Ausdruck rahmt eine Wortfolge, die nur gr. möglich ist: Zwischen den Artikel (*den*) und dem dazugehörigen Nomen (*Begierden*) setzt der Autor seine Näherbestimmungen (*wie es früher in eurer Unwissenheit war*). Solche Umklammerungen sind für den Verfasser typisch, s. zu 1,10. Es fehlt ein Hauptverb in 1,14: Ist es aus 1,13 zu ergänzen oder der Imperativ aus 1,15fin hinzuzudenken? Oder stehen im 1 Petr Partizipien für Imperative?

Exkurs: Imperativische Partizipien?

Besonders im 1 Petr (1,14. 22; 2,12. 18; 3,1. 7–9; 4,8; 5,9f), aber auch an einzelnen anderen Stellen im Neuen Testament, z. B. Röm 12,9–19; Jud 20f, stehen Partizipien, die üblicherweise als Imperative verstanden werden (vgl. BDR 468.2b). Diese Auffälligkeit findet sich gelegentlich im hellenistischen Griechisch, aber nicht im griechischen Alten Testament, der Septuaginta. Möglicherweise ist ein Verb im Imperativ zum Partizip aus dem Kontext hinzuzudenken oder ein Imperativ „Seid“ ist ausgefallen. In der rabbinischen Traditionsliteratur beobachtet David Daube (1909–1999) einen Wechsel von Imperativen und Partizipien, sofern allgemeine Lebenssätze ausgedrückt werden (bei Selwyn 467–488). Da der 1 Petr sonst wenig Semitismen aufweist, ist diese Ableitung recht unwahrscheinlich. Jedenfalls sprechen die Partizipien den Adressaten einen Status zu und haben dabei eine imperativische Absicht. ***

Die Mahnung *seid nicht gleichgeschaltet* verwendet ein in der griechischen Bibel unbekanntes und sonst auch nicht eben häufiges Verb. Da Röm 12,2 dasselbe Verb in ähnlicher Absicht benützt, dürfte 1,14 auf Röm 12,2 zurückgehen und an diese Stelle erinnern wollen, die sagt: „Lasst euch nicht gleichschalten“. **15** Das Verhalten, der Lebenswandel ist ein Leitwort des Briefes (1,18; 2,12, 3,1. 2. 16). Die Vokabel verwendet die gr.

Bibel selten (LXX nur Tob 4,14; 2 Makk 6,23), Philon benützt sie nur einmal in anderer Bedeutung (Philon, imm 72). Wie andere hellenistische und frühjüdische Autoren kennt auch Paulus das Wort (Gal 1,13, vgl. Eph 4,22; 1 Tim 4,12), benennt aber den „Lebenswandel" überwiegend mit einem anderen Ausdruck. Frühchristlich ist der Lebenswandel mehrfach als sichtbarer Ausdruck des unsichtbaren Bekenntnisses herausgestellt (Jak 3,13; Hebr 13,7; vgl. Justin, apol 1,10,2; Euseb, h.e. 5,1,48). **16** leitet das erste ausdrückliche Schriftzitat ein.

Exkurs: Die Heilige Schrift im 1 Petr

1. *Kennzeichnung der Schriftanwendungen:* Zitate aus der Schrift (unserem Alten Testament) leitet der 1 Petr zweimal mit ausdrücklicher Zitationsformel ein (1,16; 2,6–8), mehrmals mit einem Zitationspartikel (gr. *dihóti*, *hóti* oder *kai* in 1,24f; 4,8. 14. 18; 5,5). Öfters übernimmt 1 Petr mehrere Wörter aus der griechischen Übersetzung des Alten Testaments, der Septuaginta, ohne dass eine Zitationsformel oder ein Zitationspartikel darauf hinweisen. Anspielungen sind zahlreich.

2. *Textgrundlage:* 1 Petr zitiert aus der Septuaginta. Deutlich ist dies beim Zitat von Jes 28,16 in 1 Petr 2,6, denn die Septuaginta ergänzt hier zwei Worte, die der hebräische Text (noch) nicht hat. Gelegentlich benützt aber der 1 Petr eine am hebräischen Text korrigierte Fassung der Septuaginta, so 1,24 und auch in 2,6.

3. *Auswahl der verwendeten Schriftstellen:* Die Zitate entstammen wie auch sonst im frühen Christentum bevorzugt der Tora, den Propheten und den Psalmen. Der 1 Petr sammelt aus der Schrift solche Stellen, die er für seine Themenanliegen aus christlicher Perspektive benötigt. Er steht also in der frühchristlichen Tradition, die sich mit der LXX der göttlichen Vorsehung versichert, indem sie Einzelheiten aus der Passionsgeschichte in der LXX vorher geweissagt sieht.

4. *Jes 53 im 1 Petr:* Herausragende Bedeutung unter den Schriftstellen misst 1 Petr Jes 53 zu. Das vierte Gottesknechtslied, Jes 52,13–53,12, redet von einem leidenden Knecht Gottes. Die vorchristliche Auslegung des Liedes lässt sich andeutungsweise erheben aus Stellen, die sich auf Jes 53 beziehen: Im Alten Testament, in Qumran, den griechischen und aramäischen Übersetzungen von Jes 53 und an anderen Stellen. Wohl gab es schon im vorchristlichen Judentum eine Erwartung von leidenden und sühnenden eschatologisch-messianischen Gestalten, die sich auf Jes 53 stützte (M. Hengel: Zur Wirkungsgeschichte von Jes 53 in vorchristlicher Zeit [1996], KlSchr 2, WUNT 109, Tübingen 1999, 72–114). Im frühen Christentum hat Jes 53 eine herausragende Bedeutung bekommen, das Leiden Jesu zu deuten. Doch explizit genannt wird diese Stelle erstmals im 1 Petr, vorher wird sie eher in Einzelheiten angespielt als ausgelegt, so v. a. im Kelchwort Mk 14,24 und im Wort vom Lösegeld (Mk 10,45). Der 1 Petr bezieht sich auf Jes 53 in mehreren Anspielungen, ohne streng die Wortfolge der Schrift in seiner Auslegung zu wahren (C. Breytenbach: „Christus litt euretwegen", in: J. Frey/J. Schröter [Hgg.]: Deutungen des Todes Jesu im Neuen Testament, WUNT 181, Tübingen 2005, 437–454). ***

17 *Ohne Ansehen der Person* s. zu Jak 2,1. Die Ursache für die *Fremdlingschaft* deutet 2,11 als einen innerseelischen Zustand, den sich widerstreitende Begierden verursachen. Ohne *Respekt* würde aus dem Glaubensvertrauen ein überhebliches Selbstvertrauen. Der Brief zielt auf einzelne Rezipienten, die in eine geistige Gemeinschaft eingegliedert werden, ohne dass der Verfasser dabei eine vorfindliche soziologische Gestalt voraussetzt oder fördert.

II 1.2 Jesus, der leidende Gerechte (1 Petr 1,18–21)

18 Weil ihr wisst, dass ihr nicht durch Vergängliches, Silber oder Gold,
ausgelöst worden seid aus der Belanglosigkeit eures von den Vätern
überlieferten Lebenswandels, 19 sondern (ihr seid ausgelöst worden)
durch wertvolles Blut Christi, wie eines Lamms, das von Gebrechen
frei ist und ungescheckt, 20 der (sc. Christus) einerseits vorher erkannt
wurde vor der Einrichtung der Schöpfung, offenbar gemacht anderseits am Ende der Zeiten für euch, 21 die ihr durch ihn (Christus) auf
Gott vertraut, der ihn erweckte von den Toten und ihm Herrlichkeit gab, so dass euer Vertrauen und Hoffnungsgut auf Gott hin (ausgerichtet ist).

18 *Ihr wisst* führt hier eine christologische Deutung von Jes 53 ein (s. Exkurs zu 1,16). *Ihr seid ausgelöst:* ein *passivum divinum*, das die Aktivität Gottes umschreibt. *Lebenswandel* s. zu 1,15. *Belanglosigkeit ...* eures Lebenswandels: Diese hier negative Wertung der alten Überlieferung steht einzig da in der Antike. Die Vokabel *von den Vätern überlieferten* (nicht LXX, nur hier im Neuen Testament) bezeichnet sonst durchgängig etwas Gutes, das von den Vätern ererbt wurde. 1,18 aber lobt die Unabhängigkeit gegenüber jeglicher Überlieferung, auch der u. U. jüdischen. In diese Richtung führt auch die Metapher von der neuen Geburt (1,3. 23). Die weit überwiegende Mehrzahl der Ausleger sieht in dieser Beschreibung einen wichtigen Grund dafür, den Verfasser des 1 Petr für einen Heidenchristen zu halten, denn so würde ein Jude wie Petrus nicht über die väterlichen Überlieferungen reden.

Phil 3,4–9 belegt keine ähnliche Abkehr des Paulus von seiner jüdischen Vergangenheit, denn Paulus hält nicht die Überlieferungen für schlecht, sondern seinen Umgang damit (gegen Jobes 119). Für eine solche Differenzierung lässt 1,18f keinen Platz.

19 Das abschließende Wort „*Christi*“ gehört zu „*Blut*“; so umklammert die Bezeichnung „Blut Christi“ das eingeschobene Bild vom Opferlamm. Die frühen Christen deuteten Christi Tod als Lammopfer: 1 Kor 5,7; Joh 1,29, Offb passim, vgl. Jes 53,7. Die Attribute für das

Lamm drücken beide die kultische uneingeschränkte Tadellosigkeit aus, wie sie Lev 22,17–35 fordert. Das erste Attribut kommt aus der Opferterminologie: untadelig-ohne Gebrechen (gr. *amṓmou*), so oft in LXX, vgl. Lev 23,12f etc. Dagegen findet sich das zweite Attribut „ungesprenkelt, makellos" (gr. *aspílou)* nur in Hiob 15,15 (so Symmachus statt gr. *katharós*, LXX). Die Vokabel in anderem Zusammenhang kennt Jak 1,27 und 2 Petr 2,13, vgl. Jud 12 (gr. *spiládes*; die dt. Bedeutung bei Jud 12 ist umstritten). Beide Attribute nebeneinander kommen nicht in der Septuaginta vor, aber im Protevangelium des Jakobus 4,3, einer vom 1 Petr wohl unabhängigen apokryphen Schrift aus dem 2. Jh (ProtJak 4,3; AcA 1, 917).
20 Die Verben *vorher erkannt* und *offenbar gemacht* sind gr. Partizipien im Passiv. Beide sind *passiva divina* und unterstreichen, dass Jesus Christus die Weltgeschichte umfasst von Beginn der Schöpfung bis zur Endzeit (vgl. Kol 1,26; Röm 16,25, sachlich ähnlich, aber sprachlich anders: Ignatius, Magn 6,1). Das zweigliedrige Wort über Christus entspricht einem alttestamentlichen Parallelismus membrorum, unterstreicht aber mit den im LXX-Psalter unüblichen Partikeln *men-de* die Komplementarität der Aussage. Die erste Aussagen über Jesus formuliert die Erwählung Christi vor Einrichtung der Schöpfung; mit demselben Wortstamm hatte der Brief die Erwählung der Adressaten eingangs (1,2) betont. Hymnische Abschnitte im Neuen Testament drücken öfters aus, dass Christus noch vor der Schöpfung durch Gott erwählt wurde (Joh 1,1; 17,5. 24; Apg 2,23, Kol 1,15). Anders als etwa in der durch Paulus aufgenommenen Tradition 1 Kor 8,6 ist hier nicht von einer Schöpfungsmittlerschaft Jesu die Rede. Die Einheit von Schöpfung und Erlösung gründet sich im 1 Petr in der Person Gottes des Schöpfers. Die Endzeit in 1,20 meint, wie 1,21 zeigt, die Gegenwart der Adressaten, vgl. 4,7. Die Offenbarung zielt auf die Adressaten: *für euch* (gr. *di' hymás*, so nur hier im 1 Petr, öfters aber gr. *eis hymás* 1,4. 10. 25). Sachlich war dies in 1,10–12 angeklungen; vgl. die ähnliche Aussage 2Klem 14,2fin (gr. *hína hēmás sōsē̃*).

21 Die Adressaten vertrauen durch Jesus auf Gott, der Jesus erweckte. Den auf Jesus und Gott bezogenen Glauben erklärt der Nachsatz. Die Auferweckung Jesu geht auf Gott zurück. Auf Jesus vertrauen bzw. an ihn glauben heißt, demselben Gott zu vertrauen, der einst Jesus erweckte und nun die Hoffnung der Adressaten verbürgt.

II 1.3 Das Wort Gottes als verlässliche Seelennahrung (1 Petr 1,22–25)

22 Weil ihr eure Seelen rein gehalten habt in dem Gehorsam gegenüber der Wahrheit zur ungeheuchelten Geschwisterliebe, seid von reinem Herzen einander intensiv zugetan, 23 weil ihr wiedergebo-

ren seid, nicht aus vergänglichem Samen, sondern unvergänglichem durch das lebendige und weiterbestehende Wort Gottes. 24 Denn weil: „alles Fleisch wie Gras (ist) und alle seine Würde wie ein Blütenkranz: das Gras ist verdorrt und die Blüte ist gefallen“ (Jes 40,6b. 7). 25 Die Kunde des Herrn aber bleibt bis in Ewigkeit. Dies aber ist die Kunde, die euch (als frohe Botschaft) verkündigt worden ist.

22–25 Die Wiedergeburt aus Gottes Wort verbürgt und bewahrt die Gemeinschaft der angeredeten Menschen.

22 Heuchelei macht die *Seele* unrein bzw. unheilig, weil sie einem äußeren Anschein erweckt, der innerlich nicht gedeckt ist. Diese Ausrichtung auf den äußeren Anschein beschädigt die Seele, löst sie von Gott. Dies wird hier mit kultischer Terminologie ausgedrückt, die bildlich verwendet wird (vgl. Jak 3,17; 4,8; 1 Joh 3,3). Der Brief konstatiert bei den Adressaten eine *reine* Seele, ohne zu erklären, wie die Reinhaltung der Seele vonstatten geht. Wohl denkt er an eine Wirkung des Geistes (1,2), genauer an eine Seelenreinigung durch Worte, wie sie sich beim Gehorsam gegenüber der Wahrheit einstellt. Die Wiedergeburt in 1,23 ist ebenso wie das Heiligen der Seele in einem Partizip Perfekt ausgedrückt. Im Griechischen hält dieses Partizip das Ergebnis einer in der Vergangenheit eingetretenen Wirkung fest. Die gleiche Partizipform steht wohl für dasselbe Geschehen: Wiedergeburt ist Heiligung der Seele. Auch die neue Geburt geschieht durch das Wort Gottes. *Geschwisterliebe:* Der Brief spricht die Gemeinde als Familie Gottes an. Die über die Länder verteilten Geschwister haben einen gemeinsamen Vater, der sie neu geboren hat. Die angemahnte gegenseitige Liebe unter den Geschwistern konkretisiert der Brief nicht weiter. Sie soll vom *reinen Herzen* ausgehen: Es geht um eine tiefe geistliche Gemeinschaft, nicht nur äußere Taten sind angemahnt. Einzelne frühe Textzeugen lassen das Adjektiv rein vor Herzen weg und bewahren so vielleicht den Ausgangstext. Die Weglassung mindert die Verantwortung für den Reinheitszustand der Person bzw. des Herzens. **23** Das *Wort Gottes* erwirkt die Wiedergeburt: Gottes Wort wirkt von innen, verändert den Menschen durch Zuspruch, vgl. Dtn 8,3, Mt 4,4. Die Schöpfungskraft des von Gott gesprochenen Wortes bezeugt der Schöpfungsbericht: „und Gott sprach … und es ward/geschah“ (Gen 1,3–30, vgl. Ps 33,6; Jes 55,10f; Hebr 11,3). Analog zu dieser Schöpfung wird der einzelne Mensch erschaffen. Inhaltlich sehr ähnlich sagt dies auch Jak 1,18. Doch beide Stellen verwenden unterschiedliche Vokabeln und sind daher nicht direkt voneinander abhängig. Das *lebendige* Wort: lebendig wirksam, lebendig machend, neue Möglichkeiten eröffnend, vgl. 1,25. Lebendig ist das Wort, wenn es im persönlichen Kontakt weitergereicht wird. Diese metaphorische Rede ist analog zum „lebendigen Wasser“ gebildet, das dem Zisternenwasser gegenübersteht, vgl. Apg 7,38. Das *weiterbestehende* Wort: bleibend sind nicht die gesprochenen oder geschriebenen Worte, sondern die in den Worten ausgesagten Verheißungen, die Gott zur Erfüllung bringen wird, so in der zitierten Stelle aus Jes 40, vgl.: „Himmel und Erde werden vergehen, meine Worte aber werden nicht vergehen“ (Mt 24,35). Eine andere Nuance des „Bleibens“ von Worten formuliert Papias (um 120). Papias stellt niedergeschriebene Worte in Büchern solchen gegenüber, die bis zu ihm mündlich überliefert wurden (Papias bei Euseb, h.e. 3,39,4fin.). Mündlich überlieferte Worte haben für Papias Bestand, bleiben insoweit, wenn ein persönlicher Übermittler die rechte Herkunft der überlieferten Worte verbürgen kann. **24–25** Mit dem Zitat Jes 40,6b. 7 aus der gr. Bibel bestätigt der Brief die Vergänglichkeit aller äußeren Macht gegenüber der Beständigkeit des Wortes Gottes. 1 Petr zitiert Jes 40,6b. 7 mit drei Änderungen gegenüber der sonstigen Überlieferung der Septuaginta:

(1) Er fügt vor den Vergleich ein *wie* (gr. *hōs*) ein, das die Septuaginta dem hebräischen Text folgend, nur an der zweiten Stelle des Zitats liest. Diese Einfügung entspricht der Neigung des 1 Petr, Bilder mit Vergleichspartikel deutlich zu machen, vgl. 1,14. 19; 2,2. 5; 11–14 (4×). 16 (3×); 3,7; 4,10–12 (4×). 15f (3×); 5,3. In 5,8 zitiert 1 Petr Ez 22,25 LXX mit dem dort unstrittig bezeugten Partikel „wie“.

(2) 1 Petr ändert „Kunde *unseres Gottes*“ in „*Kunde (des) Herrn*“. Diese Änderung ermöglicht es dem 1 Petr, die Kunde auf Jesus zu beziehen. Auch 1 Petr 2,3 bezieht die Vokabel „Herr“ (gr. *kýrios*) aus Ps 34,9 auf Jesus Christus. Die in Jes 40 für die Juden ausgesprochene Verheißung wendet 1 Petr auf seine Adressaten an, wie er es in 1,10–12 programmatisch darlegte.

(3) Bei der *Würde* (gr. *dóxa*) hat 1 Petr das Relativpronomen „*seine*“ statt „*des Menschen*“ der Septuaginta. 1 Petr nähert sich dabei dem hebräischen Text an. Es muss offen bleiben, ob 1 Petr selbst diese Annäherung einbrachte, also die Septuaginta am hebräischen Text maß, oder ob er einer für uns nicht nachweisbaren Version der gr. Bibel folgte, die diese Änderung einbrachte.

Für den Verfasser haben die Adressaten mündliche Unterweisung erhalten, *die euch (als frohe Botschaft) verkündigt worden ist* (gr. *euangelisthén*): Statt des allgemeinen Verbs für eine Botschaft wie z.B. 1,12: „welche euch nun verkündet wurden“ (gr. *anēngélē*) verwendet 25 ein christlich neu geprägtes Wort für die Verkündigung. Vielleicht knüpft 25 dabei an die Sprache des Jesajabuchs an, das die Vokabel im Kontext auch benützt (Jes 40,9^{LXX}). Der Wechsel von Wort (gr. *lógos*) 1,23 zu Kunde (gr. *rhēma*) 1,25 (2×) geht einher mit dem Wechsel vom geschrieben Wort Gottes in der Schrift zur Verkündigung über Jesu, den Herrn, die mündlich weitergegeben wurde. Der letzte Teilsatz 1,24 ist griechisch im Aorist formuliert, der wohl als zeitlos konstatierender („gnomischer“) Aorist zu deuten ist (BDR 333.1a). Im Deutschen ist dabei eine präsentische Übersetzung angebracht.

II 1.4 Die Gemeinschaft der Neugeborenen (1 Petr 2,1–3)

1 Nachdem ihr nun abgelegt habt jede Schlechtigkeit und jede Hinterlist und Heucheleien und Neidereien und jegliche üblen Nachreden,
2 wie eben geborene Säuglinge trinkt die worthafte und unverfälschte Milch, damit ihr durch sie zunehmen werdet im Heil, 3 wenn ihr geschmeckt habt, dass der Herr angenehm ist.

1–3 In 2,1 setzt ein neuer Abschnitt ein, der nach einigen Auslegern bis 2,10 reicht, andere unterteilen in 2,1–3 und 2,4–10. Die Thematik der Steine bindet 2,4–8, so dass ich eine Zäsur setze zwischen 2,3 und 2,4.

1 Das Wörtlein *nun* (gr. *oun*) markiert einen Neuansatz, der an das Vorangehende anschließt. Ausführlich ausgedrückt sagt das Wörtlein: Nun, da ihr das Verheißungswort gehört habt (1,25b) und ausgelöst worden seid (1,18). Der Vers bietet einen Lasterkatalog: Die Liste benennt exemplarisch die Fülle möglicher Laster und spiegelt nicht etwa entsprechende Missstände bei den Adressaten.

Textüberlieferung: Statt „Neidereien" lesen einzelne Handschriften „Morde", eine gr. leicht mögliche Verschreibung (Vaticanus liest gr. *phónous* statt *phthónous*; vgl. zu Jak 4,2)

2 Das „*Milch*trinken" ist eine in der Antike verbreitete Metapher für die Lehre. Hier soll wohl v. a. die enge Beziehung zwischen Mutter und Säugling auf den Gläubigen und Christus übertragen werden (vgl. 1 Kor 3,1f; Hebr 5,12f, vgl. 1 Thess 2,7). **3** Der Vers lehnt sich an den Psalmvers an: *Schmeckt* und seht, *dass der Herr angenehm ist* (Ps 34,9). Die griechischen Worte für „angenehm" (gr. *chrēstós*) und „Gesalbte" (gr. *christós*) sind in der gesprochenen Sprache nicht zu unterscheiden, weil die Buchstaben Eta und Iota im Koine-Griechischen gleich ausgesprochen wurden (Itazismus, vgl. BDR 22; 24^2). Dann kann auch herausgehört werden: „Wenn ihr geschmeckt habt, dass Christus der Herr ist". Die beiden ältesten Textzeugen lesen im Text „Christus" (Crosby-Schoen Kodex und Papyrus 72). Dies ist aus inhaltlichen Gründen m. E. schwerlich ursprünglich, denn dann wäre als Ergebnis des „Schmeckens" eine theologische Aussage festgehalten: Christus ist der Herr. Doch diese Aussage schmeckt man nicht. Eher soll gesagt werden: Die Nähe des Herrn bei der Lehre, die der Nähe des Säuglings beim Stillen entspricht, ist angenehm. Unangenehm ist dann das Leben außerhalb der Lehre, wie der weitere Brief feststellen wird. Vielleicht soll der Psalm als Wortspiel aufgenommen werden. Jedenfalls deutet 1 Petr die Vokabel „Herr" (gr. *kýrios*) in Ps 34 auf Jesus Christus.

II 1.5 Die Gemeinschaft als lebendige Steine (1 Petr 2,4–10)

4 Wenn ihr auf den (Herrn) zugeht, ihn, einen lebendigen Stein, von den Menschen zwar für unbrauchbar erklärt, bei Gott aber als wertvoll auserwählt, 5 (dann) werdet ihr selbst wie lebendige Steine zusammengefügt als geistiges Haus zu einer heiligen Priesterschaft, um für Gott durch Jesus Christus angenehme Opfergaben darzubringen.
6 Denn es kommt in der Schrift vor: „Siehe, ich setze in den Zion einen auserwählten, wertvollen Eckstein und wer auf diesen vertraut, wird keinesfalls zuschanden gehen" (Jes 28,16). 7 Für euch nun als Vertrauende: Wertschätzung, für die ohne Vertrauen aber „der Stein, den die Bauenden für unbrauchbar erklärten, eben dieser ist Ausrichtungsstein geworden" (Ps 118,22) 8 und: „ein Stein des Anstoßes und Stolperfelsen" (Jes 8,14); die nehmen Anstoß, weil sie dem Wort nicht trauen, wozu sie auch eingesetzt wurden. 9 Ihr aber seid ein erwähltes Geschlecht, eine königliche Priesterschaft, heilige Nation, umsorgtes Volk, so dass ihr die Vollkommenheiten heraus ruft, dessen der euch aus Finsternis heraus rief hinein in sein wunderbares Licht. 10 Die einst nicht Volk waren, nun aber Volk Gottes (sind), die ohne Erbarmen waren, nun aber Erbarmen fanden.

4–10 Das Stichwort „Steine" hält die Verse 2,4–8 zusammen. 2,9f sind Ausführungen dazu.

4–5 Das Bild vom *„lebendigen Stein"* bereiten einzelne Qumrantexte vor, andere uns bekannte frühjüdische Texte führen nicht zu diesem Bild. Etwa in JosAs 12,3 sind „lebende Steine" solche, die nicht im Wasser sinken. In Qumrantexten verstehen sich die Priester als lebendiger Tempel bzw. Haus, das zum damals existierenden Jerusalemer Tempel in Konkurrenz steht:

„und er (sc. JHWH) sagte, dass man ihm ein Heiligtum von Menschen bauen solle, damit man darin für ihn Rauchopfer darbrächte" (4Q 174 1i, 21,2 Z. 6fin; A. Steudel [Hg.]: Die Texte aus Qumran II, Darmstadt 2001, 195).

Mit dem „Heiligtum von Menschen" (hebr. *miqdasch adam*) dürfte sich die Gemeinschaft von Qumran als Interimstempel selbst deuten. Die Gemeinschaft ersetzt den damals noch stehenden zweiten Tempel (Z. 5f), bis der eschatologische Tempel durch Gott eingerichtet werden wird (Z. 1–5). Einige Texte reden dabei auch von Steinen bzw. Ecksteinen, aber nicht von „lebendigen Steinen" (1QS 8,4–11; 9,5–6; 4Q171 3,15f; dt. Maier II, 96; 4Q164 Z. 2f; dt. Maier II, 80; 1QHod 14,27–32; dt. Maier I, 83f). Die Lebendigkeit der Steine geht von Christus aus und überträgt sich auf die mit ihm verbauten Steine, vgl. 3,18: Christus ist lebensspendend durch den Geist. Wie das Weiterwirken des einen Steines auf die anderen vonstatten gehen soll, bleibt im Bild etwas undeutlich. Vielleicht ist mit dem Grundeckstein das ganze Gebäude auf seine Position hin festgelegt. Vielleicht denkt 1 Petr auch an eine Wirkung wie beim Magneten, in der Art, wie es Platon anwendet:

„… es ist eine göttliche Kraft, die dich bewegt, so wie sie in dem Stein liegt, den Euripides den Magneten genannt hat, während man ihn allgemein den Herakleischen nennt. Denn auch dieser Stein zieht nicht nur die Eisenringe selbst an, sondern er verleiht den Ringen auch die Kraft, so dass sie ihrerseits dasselbe zu bewirken vermögen wie der Stein, nämlich andere Ringe anzuziehen, so dass bisweilen eine ganz lange Kette von Eisenringen aneinander geheftet ist; diesen allen aber haftet von jenem Stein her die Kraft an." (Platon, Ion 533D-E; Übers. Flashar)

Es gibt einzelne Belege dafür, dass „lebendig" beim Magnetstein dessen Anziehungskraft bezeichnet (Achtemeier 154 A. 60). Das Bild von den „lebendigen Steinen" zielt mehr auf die geistige Gemeinschaft sehr unterschiedlicher Steine als auf die Gemeinschaft zu einem Tempel. Das Bild erinnert jeden einzelnen Adressaten daran, im geistigen Gebäude der Geschwisterschaft (s. zu 2,17) die durch Gott zugeteilte Aufgabe, die individuelle Gnadengabe (gr. *chárisma* 4,6f), zu übernehmen. Freilich ist ein Tempelbezug auch nicht auszuschließen. Der Übergang vom Gebäude zur Priesterschaft, den Opferdarbringungen zum Zion überrascht weniger, wenn man beim „geistigen Haus" schon an den Tempel denkt.

Exkurs: Metapherverschränkung im 1 Petr

In seinen Metaphern erweist sich die sprachliche Ausdruckskraft eines Autors. Aristoteles bemerkt dazu: Das Übertragen (gr. *metaphérein*) „lässt sich nicht von einem anderen übernehmen, es ist ein Hinweis auf Begabung" und: „um Metaphern gut zu formulieren, braucht man einen Blick für das Ähnliche" (Aristoteles, Poetik 22; 1459a7f). 1 Petr bietet recht ausgefallene Metaphern, ja er verschränkt unterschiedliche Bildbereiche: Hüften des Verstands (1,13), wertvolles Blut des Lammes (1,19), worthafte Milch (2,2), lebendige Steine (2,4), der verborgene Mensch des Herzens (3,4) und das Anbinden der Demut (5,5). Diese Zusammenstellungen sind *nicht* biblisch vorgeprägt, ja zumeist gänzlich unbelegt vor dem 1 Petr. Hier mischt der Verfasser also selbst die unterschiedlichen Bildbereiche eng zusammen.

Die Bildersprache Jesu ist anderer Art. Jesu Gleichnisse bauen die Bildbereiche auf und halten sie durch. Der Apostel Paulus argumentiert öfters mit einem Bild, das er einführt und auswertet, selten verschränkt er mehrere Bildbereiche in einem Absatz. Der Eph, den ein Schüler des Paulus verfasst hat, knüpft an Metaphern an, die Paulus vorbereitet hat. Er fügt dabei manchmal unterschiedliche Bildbereiche zusammen, die bei Paulus getrennt ein Thema illustrieren. So mischt und verdichtet der Eph Metaphern z. B.: „So seid ihr nun nicht mehr Gäste und Fremdlinge, sondern Mitbürger der Heiligen und Gottes Hausgenossen, erbaut auf den Grund der Apostel und Propheten, da Jesus Christus der Eckstein ist, auf welchem der ganze Bau ineinander gefügt wächst zu einem heiligen Tempel in dem Herrn. Durch ihn werdet auch ihr miterbaut zu einer Wohnung Gottes im Geist" (Eph 2,19–22). Die Bilder Gemeinde als Tempel bzw. Gebäude und das Wachsen passen im Bildbereich nicht zusammen, fügen aber in der avisierten Sache zwei bei Paulus getrennt entfaltete Bilder passend zusammen. Eine mit den anderen Paulusbriefen vertraute Leserschaft kann so die bildwidrige Zusammenfügung auflösen.

Wenn dagegen der 1 Petr von den Hüften des Durchdenkens redet, könnte der Verdacht aufkommen, das nicht nur die Bildbereiche vermischt sind, sondern die blumigen Worte eines klaren Gedankens ermangeln, also Stilblüten vorliegen, die bei genauerem Abklopfen keinen relevanten Inhalt freigeben. Die Verschränkungen von Metaphern im 1 Petr zeigen das Ringen des Autors, angemessen über ein schwieriges Phänomen zu sprechen, etwa die geistige Vorbereitung beim christlichen Hoffen, wenn er vom „Hochgürten der Hüften des Durchdenkens" redet, das Zusammenleben trotz örtlicher Trennung bei den „lebendigen Steinen" oder die intensive und ausschließliche Nähe zwischen Mutter und Säugling beim Stillen für die christliche Unterweisung bei der Rede von der „worthaften Milch". Im 1 Petr erschließen sich die ungewöhnlich zusammengestellten Metaphern in einer Leserichtung, d. h. der Text kann beim konzentrierten Zuhören erschlossen werden und muss daher kein *Lese*text sein. Wäre eine Fährte gelegt, die beim Satzende durchbrochen würde, wäre ein zweiter Lesevorgang notwendig, der beim Zuhören nicht möglich ist. ***

6–8 bietet eine Textkombination zum Stichwort „Stein" aus Jes 28,16; 8,13 und Ps 118,22. Die Adressaten können der Argumentation wohl nur folgen, wenn sie die zitierten Quellen als Gottes Wort kennen und achten. **6** zitiert wie Paulus (Röm 9,33, vgl. 10,11) und Barn 6,2 ein Wort aus Jes 28,16.

Mehrere Änderungen des Zitattextes gegenüber der Septuaginta teilt 1 Petr mit dem Zitat in Röm 9,33. 1 Petr und Paulus in Röm 9 lassen das explizite „ich" weg, beide lesen statt des futurischen Verbs „ich werde hineinlegen" das präsentische „ich setze". Beide übergehen den in LXX ausdrücklich genannten Ort „auf dem Fundament" und fügen ein „in" vor dem Zion ein – das die Septuaginta im Verb hat. Die Weglassung des Fundaments (gr. *ta themélia*) entspricht dem hebr. Text und hat eine theologische Bedeutung, denn nun steht der Eckstein ohne Grundbefestigung, d. h. übertragen etwa: ohne das Volk Gottes da. 1 Petr lässt wie Röm 9,33 das Attribut des Steines als „wertvoll" weg. Barn 6,2 bei seinem Zitat von Jes 28 belässt diese Worte. Paulus in Röm 9,33 und Röm 10,11 hat wie 1 Petr den LXX-Zusatz „an ihn" (gr. *ep' autṓi*) nach dem Partizip „der Vertrauende". Dieser Zusatz der LXX erleichtert, einen personalen Glaubensbezug in den Text zu deuten. Die Christen deuten das „ihn" auf Christus und sehen in Jes 28 eine Weissagung auf Christus hin, die im hebr. Text nicht angelegt ist. Barn 6,2 zitiert Jes 28,16b mit dem Zusatz, aber mit einer anderen Präposition (gr. *eis autón*).

Der Vergleich der Zitate führt zu folgendem Ergebnis: 1 Petr zitiert einen an den hebräischen Konsonantentext angeglichenen Septuagintatext, der sonst nicht belegt ist. Jes 28,16 wurde mehrfach im frühen Christentum als Schriftbeweis verhandelt. Die Nähe des Zitats in 2,6 zu Röm 9,33 ist groß, aber 1 Petr hat sein Zitat zumindest auch eigenständig überprüft oder eine von Paulus unabhängige Auslegung auch gekannt. Dies belegen diejenigen Worte aus der LXX-Version, die 2,6 über Röm 9,33 hinaus bietet und die mit LXX übereinstimmende Verbform beim „Zugrundegehen“ (gr. *kataischynthḗ*), die Paulus in Röm 9,33 und 10,11 anders liest (gr. *kataischynthḗsetai*). **7–8** Die Verse bieten eine christlologische Auslegung eines Psalm- und Prophetenworts. Die Verse kombinieren zum Stichwort *„Stein“* einen Satz aus Ps 118 und die Wortkombination *„Stein des Anstoßes“* aus Jes 8,14. Die Zitate folgen wörtlich der Septuaginta, nur das Bezugswort „Stein“ ist in beiden Fällen dem Zitatkontext angeglichen. V. 8 nennt *„die … Anstoß nehmen“* eine Gruppe von Menschen, die dem Wort (gr. *lógos*) nicht trauen. Etwas unklar ist der Bezug des Wortes „die“. Das gr. Wort lässt sich als Relativpartikel oder als bestimmter Artikel lesen. Griechische Akzente, die beides unterscheiden lassen, sind erst spätere Deutungen des überlieferten akzentfreien Buchstabentexts. Es könnte sich um einen relativen Satzanschluss handeln und auf die Bauenden V. 7 beziehen. Diese wären dann Subjekt zu dem präsentischen Verb „Anstoß nehmen“. Das nachfolgende ebenfalls präsentische Partizip „dem Wort nicht Vertrauende“ begründet das „Anstoß Nehmen“, so habe ich übersetzt. Es könnte aber auch das bislang nur mit Artikel genannte Subjekt „die“ mit dem Partizip „dem Wort nicht Vertrauende“ zusammengehören, dann stände allerdings recht ungewöhnlich das Verb („Anstoß nehmen“) zwischen dem Artikel („die“) und der Nennung des Subjekts („dem Wort nicht Vertrauende“). In beiden Fällen bleibt undeutlich, ob der Verfasser christliche oder jüdische Dissidenten ansprechen will.

9 *Königliche Priesterschaft* (gr. *basíleion hieráteuma*): Die seltene Wortverbindung nimmt 1 Petr aus Ex 19,6: Das Volk dient Gott als Priester. Die Unterscheidung von Priestern und Laien ist damit hinfällig. V.a. diese Bibelstelle nahm Luther in seiner Schrift „An den christlichen Adel deutscher Nation“ von 1520 zum Anlass, für alle Gläubigen einen direkten Zugang zu Gott anzunehmen, der nicht von einer Gruppe geweihter Kleriker abhängig ist (WA 6, 404–469, bes. 407–409). Die protestantische Tradition entwickelt daraus die Lehre vom allgemeinen Priestertum, die sie gegen die geistliche Hierarchie im römisch-katholischen Kontext herausstellt (vgl. Brox 108–110). Die Opfergaben deutet der 1 Petr metaphorisch als korrektes Verhalten und v. a. Erdulden der Anfeindungen. Tatsächliche Opfer sind außerhalb des Gedankenkreises des 1 Petr. Gott beruft ins Licht, vgl. 1 Thess 5,4f; Joh 8,12; äthHen 1,8: „und das Licht Gottes wird ihnen leuchten“. *Vollkommenheiten* (gr. *aretaí*) ist griechisch auffällig, da das Singularwort eigentlich eine nicht pluralfähige „Bestheit“ anspricht. Bezogen auf Gott kommt dieser Begriff aber im Plural vor in der Septuaginta (Jes 42,8. 12; 43,21; 63,7, vgl. Est^{LXX} 4,17p = Stücke zu Ester C 21; dt.: Lob). 1 Petr 2,9 dürfte von Jes angeregt sein. In Jes 43 stehen die Vollkommenheiten neben der Herrlichkeit und bezeich-

nen zusammen herausragende Wunderbarkeiten oder Vollkommenheiten Gottes. Ähnlich Philon: „du wirst die Vollkommenheiten des Seienden klangvoll besingen“ (Philon, somn 1,256). *In sein wunderbares Licht*: Zur Umklammerung von Artikel und Nomen s. zu 1,10.

9–10 folgt dem „einst-jetzt“ Schema, das aus der Bekehrungssprache herkommt, vgl. 1 Thess 1,9. Eine Anknüpfung an die Verheißungen des Bundes Gottes mit seinem Volk kommt in diesen Versen nicht in den Blick. Wenn man 1 Petr als Brief des Petrus an christusgläubige Juden verstehen will, wäre diese Israelvergessenheit sehr erstaunlich (s. Einl., 3). Freilich: Der 1 Petr grenzt sich hier nicht ab von einem Bundesschluss, er enthält sich auch jeder antijüdischen Polemik, aber er thematisiert auch keine Verheißung für nicht christusgläubige Juden.

II 2 Das Leben hier gut führen (1 Petr 2,11–4,11)

Die neue Anrede markiert unbestritten einen Neuansatz. Fraglich ist die innere Gliederung des verbleibenden Briefs bis zum Briefschluss 5,12. Ich sehe einen gewissen thematischen Einschnitt zwischen 4,11 und 4,12. Der Abschnitt 2,11–4,11 thematisiert das Leben nach der Bekehrung und vor der Wiederkunft des Herrn. 2,11f formuliert das Grundanliegen, durch guten Lebenswandel Verdächtigungen obsolet zu machen. Die Darstellung konkretisiert dieses Anliegen gegenüber der politischen Führung und verschiedenen Ständen (2,13–3,7), nennt Verhaltensregeln gegenüber allen Menschen (3,8–12), fordert Bereitschaft zum Leiden (3,13–22), Abkehr vom alten Lebensstil (4,1–6) und schließt mit Weisungen zum Verhalten innerhalb der Geschwisterschaft (4,7–11).

II 2.1 Überwindet die Begierden, überzeugt durch gute Werke (1 Petr 2,11–12)

11 Geliebte, ich ermahne (euch): als (geduldete) Fremde und Flüchtlinge enthaltet euch der fleischlichen Begierden, die ankämpfen gegen die Seele; 12 indem ihr euren Lebenswandel gut unter den Heiden führt, damit durch ihn (den Lebenswandel), wenn sie euch schlecht machen wie Verbrecher, sie Gott loben müssen am Tag der Aufsicht, wenn sie die guten Werke in Augenschein nehmen.

11–12 Das Grundanliegen aller Verhaltensregeln des 1 Petr ist es, durch einen guten Lebenswandel alle Verdächtigungen, denen die Christen ausgesetzt sind, als haltlos zu erweisen.

11 Die Anrede *Geliebte* ist vorchristlich sehr selten, christlich allerdings verbreitet, etwa bei Paulus und dem 1 Joh. *Begierden, die ankämp-*

fen: In Röm 7 lässt Paulus die Begierden dem Verstand gegenüberstehen, wie es der platonischen Seelenlehre entspricht. Das Kampfbild ist auch in Röm 7,23 angedeutet, es ist öfters belegt. In 2,11 scheinen die Begierden gleichsam außerhalb der Seele zu wohnen. Für 1 Petr sind Begierden die Laster, die Gottes Willen entgegenstehen, vgl. 4,2. *Fleischlich* nennt die biblische Ausdrucksweise den vergänglichen Menschen. **12** Das präsentische Verb *schlecht machen* und das ebenfalls präsentische Partizip *in Augenschein nehmen* müssen auf verschiedene Zeitstufen verteilt werden. Die Heiden machen die Adressaten jetzt schlecht, werden dann aber, am *Tag der Aufsicht*, Gott loben müssen, wenn sie dann die als gut erkannten Werke in Augenschein nehmen. Wie beim Wort vom Licht der Welt aus der Bergpredigt (Mt 5,14–16) geht es in 2,12 um die Erkennbarkeit der Christen. In 2,12 stimmen mehrere Worte mit Mt 5,16b überein:

Mt 5,16b: So soll euer Licht vor den Menschen leuchten, damit sie eure *guten Werke* sehen und euren Vater in den Himmeln *loben*.

1 Petr 2,12b: Indem ihr euren Lebenswandel gut unter den Heiden führt, damit … sie Gott *loben* müssen …, wenn sie die *guten Werke* in Augenschein nehmen.

Die sachliche und teilweise wörtliche Übereinstimmung deutet auf einen Traditionsstrom hin, der Mt 5,16 und 1 Petr 2,12 verbindet.

II 2.2 Unterordnung unter die staatliche Macht (1 Petr 2,13–17)

13 Ordnet euch jeglicher menschlichen Instanz unter wegen des Herrn, sei es der König wie einem Übergeordneten, 14 sei es den Prokuratoren wie durch ihn (sc. den Kaiser) Beauftragte zur Bestrafung der Verbrecher, zu loben aber den Rechtschaffenden, 15 weil es so der Wille Gottes ist, dass, indem ihr rechtschaffend seid, ihr die Torheit der unverständigen Menschen zum Schweigen bringt, 16 wie Freie (unterstellt euch) und ihr sollt nicht die Freiheit als Schutzdecke haben für die Schlechtigkeit, sondern seid wie Sklaven Gottes. 17 Alle ehrt, die Geschwisterschaft liebt, Gott fürchtet, den König ehrt.

13–17 Die Einheit 2,13–17 behandelt den Umgang mit staatlichen Stellen. Grundsätzlich wird ein Wohlverhalten eingefordert. Gegenüber Röm 13,1–7 sind leichte Akzentverschiebungen erkennbar.

13 Mit dem *König* dürfte der römische Kaiser angesprochen sein, wie in Offb 17,9. 12. *Menschliche Instanz:* Wörtlich ist hier eine menschliche Schöpfung genannt. Diese Wortwahl klingt gegenüber Röm 13 sehr viel zurückhaltender. Eine menschliche Schöpfung kann ihre Vollmacht durch Gott erhalten, muss es aber nicht. *Wegen des Herrn* sollen sich alle unterordnen: Weil er sich auch untergeordnet hat, vgl. 2,22f. Dass der eingeforderte Gehorsam durch diese Bemerkung auch begrenzt würde, kann ich nicht sehen (so Feldmeier 106). Welches Unterordnen sollte wegen des Herrn nicht möglich sein, wenn der bedingungslos gehorsame Tod Jesu das Vorbild ist? Freilich: Der Staat erhält im 1 Petr nur eine menschliche, keine eigenständige theologische Dignität. **14** *Prokuratoren* sind vom Kaiser eingesetzte Herrscher (Luther: „Statthalter"), die in Teilgebieten wie z. B. Judäa die Regierungsgeschäfte ausführen. *Durch ihn*: das Reflexivpronomen bezieht sich auf den, der Prokuratoren sendet, den Kaiser, nicht auf Gott. Soweit formuliert 2,14 vorsichtiger als Röm 13,1–7. Die in 2,14 den staatlichen Prokuratoren zugemessenen Aufgaben nennen nicht den Fall, dass ein Wohltäter bestraft wird. Die später im Brief genannten Verleumdungen kommen hier nicht in den Blick. Es sind wohl nicht die staatlichen Stellen, von denen die Verleumdungen ausgehen. **15** *Rechtschaffende* (gr. *agathopoioúntes*): Ein für das Ethos des 1 Petr wichtiges Wort. Das Wort steht selten in LXX für ein Verhalten Gottes (Ri 17,13A; Zeph 1,12; 2 Makk 1,2); für menschliches Verhalten nur Tob 12,13BA. Es ist öfters in der gr. Literatur des hellenistischen Judentums zu finden (Arist 242; TestBenj 5,2). Die Testamente der Zwölf Patriarchen (Becker, JSHRZ 3/1) führen mehrmals den Gedanken an, dass „gutes Tun" bzw. „den Nächsten lieben" auch böse Menschen zum Einlenken bringen wird: TestBenj 3,5; 5,2 (hier mit demselben Verb); TestNaph 8,4 (JSHRZ 3/1; 105). Das Verb findet sich auch im Neuen Testament: dreimal bei Lk 6,9 (nicht in der Vorlage Mk 3,4), 6,33 (nicht in Mt 5,47) und Lk 6,35 (Sondergut in Q-Stoff) und 3 Joh 11 („der Rechtschaffende ist aus Gott") und viermal im 1 Petr (2,14. 20; 3,6. 17; ferner: 1Klem 10,2; Hermas, vis 3,5,4; vis 3,9,5; sim 9,18,1; Diog 5,16). Das abgeleitete Nomen „Rechtschaffenheit" (gr. *agathopoiía*) fehlt in der Septuaginta und findet sich im Neuen Testament nur 1 Petr 4,19, dann viermal in 1Klem (2,2; 2,7; 33,1; 34,2). Zum ethischen Ansatz des 1 Petr der mit der Kategorie des Guten arbeitet s. Exkurs zu 2,18.

16 1 Petr bietet hier eine Wortdialektik zum Stichwort „Sklave" wie Paulus, die christologische Füllung folgt in 2,21–24: Auch Jesus unterstellte sich freiwillig und begab sich ins Sklavendasein: Seine innere Abhängigkeit von Gott erlaubte ihm eine selbst gewählte Unterstellung unter Ordnungsmächte. Diesen Gedanken entfaltet Luthers Freiheitsschrift von 1520:

„Ein Christ ist ein ganz und gar freier Herr über alle Dinge und keinem untertan. Ein Christ ist ein ganz und gar dienender Knecht aller und allen untertan. Obwohl diese beiden Sätze sich zu widersprechen scheinen, werden sie sich, sobald erwiesen ist, dass sie miteinander vereinbar sind, unserem Vorhaben auf passende Weise fügen (…) Wir wollen dies in einen höheren und umfassenderen Zusammenhang stellen. Der Mensch besteht aus zwei Naturen, einer geistlichen und einer leiblichen. Gemäß seiner geistlichen Natur, die man Seele nennt, spricht man vom geistlichen, neuen und innerlichen Mensch, gemäß seiner leiblichen

Natur spricht man vom fleischlichen, äußeren und alten Menschen. (…) Diese Unterscheidung bringt es mit sich, dass in der Heiligen Schrift Widersprüchliches über den Menschen gesagt wird. Da ja auch eben diese beiden Menschen in ein und demselben Menschen miteinander in Widerstreit …" (M. Luther: Abhandlung über die christliche Freiheit, Lat.-dt. Studienausgabe 2, Leipzig 2006, 121, Z. 22–28. 36–41; 123, Z. 1–5; Übers. Rädle).

17 Die *Geschwisterschaft* (gr. *adelfótēs*) Nur der 1 Petr 2,17; 5,9 kennt diesen Begriff im Neuen Testament. 1 Makk und 4 Makk bezeichnen mit dem Wort die Gemeinschaft der sieben Brüder, die als Märtyrer sterben. Als Bezeichnung der Gemeinschaft von Christen verwendet auch 1Klem 2,4 den Begriff. Die sonst verbreitete Bezeichnung *ekklesia* für die Gemeinde/Kirche fehlt im 1 Petr. Der Begriff Geschwisterschaft arbeitet mit dem Bild der Gemeinde als Familie Gottes. Dieses Bild ist durch das Vaterunser schon angelegt und durch die Anrede anderer Christen als „Brüder" bzw. „Schwestern" unterstrichen. Die Bezeichnung Geschwisterschaft geht mehr von den einzelnen Gliedern aus als vom Verbund derselben in der Gruppe wie die Begriffe Synagoge oder Ekklesia. In 5,9 deutet der Briefschreiber an, dass er außerhalb der angeschriebenen Geschwisterschaft steht („eure Geschwisterschaft") und dass diese zumindest provinzübergreifend organisiert ist. Aus staatlicher Sicht würde sie als Kultverein o.ä aufgefasst werden und als solche kritisch beäugt, weil die Staatsloyalität solcher Vereine als unsicher eingestuft werden konnte (vgl. Plinius, ep 10,33f). Auf den ersten Imperativ Aorist folgen drei Imperative im Präsens. Vielleicht soll der Wechsel den Weg von der allgemeinen Aufforderung in der Grundhaltung zum anhaltenden Kontakt in den folgenden Imperativen ausdrücken. Der König bekommt (nur) dieselbe Ehre wie alle Menschen.

II 2.3 Das Leben im geistigen Haus (1 Petr 2,18–3,7)

Die folgenden ethischen Anweisungen sind geordnet nach Mitgliedern eines Hauses: Sklaven 18–25; Frauen 3,1–6, Männer 3,7. Derartige Aufstellungen werden Haustafeln genannt.

Exkurs: Angleichung und Abgrenzung von heidnischen Werten

Die Anordnung der Mahnungen nach unterschiedlichen Gruppen von Bewohnern eines Hauswesens, leicht abgewandelt auch unterschiedliche Stände („Ständetafel") hat in der griechisch-römischen, nicht in der alttestamentlich jüdischen Literatur ihre Wurzeln. Erst ab dem 1. Jh. n. Chr. finden sich vergleichbare Haustafeln bei jüdischen Autoren (Josephus, Ap 2,190–210; Philon, dec 165–167; PsPhok 175–227). Im frühen Christentum sind sie häufiger in unterschiedlichen Überlieferungskreisen anzutreffen (1 Petr 2,18–3,7; Kol 3,18–4,1; Eph 5,21–6,9; 1 Tim 2,8–

15; Tit 2,2–10 1Klem 21,6–9; Did 4,9–11). Die Mahnungen in Haustafeln zu reihen, ist zwar erst christlich belegt (zuerst Kol 3,18–4,1), aber wohl nicht erst durch frühe Christen erfunden. Vielmehr dürfte dieses Anordnungsprinzip aus der griechischen Popularphilosophie bereits im hellenistischen Judentum übernommen worden sein und von daher in die paulinische und andere frühchristliche Überlieferung gelangt sein. Wie weit mit der heidnischen Form der Haustafeln auch heidnische Werte übernommen werden, ist in der Forschung umstritten. Etwa das Stichwort der Unterordnung festigt antike patriachale Traditionen. Insbesondere bei der Unterordnung des Sklaven und der Frau unter ihren Besitzer sind christliche Veränderungen im Ethos kaum erkennbar. Wie die heidnischen Vorbilder mahnen die ntl. Haustafeln nur die Frau zur Unterordnung unter den Mann (Kol 3,18; 1 Petr 3,1). Diese Haltung war im zeitgenössischen heidnischen wie jüdischen Kontext (Josephus, Ap 2,201) zumindest vorherrschend. Neutestamentliche Haustafeln fügen an die Aufforderung zur Unterordnung noch gelegentlich Zusätze: „wie es sich gebührt im Herrn“ (Kol 3,18) oder „in Furcht gegenüber Christus“ (Eph 5,21). Doch welche inhaltliche Änderung dieser Zusatz bewirken sollen, bleibt undeutlich. Immerhin wird die Macht des Hausherrn durch den Verweis auf den Herrn auch limitiert. Der Mann soll seine Frau achten und lieben (Kol 3,19; Eph 5,25). Die in 1 Petr 2,21–24 angefügte christologische Ausführung ist kaum geeignet, patriachale Strukturen aufzubrechen. Sie mahnt eher, geduldig wie Jesus zu leiden. In den Haustafeln der philosophischen Tradition wurde der Hausherr angesprochen. Er war das einzige Subjekt der Mahnungen. Dagegen sprechen die frühchristlichen Haustafeln alle Betroffenen direkt an. So sind auch Frauen, Sklaven und Kinder als ethisch ansprechbare Subjekte gewürdigt. Allerdings verraten die neutestamentlichen Haustafeln noch ihre Herkunft aus der Haushaltskunde, die auf den Hausherren ausgerichtet war, weil Relationen im Haus, die vom Hausherrn unabhängig sind (etwa: Geschwister), nicht thematisiert werden. Neu in den christlichen Mahnungsreihen ist der Hinweis, dass den Sklaven und Frauen trotz der Unterordnung keine Verehrung der Götter ihrer Herren befohlen werden kann (anders Plutarch, Mor 140D).

Die bei den Haustafeln virulente Frage nach der Gesamtausrichtung des 1 Petr gegenüber der heidnischen Umwelt, ist unterschiedlich gedeutet worden. Versucht der 1 Petr, sich den allgemeinen Ansichten der heidnischen Umwelt geradezu anzubiedern (D.L. Balch: 1981), oder grenzt der 1 Petr sich ab von der Umwelt bis hin zum Widerstand, um in der Gemeinschaft der Glaubenden eine Ersatzheimat aufzubauen (J.H. Elliott: 1981; 2. Aufl. 1990)? D. Horrell dürfte mit seiner vermittelnden Position dem 1 Petr am besten gerecht werden (D.G. Horrell: Between Conformity and Resistance [2007], in: ders.: 2013, 211–238.). Er zeigt, wie vielschichtig die Aussagen 1 Petr 2,13–17 zum Staat angelegt sind. Neben äußerlicher Unterwerfung („fürchtet den Kaiser“) deutet der 1 Petr auch Widerstand an, wenn er den Kaiser nur als eine menschliche Institution (gr. *ktísis*) bezeichnet oder wenn dieser „nur“ Furcht/Respekt beanspruchen darf wie alle Menschen, nicht aber Liebe wie die Geschwisterschaft. Röm 13,1–7, ein Text, den 1 Petr voraussetzt, kennt diesen vorsichtig zurückhaltenden Ton nicht. Ähnlich vorsichtig fordert der 1 Petr die Frauen auf, in Glaubensdingen sich nicht den Männern unterzuordnen. Der 1 Petr konzentriert seine ethischen Hinweise auf die Themen, bei deren Beurteilung die Adressaten mit den Heiden übereinstimmen dürften. Hierbei redet er vom „gutes Tun“ (gr. *agathopoéō*: 2,15. 19; 3,6) und deutet keinen Dissens in der Bewertung aus heidnischer und christlicher Perspektive an (vgl. 1 Petr 2,12). Wenn der christliche Maßstab des Guten durch die Umwelt nicht geteilt wird, soll er trotzdem durchgehalten werden. So rät 1 Petr mit dem Stichwort „gutes Tun" gegenüber Anfeindungen stand zu halten, wie Jesus es tat (1 Petr 2,20; 3,16f; 4,19). Manche ethische Bereiche, bei denen unterschiedliches Beurteilungen zu erwarten wären, etwa der Umgang mit fremdreligiösen Riten, behandelt der 1 Petr nicht. Schwerlich setzt der 1 Petr etwa voraus, dass die Adressaten vor dem Kaiserstandbild opfern sollten. Die Eschatologie des 1 Petr ist urchristlich und biedert sich in keinem Punkt dem Heidentum an.***

Der Stand der Sklaven (1 Petr 2,18–25)

18 Die Haussklaven sind in jeglicher (Gottes-)Furcht den Gebietern
untergeordnet, nicht nur den guten und milden sondern auch den
verdrehten. 19 Denn dies ist eine Gnade, wenn einer aufgrund des Mit-
wissens Gottes Betrübnisse aushält, sofern er ungerechterweise leidet.
20 Denn was für einen Ruf habt ihr, wenn ihr als Sünder und Bestrafte
durchhalten werdet? Aber wenn ihr als Wohltäter und Leidende aus-
haltet, ist dies Gnade vor Gott. 21 Denn dazu seid ihr berufen worden:
weil auch Christus litt für euch, für euch Vorlagen hinterlassend,
dass ihr seinen Fußspuren nachfolgen werdet; 22 der Sünde nicht tat,
noch Täuschung fand sich in seinem Mund; 23 der, wenn er beschimpft
wurde, nicht zurück schimpfte, wenn er litt, nicht drohte, sondern
er übergab (es) dem gerecht Richtenden; 24 der unsere Sünden selbst
weg trug durch seinen Leib am Holz, damit wir, nachdem wir für
die Sünden gestorben sind, für die Gerechtigkeit leben werden, durch
dessen Strieme seid ihr geheilt worden. 25 Ihr wart nämlich wie in die
Irre geführte Schafe, nun aber seid ihr zu dem Hirten und Aufseher
eurer Seelen zurückgekehrt.

18–25 Die Anweisungen an die Sklaven sind in der „Haustafel" die ausführlichsten und nur bei ihnen bietet der 1 Petr auch eine christologische Begründung. Diese christologische Begründung wiederholt der 1 Petr nicht, sie ist aber wohl auch zu den anderen Anweisungen 2,13–3,7 hinzuzudenken.

18 Die mit *Haussklave* übersetzte Bezeichnung (gr. *oikétēs*) könnte auch allgemein für einen Hausbewohner stehen. Doch ist wohl ein Sklave gemeint. Vielleicht meidet 1 Petr 2,18 das Begriffspaar von Sklave (gr. *doúlos*) und Herr (gr. *kýrios*), um das in 2,18 angesprochene Verhältnis des Haussklaven zu seinem *Gebieter* (gr. *despótēs*) von dem zu Gott in 2,16 zu unterscheiden. Das Sklaventum war in de Antike eine unhinterfragt vorausgesetzte Gegebenheit. Rund ein Viertel der Menschen waren unfrei. Im jüdischen Umfeld waren Sklaven nach sieben Jahren frei zu lassen (Dtn 15,12–18), allerdings blieben die ihnen in dieser Zeit geborenen Kinder Besitz ihres Herren. Im nordwestlichen Kleinasien sind Inschriften erhalten, die bezeugen, dass Synagogen bei der Freilassung von Sklaven vermittelten (Schürer-Vermes, History of the Jewish People, 3/1, Edinburgh 1986, 36–38). **19** *Mitwissen* Gottes, der paulinische Begriff „Gewissen"; der angehängte Genitiv „*Gottes*" passt nicht zur paulinischen Verwendung, der die Stimme des Gewissens von der göttlichen Stimme unterscheidet (1 Kor 4,4). Es ist wohl weniger eine innere Instanz im Bewusstsein gemeint, sondern eher ein Mitwissen Gottes, wohl im Sinne eines Wissens des Menschen um Gottes Anspruch.

Textüberlieferung: Einige Handschriften ergänzen sekundär zu „aufgrund des guten Gewissens" (vgl. 3,16), meist als Ersatz für „Gottes" (Majuskel C u. a.), z. T. auch zusätzlich (Papyrus 72). Die schwierigere und schon darum ältere Lesart ist sehr gut bezeugt (Sinaiticus, Vaticanus u.a).

20 Zum ethischen Ansatz, der empfiehlt, durch ungerechtfertigtes Leiden Nichtchristen zu überzeugen, s. 2,12. Hier folgt eine christologische Begründung: So machte es auch Jesus Christus. Jesu Einmaligkeit und Vorbildlichkeit kommen hier zusammen.

21–25 Die Verse beschreiben Verhaltensweisen Jesu und machen so dessen Leben vor der Kreuzigung zum Maßstab seiner bleibenden Bedeutung. Einzelne dieser Verhaltensweisen lassen sich zwar mit Perikopen aus den Evangelien untermalen, aber 1 Petr wählt seine Worte ohne erkennbare Abhängigkeit von den uns vorliegenden Evangelien. Dass 21–25 ein vorgegebenes Christuslied übernimmt, lässt sich nicht erweisen. Durch die Textanordnung in 17 abgesetzten Zeilen statt im Blocksatz schließt sich die gr. Textausgabe (Nestle^{28}) der Deutung der Verse als Lied an. Die theologische Ausrichtung der Verse entspricht der sonstigen des 1 Petr. 1 Petr 2,21–25 spielt an auf das 4. Gottesknechtslied (Jes 52,13–53,12) und übernimmt mehrere Vokabeln daraus (s. Exkurs zu 1,16). Die Anspielungen bringt 1 Petr nicht in der Reihenfolge von Jes 53. 1 Petr springt mehrmals vor und zurück (Abfolge: Jes 53,9–53,4–53,5–53,6). 1 Petr bietet keine fortlaufende christologische Auslegung zu Jes 53, vielmehr garniert er seine christologischen Themen mit Wortübernahmen aus Jes 53 und keiner anderen atl. Bibelstelle. Den Lesern des 1 Petr sollen diese Übernahmen aus Jes 53 jeweils deutlich werden, so können sie die sonst eigentümliche Wortwahl für die Einzelthemen als schlüssige Aussagen nachvollziehen.

23 *Er übergab* es: Hier geht die Aktivität von Jesus aus (vgl. Mk 10,45; Gal 1,4; 2,20b; Eph 5,2. 25; 1 Tim 2,6, Tit 2,14; Justin, dial 70,4). Die Abendmahlsüberlieferung bei Paulus und den Synoptikern formuliert dagegen im Passiv (er wurde ausgeliefert/übergeben), das wohl als *passivum divinum* zu deuten ist (1 Kor 11,23; Mt 26,24; Mk 14,21; Lk 22,22; vgl. Mk 9,31). **24** Mehrere Aussagen über den Messias sind hier nur noch an-

gedeutet, nicht mehr entfaltet oder erklärt, so das stellvertretende Leiden.
25 V. 25 ruft das biblische Bild von den Schafen ohne Hirten ab (Jes 13,14; 53,6; Jer 27,17). Der *Aufseher* ist der auferstandene Herr. Dasselbe, hier mit Aufseher übersetzte Wort (gr. *epískopos*) steht schon im Neuen Testament und ab Ignatius meist für den Vorsteher einer Gemeinde, den Bischof (Apg 20,28; Phil 1,1; 1 Tim 3,2; Tit 1,7). Joh 21 stilisiert Petrus als Hirte („Weide meine Lämmer"). Der Verfasser des 1 Petr gibt sich keine Aufgabe zwischen dem „Bischof der Seelen" und diesen Seelen selbst. Die Seelen sind unter der Aufsicht Gottes in der Heimat, während der Leib in der Fremde weilt und dem Leid ausgesetzt bleibt.

Der Stand der Frauen (1 Petr 3,1–6)

**1 Ebenso die Frauen, (seid) untergeordnet euren eigenen Männern,
damit auch, wenn einige dem Wort gegenüber das Vertrauen verlieren,
(sie) aufgrund des Lebenswandels der Frauen, ohne Wort gewonnen
werden mögen, 2 wenn sie euren in Ehrfurcht reinen Lebenswandel
in Augenschein nehmen. 3 Deren Schmuck soll nicht von Außen her
bestehen im Flechten der Haare und Umhängen von Goldgeschmeide
oder Anziehen von Kleidern, 4 sondern der verborgene Mensch des
Herzens, in der Unvergänglichkeit der Milde und Ruhe des Geistes, der
ist vor Gott wertvoll. 5 Denn so pflegten sich einst die heiligen Frauen
zu schmücken, die auf Gott hofften, indem sie sich selbst ihren eigenen
Männern unterordneten, 6 wie (etwa) Sara dem Abraham gehorchte,
da sie ihn Herr nannte, deren Kinder ihr geworden seid, um Gutes zu
tun und keinen Schrecken zu fürchten.**

1 Das „*Wort*" als Zusammenfassung für das christliche Leben kennt neben Lukas auch Paulus und Jakobus (Apg 6,4; 16,6; 18,15; Gal 6,6; Kol 4,3; 1 Thess 1,16; Jak 1,21). Die Frauen sollen *aufgrund* ihres *Lebenswandels ohne Wort* ihre Ehemänner für das Wort gewinnen (vgl. 1Klem 1,3; 21,7). Das Spiel mit dem Ausdruck Wort überdeckt die so eingeforderte gelegentlich auch grausame Realität der Unterordnung.

Textüberlieferung: Die Stellung des „und" in 1b ist unsicher. Drei Lesarten werden diskutiert: (1) „damit auch, wenn … gewonnen werden" (Nestle[28]; gr. *hína kai ei tines*: Pap 72, 01, 02, 044, 093, 5, 33 ua.). Sinn: eine gefährdete Gruppe kann durch das Verhalten der Frauen gerettet werden); (2) „damit, wenn auch …" (gr. *hína ei kai tines*: 04, 018, ua., 1739 ua.). Sinn: neben anderen, die gewonnen werden mögen. Glatter, leichter, vielleicht aber sinnvoller; (3) „damit wenn einige" (ohne gr. *kai*: Papyrus 81 [unsicher zu lesen], 03 u. a.). Die bessere Bezeugung spricht für Lesart (1).

2 *Ehrfurcht* gegenüber Gott ist hier gemeint, vgl. 3,4. Die Unterordnung verlangt der Frau nicht ab, die u. U. heidnische Religion ihres Ehemanns zu übernehmen (s. o. Exkurs zu 2,18). **3** Die Kritik am Schmuck ist biblisch (Jes 3,18–23; vgl. Hes 16,10–13. 17; 1 Tim 2,9) und außerbiblisch konventionell. Aus der konventionellen Kritik lässt sich kaum der soziale Status der Adressaten erschließen. Die Frauen sollen durch ihre innere Einstellung ohne Verkündigung heidnische Ehemänner für den christlichen Glauben gewinnen. **4–5** 1 Petr hat das Wort *wertvoll* (gr. *polytelés*) nicht aus der christologischen Reihe des wertvollen Steins übernommen (vgl. 2,6 gr. *éntimon*). Das Wort findet sich für wertvollen Schmuck (1 Tim 2,9) und Salböl (Mk 14,3) im Neuen Testament. Die Bezeichnung *des verborgenen Menschen des Herzens* setzt wohl das Bild vom Mensch im Menschen voraus (zuerst Platon, resp 9, 588D–589B), wie es auch Paulus und die Paulusschule verwendet (Röm 7,22; 2 Kor 4,16; Eph 3,16). Wie Platon unterscheidet 1 Petr das wichtige unsichtbare innere Wesen vom sichtbaren äußeren. 1 Petr weicht terminologisch von der paulinischen Verwendung des Bildes ab, so dass er dieses Motiv schwerlich direkt von Paulus übernommen hat. Da unterschiedliche Gruppen, die bald als häretisch ausgegrenzt wurden, das Motivfeld vom Inneren Menschen benützen (vgl. Irenäus, advhaer 1,21,4f; 2,19,2; 5,19,2; 5,31,2), dürfte 1 Petr das Bild aus einer uns nicht direkt erhaltenen Quelle aufgenommen haben. Den Gegensatz von „verborgen“ und „sichtbar“ im Zusammenhang mit dem Motivfeld vom Inneren Menschen kennt das Philipperevangelium (2. Jh.) aus den Funden von Nag Hammadi (EvPhil, log. 123b; AcA 1, 555). **6** Die Bezeichnung als „Saras Kinder“ ist eine im Neuen Testament einmalig matrilineare Aufnahme der Erzelterngeschichte. In der damaligen Kultur war die Anrede „Herr“ für den Ehemann üblich. Soweit erstaunt das Beispiel aus Gen 18,12 durch seine Banalität. Sara wie Abraham sind nach Gen 12 und 20 in der Fremde manchen Gefahren ausgesetzt. Die Adressaten des Briefes als Saras Kinder (vgl. Gal 4,31) handeln wie Sara in der Fremde: sie tun Gutes und fürchten keinen Schrecken. Dass Abraham sich in seinem Status als Fremdling nicht fügte, ohne seine Frau zu gefährden (Gen 12,10–20; 20,1–18) könnte die ungewöhnliche Wahl der Ahnfrau statt des Ahnherrn als Vorbild motiviert haben. Der 1 Petr fordert der damaligen Konvention entsprechend die Frauen ohne Vorbehalte zur Unterordnung auf. Das Stichwort Unterordnung übernimmt er aus dem Haustafelschema (s. Exkurs zu 2,18). Statt die Unterordnung aus Schöpfungsaussagen zu unterstreichen, verweist er allerdings auf die mit den Männern gemeinsame, wenn nicht egalitäre so doch zumindest komplementäre Zukunft von Mann und Frau als „Miterben der Gnade“ (3,7).

Der Stand der Männer (1 Petr 3,7)

7 Ebenso die Männer, indem ihr zusammen wohnt gemäß der Erkenntnis mit euren Ehefrauen als einem schwächeren Gefäß, indem ihr Ehre erweist wie auch gegenüber Miterben der Gnade des Lebens, so dass eure Gebetsanliegen nicht behindert werden.

7 Dem kurzen Satz zu den Männern fehlt ein finites Verb. Soll das Verb aus den vorangehenden Darstellungen übernommen werden: ordnet euch unter? Sollen die Partizipien für Imperative stehen (s. Exkurs bei 1,14)? Der Vers erinnert die Männer an ihre Verantwortung gegenüber den Ehefrauen, die für die Gebete der Männer wichtig sind. Die Frauen seien ein schwächeres Gefäß. Der Brief knüpft an die v. a. in der gr. Literatur verbreitete Redensart an. Etwa Platon schreibt: „So haben also Mann und Frau dieselbe Natur vermöge der sie geschickt sind zur Staatshut, außer inwiefern die eine schwächer ist, die andere stärker" (Platon, resp 5, 456A 10f; Übers. Schleiermacher; s. auch: Platon resp 5, 455E 1; 457A 10-B 1, legg 6, 781 A; Aristoteles, pol 1,2; 1252b5; 1,12; 1259b1f). Einer der legendären jüdischen Gelehrten antwortet dem ägyptischen König im Aristeasbrief (2. Jh. v. Chr.): „… fragte er (sc. der König) den nächsten, wie er sich mit seiner Frau gut vertragen könne. ‚Wenn du erkennst, dass das weibliche Geschlecht dreist ist', gab er zur Antwort, ‚energisch bei der Durchsetzung seines Willens, leicht umgestimmt durch Trugschlüsse und von schwacher Konstitution. Man muss nur vernünftig mit ihnen umgehen und jedem Streit aus dem Weg gehen'" (Arist 250; Übers. Meisner, JSHRZ 2/1). Josephus fordert für Frauen pauschal Unterordnung, „denn Gott hat dem Mann die Macht gegeben" (Josephus, Ap 2,201). Zweifel an dieser Ansicht kennt 1 Petr nicht. Sie sind *Miterben der Gnade des Lebens*: die Frauen haben Anteil an der Auferstehung Jesu (vgl. 1,4).

II 2.4 Allgemeine Verhaltensregeln gegenüber allen Menschen (1 Petr 3,8–12)

**8 Das Ziel aber: Alle sind gleichgesinnt, gleichfühlend, geschwisterlie-
bend, wohlgesonnen, demütig gesinnt, 9 vergeltet nicht Schlechtes mit
Schlechtem oder Beschimpfung mit Beschimpfung, im Gegenteil aber:
seid Segnende, weil ihr dazu berufen worden seid, dass ihr Segen erben
werdet. 10 Wer nämlich sein Leben lieben will und gute Tage sehen,
möge ablassen die Zunge vom Schlechten und die Lippe soll nicht
Betrug sprechen; 11 er soll sich aber wegwenden vom Schlechten und
er soll Gutes ausführen; er soll Frieden suchen und ihm nachjagen;
12 Weil (die) Augen (des) Herrn bei den Gerechten sind und seine Oh-
ren (sich richten) auf deren Nöte, das Angesicht aber des Herrn ist bei
denen, die Schlechtes ausführen (Ps 34,13–17).**

8–12 Die Verse erweitern den Blick von den Ständen innerhalb der Gemeinde auf das rechte Verhalten gegenüber allen Menschen (wie 2,13–17).

8 Der Vers sammelt seltene Worte, die auch in der Septuaginta kaum vorkommen. Das Wortfeld der „Demut" (gr. *tapeinós*, *tapeinofrosýnē* und Derivate) deuten die Christen positiv. Im profan-gr. Kulturraum bezeichnet die Vokabel eine unterwürfige, kriecherische, jedenfalls meist verachtete Haltung. Von den 34 Vorkommen des Wortfeldes hat der 1 Petr 4 Stellen (3,8; 5,5 [2×] zitiert Spr 3,34^{LXX}; 5,6). Die Christen setzen damit eine Linie fort, die im hellenistischen Judentum angelegt war (TestGad 5,3; 4 Esr 8,48–51) und an Verheißungen für die Demütigen im Alten Testament anknüpft. Der Philipperhymnus deutet Jesu eigenes Leben als selbst gewählte Erniedrigung (Phil 2,8). Auch Jesu Wort über die Demütigen, die erhöht werden, war hier prägend (Lk 14,11; 18,14; Mt 18,4; 23,12), vgl. Paulus 2 Kor 12,9. **8–9** In 3,8f stimmen viele Stichworte mit Röm 12,14–17a überein. 1 Petr kennt wohl den Röm (s. Einl. 4), dürfte hier aber unabhängig von Röm 12 formulieren. An das Ziel der Berufung erinnert 3,8 wie auch 2,21; 4,6.

10–12 Mit dem umfangreichsten Psalm-Zitat im Neuen Testament untermauert 1 Petr die Verbindlichkeit der Paränesen 3,8f. 10–12 übernimmt mit nur kleinen Auslassungen Worte aus der gr. Übersetzung von Ps 34,13–17. Die Adressaten sollen das Psalmwort als Heilige Schrift erkennen und entsprechend als Autorität achten. Die angesprochenen Problemfelder reden von Konflikten unter weitgehend Gleichberechtigten, bei denen Vergeltung möglich wäre, aber unterlassen werden soll. Gegenüber staatlichen Übergriffen wäre ein solcher Verzichtsaufruf überflüssig, weil unmöglich. 1 Petr zitiert den Ps 34,17 ohne den Hinweis auf das Unheil der Ungläubigen (34,17b), wie er insgesamt nie das Elend der Schlechten ausmalt (vgl. 3,16; 4,5. 18).

II 2.5 Bereitschaft zum Leiden durch Außenstehende (1 Petr 3,13–22)

13 Und wer macht euch schlecht, wenn ihr Eiferer für das Gute geworden seid? 14 Aber wenn ihr auch leiden solltet wegen der Gerechtigkeit, selig seid ihr. Die Furcht gegenüber diesen aber sollt ihr nicht fürchten noch euch aufwühlen lassen, 15 den Herrn aber, den Christus, heiligt in euren Herzen, seid immer bereit zur Verteidigungsrede gegenüber jedem, der von euch eine Begründung erbittet über die in euch (seiende) Hoffnung, 16 aber mit Milde und Furcht, weil ihr ein gutes Gewissen habt, dass die, die euren guten Lebenswandel in Christus beschimpfen, beschämt werden, durch (genau) das, mit dem ihr schlecht geredet werdet. 17 Denn es ist besser, sofern es

der Wille Gottes ist, als Rechtschaffende zu leiden denn als Verbre-
cher.
18 Weil auch Christus einmal litt für die Sünden, ein Gerechter für
Ungerechte, damit er euch hinzuführt zu Gott,
obwohl er dem Fleisch nach getötet wurde,
ist er lebendig gemacht worden aber dem Geist nach;
19 in ihm (sc. dem Geist) verkündete er auch den Geistern in der Ge-
fängniszelle, nachdem er hinzugereist war 20 einst für die, die ohne
Vertrauen waren, damals wartete die Langmut Gottes solange ab in
den Tagen Noahs, bis ein Kasten errichtet worden ist, in dem (sc.
Kasten) waren wenige, genau genommen acht Seelen, die wurden
errettet durch das Wasser, 21 das [sc. Wasser] rettet nun auch euch
als Gegenbild: ein Tauchbad, nicht Entfernung des Schmutzes vom
Fleisch, sondern eine Anfrage an Gott für ein gutes Gewissen durch
die Auferstehung Jesu Christi, 22 der zur Rechten Gottes ist, nachdem
er in den Himmel gereist ist und für ihn Engel und Kräfte und Mächte
unterworfen worden sind.

13–22 Der Abschnitt thematisiert die angemessene Außenwirkung des Lebens in der Gemeinde.

13 Der Vers appelliert, sich nicht durch Verleumdungen beeindrucken zu lassen. **14–15** Die beiden Verse zitieren Worte aus Jes 8,12f (LXX). In der Übernahme von Jes 8 überführt 1 Petr die Aussagen über JHWH zu Aussagen über den auferstandenen Christus, soweit er persönlich angeeignet ist. **15** *Heiligt in euren Herzen*: vgl. 3,4, dort in der Frauenparänese: unsichtbar im Inneren, statt sichtbar äußerlich. Dieses innere Geschehen soll aber auf Anfrage von Außenstehenden erklärt werden. Wörtlich geht es um eine Apologie gegenüber jedem, also eine reflektierte und vorbereitete Gestaltung der Außenwirkung, vgl. 1 Kor:

Wenn nun die ganze Gemeinde an einem Ort zusammenkäme und alle redeten in Zungen, es kämen aber Unkundige oder Ungläubige hinein, würden sie nicht sagen, ihr seid von Sinnen? [24]Wenn sie aber alle prophetisch redeten und es käme ein Ungläubiger oder Unkundiger hinein, der würde von allen geprüft und von allen überführt; [25]was in seinem Herzen verborgen ist (gr.: *ta kryptá tēs kardías*), würde offenbar, und so würde er niederfallen auf sein Angesicht, Gott anbeten und bekennen, dass Gott wahrhaftig unter euch ist (1 Kor 14,23–26).

Aus dem etwas theoretischen Beispielfall bei Paulus wird im 1 Petr eine prinzipielle Aufgabe: bedenkt eure Außenwirkung wenigstens auf Anfrage, dann aber gegenüber jedem. Bill. 3, 765 (z.St.) verweist treffend auf eine Rabbi El'azar (um 90 n. Chr.) zugeschriebene Weisung: „Sei eifrig bestrebt, die Tora zu lernen, wisse, was du einem Epikuräer antworten sollst, wisse, vor wem du dich mühst, und treu ist er, der Herr deiner Arbeit, der dir Lohn für dein Tun gibt“ (mAbot 2,14; Übers. Correns).

Inhaltlich behandelt die Begründung die Hoffnung als die *in euch* anwesende Hoffnung. Das „*in euch*" nimmt *in euren Herzen* aus 15a auf. Es geht also um die Darlegung einer persönlichen (mystischen) Erfahrung, vgl. 4,12: die Feuersglut in euch. **16** Zur Umklammerung von Artikel und Bezugswort beim Lebenswandel s. zu 1,10. *Furcht* bezieht sich wohl primär auf Gott (wie 1,17; 2,17. 18; 3,2, aber 3,14) und ermöglicht so die Fortsetzung mit dem Gewissen, das diese Vorgabe überprüft. *In Christus*: diese Wortverbindung kommt außer in 3,16; 5,10. 14 nur im Corpus Paulinum vor und dort oft (ca. 164×) und in allen Briefen. Der 1 Petr übernimmt die Wortverbindung wohl aus dem theologischen Jargon, vielleicht ohne sich bewusst an die Sprache des Paulus anzulehnen. **17** Der Verfasser dürfte bewusst einen gleichlautenden Klang, eine Paronomasie der t-Laute (gr. *théloi to thélēma tou theoú*) gestaltet haben. Inhaltlich entspricht der Vers der Bergpredigt ebenso wie dem Spitzensatz des platonischen Sokrates: „Leiden ist besser als Unrecht-Tun" (Platon, Gorg 508B vgl. Mt 5,38–48). **18** Es folgt eine christologische Begründung in 18f, die z.T. im Parallelismus membrorum poetisch gestaltet ist. Christi Verhalten zu Lebzeiten dient als Vorbild (wie *auch* Christus ...). V. 18 lässt sich schwer an Juden gerichtet verstehen. Das Stichwort „für Ungerechte" wird in 18b durch „euch" aufgenommen. V. 18fin verankert 3,19f im Kontext, die also kein fremder Zusatz sind. **19** Das Motiv der Predigt Jesu an die Entschlafenen kennt auch das Petrusevangelium (frühes 2. Jh.): „Und sie (sc. die Wächter am Grab) hörten eine Stimme aus den Himmeln rufen: ‚Hast du den Entschlafenen gepredigt?' [42]und es wurde vom Kreuz her die Stimme laut: ‚Ja'" (EvPetr 10:41f). 3,19 wird in 4,6 aufgenommen (mit Feldmeier 136). Die Stellen initiieren das Motiv von der „Höllenfahrt Christi" (s. zu 4,6). Beide Verse beziehen sich wohl auf eine Geschichte, die wir aus der Henoch-Literatur erschließen können.

Henoch ist nach Gen 5,17 der 7. Nachkomme Adams. Von ihm heißt es nach Gen 5,24: „Und weil er mit Gott wandelte, nahm ihn Gott hinweg, und er ward nicht mehr gesehen". Diese Bemerkung prädestinierte Henoch für allerhand pseudepigraphe Literatur, in der er angeblich von seiner Himmelsreise berichtet. Die äthiopische Kirche bewahrte ein umfangreiches Henochbuch, weil es in dieser Kirche bis zum 15. Jh. zu den Heiligen Schriften Alten Testaments gerechnet wurde (äthHen), einige slavische Klöster sammeln andere Henochüberlieferungen (slavHen). Henochüberlieferungen sind vorchristlich in Qumran überliefert. Jud 14 verweist positiv auf Henoch. Schon der Verfasser des 2 Petr, der den Jud als Vorlage benützt, übergeht die Henochanspielung aus Jud 14.

Der auferstandene Christus kümmert sich um die gefangenen Seelen, d. h. er erreicht auch die gottfernen Menschen. In äthHen geht es um die Göttersöhne, die aus der Verbindung gefallener Engel mit irdischen Frauen entstammen (vgl. Gen 6). In den griechisch erhaltenen Fragmenten zum äthHen werden diese Göttersöhne Engel, aber auch Geister genannt. Doch die Parallele hat Grenzen:

- Die Göttersöhne aus Gen 6 sind nicht Thema in 1 Petr (aber syrBar 56,13; slHen 18,4–6; Jud 6; 2 Petr 2,4), sondern die bereits verstorbenen Menschen, vgl. 4,6 wie im EvPetr. Bereits das Buch der Jubiläen (2. Jh. v. Chr.) redet von der Sintflutgeneration, die gefangen ist, und zeigt so die Tendenz, die Gefangenen nicht auf die gefallenen Engel von Gen 6 zu beschränken (Jub 5,6).
- in äthHen erhalten die Engel/Geister auf ihre Anfrage ausdrücklich eine abweisende Antwort Gottes, d. h. sie werden *nicht* gerettet (äthHen 14,4–7). 1 Petr könnte eine Henoch-Typologie anstreben, also verdeutlichen wollen, dass die Möglichkeiten Christi die des Henoch weit übertreffen.
- Die Bezeichnung des Gefangenschaftsorts variiert bei den thematisch ähnlichen Überlieferungen. In 1 Petr 3,19 sind sie in einer „Gefängniszelle" (gr. *phylakḗ*), in 2Klem 6,8 in „Kriegsgefangenschaft" (gr. *aichmalōsía*), in Hermas, vis 1,1,8 in „Verhaftung" (gr. *aichmalōtismós*) oder äthHen [gr] 21,10; Hermas, sim 9,28,7 in einem „Gefängnis" (gr. *desmōtḗrion*).

Jedenfalls geht es um eine Rettung von Seelen/Geistern, nicht um Menschen aus Fleisch und Blut. Dieser Zug ist für den 1 Petr nicht ganz unbedeutend.

Exkurs: Anthropologische Begriffe im 1 Petr

Es ist umstritten, ob der im 1 Petr vorkommende Begriff „Seele" für den Menschen als ganzen steht (so zumeist) oder eine geistige Sphäre des Menschen meint (so R. Feldmeier, in: Schlosser: 2004, 291–306). In mehreren Stellen des 1 Petr ist eindeutig eine innere geistige Sphäre dem Leib bzw. dem sichtbaren Menschen gegenübergestellt. So redet er öfters von den Begierden: (1,14; 2,11; 4,2; 4,3) und von der Vernunft (gr. *diánoia* 1,13). 1 Petr arbeitet nicht mit einer platonischen festen Begrifflichkeit (vgl. zu 2,11), m. E. aber wohl mit einer deutlichen Unterscheidung von vergänglichem Leib und beständiger Seele (vgl. die Differenzierung 3,18 nach Fleisch und Geist). Innerhalb der Seele findet die durch Gott verursachte Wiedergeburt statt: Gott wirkt durch Worte auf sie. Die Seele ist Gegenstand des Wächters der Seelen (2,25). Die Verstorbenen der Vergangenheit werden als Geister angesprochen (3,19), dann als Seelen (3,20). Vor dem Gericht Gottes stehen wiederum Seelen (4,19). Der Schlussgruß „an die in Babylon" (5,13) chiffriert ursprünglich wohl kaum eine Stadt, etwa Rom, wie überwiegend angenommen wird, sondern einen Zustand: Auch der Absender schreibt noch als Fremdling im Fleisch, gleichsam im Exil und wählt dafür die biblisch vorgeprägte Metapher „in Babylon" (s. Einl. 1 Petr, 3[4]). Die isoliert undeutlichen Stellen wie 1,9. 22 sind m. E. daher auch auf dem Hintergrund eines Leib-Seele-Dualismus zu deuten (Th. K. Heckel: Die Seele im hellenistischen Judentum und frühen Christentum, in:

G. Gasser/J. Quitterer (Hgg.): Die Aktualität des Seelenbegriffs, Paderborn 2010, 327–342). ***

20 Zur Umklammerung von Artikel und Bezugswort bei *Langmut* s. zu 1,10. Das gr. Imperfekt beim Verb *wartete … ab* unterstreicht die mehrfach notwendige Langmut Gottes. Mit dem Wort *Kasten* übersetzt die gr. Bibel die Arche Noahs (Gen 6,14–16; 7,7 u.ö.; vgl. Mt 24,38par Lk 17,27; Hebr 11,7; 1Klem 9,4) und die Bundeslade (Ex 39,14 u.ö.). 20 nimmt eine frühjüdische Auslegungstradition auf und bezeichnet mit dem Kasten den von Gott gewährten schützenden Aufbewahrungsraum. Der dt. Nebensatz *bis ein Kasten errichtet worden ist* übersetzt einen gr. Genitivus absolutus mit Partizip Präsens vorzeitig zum Verb *wurden errettet*. Dass mit Noah *acht* Personen gerettet wurden, weiß eine frühjüdische Auslegungstradition zur Noahüberlieferung (s. zu 2 Petr 2,5). Die *Seelen* (s. 3,19 Exkurs) wurden aus dem lebensbedrohlichen Wasser heraus gerettet.

Textüberlieferung 20f: Wenn man mit frühen Textzeugen (Papyrus 72, Sinaiticus 1. Hand) und anderen das erste Wort von 3,21 (gr. *ho*) auslässt, können die Worte „durch das Wasser" zu 3,21 gezogen werden: „Durch das Wasser rettet die Taufe nun auch euch als Gegenbild …" Doch die Auslassung ist zu schwach bezeugt.

21 Das Gegenbild (gr. *antítypos*): die Gegenprägeform, hier im Sinne von die rettende Entsprechung zur Sintflutrettung in der Arche (im „Kasten") ist die Taufe, die durch das Wasser nicht (nur) reinigt, sondern ein gutes Gewissen bei Gott erbittet. Die Rettung bleibt zunächst eine *Anfrage an Gott*, weil die Einlösung dieser inneren Veränderung für die Zeitgenossen Noahs noch ausstand, daher das nachklappende *durch die Auferstehung Jesu Christi*. **22** Nach der Reise in das Gefängnis, eine Art Unterwelt 3,19, berichtet 3,22 nun die Reise in den Himmel *zur Rechten Gottes. Unterworfen worden sind* Engel, Kräfte und Mächte für Jesus Christus. Der passiv formulierte absolute Genitiv im gr. Original meint eine Aktivität Gottes (*passivum divinum*).

II 2.6 Die Abkehr vom alten Lebensstil (1 Petr 4,1–6)

4,1 Weil Christus nun dem Fleisch nach litt, bewaffnet euch auch ihr mit dieser Einsicht, dass, wer dem Fleisch nach leidet, befreit ist von der (Macht) der Sünde, 2 damit (ihr) die verbleibende Zeit im Fleisch nicht mehr für die Begierden der Menschen lebt, sondern für den Willen Gottes. 3 Denn es ist genug, dass (ihr) die verstrichene Zeit das Vorhaben der Heiden ausführtet, als ihr wandeltet in Schwelgerei, Begierden, Weinräuschen, Fressereien, Saufgelagen und frevelhaften Götzendiensten. 4 In dieser (Zeit) sind sie befremdet, dass ihr nicht zu eben solchem Ausguss der Heillosigkeit mit zusammen kommt, so dass

sie (euch) beschimpfen, 5 die werden Rechenschaft ablegen (müssen) vor dem, der bereit steht zu richten Lebende und Tote. 6 Denn dazu ist auch den Toten das Evangelium verkündet worden, damit, mögen sie einerseits dem Fleisch nach gerichtet worden sein gemäß den Menschen, sie andererseits leben gemäß Gott dem Geist nach.

1–6 Wie in 3,13–22 geht es in 4,1–6 weiterhin um das Leiden, das Außenstehende über die Adressaten bringen können. Da sich die Adressaten von ihrem vorchristlichen Lebensstil abkehrten, reagieren diejenigen, die diese Abkehr nicht vollzogen haben, irritiert bis feindselig. Die Gegenwart der Adressaten ist von Leiden bestimmt, das in naher Zukunft beendet sein wird.

1 Die Bewaffnung dient dem Kampf gegen die Begierden, s. 4,2. Durch Christi stellvertretendes Leiden ist die *Macht der Sünde* besiegt, nicht die Sünde schlechthin. Wie Paulus zumeist redet 1 Petr 4,1 im Singular von der „Sünde" um ihre überindividuelle Macht hervorzuheben (vgl. Röm 6,2. 6. 12–23). So im Singular redet er nur noch bei Christus von der Sünde (2,22), sonst benennt 1 Petr die menschlichen Sünden im Plural, so 2,24; 3,18; 4,8. **2** 4,2 setzt 4,1a fort, 4,1b ist offenbar ein Nebengedanke. Die verbleibende Zeit im Fleisch meint die Zeit des irdischen Lebens, auf die eine Lebenszeit in der Herrlichkeit folgt (angedeutet 4,13; 5,1. 4. 10). Zur Umklammerung von Artikel und substantiviertem Infinitiv s. zu 1,10. **3** Ein Lasterkatalog sammelt Exzesse bei Zusammenkünften, denen er abschließend eine theologische Note gibt: diese Verhaltensweisen seien *Götzendienst*. Ob er so an heidnische Gelage anspielen will oder ob er das sich Verlieren in schwelgerische Nahrungsaufnahme als Götzenkult deutet, bleibt offen. Mit der Reihung sagt V. 3: Den menschlichen Begierden zu folgen, mündet in Götzendienst. **4** *In dieser (Zeit)*: Die beiden ersten Wörter können auch als Ersatz für einen Begründungspartikel verstanden werden (dt. deshalb); aber m. E. nimmt das Relativum das Wort *Zeit* aus 2f auf (vgl. zu 1,6). Da die ältesten Textzeugen keine Satzzeichen bieten, sind für 4f abweichende Interpunktionen zu erwägen. Das 4,4 abschließende Partizip vom Verb „beschimpfen" könnte schon zu 4,5 gehören (Achtemeier 284 A. 103). Dann wäre zu übersetzen: „Weil sie euch beschimpfen, werden sie Rechenschaft ablegen ..." Das durch *Heillosigkeit* näher bestimmte Wort *Ausguss* (gr. *anáchysin*) ist schwer zu deuten. Die Vokabel kommt nur hier im Neuen Testament vor, nicht in der gr. Bibel (Septuaginta). Das Wort bezeichnet hier das abgelehnte Verhalten bildlich. Eigentlich bezeichnet es die niederprasselnde Flüssigkeit, den Guss, die niederstürzende Flut. Auch Philon gebraucht es in unterschiedlichen Zusammenhängen (Philon, aet 102; somn 2,278). Es bezeichnet wohl ein Verhalten, das Grenzen des Anstands missachtet. Die hier angesprochenen Beschimpfungen kommen von anderen, wohl heidnischen Menschen, denen die angesprochenen Christen ehemals vertraut waren. Es geht nicht um staatliche Übergriffe. **5** Zum Thema Gericht vgl. 2,23.

6 Den dunklen V. 6 deuten viele wie William J. Dalton (Christ's proclamation, 1965, 2. Aufl. 1989) und beziehen 3,18 und 4,6 auf unterschiedliche Gegebenheiten: In 4,6 gehe es um die Verkündigung an Christen, die verstorben sind nach weltlichen Verurteilungen, aber noch bevor Christus wiederkehrte und ihnen ewiges Heil brachte. Ähnlich wie 1 Thess 4,13–17 ginge es also um Menschen, die erst kürzlich in der Gemeinde verstarben. Diese Deutung hat Schwachstellen (vgl. Horrell, in: Ders.: 2013, 73–99). Die Toten in 6 sind wegen 5 schwerlich auf christliche Tote zu beschränken. Daher dürfte 4,6 auf dieselbe Situation wie 3,19f zu beziehen sein. Jesu Reise in das Gefängnis (Unterwelt) diente der Verkündigung der Menschen, die dort als gefangene Geister lebten. Die Evangeliumsverkündigung unter den Toten (3,19: Geister), hat zwei Ziele:

(1) Erstes Ziel der Verkündigung ist es, das einmalige Gericht nach menschlichen Maßstäben aufzuheben. *Dem Fleisch nach*/in Bezug auf das Fleisch: nimmt 3,18 vielleicht auf, steht aber nicht parallel zu der dortigen Unterscheidung. Es werden Menschen aus Fleisch und Blut beurteilt, keine Toten, die kein Fleisch mehr haben. Der Sinn in 4,6 ist wohl: Menschen beurteilen die Zeit im Fleisch, die Lebenszeit. Das Verb „beurteilen" steht im Aorist Konjuktiv abhängig vom finalen Partikel und spielt an auf die weltlichen Gerichtsverfahren.

(2) Zweites Ziel der Verkündigung unter den Toten ist das andauernde darauf folgende Leben (Präs. Konj.). Einen ähnlichen Gedanken formuliert die frühjüdische Weisheit Salomos (Selwyn 215):

> Aber die Seelen der Gerechten sind in Gottes Hand, und keine Qual rührt sie an. [2]In den Augen der Unverständigen gelten sie als tot, und ihr Abscheiden wird für Strafe gehalten [3]und ihr Weggehen von uns für Verderben; aber sie sind im Frieden. [4]Denn wenn sie auch nach Meinung der Menschen viel zu leiden haben, so sind sie doch erfüllt von Hoffnung auf Unsterblichkeit. [5]Sie werden ein wenig gezüchtigt, aber viel Gutes wird ihnen widerfahren; denn Gott versucht sie und findet sie seiner wert. [6]Er prüft sie wie Gold im Schmelzofen und nimmt sie an wie ein Ganzopfer (Weish 3,1–6).

Aus 4,6 wurde schon im 2. Jahrhundert der Gedanke einer Predigt Jesu in der Unterwelt (Höllenfahrt Christi) heraus gelesen. Die ältere Literatur dazu sammelt der Student Karl Barth in einer Zulassungsarbeit (Barth, GA, Vorträge und kleinere Arbeiten 1905–1909, Zürich 1992, 244–312). Der Gedanke, dass Verstorbene das Heil nahe gebracht bekommen können, wird im Neuen Testament zum Teil abgelehnt (vgl. Lk 16,19–31), zum Teil ausgedrückt (Joh 5,28; 1 Kor 15,29; Eph 4,8f; Offb 20,4–6. 13f, vgl. EvPetr 10:41f; OdSal 17. 22. 31. 42,11–20). Schon Justin zitiert eine angeblich aus Jeremia stammende Verheißung: „Gott, der Herr, der Heilige Israels, erinnert sich seiner Verstorbenen, die schlafend im Staub der Erde liegen und ging zu ihnen herab, um ihnen sein Heil zu verkündigen“ (Justin, dial 72,4). Dasselbe, in der atl. Überlieferung nicht nachweisbare Wort zitiert Irenäus sechs Mal. Er führt das Wort mal auf Jeremia (Irenäus, epid 78; advhaer 4,22,1), mal auf Jesaja (advhaer 3,20,4), mal unbestimmt auf einem Propheten zurück (advhaer 5,31,1), zweimal zitiert er es anonym (advhaer 4,33,1. 12). Clemens und Tertullian neben vielen anderen Auslegern folgen dieser Spur und verbinden sie ausdrücklich mit 1 Petr 4,6. Dieser im einzelnen dunkel bleibende Vers dürfte die Höllenfahrt Christi-Deutungen angeregt haben.

II 2.7 Verhalten innerhalb der Geschwisterschaft (1 Petr 4,7–11)

7 Das Ziel aber Aller ist nah gekommen. Seid nun besonnen und nüchtern zu Gebeten, 8 insbesondere habt unter euch intensive Liebe, weil: die Liebe bedeckt eine Fülle von Sünden, 9 Gastfreundliche seid untereinander ohne Murren, 10 jeder wie er eine Gnadengabe empfing, wenn ihr untereinander (euch) helft (mit) dieser (Gnadengabe) wie gute Haushalter der vielfältigen Gnade Gottes. 11 Wenn einer spricht, (dann) so (als spreche er) Aussprüche Gottes, wenn einer hilft, (dann) so (als helfe er) aus einer Kraft, die Gott verleiht, damit in allem Gott verherrlicht wird durch Jesus Christus, dem die Herrlichkeit und Herrschaft gehört, von Ewigkeit zu Ewigkeit, Amen.

7–11 Die Verse 4,7–11 sammeln Aufforderungen, die vornehmlich innerhalb der Gemeinde gelten („unter euch“; „untereinander“ 4,8. 9. 10).

7 Der 1 Petr geht von einem baldigen Ende der Geschichte aus. Anders als der 2 Petr muss er das Ausbleiben der Parusie noch nicht erklären. Das nahe Ende, zu dem dann das Gericht gehören wird, mahnt zu beten, nüchtern (vgl. zu 1,13; 5,8) und besonnen zu sein. **8** Die Liebe unter den Geschwistern der Gemeinde hebt V. 8 besonders hervor. Ein gr. Partikel leitet ein Zitat ein (gr. *hóti*; BDR 470.1). Dass die Liebe Sünden bedecken kann, nennt der Vers mit einem an Spr 10,12 angelehnten Spruch, der auch sonst im frühen Christentum bekannt war (Jak 5,20; 1Klem 49,5; 2Klem 16,4; Didaskalia [lat.] 2,3,3). **9** Gastfreundschaft gehört in der heidnischen wie jüdischen Antike zur grundlegenden Verpflichtung gegenüber Reisenden (Bill. 4/1, 565–571). Sie war bei den frühen Christen überlebenswichtig (3 Joh 5–8; Röm 12,13; Hebr 13,2, Did 12; Hermas, mand 8,10; vgl. Mt 10,40; 25,31–46; Joh 13,20). Der Austausch der Verkündigung oder von Briefen wie des 1 Petr bedurfte persönlicher Überbringer, die in den Gemeinden aufgenommen werden mussten. Dies soll *ohne Murren* geschehen, auch wenn es schon früh Hinweise dafür gibt, dass die Gastfreundschaft auch missbraucht wurde (vgl. Did 11–12; Lukian, Peregr 12–13. 16). **10** *Gnadengabe* (gr. *chárisma*) so nur hier, von Gnade (gr. *cháris*) redet 1 Petr öfters. Mit dem vor Paulus seltenen Wort „Gnadengabe" verbindet der 1 Petr hier auch Grundgedanken von dessen Gnadenlehre. Die Gnadengaben dienen in ihrer Differenziertheit der ganzen Gemeinde bzw. dem einen Leib. Anders als in der späteren paulinischen Tradition der Pastoralbriefe (1 Tim 4,14; 2 Tim 1,6) sind im 1 Petr die Gnadengaben noch nicht an die unter Handauflegung berufenen Amtsträger gebunden. Der *Haushalter* ist der Verwalter eines Hofguts. Die *vielfältige Gnade*: Gott schafft nicht uniforme Christen, sondern prägt individuell und erzeugt so die der Gemeinschaft förderliche Vielfalt. **11** Der Vers differenziert die Gnadengaben in Verkündigung und Diakonie (vgl. Apg 6,2; Eph 4,7–11; 1Klem 38,1f). Verkündigte Worte haben ihre Bedeutung darin, dass sie das Wort Gottes ausdrücken (vgl. 1 Thess 2,13). Tätige Hilfe hat ihre Kraft aus Gott (mit anderen Vokabeln 1,5; 4,11b; 5,11). Diese Kraft ermöglicht das diakonische Helfen und schließt so jeglichen Selbstruhm aus. Das aus der Gebetssprache stammende Amen markiert wie in 5,11 eine Abschnittsgrenze, ähnlich wie bei Paulus und anderen frühchristlichen Schriften (Röm 9,5; 11,36; 15,33; Gal 1,5; Phil 4,20; Eph 3,21; 1 Tim 1,17; 2 Tim 4,18; Hebr 13,21; Offb 1,6; oft 1Klem).

II 3 Läuterung durch Leiden (1 Petr 4,12–5,11)

Im Gefolge von A. v. Harnack (1851–1930) haben Forscher im 20. Jh. (z. B. Windisch, Beare, Perdelwitz) immer wieder literarkritische Trennungen im überlieferten 1 Petr vorgeschlagen, um dadurch vermeintlich konsistentere Textstücke zu erhalten. Doch allein schon die Klammern im Briefrahmen sind zu eindeutig, um diese durch keine Textbezeugung unterstützten Annahmen plausibel zu machen. Zudem präludiert das Proömium auch Themen aus 4,12–19: 1,6f wird in 4,12f aufgenommen, die Endzeit (1,5. 11) in 4,17 und 5,6. Das Thema „Haus" aus 2,4 nimmt 4,17 auf.

II 3.1 Das geläuterte Leben nach dem Leiden (1 Petr 4,12–19)

12 Geliebte, ihr sollt nicht befremdet sein wegen der Feuersglut in euch, die zu eurer Prüfung stattfindet, wie Fremdes, das euch trifft, 13 sondern wie ihr Gemeinschaft habt mit den Leiden Christi, freut euch, dass ihr auch bei der Aufdeckung seiner Herrlichkeit jubelnde

Freude haben werdet. 14 Wenn ihr beschimpft werdet im Namen Christi, seid (ihr) selig, weil auf euch der Geist der Herrlichkeit und (der Geist) Gottes ruht. 15 Denn es soll keiner von euch leiden wie ein Mörder oder Räuber oder Verbrecher oder wie ein in Fremdes sich Einmischender; 16 wenn aber einer als Christ (sc. leidet), soll er sich nicht schämen, er soll aber verherrlicht sein (in Bezug auf) Gott in diesem Namen. 17 Weil der Zeitpunkt, um das Gericht zu beginnen, vom Haus Gottes ausgeht; wenn aber zuerst bei uns, was für ein Ende erwartet die, die dem Evangelium Gottes gegenüber Ungehorsame sind? 18 Und wenn der Gerechte kaum gerettet wird: wie wird ein Gottesleugner und Sünder erscheinen (Spr 11,31)? 19 Deshalb sollen auch die gemäß dem Willen Gottes Leidenden ihre Seelen dem zuverlässigen Schöpfer zur Verfügung stellen durch Rechtschaffenheit.

12–19 Die Anreden in 4,12 und 5,1 markieren neue Abschnitte. 4,12–19 blickt über die gegenwärtige Erfahrung hinaus auf die Offenbarung der Herrlichkeit Christi.

12 *Feuersglut*: das Wort dürfte auf das Läuterungsgericht anspielen, das für den Leib schon jetzt greift, vgl. Spr 27,21, frühchristlich: Did 16,5. *In euch*: ob die Feuersglut überindividuell erlebt wird („unter euch") oder als individuelles Läuterungsverfahren, muss aus dem Kontext erschlossen werden. Wahrscheinlich ist eine individuelle Ausrichtung, vgl. 3,15: die Hoffnung in euch. **13** Das momentane Leiden parallelisiert der 1 Petr mit den vielfältigen Leidenserfahrungen Jesu, so dürfte der Plural von Leiden zu deuten sein. Der Gedanke findet sich, wörtlich gleich formuliert, auch bei Paulus, Phil 3,10, vgl. Röm 8,17. Wie Jesu Leiden zur Herrlichkeit verwandelt wurde, steht dem Leiden der Adressaten eine Verwandlung bevor, die 1 Petr als einen Prozess versteht, der bei Jesus schon stattgefunden hat (*seine Herrlichkeit*), für die Adressaten allerdings erst bei seiner Offenbarung (*Aufdeckung*), Jesu Parusie, jubelnd erfahrbar werden wird. Jetziges Leiden und zukünftiges Heil stellt die Leidensgeschichte der Sieben Brüder im 2 Makk ähnlich gegenüber (2 Makk 7). **14** *Wenn ihr beschimpft werdet*: es geht um verbale Anfeindungen, keine staatlich organisierten Verfolgungen mit Lebensgefahr. Die Christenverfolgungen haben die Darstellungen späterer Zeit z. T. nachträglich stilisiert dargestellt. Zur Zeit des Domitian gab es entgegen mancher späterer Darstellung wohl keine staatlich organisierte Christenverfolgung, (s. Exkurs zu 1,1). Der Geist der Herrlichkeit und (der Geist) Gottes ist ein und derselbe. V. 14b stimmt in den Worten „auf … der Geist … Gottes ruht" mit der Verheißung Jes 11,2a überein. Statt des bei Jesaja futurischen Verbs („ruhen wird") liest 4,14 Präsens. Da aber 4,14 den Ort der Präsenz des Geistes kollektiv deutet (*auf euch*), will der Vers kaum auf Jes 11,2 anspielen, der den Geist „auf ihm (sc. dem Sprössling des Jesse)" ruhen

lässt. Der verheißene Geist wirkt schon jetzt. Die Redeweise deutet eine Beihilfe des Geistes im aktuellen Fall an und vermeidet, den Geist als festen Bestandteil des Menschen auszugeben.

Textüberlieferung: mehrere fast durchgängig weniger bedeutsame Textzeugen (z.B. 044, Athous Laurensis, 9.–10. Jh.) fügen an 4,14 eine kommentierende, aber wohl sekundäre Erweiterung: „bei ihnen wird er (sc. der Geist oder der Name Christi) geschmäht, bei euch aber wird er verherrlicht“ Das Verherrlichen als menschliche Wirkung ist schwerlich im 1. Jh. formuliert.

15 Der hier zitierte Katalog an Verbrechen ist wohl nur als ironische Aufnahme von Vorwürfen verständlich. Das recht seltene Wort *Verbrecher* (gr. *kakopoiós*) dient als Gegenwort zu den Wohltätern (gr. *agathopoioúntes*, s. zu 2,20). *Ein in Fremdes sich Einmischender* (gr. *allotriepískopos*): Das gr. Wort ist vor dem 1 Petr nicht belegt und die Bedeutung umstritten. Tertullian (gest. um 220) übersetzt mit *alieni speculator* (Tertullian, scor 12,3). Vermutlich will 1 Petr die Sorge um das Fremde, Vergängliche mit diesem Begriff abwerten. Wenn dieser Begriff Vorwürfe aus dem Umfeld der Adressaten spiegelt, deutet er auf Missgunst durch Nachbarn, nicht auf gerichtlich zu ahndende Verbrechen wie Mord und Raub. **16** *Christ* (gr. *christianós*): Die Bezeichnung Christianer also Christ kam nach Apg 11,26 erstmals in Antiochien auf. Die Bezeichnung kennen christliche Schriften (Apg 26,28; Did 12,5; Ignatius, Eph 11,2; Ignatius, Röm 3,2; Ignatius, Pol 7,3; Josephus, ant 18,64 [im „Testimonium Flavianum“]) und ab dem 2. Jh. auch Profanhistoriker (Tacitus, an 15,44,2; Sueton, Caes 16,2; Plinius, ep 10,96,1–3; Lukian, Alex 25.38; Lukian, Peregr 11ff). Mit der Bezeichnung „Christen“ wurde den so Bezeichneten vorgeworfen, zu einer zweifelhaften, womöglich aufrührerischen Gruppe zu gehören.

Textüberlieferung: „in diesem Anteil (gr. *mérei*)“, so Nestle[28] (mit den Majuskeln P, 049 und dem Mehrheitstext), statt Nestle[27], der mit vielen frühen Handschriften liest: „in diesem Namen (gr. *onómati* sc. des Christen)“ (Papyrus 72 und viele Majuskeln). Inhaltlich unterscheiden sich beide Lesarten kaum. Die Lesart mit „Namen“ passt zu dem Bericht des Plinius über die Anklage von Christen (dazu gleich). Ohne an Plinius anzuklingen, scheint auch 4,14 diese Sachlage vorauszusetzen. Daher dürfte die Lesart mit „Name“ ursprünglich sein.

Plinius setzt in seinem Brief an Trajan voraus, dass eine Anklage aufgrund der Bezeichnung „Christen“ erfolgen konnte (s. Exkurs zu 1,1). Trajan verfügt, nur inhaltlich begründeten Anklagen nachzugehen (Plinius, ep 10,97). Die Christen des ausgehenden 1. Jh.s haben es verstanden, die ursprünglich abschätzige Bezeichnung umzuprägen zu einer mit Stolz getragenen Selbstbezeichnung (Horrell: 2013, 164–210). **17** Das Wort *Zeitpunkt* zielt auf das Anbrechen des Endes der Weltzeit, vgl. 5,6. *Vom Haus Gottes ausgeht*: die am nächsten bei Gott Verweilenden werden zuerst gerichtet; diese Reihenfolge beim Gericht nimmt atl. Vorgaben auf, vgl. Sach 13,9; Mal 3,1–3; Am 3,2; Hes 9,5f; Jer 25,29. *Bei uns*: ein auffälliger Wechsel von der Anrede zum einbeziehenden Miteinander in dieser Zeit. Zum Gericht werden Adressaten und Absender vereint sein. Die Bezeichnung *Ungehorsame* (gr. vom Verb *apeithéō*) meint Ungläubige wie auch 2,8; 3,1. 20, vgl. 2,7. Die Vokabel nimmt 4,18 mit dem Wortlaut aus Spr 11,31^{LXX} im Singular als Gottesleugner und Sünder auf. Das *Evangelium Gottes* meint umfassend die von Gott gewährte Erlösungsbotschaft (vgl. Mk 1,15; Röm 1,16). **18** V 18 wiederholt inhaltlich 17b mit einem Zitat aus Spr 11,31 als rhetorische Frage. Die rhetorische Frage zielt auf eine Antwort i.S. von „überhaupt nicht". Den Gottesleugner interpretiert Spr 11,31 nach erläuterndem „und" als Sünder. **19** *Seelen* vgl. zu 3,19. *Dem zuverlässigen Schöpfer*: die Bezeichnung Gottes als „Schöpfer" (gr. *ktístēs*) findet sich nur hier im Neuen Testament, aber öfters im hellenistischen Judentum (z. B. Sir 24,8; 2 Makk 1,24; Arist 16; 7× bei Philon), christlich mehrmals im 1Klem (1Klem 19,2; 59,3; 62,2; vgl. Justin, apol 2,6,2). Die Zuverlässigkeit des Schöpfers erweist sich erst nach einer Leidensphase, war aber vor aller Zeit bereits erkannt (1,2. 20f). Die Aufforderung *„sollen ... zur Verfügung stellen"* gilt immer wieder im jetzigen Leben, daher ist sie gr. im iterativen Imperativ Präsens formuliert. *Durch Rechtschaffenheit*: zu dem Vorzugswort des 1 Petr s. o. zu 2,20.

II 3.2 Die Verantwortung der Älteren und Jüngeren (1 Petr 5,1–5a)

1 Die Älteren nun unter euch ermahne ich als der Mitältere und Zeuge der Leiden Christi, als der Teilhaber der Herrlichkeit, die bald aufgedeckt werden wird; 2 weidet die euch (zugeteilte) Herde Gottes, indem ihr auf sie achtet, nicht durch Zwang, sondern freiwillig gemäß Gott, nicht geldgierig, sondern bereitwillig, 3 wobei ihr nicht diktatorisch über die Anteile herrschen sollt, sondern indem ihr Prägeformen der Herden seid; 4 und wenn der Erzhirte erscheint, empfangt den unverwelklichen Kranz der Herrlichkeit. 5a Ebenso, (ihr) Jüngeren, ordnet euch unter die Älteren.

1–5a bietet Verhaltensregeln für die „Älteren" und die „Jüngeren". Diese Anordnung entspricht dem Haustafelschema, welches 1 Petr in 2,18–3,7 für seine Paränesen bot. Da in manchen Haustafeln die Sparte „Jüngere" und „Ältere" auch zu finden ist (1 Tim 5,1f; Tit 2,2–4), könnte der Verfasser hier ein Stück aus der Haustafeltradition nachgetragen haben, das er vorher nicht einbrachte. Das Stichwort der Unterordnung in 5,5 spräche für diese Vermutung. Auch der Anschluss in 5,5a mit „ebenso" bei den Jüngeren könnte diesem Schema entstammen, vgl. 3,1. 7. Doch die Aufteilung der Leute folgt nicht dem Schema, denn die Älteren in

5,1–4 sind in ihrer Funktion als Gemeindeleiter angesprochen. Ältere, die nicht Gemeindeleiter sind, übergeht 1 Petr hierbei, während er bei den „Jüngeren“ dem Schema entsprechend wirklich alle Jüngeren anspricht. Die für die Älteren angeführten Hinweise sind untypisch für Haustafeln, so dass wohl 1 Petr selbstständig formuliert.

1 Das Wort *die Älteren* ist gr. der Komparativ zum Adjektiv „alt“. Es bezeichnet zunächst die an Lebensjahren älteren Menschen insbesondere wenn der Komplementärbegriff „Jüngere“ im näheren Kontext vorkommt wie hier (5,5a). Der Begriff hat zwei speziellere Bedeutungen bekommen. Im Anschluss an frühjüdische Gemeindeorganisationen haben die Christen ein Amt in der Gemeinde mit diesem Titel versehen. Solche Presbyter sind i.A. auch physisch ältere Menschen, aber ihnen obliegen bestimmte z. T. nicht genau feststellbare Leitungsaufgaben in einer Ortsgemeinde. Gelegentlich findet sich der Begriff auch als Bezeichnung für die Schüler der Apostel, so etwa bei Papias und wohl auch bei der Absenderangabe 2 Joh und 3 Joh (s. Einl. 2 Joh, 2.). *Ich*: nur in der Absenderangabe und hier äußert sich der Briefschreiber zu seiner Person. Er fügt drei nebeneinander geordnete Näherbestimmungen zu seiner Person an: Er ist 1. Mitälterer, 2. Zeuge und 3. Teilhaber. *Mitältere*: Der Verfasser reiht sich hier ein in die Gruppe der Älteren in der Gemeindeleitung. Für einen Apostel ist dies recht erstaunlich. Wohl verrät der tatsächliche Autor hier seinen Titel und vergisst dabei die Petrusfiktion. *Zeuge* (gr. *mártys*): das Wort ist in der frühen Zeit noch nicht auf eine Blutzeugnis festgelegt. Es deutet die Vertrautheit, wenn auch nicht zwingend die Augenzeugenschaft mit den Leiden Christi an. Von den Leiden Christi spricht der Brief auch in 1,11 und 4,13 (vgl. 5,9). Diese Stellen zeigen, dass der Verfasser hier nicht auf eine apostolische Sonderrolle abhebt. Die Bezeichnung *Christi* versteht der Verfasser hier wie in 1,1 und 4,13 als Eigenname, nicht als Titel des durch Gott Gesalbten. Noch Paulus verbindet das Leiden eher mit Jesus, die Herrlichkeit eher mit dem Gesalbten, vgl. 2 Kor 4,10. Die Selbstbezeichnungen „Mitältere“ und „Zeuge“ teilen sich den bestimmten Artikel und sind so als sich gegenseitig interpretierende Näherbestimmungen ausgewiesen. Die dritte Bezeichnung hat einen eigenen Artikel und ist so von der vorangehenden Doppelbezeichnung abgerückt. *Teilhaber* (gr. *koinōnós*): Auch mit dieser Bezeichnung reiht sich der Verfasser ein in die Lage seiner Adressaten (vgl. 4,13), die jetzt schon die Leiden Christi miterleben, aber auch die *Herrlichkeit* Christi erwarten. Die Selbstdarstellung in 5,1 betont nirgends die Sonderstellung des Autors gegenüber seinen Adressaten. **2** *Weidet*: das Hirtenbild für die Gemeindeleitung ist im Neuen Testament verschiedentlich angesprochen (Apg 20,28–30; Joh 10 und 21), allerdings nicht explizit in den erhaltenen Paulusbriefen. *Die euch (zugeteilte) Herde*: 1 Petr denkt von der Ortsgemeinde aus; daher redet er auch von den Anteilen im Plural (5,3).

Nicht geldgierig: Geschäfte durch Gemeindeleitung scheinen immerhin möglich. Paulus etwa verteidigt sich 1 Kor 9, weil er kein Geld von der Gemeinde nimmt.

Textüberlieferung: Indem ihr auf sie achtet: das Partizip (gr. *episkopoúntes*) fehlt in einigen guten Textzeugen, u. a. Sinaiticus, 1. Hand, und Vaticanus. Ursprünglich stand wohl das Partizip und wurde nachträglich gestrichen (Goppelt 324 A. 17). Als die Gemeindeleitung einem Bischof (gr. *epískopos*) unterstellt wurde, der auch den Presbytern vorangestellt wurde, war die hier in der Terminologie auf Presbyter übertragene Aufsichtsfunktion schwierig. Um die Ämter klar zu trennen, wird das an den Bischofstitel erinnernde Partizip unterdrückt.

3 *Diktatorisch … herrschen*: dasselbe seltene Verbkompositum findet sich im themenverwandten Wort vom Dienen Mk 10,42 par Mt 20,25. Wieder wirkt ein Jesuslogion ein auf 1 Petr, wenn auch die literarische Abhängigkeit des 1 Petr vom Mt-Ev nicht nachweisbar bleibt (gegen Metzner: 1995, vgl. Einl., 4.). Das Wort *Anteile* steht in Parallele zur Herde (5,2) und bezeichnet daher die Ortsgemeinde. Der gr. Ausdruck hat als Gemeindebezeichnung kaum Geschichte gemacht. Inhaltlich nimmt der Ausdruck die alttestamentliche Vorstellung von dem Erbland (hebr. *Nachala*) auf, das unveräußerlich ist (vgl. Nabots Weinberg, 1 Kön 21,1–19). Im Alten Testament ist der Gedanke angelegt, das Volk Israel sei der unveräußerliche Erbanteil Gottes (z. B. 1 Kön 8,53, Ps 33,12). Wie beim Stichwort „Diaspora" (1,1; 5,13) überträgt der 1 Petr die implizierte Verheißung, die auf dem verheißenen Land liegt, auf die Personen, die Gott zuteilt. *Prägeformen* (gr. *týpoi*): das Handeln und die Reden des irdischen Jesus benützt 1 Petr auch hier als Vorgaben für die Paränese. Die Perspektive geht auf die Weitergabe der christologischen Vorgaben auf die Gemeinde, daher sollen die angesprochenen Presbyter nicht ein Typos sein, wie Jesus für sie, sondern unterschiedliche Typoi (Plural). **4** Die bei großen Weiden belegte Oberhirten-Funktion eines *Erzhirten* verwendet 1 Petr hier, um die christologische Prägung des Leitungsamtes zu unterstreichen. Zu *unverwelklich* vgl. 1,4. Beim *Kranz* umklammern der Artikel und das regierende Nomen die Nebenbestimmungen, s. zu 1,10. **5a** *Ebenso* s. o., wohl aus dem Haustafelschema übernommen; inhaltlich ist das „ebenso" hier wenig passend. Faktisch wendet sich 5,5a an Adressaten jeden Alters, die nicht als Presbyter die Gemeinde leiten.

II 3.3 Mahnung zum Gottvertrauen (1 Petr 5,5b–11)

5b Alle aber bindet euch gegenseitig die Demuts-Gesinnung um, weil Gott den Hochmütigen widersteht, den Demütigen aber Gnade gibt (Spr 3,34^LXX^). 6 Lasst euch nun demütigen durch die regierende Hand Gottes, damit er euch erhöhen werde zur (rechten) Zeit, 7 indem ihr

alle eure Sorgen auf ihn legt, weil ihm an euch gelegen ist. 8 Seid (jetzt) nüchtern, wacht. Euer Widersacher, der Teufel, läuft herum wie ein brüllender Löwe, wobei er sucht, wen er verschlingen kann; 9 dem widersteht standhaft im Glauben, weil ihr wisst, dass dieselben Leiden eurer Geschwisterschaft in der Welt auferlegt sind. 10 Der Gott aller Gnade, der euch rief zur Herrlichkeit in Ewigkeit in Christus [Jesus], wird euch selbst ausbessern, nachdem ihr ein wenig gelitten habt, er wird stärken, er wird kräftigen, er wird ein Fundament legen. 11 Ihm gehört die Herrschaft bis in die Ewigkeiten, Amen.

5,5b–11 kann als verbindender Abschluss zur Ermahnung an Ältere und Jüngere gezogen werden. Das Stichwort der Demut leitet über zur abschließenden Paränese, daher nehme ich 5,5b–11 zusammen. 5,5b–9 hat einige Gemeinsamkeiten mit Jak 4,6–10, so zitieren z. B. beide Briefe Spr 3,34. Doch diese Ähnlichkeiten belegen keine literarische Abhängigkeit der Briefe untereinander, da die Ausrichtung der gemeinsamen Worte und die Reihenfolge der Übernahme abweichen (Achtemeier 337 A. 23).

5b Bindet euch *Demuts-Gesinnung* um: s. o. zu 3,8. Zur Metaphernverschränkung s. o. Exkurs zu 2,4. *Weil*: Hier wie in 2,31; 3,18; 4,8 trägt der 1 Petr die Begründung nach. Seine Paränese untermauert der 1 Petr mit einem Zitat aus Spr 3,34 nach der gr. Bibel (LXX). Allein das Wort für „Herr“ ersetzt er hier durch „Gott“. Der 1 Petr schließt so eine Deutung auf den auferstandenen Herrn aus. **6** *Lasst euch demütigen*: Denselben Imperativ Passiv hat auch Jak 4,10. Aber statt des *passivum divinum* von Jak 4,10 nennt 1 Petr den Urheber: *„durch die regierende Hand Gottes“*. 1 Petr wie Jak 4 entfalten eine paränetische Tradition unabhängig voneinander, die auf ein Jesuslogion zurückgehen dürfte, wie wir es aus Mt 23,12/Lk 14,11 kennen. Das Logion dürfte ursprünglich in der Logienquelle (Q) überliefert worden sein. Im 1 Petr sagt der Imperativ: Lasst Gottes Läuterungsgericht an euch geschehen. **7** *Indem ihr … legt*: vgl. 4,19; Ps 54,23: Wirf dein Anliegen auf den HERRN; der wird dich versorgen und wird den Gerechten in Ewigkeit nicht wanken lassen: „Dieses Abwerfen der Angst ist ebenso nötig wie die Beugung: Wem es nicht gelingt, sich von der Angst zu trennen, den trennt sie von Gott.“ (Goppelt 338). **8** *Seid (jetzt) nüchtern, wacht*: zum Bild der Nüchternheit s. o. zu 1,13. Nüchternheit und Wachen mahnt auch 1 Thess 5,6. 8 an. Das Wort *Widersacher* ist nicht auf die Rechtssprache beschränkt und verlangt daher auch hier keine förmlichen Anklagen vorauszusetzen. Der *Teufel* (gr. *diábolos*) heißt wörtlich „der Verleumder“ (hebr. *Satan*). 1 Petr bedient sich der traditionellen jüdischen Personifikation des Bösen. Die persönlichen Anfeindungen werden mit diesem Vers nicht als individuelle Unhöflichkeiten, sondern in mythologischer Sprache als „Strukturfehler“ gedeutet. Bildspender für den *brüllenden Löwen* dürfte die bekannte

Gefährlichkeit des Raubtiers sein (vgl. 1 Sam 17,34–37; Hebr 11,33), weniger eine bestimmte literarische Anwendung im Alten Testament, etwa Ps 21,14. Das brüllende Tier kann noch heute einen erfahrenen Großwildjäger in eine Schockstarre versetzen, die ihn selbst mit geladenem Gewehr in der Hand verloren gehen lassen kann.

2 Tim 4,16f: Bei meinem ersten Verhör stand mir niemand bei, sondern sie verließen mich alle. Es sei ihnen nicht zugerechnet. [17]Der Herr aber stand mir bei und stärkte mich, damit durch mich die Botschaft ausgebreitet würde und alle Heiden sie hörten, so wurde ich erlöst aus dem Rachen des Löwen.

Das Bild vom brüllenden Löwen steht in 5,8 für die Gefahr der inneren Überwindung durch Kräfte, die einen von Gott wegreißen. Gegen solche Angriffe bzw. Gefahr reicht der eigene Wille nicht aus, es ist ein Programm wie bei der Suchtbekämpfung nötig: Zur Einsicht in die eigene Lage und die lebenslange Gefährdung sollte ein soziales Netzwerk mithelfen, den Angriffen des Raubtiers zu begegnen. **9** *Widersteht*: wörtlich auch in Jak 4,10; vgl. das ähnliche Stichwort aus dem Zitat Spr 3,34 in 5,5b. *Eure Geschwisterschaft*: Das vorangestellte und dadurch noch betonte Personalpronomen überrascht. Der Verfasser schließt sich hier aus dem angeschriebenen Verbund aus. Er will aber wohl nur den Adressaten gegenüber betonen, dass sie zu dieser Gemeinschaft („Geschwisterschaft"; s. zu 2,17) gehören. *In der Welt*: der 1 Petr gibt zumindest vor, in weltweiter Perspektive zu denken. Eine solche Behauptung setzt einige überregionale Kontakte voraus. Die Geschwisterschaft ist hier als übergreifende, ja weltweite Größe angesprochen. In der Paulusschule erreicht etwa der Eph diese Perspektive mit dem im 1 Petr fehlenden Stichwort der „Kirche" (gr. *ekklesia*), das Paulus noch auf die Einzelgemeinde beschränkt. **10–11** Briefabschnitte enden gerne mit einer Doxologie, vgl. Röm 11,33–36. Zu „in Christus" s. zu 3,16. *Amen* s. zu 4,11.

III Briefschluss (1 Petr 5,12–14)

12 Durch Silvanus den bewährten Bruder für euch, wie ich meine,
schrieb ich euch ein wenig, indem ich mahne und bezeuge, dass eben
dies wahrhaftige Gnade Gottes sei, in welcher ihr stehen sollt. 13 Es
grüßt euch die Miterwählte in Babylon und Markus, mein Sohn.
14 Grüßt euch gegenseitig mit dem Kuss der Liebe. Friede euch allen,
die in Christus sind!

12–14 Deutlich vom Briefkorpus (1,13–5,11) getrennt durch die Doxologie (5,10f) befasst sich der Briefschluss mit Angaben zur Briefübermittlung. Der Briefschluss bezieht sich durch das Stichwort der Erwählung in 5,13 auf den Briefanfang 1,2 und rahmt so den Brief.

12 *Durch Silvanus*: Die Formulierung bezeichnet Silvanus nicht als Sekretär und damit (Mit-)Verfasser des 1 Petr. Manche vorwiegend ältere Ausleger versuchten, die Pseudepigraphie des 1 Petr durch die Sekretärshypothese zu mildern. *Durch Silvanus* bezeichnet vielmehr den Briefüberbringer. Diesen zu Beginn der abschließenden Grußliste zu nennen, gaben die Gepflogenheiten des Briefschreibens vor. Ähnlich nennt auch Paulus Phoebe, die seinen Römerbrief zustellen wird (Röm 16,1f). Silvanus heißt ein aus den Paulusbriefen bekannter Begleiter des Paulus (2 Kor 1,19; 1 Thess 1,1; 2 Thess 1,1), den die Apg gräzisiert Silas nennt (15,22. 27. 32. 40 und dann oft). Wenn 12 einen Vertrauten des Paulus als Briefüberbringer nennt, sind die paulinischen Traditionssplitter vielleicht durch solche Personen an den 1 Petr vermittelt worden (s. Einl., 4.). **13** Das sehr seltene Wort *miterwählt* (gr. *syneklektē*) formte wohl der 1 Petr neu. Er drückt mit diesem Wort seine Verbundenheit mit den Adressaten aus und erinnert zugleich an die erste Bemerkung über die Adressaten in 1,1. Das Wort steht ohne weiteres Nomen. Schwerlich will 1 Petr das bei ihm fehlende Wort „Kirche" ergänzt wissen (so aber einzelne Handschriften). Er würde wohl eher von einer Geschwisterschaft (s. zu 2,17) sprechen. Aber jede Ergänzung bleibt spekulativ. *Babylon* steht für das Leben in der Welt, nicht für eine bestimmte Stadt wie z.B. Rom, auch wenn die Gleichsetzung von Babylon mit Rom in der Auslegungsgeschichte bald üblich wurde (s. Einl., 3.) Einige Minuskeln folgen dieser Deutung und lesen statt Babylon gleich „Rom" (vgl. Offb 17,5). Der sonst seltene Namen *Markus* kommt im Neuen Testament mehrmals vor, u.a. als Autor des 2. Evangeliums. Die kirchliche Überlieferung hat die Nennungen eines Markus im Neuen Testament auf dieselbe Person bezogen und so in ihm einen Verbindungsmann zu Paulus gesehen. Eine weitere Tradition verbindet diesen Markus aber auch mit Petrus.

Exkurs: Die Petrus-Markus-Tradition

Schon im frühen zweiten Jahrhundert ist die kirchliche Tradition nachweisbar, die den Evangelisten Markus mit Petrus und Paulus in Zusammenhang bringt. Markus hätte als Dolmetscher des Petrus dessen aramäische Reden ins Griechische übersetzt. Dieser Markus sei der im Corpus Paulinum mehrfach genannte „Johannes Markos" (Phlm 24; Kol 4,10; 2 Tim 4,11; vgl. Apg 12,12.25; 15,37.39).

Die Petrus-Markus-Tradition belegt erstmals ein Presbyter, auf den sich um 120 n. Chr. der Bischof Papias von Hierapolis beruft. Die Überlieferungslage ist etwas indirekt und soweit für wichtige Texte des frühen Christentums recht typisch: Euseb überliefert in seiner Kirchengeschichte ein paar Zeilen aus dem weitgehend verlorenen, ehemals fünfbändigen Werk des Papias, der in seinem Werk einen Presbyter zitiert. Dieser Presbyter dürfte der Presbyter Johannes gewesen sein, der gegen Ende des 1. Jahrhunderts noch gelebt haben dürfte. Dieser Presbyter sagt nun, Markus sei Dolmetscher des Petrus gewesen und habe die Predigten des Petrus in seinem schriftlichen Evangelium festgehalten: „Auch dies lehrte der

Presbyter: Markus hat die Worte und Taten des Herrn, an die er sich als Dolmetscher des Petrus erinnerte, genau, allerdings nicht der Reihe nach, aufgeschrieben. Denn er hatte den Herrn nicht gehört und begleitet; wohl aber folgte er später, wie gesagt, dem Petrus, welcher seine Lehrvorträge nach den Bedürfnissen einrichtete, nicht aber so, dass er eine zusammenhängende Darstellung der Reden des Herrn gegeben hätte. Es ist daher keineswegs ein Fehler des Markus, wenn er einiges so aufzeichnete, wie es ihm das Gedächtnis eingab. Denn für eines trug er Sorge: nichts von dem, was er gehört hatte, auszulassen oder sich im Bericht keine Lüge schuldig zu machen." (Euseb, h.e. 3,39,15; Übers. Gärtner/Haeuser)

Nur wenige Wissenschaftler, darunter Martin Hengel (1926–2009), halten diese Tradition für historisch zutreffend. Wahrscheinlich versucht die Petrus-Markus-Tradition, das vorhandene Mk-Ev nachträglich mit apostolischer Würde zu versehen. Dies Anliegen dürfte erst aufgekommen sein, als andere Evangelien dem Mk-Ev Konkurrenz machten. Wichtig ist Mk für den Presbyter als Zeuge mündlicher Überlieferung des Petrus, denn diese hat er bewahrt. Der 1 Petr passt nicht zu dieser Überlieferung, denn der Verfasser des 1 Petr hätte schwerlich einen Dolmetscher gebraucht. ***

Die Anrede *„mein Sohn"* ist typische Anrede des Lehrers an seinen besonders vertrauten Schüler. **14** *Kuss* (gr. *phílēma*): so auch 1 Thess 5,26; 1 Kor 16,20; 2 Kor 13,12; Röm 16,16. Da diese Geste jüdisch nicht bekannt ist, wurde sie wohl neu bei den Christen eingeführt. Aus dieser Geste und den Zusammenkünften von Männern und Frauen hinter verschlossenen Türen (zum Abendmahl) wurde allerhand gemunkelt über die losen Sitten der Christen (z. B. Minucius Felix, Oct 9,2). Der Hinweis sich *gegenseitig* zu grüßen überrascht bei einem Brief, denn der abwesende Absender kann nicht einbezogen sein. Statt mit vermittelnden Medien wie Briefen, sollen sich die einzelnen Christen persönlich begegnen. Zu *„in Christus"* s. o. zu 3,16.

Zweiter Petrusbrief

A Einleitung

1. Textüberlieferung

Den griechischen Urtext des 2 Petr überliefert als ältester erhaltener Textzeuge Papyrus 72 (3.–4. Jh.), eine Sammelhandschrift u. a. auch mit 1 Petr (s. Einl. 1 Petr). Ab dem 4. Jahrhundert gibt es viele Textzeugen für den 2 Petr. Die Editio Critica Maior erstellt einen Ausgangstext, den die Handausgabe Nestle^{28} übernommen hat. Gegenüber dem Text von Nestle^{27} sind zehn Änderungen vorgenommen worden. An einzelnen Stellen bleibt die Rekonstruktion wegen der mäßigen Bezeugung des vermuteten Ausgangstexts umstritten (s. zu 3,6; 3,10). Der Bedeutungsunterschied bei den umstrittenen Varianten ist meist gering und lässt sich kaum in einer Übersetzung darstellen, so dass die Schwierigkeiten der Textrekonstruktion in diesem Kommentar kaum berücksichtigt werden müssen.

2. Pseudonymität

Es gibt zahlreiche Schriften, die bis zum Ende des 2. Jahrhunderts verfasst wurden und sich auf die Autorität des Petrus berufen, aber nicht von Petrus verfasst wurden (s. Einl. 1 Petr). Bis auf 1/2Petr wurden alle diese Schriften nicht in den Kanon des Neuen Testaments aufgenommen. Der 2 Petr ist wie der 1 Petr pseudonym geschrieben worden, es handelt sich bei 1/2Petr um pseudepigraphische Schriften. Der reale Autor ist uns unbekannt, ich gebe ihm den Namen Pseudopetrus. Die Petrusfiktion teilt der 2 Petr zwar mit dem 1 Petr, aber den 2 Petr verfasste ein anderer Autor als den 1 Petr. Die Sprache und theologische Ausrichtung der frühen pseudonymen Petrus-Schriften zeigen keine ausgeprägten Gemeinsamkeiten, so dass sie nicht einer „Petrusschule“ zugeschrieben werden können. Auf unterschiedliche Weise wollen alle diese Schriften etwas vom Glanz des großen Apostels für ihre Werke beanspruchen. Die herausragende Bedeutung des Simon Petrus, genannt Kefas, im Neuen Testament und frühen Christentum steht außer Frage (s. Einl. 1 Petr). Die literarische Funktion der Pseudepigraphie des 2 Petr hat eine besondere Stellung. Der 2 Petr deutet an, dass es sich um das letzte Lebenszeichen des Petrus handelt (s. zu 1,12–15). So stilisiert sich 2 Petr als Testament des engsten Vertrauten Jesu.

3. Anknüpfung des 2 Petr an andere Schriften

1 Petr verweist mehrfach ausdrücklich auf die Schrift, das Alte Testament der Christen. 2 Petr bezieht sich nie ausdrücklich auf die Schrift, setzt aber vielfältig diese Schriften voraus. Der 2 Petr bezieht sich auf andere Schriftwerke, die er zum Teil als bekannt voraussetzt, zum Teil auch ausdrücklich nennt. Diese intertextuellen Bezüge profilieren die Absicht des 2 Petr (Ruf: 2011). Insbesondere liegt dem Autor des 2 Petr bereits andere christliche Literatur vor, die auch seine Leser kennen sollen. Pseudopetrus nennt ausdrücklich Briefe des Paulus (3,15 f) und er verweist auf „seinen" ersten Brief, den 1 Petr (3,1 f). Diese beiden Stellen machen deutlich, dass der 2 Petr nicht nur durch mündliche Überlieferungen beeinflusst wurde.

Jud in 2 Petr: Einen Sonderfall des literarischen Bezugs stellt das Verhältnis des 2 Petr zum Jud dar. Ab 2,1 bis zum Ende 3,18 übernimmt 2 Petr immer wieder Worte und Wortfolgen aus Jud 4–25. Der 2 Petr übernimmt insbesondere einzelne Beschreibungen der Gegner aus dem Jud. Die Beispielreihen kürzt er zum Teil, fügt aber auch aus eigener Kenntnis der jüdischen Überlieferung Beispiele (2,7f: Lot) und Motive hinzu (2,15 f erweitert Jud 11). Dabei übergeht er Belege aus Jud 9. 14, welche sich auf Worte aus der AssMos und äthHen beziehen (s. zu Jud 9. 14). Oft wird vermutet, Pseudopetrus wolle so Verweise auf Schriften vermeiden, die zu seiner Zeit nicht mehr zu den anerkannten Schriften gerechnet wurden. Das Motiv ist möglich, aber nicht beweisbar.

Es ist kaum zu belegen, ob der 2 Petr auch bei seinen Lesern die Kenntnis des Jud voraussetzt. Dank der ungleich früher einsetzenden Bezeugung des Jud ist diese Annahme aber nicht unwahrscheinlich. So dürfte Pseudopetrus damit rechnen, dass seine Leser die aus Jud übernommenen Worte als Worte des Jud wiedererkennen. Der 2 Petr gibt sich dadurch den Schein, er gehöre schon in der Sprache nahe zu Judas, dem kleinen Bruder Jesu (s. Einl. Jud). Da er Worte aus dem Jud übernimmt, diese aber gerne auch neu zuordnet, liegt Pseudopetrus wenig an der sachlichen Anknüpfung an Jud, mehr am Klang der Wörter (Grünstäudl: 2013, 19. 288).

Andere frühchristliche Schriften: Pseudopetrus unterstreicht seine Sonderrolle als Vertrauter Jesu mit Anspielungen auf Jesusüberlieferung bzw. seinen ersten Brief (1 Petr), die für seine Leser nachvollziehbar sein sollen

(1,16–18). An diesen Verweis-Stellen verwendet Pseudopetrus den Wortstamm „Erinnern“, „sich erinnern“ (*mnḗmē*), und *nur* hier verwendet er diesen Wortstamm (2 Petr 1,12. 13. 15; 3,1. 2): Es geht ihm darum, bei seinen Adressaten Erinnerung zu stiften und das Andenken auch zu lenken durch ihn als vermeintlichen Vertrauten Jesu.

Der 2 Petr gehört in eine Zeit, in der Evangelien schon schriftlich vorlagen. 2 Petr 2,20 verwendet Worte aus Lk 11,26 par Mt 12,45, ohne dass der Evangelientext den Lesern bekannt sein muss. 2 Petr 3,10 verwendet ein Jesuswort, das für uns in mehreren Überlieferungen vorliegt. Der Bezug zur Apokalypse des Petrus wird zur Datierung des 2 Petr diskutiert und daher im Folgenden besprochen.

4. Zeit und Ort des 2 Petr

In den Einleitungen, in denen die Schriften des Neuen Testaments datiert werden, gilt der 2 Petr meist als jüngste neutestamentliche Schrift. Die christlichen Schriften, die 2 Petr voraussetzt, können wohl erst im 2. Jh. zusammen gelesen werden.

Da der 2 Petr erstmals durch Origenes (gest. 254) sicher bezeugt ist, nicht aber bei Irenäus (gest. um 200), Clemens (gest. um 215) und Tertullian (gest. um 220), ist eine Entstehung auch in der zweiten Hälfte des 2. Jh. nicht auszuschließen. Justins erhaltene Werke (apol 1–2, dial), um 150 verfasst, können bei der Datierung des 2 Petr nicht wirklich helfen. Die partielle Ähnlichkeit einer Stelle bei Justin (dial 81,4) mit 2 Petr 2,1 ist so wenig in das Werk des Märtyrers eingebunden, dass eine gemeinsame Quelle diese Ähnlichkeit m. E. hinreichend erklärt. Weder erweist diese Ähnlichkeit, dass Justin den 2 Petr kannte (Ruf: 2011, 362), noch dass 2 Petr das Werk Justins kannte (Grünstäudl: 2013, 206–226).

Mehrere Forscher machen Berührungen zwischen 2 Petr und einer frühchristlichen Schrift „Apokalypse des Petrus“ (ApkPetr) zum Ausgangspunkt ihrer Datierung des 2 Petr. Eine koptische Apokalypse des Petrus aus den Funden von Nag Hammadi hat keinen relevanten Bezug zum 2 Petr und ist von ApkPetr zu unterscheiden. Die hier einschlägige ApkPetr ist eine Offenbarung, die auf Petrus zurückgehen soll. Sie war bereits in der Mitte des 2. Jh. an unterschiedlichen Orten beachtet worden, da Clemens Al. sie auslegt (nach Euseb, h.e. 6,14,1) und der Kanon Muratori, eine Bücherliste, wohl in Rom um 200 verfasst, sie abwehrend nennt. Diese ApkPtr hat an einzelnen Stellen Übereinstimmungen mit Motiven des 2 Petr, die vorher nicht belegt sind. In mehreren Veröffentlichungen nach seinem Kommentar hat Bauckham die ApkPetr um 130 datiert und nach ihm setzt sie den 2 Petr voraus (vgl. Frey 170–173), der entsprechend älter sein muss (Bauckham 158).

Die Datierung des 2 Petr durch die ApkPetr birgt mehrere Schwierigkeiten, denn die Worte der ApkPetr sind in mehreren Versionen überliefert. Eine umfangreiche griechische Version erhält ein Papyrus aus dem 6.–7. Jh., der Akhmim-Papyrus (ApkPetr [gr]). Dieser Papyrus bietet eine unter Kenntnis des 2 Petr bearbeitete Fassung der ApkPetr. Eine ältere, etwas längere Version bezeugt eine äthiopische Übersetzung (ApkPetr [äth]). Zwei ursprünglich zu einem Papyrus aus dem 5. Jh. gehörige Papyrusteile, jetzt getrennt in Oxford und Wien gelagert, belegen eine (vielleicht *die*) frühe gr. Version der ApkPetr in kleinen Fragmenten (ApkPetr [gr. Fragm]). Eine dt. Zusammenschau der Überlieferungen bietet C. D. G. Müller in Schneemelchers Ausgabe der neutestamentlichen Apokryphen (NTApo^5 2, 562–578). Wenn 2 Petr mit der älteren Version der Apokalypse des Petrus nicht nur gemeinsame Traditionen teilt, sondern von dieser Schrift abhängig wäre, würde er sogar erst ab der Mitte des 2. Jh. verfasst worden sein (Grünstäudl: 2013). Diese Spätdatierung ist nicht auszuschließen, aber m. E. nicht wahrscheinlich. Die Jahre 120–140 sind ein möglicher Bereich, in dem 2 Petr verfasst sein könnte, für uns nachvollziehbar beachtet wurde er erst am Ende des 2. Jh.

Adressaten des 2 Petr: Der 2 Petr hat vielfältige literarische Bezüge, er zeigt aber keine Ausrichtung auf eine lokal eingrenzbare Adressatenschaft. Die literarische Arbeit des 2 Petr ist wohl nur in Metropolen der frühen Christenheit denkbar wie Alexandria, Antiochia, Ephesus oder Rom, in denen unterschiedliche christliche Traditionen zusammen kommen können. Für genauere Ortszuweisungen fehlen klare Hinweise. Wegen der kirchlichen Tradition über den Tod des Petrus in Rom wird für den 2 Petr, der sich als letzte Äußerung des Apostels stilisiert, öfters Rom als Herkunftsort vermutet. Allein die späte Bezeugung im Westen spricht eher gegen eine Abfassung des 2 Petr in Rom. Eine Indizienkette verweise nach Alexandria, meint eine neuere Studie und findet Zustimmung (Grünstäudl: 2013; Frey 189). Der 2 Petr war wohl nie auf eine bestimmte Adressatenschaft zugeschnitten; er richtet sich ortsunabhängig an gefährdete Christen (1,1. 5. 10; 3,17). Der 2 Petr war nie ein echter Brief, sondern immer Begleitschreiben einer Briefsammlung. Ähnlich wie der Eph im Corpus Paulinum ist der 2 Petr eher im Bezug zu seinen literarischen Begleittexten auszulegen, nicht in seinem kaum mehr erkennbaren historischen Entstehungsort.

5. Sprache, Stil und Textgliederung

Der Brief zeigt einen durchaus ausgearbeiteten, relativ hohen Stil und eine Vertrautheit mit recht unterschiedlicher griechischer Literatur (Kraus: 2001). 2 Petr enthält viele seltene Vokabeln: 57 kommen im Neuen

Testament sonst nicht vor, davon sind auch nur 25 wenigstens in der Septuaginta belegt. Der 2 Petr zeigt Gestaltungswille und Kompetenz für seine gr. Sprachgestalt. Er liebt Doppelformulierungen (Hendiadyoin), so z. B.: 1,8 „faul und unfruchtbar".

Der 2 Petr lässt sein Briefschema recht klar erkennen mit Eröffnung (1,1–11), vierteiliges Briefkorpus (2,1–3,16) und Briefschluss (3,17f). Das Briefkorpus enthält nach einer Eröffnung (1,12–21) zwei Hauptteile (2,1–22/3,1–13) und ein Korpus-Abschluss (3,14–16). Ob 3,17f eher als Korpusabschluss denn als Briefschluss anzusehen ist, lässt sich kaum entscheiden.

6. Gegner im 2 Petr

Die Fiktion der petrinischen Verfasserschaft verlangt vom Autor des 2 Petr, die Position seiner Gegner mehr anzudeuten als zu benennen. Der tatsächliche Verfasser lebt viele Jahrzehnte nach Petrus und benützt dessen Autorität, um Gegner seiner Gegenwart zu bekämpfen. Der Apostel Petrus habe, so die Fiktion, problematische Entwicklungen vorausgesehen, auf die er im 2 Petr hinweist. Pseudopetrus kündet sie im Futur an (Futur 2,1–3. 12 [Vorlage Jud 10: Präsens]; 3,3 [Vorlage Jud 17 hat auch Futur]. 16; vgl. 3,10. 12), fällt dann aber, meist der Jud-Vorlage folgend, in das Präsens (2,10b [Präsens Jud 8];. 17 [Jud 12]; 18–20 [ohne Jud-Vorlage]; 3,5, vgl. 3,12) bzw. den Aorist (2,15 [vgl. Aorist Jud 11]), weil ihm die angekündigte Sache gegenwärtig ist, ein „prophetisches Präsens" (BDR 323.1). Ob der 2 Petr als tatsächlicher Brief bestimmte Adressaten erreichen wollte oder primär ein vielfach anwendbares Formular zur allgemeinen Gegnerbekämpfung vorlegen wollte, lässt sich schwer entscheiden. M. E. war der 2 Petr von Anfang an ein Begleitschreiben zu anderen Literaturwerken (s. Einl. 4). Die Briefe, die 2 Petr voraussetzt, hatten zwar ursprünglich eine konkrete Adressatenorientierung wie die einzelnen Paulusbriefe und der Jud. Aber 2 Petr arbeitet am Schreibtisch mit diesen Schriftstücken, die zu ihm von ihrer brieflichen Ursprungssituation gelöst als Literatur gekommen sind.

Der 2 Petr streicht konkrete Gegnerhinweise, die er im Jud vorfindet. Wenn er z. B. die im Jud 6–10 angedeutete falsche Engelverehrung kürzt, könnte dies im Interesse geschehen, die Gegnerpolemik weit geöffnet zu halten. Einzelne Stellen (2,19; 3,3f) deuten darauf, dass der 2 Petr zumindest auch tatsächliche Gegner anvisiert, die er vornehmlich wegen deren Behauptungen zur Endzeiterwartung kritisiert. Der tatsächliche Verfasser des 2 Petr mischt in seine Darstellung freilich viel Polemik, aus der die Gegner nicht rekonstruiert werden können. Die Zuordnung der Gegner zu sonst bekannten Strömungen ist methodisch kaum kontrollierbar vorzunehmen.

Einzelne Vorwürfe gegen die Falschlehrer sind in anderen Schriften gegen Epikureer erhoben worden. Doch die Gegner des 2 Petr sind wohl kaum vom Aristotelesschüler Epikur (341–270) beeinflusst, dessen „müßige Götter", die sich um die Angelegenheiten der Menschen nicht kümmern und dessen Leugnung eines Endgerichts die Gegnerparolen 3,3 f erklären könnten (Neyrey 122–128). Der Vorwurf, Epikureer zu sein, war im 1./2. Jh. zum verbreiteten Klischee geworden, das recht wahllos auf missliebige Leute angewandt wurde (W. Schmid, Art. Epikur, RAC 5, 791–803). In der rabbinischen Literatur steht das von Epikur abgeleitete Lehnwort *apikoroi* für Gottesleugner (mAbot 2,14 [19]; mSanh 10,1; bSanh 4,5 fol. 38b; vgl. Goldschmidt 8, 610 mit A. 186). Auch Josephus wettert gegen Leute, auf welche die Weissagungen des Danielbuches zielten, die schwerlich wirklich durch Epikurs Lehre geprägt wurden, und nennt diese Leute Epikureer, „die da glauben, es walte im Leben keine Vorsehung, Gott kümmere sich nicht um die menschlichen Angelegenheiten, und es werde das Weltall nicht von einem durch sich selbst glückseligen, unsterblichen und alles überdauernden Wesen regiert, sondern erhalte sich ohne Lenker und Beschützer aus eigener Kraft" (Josephus, ant 10,278; dt. Clementz). Wenn Josephus die Tempelaristokratie der Sadduzäer mit Parolen versieht, die zur Epikureerpolemik zählen, z. B.: „die Strafen und Belohnungen im Hades lehnen sie ab" (bell 2,164), sind diese sicher nicht tatsächlich als Epikureer einzuschätzen. Bei den Gegnern des 2 Petr mag es ähnlich sein.

7. Die Verknüpfung der apostolischen Traditionen im 2 Petr

In Folge eines vielbeachteten Aufsatzes Ernst Käsemanns (1906–1998), erstmals 1952 veröffentlicht, wurde der 2 Petr mit dem Etikett „Frühkatholizismus" versehen und überwiegend kritisch bewertet (Käsemann: 1960, 135–157). Dieses Etikett sieht in dem Brief den Umschwung vollzogen, der von einer durch den Geist geführten Zeit der ersten Gemeinden zu einer Verwaltungszentrale „Kirche" überleitet. Im 2 Petr werde die Wirkung des Geistes an menschliche Autoritäten gebunden und so ein angeblicher Irrweg eingeleitet. Entsprechend kritisch fallen die Wertungen über den 2 Petr dann aus (z. B. Schrage 127 f). Amtsstrukturen und ein Kirchenapparat sind im 2 Petr allerdings nicht erkennbar. Der Brief lässt sich besser würdigen, wenn sein Anliegen in der Verknüpfung unterschiedlicher, vorher unverbundener Traditionsstämme des Christentums gesehen wird.

Pseudopetrus schreibt in nachapostolischer Zeit. Er bezieht sich auf vorliegende Literatursammlungen, die er mit seinen Lesern, ja sogar mit den bekämpften Gegnern teilt. Neben den Schriften des Alten Testaments setzt er eine Sammlung paulinischer Briefe und den 1 Petr voraus. Dazu kommen mehrere biographische Jesusdarstellungen, wahrscheinlich Mt, Lk und Joh. Um nicht ohne Not uns unbekannte Texte postulieren zu müssen, dürfte der 2 Petr auf eine Szene aus Joh 21 anspielen und damit wohl die Vierevangeliensammlung voraussetzen (s. zu 1,14f).

2 Petr setzt nicht einzelne Überlieferungen voraus, sondern Schriftsammlungen. Eine Sammlung von Schriften liegt vor, wenn Schriften miteinander gelesen werden sollen. Der ursprüngliche historische Kontext einzelner Schriften wird dabei verlassen. In einer Sammlung erhalten Schriften einen sekundären Kontext. Solche Sammlungen setzt also 2 Petr voraus und führt weiter zur Schriftensammlung „Neues Testament".

Pseudopetrus geht davon aus, dass die Zeugnisse der Vertrauten Jesu grundsätzlich übereinstimmen (vgl. 1 Kor 15,11). Während etwa die Pastoralbriefe (1/2Tim, Tit) sich nur auf das paulinische Erbe konzentrieren, und so die Frage nach einer Vorrangstellung gegenüber anderen Traditionen nicht aufgreifen, verweist Pseudopetrus auf andere Zeugnisse, ohne diese abzuwerten. Paulus schreibe in seinen Briefen nichts anderes als er (3,16). Aus diesem Konsens heraus greift Pseudopetrus Falschlehrer und Parusieleugner an, deren Aufkommen er vermeintlich vorhersieht (2,1–3; 3,1–4).

Pseudopetrus legitimiert seine Theologie mit Auslegungen einzelner Zeugnisse prophetischer und christlicher Schriften. Diese Zeugnisse deutet er zwar mit der usurpierten Autorität eines Petrus. Da er den 2 Petr als letztes Wort des Apostels kurz vor seinem Tod stilisiert, versucht er auch, die Neuproduktion petrinischer Schriften zu beenden. Gleichzeitig zielt Pseudopetrus darauf, die Petrusüberlieferung mit anderen Überlieferungen der Augenzeugen des irdischen Jesus zu verbinden. Dadurch setzt er eine historische Grenze für Zeugnisse über Jesus. Bei der Herausbildung der autoritativen Sammlung christlicher Schriften, dem „Kanon des Neuen Testaments", wurde dieser Maßstab so streng angewandt, dass der 2 Petr selbst fast an diesem Maßstab gescheitert wäre, den er aufzurichten half.

Dass etwa die Überlieferung eines Apostels einen Vorrang gegenüber der Überlieferung eines anderen Apostels haben könnte, kommt ihm nicht in den Sinn. Einen Jünger, den Jesus liebte, wie ihn das JohEv einführt, der dann u. U. tiefere Einsichten habe als Petrus, kennt er nicht. Die Verbindung unterschiedlicher Überlieferungen schafft der „Petrus" des 2 Petr, ohne dass der auferstandene Jesus wie in Joh 21,15–25 Petrus und den Lieblingsjünger zur gegenseitigen Achtung erst hinführen muss.

Wenn die Evangeliensammlung und eine Sammlung von Paulusbriefen gegenseitig aufeinander bezogen werden, liegt ein wesentliches Fundament des Neuen Testaments vor. Dieses Fundament wird im 2 Petr erkennbar (Heckel: 2003). Wir sind gewohnt, mit dem Titel „Neues Testament“ eine Sammlung von siebenundzwanzig Schriften zu bezeichnen. Genauer wäre das Neue Testament wohl als Zusammenstellung von Schriftensammlungen zu bezeichnen, nämlich der Zusammenstellung von Evangeliensammlung, Paulusbriefsammlung, „Praxapostolos“, der Apg und die „Katholischen Briefe“ enthält, und schließlich der Offenbarung des Johannes (s. Haupteinl.). Die Herausbildung genau dieser Schriftensammlung aus vier Teilsammlungen lässt sich in den ersten drei Jahrhunderten nicht durch belastbare Quellen erweisen. Der 2 Petr bietet aber eine wichtige Grundlage für das „Neues Testament“, weil er eine Evangeliensammlung und eine Paulusbriefsammlung miteinander verknüpft. Der 2 Petr stellt christliche Briefliteratur und Evangelienliteratur in einen gemeinsamen Kontext. Dieser gemeinsame Kontext ist für die Schriftensammlung Neues Testament so wesentlich, dass ich meine, der bestimmte Artikel für diese Textsammlung als „Das Neue Testament“ ist berechtigt, auch wenn in dieser Zeit die Zugehörigkeit einzelner Schriften noch umstritten bleibt, wie etwa der 1Klem, Hebr, Offb oder 2 Petr. Die Zurechnung einzelner dieser Schriften verändert zwar den Umfang des Neuen Testaments, greift aber nicht mehr grundsätzlich in das Verständnis dieser Zusammenstellung von Textsammlungen ein. Soweit lässt der 2 Petr das „Neue Testament“ bereits erkennen.

B Kommentar

Überschrift

des Petrus zweiter Brief

Die Überschrift ordnet durch die Zählung den 2 Petr zum 1 Petr. Dass ein sehr früher Textzeuge den 1 Petr ohne Zählung als Brief des Petrus überschreibt (s. 1 Petr zur Überschrift), erweist die späte Anerkennung des 2 Petr. Da Irenäus und Clemens Al. den 1 Petr kennen, diesen Brief mehrmals „Brief des Petrus" nennen und nie eindeutig eine Kenntnis des 2 Petr zeigen, stützen sie diese Beobachtung. Da allerdings Irenäus nachweislich 1 Joh und 2 Joh kennt, aber ähnlich von *dem* Brief des Joh reden kann (advhaer 1,16,3; 3,16,8), als ob es bei ihm nur einen gäbe, ist diese Beobachtung nicht eindeutig gegen eine Kenntnis des 2 Petr bei Irenäus verwendbar (Grünstäudl: 2013, 227).

I Briefeingang (2 Petr 1,1–11)

I 1 Präskript (2 Petr 1,1f)

Symeon Petrus, Sklave und Apostel Jesu Christi, an die, die einen unserem gleichwertigen Glauben zugelost erhielten durch die Gerechtigkeit des Gottes von uns und Retters Jesu Christi: 2 Gnade und Friede möge euch reichlich angefüllt werden durch die Erkenntnis Gottes und Jesu, unseres Herrn!

1–2 Der Brief eröffnet mit der üblichen Nennung des Absenders im Nominativ und dem Adressaten im Dativ. Der Jünger und Begleiter Jesu, Simon Petrus ist nicht wirklich der Autor dieses Schreibens. Ein unbekannter Verfasser hat sein Schreiben gut 60 Jahre nach dem Tod des Apostels Petrus in dessen Namen gestellt und benützt so dessen hohes Ansehen für sein Anliegen (s. Einl., 2).

1 Der Absender nennt sich in der feierlich biblisch hebraisierenden Schreibweise *Symeon* statt der verbreiteteren gräzisierten Form Simon, so für Petrus nur noch Apg 15,14 (BDR 53.2[5]), öfters für andere Personen gleichen Namens (Lk 2,25. 34; 3,30; Apg 13,1; Offb 7,7; oft LXX). Der erste Vorstellungstitel *Sklave* (Luther: Knecht) ist in anderen Briefen vorgeprägt (Jud 1; Jak 1,1, Röm 1,1). Das geringe Ansehen eines Sklaven im Allgemeinen steht der in Ausnahmefällen hohen Bedeutung eines

Sklaven nicht entgegen. Mit der hohen Würde des Besitzers steigt auch die Bedeutung des Sklaven (vgl. zu Jak 1,1). Der Titel eines Apostels ist für Petrus unbestritten (s. zu 1 Petr 1,1). Die Reihenfolge Sklave-Apostel (wie Röm 1,1) nennt den Bezug zum Auferstandenen vor dem Titel, der das Aufgabenfeld des Petrus umreißt.

Die Adressaten fasst 2 Petr denkbar weit: *an die, die ... Glauben zugelost erhielten*. Der Glaube (gr. *pistis*) ist hier als Depositum, als von Gott zugewiesene Gabe verstanden. Den Glauben der Adressaten und der des Absenders bezeichnet 1,1 als *gleichwertig*. Die Betonung der Gleichwertigkeit hebt das Medium des Glaubens als vollgültiges Transportmedium des Geistes der Anfangszeit hervor. Die von einem Paulusschüler verfassten Pastoralbriefe (1/2Tim, Tit) deuten den Glauben ähnlich als Verbindungsglied zwischen Absender und Adressat (Tit 1,4). In ähnlich verbindender Funktion reden die Pastoralbriefe von einem Sein „im Glauben" (1 Tim 1,2. 4; 2,7. 15; Tit 3,15). Dieser Glaube kommt ohne Verlust bei den Adressaten an. Pseudopetrus beansprucht für sich durch seine besondere Nähe zu Jesus keine besondere Glaubenszuteilung, aber er unterstreicht eine notwendige Verbindung zum Glauben des Anfangs (vgl. zu Jud 3. 20). Durch die Jahrzehnte hindurch verbindet nicht einfach nur der Geist mit Gott bzw. Jesus Christus, sondern nur der Geist, der an die Hinterlassenschaft des Anfangs gebunden bleibt.

Der Glaube wirkt durch die Gerechtigkeit unseres Gottes und Retters Jesus Christus. Einmal bezeichnet bereits Paulus den wiederkommenden Christus als Retter (Phil 3,20). Die Spätschriften des Neuen Testaments benützen den Titel öfters für Gott (so 8×) und auch für Jesus Christus (16×). Die anfängliche Zurückhaltung gegenüber dem Titel „Retter", etwa bei Paulus, mag sich daraus erklären, dass im Umfeld des Judentums heidnische Götter und bedeutende Persönlichkeiten mit diesem Titel versehen wurden. Erst als die Einzigartigkeit des auferstandenen Christus gegenüber der heidnischen Verwendung des Titels nicht mehr verteidigt werden musste, kommt der Titel öfters vor. Keine neutestamentliche Schrift benützt den Titel so oft wie 2 Petr (5×), außer 1,1 immer in Verbindung mit dem Titel „Herr" (1,11; 2,20; 3,2. 18).

2 Petr 1,1 qualifiziert die Gerechtigkeit mit den Genitiven, zu deutsch etwa *des Gottes von uns und Retters Jesu Christi.* Im Griechischen steht nur einmal der bestimmte Artikel vor den beiden Nomen für Gott und Retter, so dass beide Bezeichnungen für eine Person stehen (vgl. BDR 276.3). Jesus Christus ist also Retter und Gott, göttlicher Retter und rettender Gott.

Exkurs: Jesus Christus als Gott

Im Neuen Testament wird öfters so von Jesus Christus geredet, dass er als „Gott" angeredet zu sein scheint. Granville Sharp (1735–1813) beschrieb in einem kleinen

Buch die grammatikalischen Voraussetzungen genau, die vorliegen müssen, dass eine Doppelbezeichnung die Prädikation für die genannte Person impliziere. Diese Regel, „Granville-Sharp-Rule" genannt, gilt nur für zwei Wörter (nicht Eigennamen) im Singular, denen ein Artikel voran steht und das zweite ohne Artikel mit Kopula angeschlossen ist. Diese Voraussetzung liege in 2 Petr 1,1 vor. Hier wie in sieben anderen Stellen wird nach Sharp Jesus also als Gott bezeichnet (Apg 20,28; Eph 5,5; 2 Thess 2,21; 1 Tim 5,21; 2 Tim 4,1; Tit 2,13; Jud 4). Bei diesen Stellen bleibt umstritten, ob sie tatsächlich Christus als Gott bezeichnen wollen, oder nur in dieser Richtung missverständlich formulieren. Die enge Zusammenfügung von Gott und Jesus Christus drückt eine hohe Christologie aus, die in sehr unterschiedlichen frühchristlichen Zeugnissen zu finden ist. Außer der umstrittenen Stelle Röm 9,5 gehören alle Stellen, die Jesus Christus als Gott (gr. *theós*) bezeichnen der Zeit nach 70 n. Chr. an. So etwa in Hebr 1,8f, einem auf Jesus angewandten Zitat von Ps 44,7f, der von Gott redet, womit in Hebr 1,8f Jesus Christus gemeint sein muss. Der Titel „Gott" rahmt das JohEv in Joh 1,18 und 20,28. Er findet sich auch in 1 Joh 5,20b. Im gr. Text von 2 Petr 1,1 steht nur ein Artikel, der „Gott" und „Jesus Christus" verbindet, so auch 2 Thess 1,12; Tit 2,13. Mehrere christliche Schriften des zweiten Jahrhunderts bezeichnen Jesus Christus als „Gott", so mehrmals Ignatius (Eph Inscr; 1,1; 7,2; 15,3; 18,2; 19,3; Trall 7,1; Röm 3,3; Smyr 10,1; Pol 8,3), oft (15×) ApkPetr (aeth), aber nicht ApkPetr (gr. Fragm); EpPetr (NHC 8,2 p. 133 Z. 8); 2Klem 1,1; 4,4; 12,1f; AscJes 9,5 (NTApo^5 2, 558). Christen besingen bei ihren gottesdienstlichen Zusammenkünften Christus wie einen Gott, erfuhr der Statthalter Plinius (Plinius, ep 10,96,7). Mehrmals im 2 Petr bleibt undeutlich, ob er seine Aussagen auf den Schöpfer oder Jesus Christus bezieht (so 2,9; 3,14. 15a. 18). Derartige Aussagen problematisieren einen Monotheismus im jüdischen Kontext. Die Bekenntnisse der Christen wurden nicht zuletzt durch solche Formulierungen veranlasst über das besondere Verhältnis von Gott und Christus nachzudenken und führen dann zur Trinitätslehre. ***

2 Das Verb im Gnadenzuspruch, deutsch etwa *„möge euch reichlich angefüllt werden"* findet sich auch in Jud 2 und 1 Petr 1,2. Pseudopetrus kennt beide Briefe, wird hier aber allgemein vorgeprägte Briefformelsprache aufnehmen (Dan 4,1 LXX/Theodotion; 4,37c LXX; 6,26 LXX/Theodotion; 1Klem, inscr; Polykarp, Phil inscr; MartPol, inscr). *Gnade* wirkt in der *Erkenntnis Gottes und Jesu*. Mit dem zweiten Satzteil erweitert 2Ptr den sonst wörtlich gleichen Gruß 1 Petr 1,2. Das Stichwort nimmt er im Schlusswunsch 3,18 auf. Auch dazwischen benützt 2 Petr oft Wörter vom Stamm „erkennen" (gr. *epígnōsis*: 1,2. 3. 8; 2,20; gr. *gnṓsis*: 1,5. 6; 3,18; gr. *epiginṓskō*: 2,21; gr. *ginṓskō*: 1,20; 3,3; *gnōrízō*: 1,16; *proginṓskō*: 3,17). Er benützt den Wortstamm „Erkenntnis" ohne Vorbehalte, wie auch Paulus (Phil 3,8) und der Paulusschüler des Eph (Eph 1,17; 4,13). Die spätere Paulusschule problematisiert den Begriff (1 Tim 6,20). In 1,3 ist es die Erkenntnis der ersten Zeugen, die diese weitergeben an die Adressaten (1,5f), die nicht wirkungslos bleiben kann (1,8) und schützen sollte (2,20f). Die Erkenntnis ist offenbar an Überlieferungen gebunden, welche die Zeugen der ersten Zeit erkennbar machen im Sinne von richtig auslegen (1,16. 20). Ohne diese richtige Auslegung, unkundig (gr. *agnoéō*), droht Vergehen (2,12). Dieser richtigen Auslegung dient auch das „Erinnern" des Briefschreibers (s. zu 1,16).

I 2 Proömium (2 Petr 1,3–11)

Das Proömium stimmt ein auf die Themen des Briefes. Zunächst nennt Pseudopetrus die Vorgaben Gottes (1,3f), dann mahnt er, diese Vorgaben auch anzunehmen (1,5–11).

I 2.1 Vorgaben des Heils (2 Petr 1,3f)

3 So wie alles, das zum Leben und zur Frömmigkeit dient, uns seine göttliche Kraft geschenkt hat durch die Erkenntnis dessen, der uns berufen hat durch die ihm eigene Herrlichkeit und Wohlverhalten
4 durch sie sind uns die teuren und allergrößten Verheißungen geschenkt, damit ihr dadurch Anteil bekommen werdet an der göttlichen Natur, die ihr entronnen seid der Vergänglichkeit in der Welt und der Begierde.

3–4 Die Verse 3f bilden einen Satz, der weder mit 1,1f noch mit 5–7 deutlich verbunden ist. Die Zuordnung von 3f lässt sich über inhaltliche Erwägungen nachvollziehen. Nachdem 1,2 die durch Jesus Christus bzw. Gott gewirkte Gnade ansprach, thematisiert 1,3f diese Gnade und blendet dazu zurück auf die Zuteilung der Gnade.

3 Ein finites Verb fehlt in 1,3, ich habe den Genitivus absolutus im Deutschen zum Hauptsatz gemacht. Herrlichkeit und Wohlverhalten oder Tugend als Eigenschaft des Herrn bzw. Christi ist in Jes 42,8. 12 vorgeprägt (vgl. 1 Petr 2,9). Die Zuteilung der Gnade geschah an „uns" und wird unterschieden von der Wirkung der Gnade jetzt bei „euch". Diese Deutung sieht in dem „wir" von 3f ein „wir" der ersten Zeugen, nicht ein die Adressaten jetzt mit umgreifendes allgemeinchristliches Wir. Diese Deutung ist umstritten. Wenn im Brief ein „ich" einem „ihr" gegenübertritt, ist die Unterscheidung deutlich („ich"/„ihr": 1,12. 13. 15; 3,1b; „ihr"/„ich": 3,1a), nur „ich" (1,14). Dass 1,1. 3f nicht ein „ich" für Petrus dem „ihr" der Adressaten gegenübertritt, spricht zunächst gegen die Deutung, die im „wir" ein „wir" der Anfangszeit, kurz gesagt ein apostolisches „wir" sieht. Zumal 2 Petr an mehreren Stellen sicher ein christliches „wir" kennt, z. B. wenn Pseudopetrus von „unserem Herrn" spricht (1,8. 11. 14. 16; 3,15. 18), „unserem Gott" (1,1) oder unserer Erwartung eines neuen Himmels (3,13). Doch gibt es Indizien dafür, dass 2 Petr seinen „Petrus" in eine nicht näher bestimmte Gruppe von ersten

Zeugen stellt, „Vertraute jener Großartigkeit“ (1,16), denen die Verheißungen geschenkt wurden (1,4), die nun bei den Adressaten Erinnerung stiften sollen (1,15; 3,1f). Diese „wir“ haben das prophetische Wort und „ihr“ tut gut daran, darauf zu achten (1,19). Eine zeitliche Differenzierung an mehreren Stellen spricht für die Unterscheidung eines historischen Wir von den gegenwärtigen Adressaten:

1,4 Wir sind beschenkt (gr. Perfekt: resultativ) – ihr werdet Teilhaber am göttlichen Wesen (gr. Aorist Konjunktiv: prospektiv).

1,16f Uneinholbare historische Zeitzeugenschaft hebt Pseudopetrus für die „Wir“ hervor: 1,16 wir wurden Vertraute; 1,17 wir waren mit ihm; 1,17 wir hörten die Himmelsstimme (je gr. Partizip Aorist).

1,19 Wir haben das prophetische Wort/ihr tut gut daran, dass ihr darauf achtet.

3,15: Der von „uns“ geliebte Bruder Paulus schrieb für euch auf; der Wechsel von der 1. Person Plural zur zweiten Person Plural erklärt sich besser, wenn Pseudopetrus beide Personenkreise unterscheiden wollte. Diese Unterscheidung geht auch, wenn das erste „wir“ ein allgemeinchristliches „wir“ ist, während sich der vermeintliche Apostel nicht zur Adressatenschaft der Paulusbriefe zählt und daher sagt, der „euch“ schrieb.

4 Durch die Herrlichkeit und Tugend des Herrn haben wir etwas geschenkt bekommen, das zukünftig etwas wirken wird. Der Herr bzw. Gott eröffnet einen Heilsweg, er wird Kraft, ja Anteil an der göttlichen Natur schenken. Der wohl ursprünglichere Text (mit Nestle[28]) stellt Gott und Vergänglichkeit gegenüber. Der Gedanke in 2 Petr zielt auf Anteilhabe an der Verhaltensweise Gottes (Ruf: 2011, 300).

Textüberlieferung: Die Anteilhabe am göttlichen Wesen befreit von der Vergänglichkeit, die in der Welt und in Begierde vorliegt (so Nestle[28] mit Alexandrinus und Vaticanus). Die etwas unvermittelte Nebeneinanderstellung von Welt und Begierde vereinfachen einzelne Textzeugen und reden von der verderblichen Begierde in der Welt (z. B. Minuskel 33). So würde die Erlösung zu einer Erlösung von den Begierden.

Exkurs: Vergöttlichung

2 Petr 1,4 hat in der Lehre von der Theosis oder Theopoiesis (Vergottung) des Menschen als Heilsziel seit dem Kirchenvater Athanasios (gest. 373) in den orientalischen Kirchen viel Resonanz gefunden. Der hinter 1,4 stehende Gedanke, der eine Teilhabe oder Gemeinschaft mit Gott ausdrückt, ist sprachlich unterschiedlich ausgedrückt nicht ohne Entsprechungen im hellenistischen Judentum und frühen Christentum. Philon von Alexandrien (gest. um 45 n. Chr.) spricht von einer Verwandlung des Mose ins Göttliche: „er [Mose] wurde verwandelt in das Göttliche, so dass ein derartiger Mensch mit Gott verwandt und wahrhaftig göttlich wird“ (Philon, QEx 2,29). Josephus zitiert eine ähnliche Formulierung über einen Weisen, der im Ruf stand, Anteil an Gottes Wesen zu haben (Josephus, Ap 1,232 [Zitat aus Manetho]). Paulus kann eine endzeitliche Verwandlung ansprechen, die an die himmlische Herrlichkeit angleicht (Phil 3,21; 2 Kor 3,18,

vgl. Röm 8,29; 1 Kor 15,49). Die paulinische Christusmystik, das Thema Gotteskindschaft (Röm 8,14f; Gal 3,26; 4,6f) und Modellangleichung (gr. *homoíōma* Röm 1,23; 5,14; 8,3; Phil 2,7) zielen auf eine Teilhabe des Gläubigen an Gott und sind aus dem Schöpfungsbericht der Septuaginta heraus entfaltet: „Wir wollen uns einen Menschen machen nach unserem Bild und nach der Ähnlichkeit (gr. *kath' homoíōsin*)" (Gen 1,26^{LXX}; vgl. Jak 3,9). Auch die bei Johannes häufigen Aussagen über das Bleiben im Vater („Immanenz-Aussagen") deuten eine wenigstens partielle Übereinstimmung mit Gott an. Der 1 Joh formuliert sachlich ähnliche eschatologische Verheißungen: 1 Joh 1,3 (Gemeinschaft mit … dem Vater); 1 Joh 3,2 (wir werden ihm [sc. Gott] ähnlich sein). Einen gegenwärtigen Status mit Anteil am Gesalbten formuliert Hebr 3,14 (wir haben an Christus Anteil bekommen) und Ignatius, Eph 4,2 (damit ihr immerfort an Gott Anteil habt).

Die Formulierung 2 Petr 1,4 von der Anteilhabe am göttlichen Wesen ist im Neuen Testament einmalig. 2 Petr knüpft an Gedanken an, die vor ihm schon im hellenistischen Judentum bekannt waren. Von göttlichem Wesen sprechen auch jüdische Denker des 1. Jh. gelegentlich, so Philon (dec 104; Abr 144) und Josephus (Ap 1,232; ant 8,107). Nach 2 Petr 1,4 befreit die Gemeinschaft mit dem Wesen Gottes von den Begierden der Vergänglichkeit. Dies zeigt, dass die Formulierung aus der Individualanthropologie kommt. Platon redet im Theätet von einer „Angleichung an Gott nach Möglichkeit, Angleichung aber soll geschehen gerecht und fromm mit Verstand" (Platon, Tht 176B 1–3, vgl. resp 10, 613B 1). In diesem Kontext empfiehlt Platon die Flucht vom Schlechten zum Guten (gr. *feugeín, fygḗ* 176AB; 2 Petr 1,4 gr. *apofygóntes*). Die einschlägigen Stellen Platons sammelt und systematisiert der Mittelplatoniker Alkinoos (Alkinoos, Didaskalikos 28). Der in der philosophischen Tradition rezipierte Gedanke unterscheidet sich allerdings in einem Punkt von 2 Petr 1,4. Nach 2 Petr ermöglicht allein Gott bzw. Jesus Christus diese Anteilgabe, als Gnade, die Erkenntnis erwirkt (1,2–3a), damit die Adressaten Teilhaber am Wesen Gottes werden. Eine den Menschen durch ethische Anstrengung in den Himmel hebenden Apotheose kann sich nicht auf 2 Petr berufen (vgl. Barth, KD 4/2, 87–90). Die frühchristlichen Gedanken, die eine Teilhabe am Heil ausdrücken, sind nie von einem eschatologischen Rahmen gelöst, der in der platonischen Lehre grundsätzlich fehlt. Gut platonisch ist freilich das Gegenüber vom unvergänglichen göttlichen Bereich und vergänglichem Bereich, wie es in 1,4 angedeutet ist. ***

I 2.2 Annahme der göttlichen Vorgaben (2 Petr 1,5–11)

5 Und eben deshalb aber, indem ihr alle Mühe daran wendet, unterstützt das Wohlverhalten in eurem Glauben, im Wohlverhalten dann die Erkenntnis, 6 in der Erkenntnis dann die Selbstbeherrschung, in der Selbstbeherrschung dann die Geduld, in der Geduld dann die Frömmigkeit, 7 in der Frömmigkeit dann die Geschwisterliebe, in der Geschwisterliebe dann die Liebe. 8 Denn wenn ihr diese bei euch habt und (sie) reichlich sind, werden sie euch nicht faul und unfruchtbar dastehen lassen in der Erkenntnis unseres Herrn Jesus Christus; 9 wem diese aber nicht zur Verfügung stehen, der ist blind und tappt im

Dunkeln und hat vergessen, dass er rein geworden ist von seinen früheren Sünden. 10 Darum, liebe Brüder, bemüht euch desto mehr, eure Berufung und Erwählung festzumachen; denn wenn ihr diese ausführt, werdet ihr niemals straucheln. 11 Denn so wird euch (durch Gott) reichlich unterstützt werden das Eingehen in das ewige Reich unseres Herrn und Heilands Jesus Christus.

5–11 V. 5–7 bieten einen Kettenschluss wie Röm 5,1, hier aber ohne erkennbare Steigerung in acht Gliedern: 5 Glaube (gr. *pístis*) Wohlverhalten (gr. *aretḗ*) 5/6 Erkenntnis (gr. *gnṓsis*) 6 Selbstbeherrschung (gr. *enkráteia*) Geduld (gr. *hypomonḗ*) 6/7 Frömmigkeit (gr. *eusébeia*) 7 Geschwisterliebe (gr. *filadelfía*) Liebe (gr. *agápē*). Einzelne Stichworte dieser Kette entstammen eher den antiken philosophischen Diskursen als der Septuaginta, so besonders: 5 Wohlverhalten, 5/6 Erkenntnis und 6/7 Frömmigkeit. Die Gabe Gottes (1,3f) spricht der Kettenschluss als Aufgabe an den Menschen an, wobei der Imperativ in 1,5 „unterstützen" die grundlegende Aktivität Gottes wach hält. Der Wechsel desselben Verbs ins Passiv umschreibt in 1,11 die Aktivität Gottes (ein *passivum divinum*). Allerdings ist Erkenntnis in 1,3 Geschenk, in 1,8 Ziel der Aufforderung. Durch einen Partikel abgesetzt nennt die Reihe einzelne Aufgabenfelder, die in 1,8, 1,9 und 1,10b durch ein Pronomen („diese") aufgenommen werden. Die nur leicht modifiziert wiederholten Verben „unterstützen" (1,5. 11) und „Mühe aufwenden" (1,5) bzw. „bemühen" (1,10) rahmen die Einheit 1,5–11.

5 V. 5 hat das Verb „unterstützen", „den Aufwand aufbringen für" (auch in 11; gr. *epichorēgéō*). **9–11** zeichnet das Leben eines Christen als Weg, den Gott bereitet, auf dem man aufmerksam voranschreiten soll. **11** Das Eingehen (gr. *eísodos*, vgl. Ps 121,8) in das ewige Reich nennt in 1,11 den Zielpunkt der Erlösung. Statt wie sonst im Neuen Testament vom „Reich Gottes" oder dem „Himmelreich" zu sprechen, nennt 2 Petr den Erlösungsbereich das „ewige Reich unseres Herrn". Die Unterscheidung von vergänglichem irdischen Reich und ewigem göttlichen Reich thematisiert das Danielbuch (vgl. Dan 2,44; 3,33; 4,31; 6,27; 7,14. 27 mit Abweichungen in LXX und Theodotion; vgl. Ex 15,18; Ps 10,16; 145,13; 146,10; Weish 3,8), auch Philon (somn 2,285, vgl. prob 117: indem sie sich lagern im ewigen Erbe des Reiches). In Anlehnung an Dan 7 redet Justin mehrmals vom ewigen Reich (dial 31,7 und öfters), ebenso Melito von Sardes (Melito, pass 68; vgl. Ruf: 2011, 305). Das Nomen „Reich" (gr. *basileía*) verbinden christliche Schriften mehrfach mit dem Sohn (sc. Gottes), dem Herrn bzw. Christus, so die Deuteropaulinen (Kol 1,13; Eph 5,5; 2 Tim 4,1. 18, vgl. 1 Kor 15,25; Hebr 1,8). Die Evangelien lassen Jesus von seinem Reich reden (Lk 22,29f; Joh 18,36; dein Reich: Mt 20,21; Lk 23,42; Reich des Menschensohns: 13,41; 16,28). Die Verbindung vom

„ewigen Reich“ mit dem „Reich Christi“ setzt neben 2 Petr 1,11 auch Offb 11,15 voraus: „Reich der Welt unseres Gottes und seines Christus, der (Singular!) herrschen wird von Ewigkeit zu Ewigkeit“. Wenn in der Sache sehr ähnlich ApkPtr 14,4 (gr. Fragm) von „meinem (sc. Christi) Reich“ und 2Ptr 1,11 vom „ewigen Reich des Herren“ reden, müssen beide Stellen nicht direkt voneinander abhängig sein (s. Einl., 4).

II Briefkorpus (2 Petr 1,12–3,16)

Das eigentliche Anliegen des 2 Petr entfaltet das Briefkorpus nach einer Eröffnung (1,12–21) in zwei Hauptteilen (2,1–22; 3,1–13), bevor ein Korpusabschluss (3,13–16) das Anliegen absichert.

II 1 Zuverlässige Auslegung (2 Petr 1,12–21)

Die Eröffnung des Briefkorpus unterstreicht die Autorität des Petrus (1,12–15), der die Himmelsstimme bei der Verklärung Jesu selbst hörte (1,16–18) und das prophetische Wort gemäß den ersten Zeugen geistgewirkt auslegen kann (1,18–21). Die dem Pseudopetrus angeblich durch historische Nähe vertrauten Ereignisse und Auslegungen kennen die Leser des 2 Petr nur vermittelt durch Schriftzeugnisse.

II 1.1 Der 2 Petr als letztes Zeugnis des Petrus (2 Petr 1,12–15)

**12 Daher werde ich euch immer erinnern bezüglich dieser (Dinge),
auch wenn ihr (sie) kennt und in der vorhandenen Wahrheit gestärkt
worden seid. 13 Ich halte es aber für recht, solange ich in dieser Behau-
sung bin, euch wach zu halten in der Erinnerung, 14 weil ich weiß,
dass die Wegnahme meiner Behausung bald geschieht, wie es auch
unser Herr Jesus Christus mir verdeutlichte. 15 Ich will mich aber
auch anstrengen, dass ihr, nach diesem meinem Ausgang, etwas habt
zu jeder Zeit, um Erinnerung zu betreiben.**

12–15 Zum Eingang des Briefkorpus unmittelbar nach dem Proömium unterstreicht der Briefschreiber die Dringlichkeit seiner Erinnerung angesichts seines bevorstehenden Todes. Die Verse 12–15 beschreiben die Bedeutung des 2 Petr als Grundlage für das „Erinnerung betreiben“ nach dem Tod des Petrus. Dazu steht der 2 Petr „immer“ (1,12) bzw. „zu jeder Zeit“ (1,15) zur Verfügung. Der 2 Petr ist die besondere Hinterlassenschaft des „Petrus“, deshalb wechselt 1,12–15 vom apostolischen Wir

(s. zu 1,3) zum Ich des Pseudopetrus, das er dann ab 1,16 wieder in das apostolische Wir einbindet.

12 Das Futur des modalen Verbs „wollen“ (1,12) blickt auf den folgenden Brief voraus, ähnlich wie Papias im Proömium seines Werkes, überliefert bei Euseb (h.e. 3,39,3). Pseudopetrus erinnert nicht einfach an diese Dinge, insbesondere das ewige Reich (1,11), sondern an einen bestimmten Aspekt desselben (gr. *peri* mit Genitiv, vgl. 1 Joh 1,1), denn die Adressaten sind schon *gestärkt* (s. 3,17) worden in der *anwesenden* und soweit auch wirksamen *Wahrheit*. Den Begriff der Wahrheit als Zusammenfassung des Evangeliumsgeschehens kennen mehrere christliche Schriften (vgl. 1 Petr 1,22), z. B. die johanneischen, wenn sie vom „Sein aus der Wahrheit“ oder „Sein in der Wahrheit“ sprechen (Joh 18,37; 1 Joh 3,19; 2 Joh 4; 3 Joh 3), die freilich noch tiefere Einweisung durch den Parakleten zulässt (Joh 16,13). Das Evangelium als Wahrheit umschreibt die Rede vom „Wort der Wahrheit“, das gegenwärtig anwesend ist bzw. wirkt (2 Kor 6,7; Kol 1,5 f; Eph 1,13; 2 Tim 2,15, vgl. Jak 1,18. 21). **13** Pseudopetrus spricht etwas umständlich über seinen bevorstehenden Tod. Er kündet für die nächste Zeit an, er werde die *Behausung* verlassen und benützt so das Bild vom Leib als Behausung, wie es sich auch in 2 Kor 5, aber nicht nur dort findet (Behausung: Diog 6,8; SextusSpr [2. Jh.] 320). Wie die verwandte Metapher vom Körper als Zelt setzt das Bild eine Unterscheidung von vergänglicher Behausung und unvergänglichem Wesen des Menschen voraus (z. B. Weish 9,15; Platon, Ax 365A 1, Philon, QGen 1,28; 4,11). Pseudopetrus kündet seinen Tod an, auf den die realen Adressaten längst zuückblicken. **14** Der nahe bevorstehende Tod macht den Brief zur letzten Verfügung des Apostels. So versucht der 2 Petr, einen Schlusspunkt unter die Petrusliteratur zu setzen. Pseudopetrus spielt auf Erlebnisse in „seinem“ Leben an, welche seine Leser nur mit zusätzlichen Kenntnissen verstehen können. Er kündet seinem baldigen Tod an, „wie es auch unser Herr selbst, Jesus Christus, mir verdeutlichte“ (1,14). Dieser Rückverweis auf eine Spezialankündigung des Herrn verdoppelt die erste Todesankündigung und hat seinen Sinn darin, auf eine den Lesern des 2 Petr bekannte Erzählung zu verweisen. Eine entsprechende Überlieferung, nach welcher der Herr speziell dem Petrus seinen Tod ankündigt, findet sich in den Schriften des Neuen Testaments nur in Joh 21,18: „Amen, Amen ich sage dir, solange du noch ein Jüngerer bist, gürtest du dich selbst und gehst einher, wo du willst, wenn du aber alterst, wirst du deine Hände ausstrecken, und ein anderer wird dich gürten und er wird dich führen, wohin du nicht willst“. Der Kommentarsatz Joh 21,19a erläutert dieses Wort Jesu: „Dies aber sprach er, um zu bedeuten, durch welchen Tod er Gott verherrlichen werde“. Eine weitere Ankündigung des Todes Jesu findet sich in ApkPetr 14 (gr. Fragm; dt. NTApo^5 2, 575 A. 43). Die ApkPetr gehört in die Zeit um 130 n.Chr. Die Motivparal-

lelen zwischen 2 Petr und ApkPetr sind schwerlich als Abhängigkeiten des 2 Petr von der ApkPetr zu deuten (s. Einl., 4). ApkPetr 14 kündet zusätzlich noch den Ort des Todes an. Petrus sterbe in der „Stadt, die im Westen herrscht". So belegt ApkPetr 14 die Tradition vom Tod des Petrus in Rom, die weder Joh 21 noch 2 Petr nennen oder nahe legen. 2 Petr bezieht vielmehr seine Überzeugungskraft aus einer Anspielung auf Joh 21, dem wohl jüngsten Text der johanneischen Überlieferung. 2 Petr 1,14 bezieht sich nicht auf eine Vorstufe von Joh 21,18f, denn 2 Petr setzt das Kommentarwort Joh 21,19a voraus. Auch die Problemlage mit den Gegnern in 2 Petr ist mit der in Joh 21 vorausgesetzten ähnlich: Hoffnungen auf die Wiederkunft des Herrn sind angesichts des Todes von Zeitgenossen Jesu enttäuscht (Joh 21,23a vgl. 2 Petr 3,4). Der Bezug von 2 Petr 1,14 auf Joh 21,18f ist nicht beweisbar, es wäre auch ein anderes Literaturstück mit einer ähnlichen Ankündigung denkbar. Die uns bekannten Todesankündigungen in der Petrusapokalypse, den Petrusakten und den Pseudoklementinen gehören in die Zeit nach dem 2 Petr (ApkPetr 14; ActPetr 35; dt. NTApo^5 2, 286; PsClem, ep 2,1f; dt. NTApo^5 2, 450). Eine Vorstufe derartiger Überlieferungen ist für uns nicht nachweisbar.
15 Mit dem Stichwort „Ausgang" verweist 1,15 in biblisch vorbereiteter Sprache auf den Tod des Petrus (vgl. Ps 121,8^{LXX}; Weish 3,2; 7,6; TestNaph 1,1; Philon, virt 77; Josephus, ant 4,189; Lk 9,31; Justin, dial 105,3. 5; Irenäus, advhaer 3,1,1 [gr. Euseb, h.e. 5,8,3]). *Dass ihr … etwas habt:* Pseudopetrus weist voraus auf den vorliegenden 2 Petr, ähnlich im syrBar (um 120–130 n. Chr.): „Darum bin ich [sc. Baruch] sosehr darauf bedacht, euch die Worte dieses Briefes zu hinterlassen, bevor ich sterbe"; (syrBar 78,5 JSHRZ 5/2, 175 Übers. Klijn), nicht auf ein anderes Schreiben. Die kirchliche Überlieferung, dass der Evangelist Markus Dolmetscher des Petrus gewesen sei und dessen Worte aufgeschrieben habe (s. Exkurs zu 1 Petr 5,13), ist hier nicht im Blick (gegen Grünstäudl: 2013), denn Petrus stiftet nach 1,15 selbst die Erinnerung.

II 1.2 Petrus bezeugt die Himmelsstimme (2 Petr 1,16–18)

16 Denn nicht weil wir ausgeklügelten Dichtungen nachfolgten, ließen wir euch die Macht und Ankunft unseres Herrn Jesus Christus erkennen, sondern weil wir Vertraute jener Großartigkeit geworden sind. 17 Denn als er von Gott, vom Vater, Ehre und Herrlichkeit empfing, als eine derartige Stimme zu ihm getragen worden war von der großartigen Herrlichkeit: ‚Mein geliebter Sohn, dieser ist es, an dem ich Wohlgefallen hatte' 18 und eben diese Stimme haben wir gehört, als sie aus dem Himmel getragen wurde, während wir mit ihm auf dem heiligen Berg waren.

16–18 Der 2 Petr spielt auf die Verklärungsgeschichte an, wie wir sie aus Mk 9,2–10 und den Parallelen Mt 17,1–9 und Lk 9,28–36 kennen. Wohl auch die Leser wie der Verfasser des 2 Petr kennen die Jesusgeschichte aus den auch uns vorliegenden Evangelien. Die Kenntnis des Mt ist weitgehend anerkannt (Ruf: 2011; Frey). Lk und Joh 21 kommen m. E. hinzu. Pseudopetrus versucht, das Ereignis, welches ihm und seinen Lesern in mehreren Versionen vorliegt, in einer Zusammenschau der unterschiedlichen Formulierungen wiederzugeben. Die Anspielung auf die Verklärungsgeschichte in 1,16–18 stimmt mit keinem der uns bekannten Evangelien genau überein. Das führte zur These, 2 Petr kenne die Verklärungsgeschichte nur aus mündlicher Überlieferung (Bauckham 205–210). M.E. verbietet die Petrusfiktion dem Verfasser, die Evangelienliteratur genauer zu nennen.

Besonders groß ist die Nähe hier zum Mt-Ev. Die Himmelstimme 1,17 hat dieselbe Wortfolge wie die in der Verklärungsgeschichte in Mt 17,5 und Mk 9,4, stellt allerdings das „dieser ist" nach. 2 Petr 1,17 endet wie in Mt 17,5 mit den Worten: „an dem ich Wohlgefallen hatte". Nur das Mt-Ev hat diesen Nachsatz aus der Erzählung von Jesu Taufe (Mt 3,17; Mk 1,11; Lk 3,22) im Zusammenhang der Verklärungsszene wiederholt. Anders als Mt 17,5 betont 1,17 das „ich" und liest eine andere Partikelfolge *„an dem"* als Mt 17,5 (gr. 1,17 *eis hon* statt *en hō̄*), die mit ähnlicher Wortfolge auch Mt 12,18 kennt: „mein Geliebter an dem ich Wohlgefallen hatte". Mt 12,18 nimmt Jes 42,1 messianisch deutend auf. Diese Deutung verbindet Mt 12,18 mit 17,5 und erleichtert 1,17 die Partikelfolge aus Mt 12,18 in seine Anspielung auf Mt 17,5 zu übertragen (ähnlich PsClem, hom 58,1). Die Partikelfolge findet sich nicht in Jes 42,1^{LXX}, geht also auf eine Schriftdeutung zurück, die Mt und 2 Petr teilen. Auch mit lukanischem Zusatzgut der Verklärungsgeschichte finden sich im 2 Petr Ähnlichkeiten. Lukas hebt in den Versen 9,32f ohne synoptische Parallele die Sprecherrolle des Petrus hervor: „Petrus und die mit ihm waren" heißt es Lk 9,32. Nicht nur die Hervorhebung des Petrus, auch die Formulierung für dessen Begleiter (gr. *hoi syn autō̄i ē̄san*) findet sich sehr ähnlich in 2 Petr 1,18 (*hoi syn autō̄i óntes*). Zudem verbindet nur Lk 9,31 unter den Synoptikern das Stichwort Herrlichkeit (gr. *dóxa*) mit der Verklärungsgeschichte: „Petrus und die mit ihm waren in tiefem Schlaf, als sie aber erwachten, sahen sie seine Herrlichkeit …". 2 Petr 1,17 nimmt das Stichwort auf: „als er von Gott … Ehre und *Herrlichkeit* empfing, als eine derartige Stimme zu ihm getragen worden war von der großartigen *Herrlichkeit.*" Die Leser des 2 Petr sollen die Andeutungen über die Verklärungsgeschichte zuordnen können, also eine entsprechende Erzählung kennen, wie wir sie jetzt in Mk 9,2–10 und den synoptischen Parallelen (Mt 17, 1–9/Lk 9,28–36) finden. Die Geschichte ist für die Adressaten so vertraut, dass Pseudopetrus den Berg als „heiligen Berg" vorstellen kann (2 Petr 1,18), eine Bezeichnung, die sonst in den Evangelien dem Zion vorbehalten war, doch den Zion meint 2 Petr hier nicht. Die Leser sollen den Berg kennen. Sie sollen diese Zuordnung nachvollziehen, denn so gelingt es dem Pseudopetrus, seine besondere Autorität mit der Andeutung herauszustellen. Dass Pseudopetrus tatsächlich die auch uns noch vorliegenden Jesusüberlieferungen benützt und bei seinen Lesern voraussetzt, legt der Bezug auf Joh 21,18f in 2 Petr 1,14 nahe, denn Joh 21 wurde wohl nie ohne die synoptischen Parallelen gelesen.

16 In 1,16 beansprucht Pseudopetrus, nicht nur Überlieferungen ungeklärter Herkunft, *ausgeklügelte Dichtungen* (gr. *mýthoi*) zu haben (vgl. 2,3: erdichtete Worte), sondern persönlichen Kontakt zu Jesus Christus gehabt zu haben: Er nennt sich einen *Vertrauten* oder Augenzeugen, der mit anderen zusammen die von Gott ausgehende Stimme vernommen hatte. Diese persönliche Vertrautheit ist selbst durch den Geist nicht einzuholen. Es geht also um eine Legitimation durch Rückverweis auf den irdischen Jesus, vielleicht im Gegenüber zu Offenbarungen, die sich auf den auferstandenen Christus berufen. Der Brief zielt darauf, Erinnerung zu bewahren, wörtlich etwa: „Erinnerung herstellen". Es geht dem Pseudopetrus dabei nicht um eine Erinnerung speziell an Petrus, sondern um eine Erinnerung an Vertraute aus dem Umkreis des irdischen Jesus. So spricht er im apostolischen „Wir" in 1,1. 16. 18f (s. zu 1,3). Es geht dem Pseudopetrus darum, die Erinnerungen der ersten Vertrauten zu bewahren. Dazu schreibt er seinen Brief. In ihm bleibt er als Erinnerung. Wie dies zu denken ist, erklärt vielleicht die Äußerung in 2 Petr 3,15 über die Briefe des Paulus. Danach schrieb Paulus einst (Aorist), damit er jetzt und immer wieder *spricht* (Partizip Präsens). Pseudopetrus hat über die schriftliche Form der Überlieferung nachgedacht, er führt sie ausdrücklich ein. Pseudopetrus verweist zur Legitimation seiner besonderen Erfahrungen auf schriftlich vorliegende Zeugnisse dieser besonderen Erfahrungen. Die Leser des 2 Petr sollen mit den Anspielungen die Vertrauenswürdigkeit des Autors überprüfen können. Der vermeintlich zu Lebzeiten des Petrus verfasste 2 Petr stellt die Verklärungsgeschichte so dar, wie sie die Leser des Briefes aus den Synoptikern kennen.

17–18 Die mit Petrus anwesenden Zeugen vernehmen eine Stimme, die zu Jesus „getragen" wurde. Das hier wie in einer nicht häufigen übertragenen Bedeutung von „vortragen" benützte Verb zielt auf die Ankunft beim genannten Rezipienten und blendet den Überlieferungsweg aus (ähnlich 2 Joh 10). Das Passiv (1,17. 18. 21) verweist auf den göttlichen Ursprung, ohne Gott zu nennen (vgl. 1 Petr 1,13). Nach 1,18 hat die Stimme ihren Ursprung im Himmel. Das Medium der Gotteskunde ist als Stimme nicht vorweisbar außerhalb des persönlichen Zeugnisses (1,18). Dieses Zeugnis können die Vertrauten Jesu einbringen, wenn schriftliche Überlieferungen zu deuten sind.

II 1.3 Schrift und Augenzeugen verbürgen Weissagung (2 Petr 1,19–21)

19 Um so fester haben wir das prophetische Wort und ihr tut gut daran, dass ihr darauf achtet als auf ein Licht, das da scheint an einem dunklen Ort, bis der Tag anbricht und der Morgenstern aufgeht in euren Herzen; 20 und das sollt ihr vor allem wissen, dass keine Weissagung in der Schrift eine Sache eigener Auslegung ist; 21 denn es ist noch nie eine Weissagung aus menschlichem Willen hervorgebracht worden, sondern, wenn Menschen vom heiligen Geist getragen sind, redeten (sie) von Gott.

19–21 Die Verse nehmen das Thema des Autoritätsvorsprungs der Vertrauten Jesu auf. Diese haben die Überlieferungen zuverlässiger bzw. „fester“, weil sie bei der Deutung nicht nur auf eigene Auslegungen angewiesen sind, sondern Klarheit aus der vom heiligen Geist getragenen Ausgangssituation mitbringen.

19 Die schriftlichen Überlieferungen werden als dunkle Orte vorgestellt, die dem Wanderer gefährlich werden können. Hier helfen persönlich anwesende Ausleger „wie ein Leuchter am dunklen Ort“ (4 Esr 12,42; vgl. Joh 5,35; syrBar 46,1f; 77,13–17). Die Schriften liegen vor, sind aber schwer zu erschließen, so insbesondere die Paulusbriefe (3,16). Die Auslegungshilfe wird nötig sein, bis das Ende der Tage anbricht in den Herzen. Damit wird nicht die Endzeit auf das Innere beschränkt – dies widerspräche auch 3,10–13 –, sondern die selbsterklärende Auswirkung der Endzeit angesprochen, die bis ins Personzentrum („Herz“) heranreichen wird. Das Bild vom aufgehenden Stern für die Endzeit geht auf eine messianische Deutung von Num $24,17^{LXX}$ zurück. Simon ben Kosiba, Aufstandsführer 133–135 n. Chr., beanspruchte, dieser Stern Jakobs zu sein. Rabbi Aqiba sprach ihm dies zu und nannte ihn „Bar Kochba“, dt: Sternensohn (jTaan 4,8, 68d). **20–21** Solche Zuschreibungen sind Auslegungen, wörtlich „Auflösungen“ dunkler Worte und Träume (Nomen fehlt in Septuaginta und Neuem Testament; Verb Mk 4,34 und 5× bei Philon, Nomen öfters bei Hermas). Die umstrittenen Verse 1,20f sind wohl so zu deuten, dass eine Schriftauslegung ohne Festigung durch Vertraute der Ursprungssituation fehl geht. Zuverlässige Auslegungen geschehen nicht „jetzt“ (1,20), sondern sind gesprochen worden (1,21). 1,21 erlaubt zu unterscheiden zwischen den Propheten selbst und deren Auslegern, „vom Geist getragene Menschen“ (1,21fin). Die Prophetenkommentare von Qumran unterscheiden zwischen den Schriftpropheten und dem „Lehrer der Gerechtigkeit“, „dem Gott kundgetan hat die Gesamtheit der Mysterien der Worte seiner Diener, der Propheten“ (1QpHab 7,4f; dt. Maier I, 161). Die Schriftautoren haben einst ihre Prophetien nicht willentlich und bewusst verfasst (21a; vgl. 1 Petr 1,12), aber vom Geist getragene Menschen sprachen sie aus. Für die Leser des 2 Petr sind nun überlieferte Schriften und richtige Auslegung zusammen zu bringen, um zuverlässigere Prophezeiungen zu erhalten.

II 2 Die Gefahr der Lügenlehrer (2 Petr 2,1–22)

1–22 Anschließend an das Stichwort „Prophetie" (1,19–21) kommt Pseudopetrus über die in der Schrift belegten Lügenpropheten auf Lügenlehrer zu sprechen, die er seiner Testamentsfiktion entsprechend ankündigt (2,1–3). Diese Lügenlehrer dürften mit den in 3,1–16 angegriffenen Leugnern der Wiederkunft Jesu weitgehend übereinstimmen. Zunächst bietet er eine Beispielreihe aus der jüdischen Tradition, die belegen soll, dass Fehlverhalten ebenso endzeitlich geahndet werden wird, wie durchgehaltene Treue belohnt werden wird (2,4–10a). Pseudopetrus schreibt an Christen, die durch das Wirken dieser „Lehrer" gefährdet sind, zurückzufallen in einen vorchristlichen Zustand. Diesen Rückfall beschreibt er drastisch als eine Vertierung des Menschen (2,10b–22).

II 2.1 Ankündigung der Falschlehrer (2 Petr 2,1–3)

1 Es waren aber auch Falschpropheten unter dem Volk, wie auch unter euch Falschlehrer sein werden, die verderbliche Teilgruppen einführen werden, wobei sie auch den Besitzherrn verleugnen, der sie erkaufte; (und) wobei sie über sich selbst ein schnelles Verderben herbeiführen. 2 Und viele werden ihnen nachfolgen in ihren Ausschweifungen; um ihretwillen wird der Weg der Wahrheit verleumdet werden; 3 und aus Habsucht werden sie euch mit erdichteten Worten zu gewinnen suchen; das Gericht über sie bereitet sich seit langem vor, und ihr Verderben schläft nicht.

1–3 Pseudopetrus kündet Falschlehrer an, die im Umfeld der Adressaten viele Anhänger finden. Pseudopetrus will die Adressaten gegen den Einfluss dieser Falschlehrer immunisieren; deren Verderben selbst wird Gott bereiten, wie es dann 2,4–10a ausführt. Mehrere Stichworte aus Jud 4 montiert Pseudopetrus in seine Darstellung. Das Stichwort des endzeitlichen Verderbens aus Jud 5 nennt 2,1. 3 dreimal. Dass er gelegentlich ähnlich klingende Worte statt genau gleicher in seine Darstellung setzt, könnte unbewusst geschehen (2,1: einführen gr. *pareisáxousin*; Jud 4: hineingesickert, gr. *pareisédysan*). Er könnte sich aber auch durch die erkennbare Ähnlichkeit seiner Sprachgestalt den Klang des Ursprungs geben wollen. Dann würde er die Kenntnis des Jud bei seinen Lesern voraussetzen. Dies ist nicht beweisbar und nur durch die frühe Rezeptionsgeschichte des Jud wahrscheinlich zu machen (vgl. Einl., 3).

1 Die Ankündigung von Abweichlern und Irrlehrern in der Endzeit ist auch im frühen Christentum verbreitet (Mt 24,11. 24; Mk 13,22; Apg 20,29f; 2 Tim 3,1–5; 4,3f; Did 16,3; ApkPetr [gr] 14 [1f gr. Fragm, NTApo[5] 2, 575]; Justin, dial 35,3; 82,1f). Diese werden gerne bezeichnet als *Falschpropheten* (Mt 7,15; 24,11. 24; Mk 13,22; Lk 6,26; Apg 13,6; 1 Joh 4,1; Offb 16,13 u.ö.), Falschbrüder (2 Kor 11,26; Gal 2,4), Falschzeugen (Mt 26,60; 1 Kor 15,15) oder Falschapostel (2 Kor 11,13). Vor 2,1 unbelegt ist dagegen die Bezeichnung *Falschlehrer*; inhaltlich ähnlich redet Hermas von „Möchtegern-Lehrer" (Hermas, sim 9,22,2). Diese Bezeichnung dürfte den Tätigkeitsbereich der Gegner beschreiben, die nicht Prophetien ausrichten, sondern auslegen (vgl. 1,20f). Der nächste Beleg dieser Vokabel bei Justin entstammt einem ähnlichen Diskurs wie 2,1 und differenziert ausdrücklich Falschpropheten, die es einst gab, und den gegenwärtig (gr. *nyn*) vielen Falschlehrern (Justin, dial 82,1). Die auf diese Stelle bei Justin beschränkte Ähnlichkeit zum 2 Petr macht Abhängigkeit des Justin von 2 Petr (Bauckham 237) ebenso unwahrscheinlich wie die des 2 Petr von Justin (Grünstäudl: 2013, 206–226). Anders als beim Streit um wahre und falsche Prophetie (Dtn 18,20–22; Jer 14,13–15; Hes 13,3–9) bestreitet 2,1 die Richtigkeit der Deutung der in ihrer vorliegenden Gestalt unbestrittenen Schriften. Ähnliches widerfährt nach 3,16 Worten aus den Paulusbriefen. Vgl. Polykarp (gest. um 167): „wer die Worte des Herrn nach seinen eigenen Begierden verdreht ..., der ist der Erstgeborene des Satans. Verlassen wir ... die falschen Lehren [gr. *pseudodidaskalías*] und wenden wir uns dem Worte zu, das uns seit Anbeginn überliefert ist" (Polykarp, Phil 7,1f; Übers. Fischer). Diese Lehrer führen verderbliche *Teilgruppen* ein. Den Plural wählt Pseudopetrus wohl, weil er vor unterschiedlichen Gruppen mit seinem Schreiben warnen will. Vielleicht nimmt 2,1 ein außerkanonisches Jesuswort auf, das Spaltungen und Teilgruppen ankündigt (Agraphon 75 [Resch], nicht AcA; vgl. AscensioJes 3,22; Justin, dial 35,3, 51,2). Das hier mit Teilgruppe übersetzte Wort (gr. *haíresis*) kann auch die Sonderlehre bezeichnen, der Anschluss 2,2 („viele") passt aber besser zur personalen Übersetzung. Der angehängte Genitiv *des Verderbens* qualifiziert diese Gruppen als dem Verderben anheimgestellte, wie er es dann ausführt (2,1fin; 2,3; 3,7. 16). Das Einführen der Gruppen geschieht „nebenbei-hinein" (gr. *par-eis-*), übersetzt man die doppelte Vorsilbe des Verbs, also zunächst unbemerkt (vgl. Gal 2,4; Jud 4). Dass die Gegner ihren *Besitzherr verleugnen,* übernimmt 2 Petr aus Jud 4, fügt aber noch eine aus dem Sklavenhandel abgeleitete christologische Metapher an: *der sie erkaufte* (1 Petr 1,18f; Offb 5,9; 14,3f, vgl. 1 Kor 6,20; 7,23; Gal 4,5). Die Metapher zielt auf die verpflichtende Loyalität des Sklaven gegenüber seinem Besitzer. **2** Die im 2 Petr ohne Zurückhaltung über die Gegner gegossenen moralischen Diskreditierungen sind Polemik und sollten nicht als verlässliche Beschreibungen der Gegner hergenommen werden. Das Verb *nachfolgen*, wörtlich „heraus-nachfolgen“ benützte bereits 1,16 für ein „den Mythen folgen“. Eine personale Nachfolgegemeinschaft ist daher nicht bei den Gegnern vorausgesetzt. Die eigene Gemeinschaft nennt 2,2 in jüdisch vorgeprägter Weise „Weg der Wahrheit“ (Ps 119,30; Weish 5,6; 2Klem 35,5; Textvariante Jak 5,19; vgl. 1,12), vgl. „den geraden Weg“ (2,15), oder den „Weg der Gerechtigkeit“ (2,21). Das Ansehen der Christenheit wird unter den vielen Anhängern der Gegner leiden. Die Sorge um das Ansehen der Nichtchristen nennt auch der 1 Petr mehrfach (1 Petr 2,12. 15; 3,16; 4,15, vgl. 1 Thess 4,12; 1 Kor 14,23). **3** Die Gegner können statt zuverlässiger Zeugnisse der Schrift nur *erdichtete* (gr. *plastós*) Worte vorweisen (vgl. 1,16). Ähnlich wirft Christenkritiker Kelsos (Ende 2. Jh.) den Jüngern vor, sie hätten Erdichtetes (gr. *plásmata*) aufgezeichnet (Origenes, Cels 2,15, vgl. 2,55). Dieser Vorwurf gehört ebenso zur Gegnerpolemik wie der der Geldgier oder Habsucht (vgl. Jud 11). Nachdem 2,1 vom bald kommenden Gericht sprach, kündet 2,3 dessen bevorstehende Wirkung an. Die momentan nicht erkennbare Gerichtsverfallenheit der angegriffenen Gegner veranlasst 2 Petr 2,4–10a.

II 2.2 Strafe und Belohnung in der Geschichte Israels (2 Petr 2,4–10a)

4 Denn wenn Gott selbst die Engel, die gesündigt haben, nicht verschonte, sondern sie auslieferte, indem er sie in Gruben der Finsternis im Strafort verwahrt, damit sie für das Gericht festgehalten werden;
5 und (wenn) er die frühere Welt nicht verschonte, sondern bewahrte als achten Noah, den Verkünder der Gerechtigkeit, als er die Sintflut über die Welt der Gottlosen brachte; 6 und (wenn) er die Städte Sodom und Gomorra verurteilte zum Untergang, indem er sie einäscherte, um denen, die beabsichtigen gottlos zu sein, ein Beispiel zu setzen;
7 und (wenn) er den gerechten Lot rettete, der durch den Lebenswandel der Frevler in Ausschweifung niedergedrückt wurde 8 – denn durch Anblick und Hören plagte Tag für Tag d(ies)er Gerechte (Lot), der unter ihnen wohnte, die gerechte Seele durch ihre bösen Werke –
9 (dann) vermag der Herr, die Frommen aus der Versuchung zu erretten, die Ungerechten aber festzuhalten für den Tag des Gerichts, um sie zu strafen, 10 am meisten aber die, die nach dem Fleisch leben in unreiner Begierde und die Herrschaft verachten.

4–10a Der Abschnitt nennt Beispiele aus der biblischen Überlieferung, die entweder bestraft wurden (Sodom und Gomorra), der Bestrafung nicht entkommen werden (gefallene Engel) oder nach schwerer Zeit belohnt wurden (Noah und Lot), um den in 2,1–3 genannten Gegnern ihre Gerichtsverfallenheit ebenso vor Augen zu führen wie den Lohn für die Standhaften. Die Beispiele übernimmt 2 Petr aus Jud 6 (gefallen Engel), Jud 7 (Sodom und Gomorra) und fügt, vielleicht angeregt durch 1 Petr 3,19f, Noah hinzu. Aus eigenen Traditionskenntnissen ergänzt er Lot. 4–10a bildet einen langen Satz, der viermal auf Beispielfälle verweist (4–7), wobei das „wenn“ aus 2,4 in 5–7 mitzuhören ist, und dann erst nach einem Zwischengedanken (2,8) seinen Schluss zieht (2,9.10a). Die vier Beispiele (4–7) sind sprachlich ähnlich gestaltet: ein Verb im Aorist nennt die Tat Gottes (4 er schonte nicht … übergab; 5 schonte nicht … bewahrte; 6 verurteilte; 7 errettete), die modal mit Partizipien erläutert werden (4 im Strafort verwahren; 5 herbeiführen; 6 einäschern). Das Partizip Perfekt „setzen“ benennt das gegenwärtig vorhandene (Warn-)Beispiel, das Gott gesetzt hat (6). Der Subjektswechsel 2,8 von Gott zum Gerechten – gemeint ist Lot –, markiert einen Zwischengedanken, bevor dann die Tat des Herrn, also Gottes oder des wiederkommenden Christus, ausgedrückt wird mit dem Verb „vermag er“ und angeschlossenen Infinitiven. Um diese lange Satzperiode im mündlichen Vortrag verständlich zu machen, muss die vierfache Voraussetzung, der Zwischengedanken und der Abschluss durch Pausen, Diktionsmodulation oder Gestik unterstützt werden.

4 Aus Jud 6 übernimmt 4 verkürzend das Beispiel der gefallenen Engel.

Textüberlieferung: Sowohl die Lesart *Gruben* (gr. *seiroís*; so mit Nestle[28]) wie „Fesseln“ (gr. *siroís*) sind gut bezeugt. Die gr. Worte unterscheiden sich nur im Schriftbild, nicht in der anzunehmenden Aussprache.

Im Strafort verwahren benützt ein gr. Wort, das auf den Tartaros verweist. In der gr. Mythologie liegt dieser Strafort der Titanen unter dem Hades. Da griechischsprachige Juden mit dem Wort Tartaros die Unterwelt (hebr. *scheol*; *gehenna*) bezeichnen können, ohne den heidnisch-mythologischen Hintergrund zu übernehmen (Hiob 40,20^{LXX}; 41,24^{LXX}; Spr 30,16; Philon, praem 152; legat 49; QEx 2,40 [gr. Fragment]), ist dies auch beim seltenen Verb (gr. *tartaróō*) für 2 Petr anzunehmen. **5** *Als achten Noah*: Die Zählung meint Noah und sieben andere, nämlich seine Frau und seine drei Söhne und deren Frauen (Gen 7,7. 13; 8,18). Die Achtzahl übernimmt Pseudopetrus aus der jüdisch-christlichen Auslegungstradition (Sibyll. Orakel 1,281; 1 Petr 3,20; Theophilus, Autolyk [Ende 2. Jh.] 3,19 [3×]; mit Spekulationen zur Achtzahl: Justin, dial 138,1; Irenäus, advhaer 1,18,3). Dass Noah Verkünder der Gerechtigkeit war, gehört zur vorchristlichen jüdischen Auslegungstradition (Jub 7,20; Josephus, ant 1,74 u.ö.; nicht 1 Petr 3,19f). Pseudopetrus greift unabhängig von 1 Petr 3,19f auf jüdische Auslegungen zurück. **6** Das Beispiel von Sodom und Gomorra übernimmt Pseudopetrus aus Jud 7 und frühjüdischen Auslegungen, so das Stichwort Einäscherung (Wort bei Philon, ebr 223; es fehlt in LXX und Neuem Testament). Das Motiv vom Feuergericht nimmt er in 3,5–7 wieder auf. **7** Den Lot belasten *Ausschweifungen* der Sodomiter. Das Stichwort verbindet die biblischen Urfrevler mit den Falschlehrern (2,2. 18). Das Beispiel Lots findet 2 Petr weder im 1 Petr noch im Jud. Auch die Berichte in Gen 19,30–38 sind wenig geeignet, Lot als beispielhaften Gerechten anzuführen. Eine positive Wertung Lots ist allerdings im Judentum gelegentlich greifbar (Weish 10,6; 19,16; Philon, Mos 2,58; „über Lot spreche man: ‚Der der Gerechten gedenkt'" bBer fol. 54b; dt. Goldschmidt 1, 237; Bill. 2, 237). Pseudopetrus knüpft an diese Tradition an. **8** Als Vorbild für die Leser des 2 Petr stellt der Zwischensatz Lots Standhaftigkeit in böser Umgebung dar. Dass sich Lot als Fremder in Sodom einer Gefahr aussetzte, weil er sich nicht an deren Luxusmählern und Freuden der angestammten Bewohner beteiligte, weiß schon Philon zu berichten (Philon, Mos 2,58), ohne von Folterqualen zu reden wie 2,8: *die Seele plagen*. **9** Die Bezeichnung „Gerechter" nimmt 2,9 ohne Bedeutungsnuance mit „Frommer" auf. Gott vermag aus der Versuchung zu erretten (vgl. Mt 6,13). **10a** V. 10a führt die Beispielreihe mit Worten aus Jud 7f wieder zu den anvisierten Falschlehrern zurück. Die Herrschaft bezieht sich auf die ewige Herrschaft Christi (1,11), welche die Falschlehrer verleugnen (2,1).

II 2.3 Die Selbstherabwürdigung zum Tier (2 Petr 2,10b–22)

10b Dreiste Selbstgefällige! Sie schrecken nicht davor zurück, Herrlichkeiten zu verleumden, 11 wo doch die Engel, obwohl sie größere Stärke und Macht haben, kein verleumdendes Richten gegen diese beim Herrn vorbringen.

12 Diese aber, wie unvernünftige Tiere, die von Natur dazu geboren sind, dass sie gefangen und geschlachtet werden, wenn sie das, wovon sie nichts verstehen, verleumden, werden sie auch in ihrem Verderben vernichtet werden, 13 weil sie den Lohn der Ungerechtigkeit davontragen, weil sie es für eine Lust halten, am hellen Tag zu schlemmen, weil sie als Schand- und Schmutzflecken schwelgen in ihren Betrügereien, wenn sie mit euch prassen, 14 weil sie Augen voll Ehebruch haben und nimmer satt der Sünde sind, weil sie ungefestigte Seelen ködern, weil sie ein Herz getrieben von Habsucht haben – des Fluchs Kinder!

15 Weil sie den richtigen Weg verließen, werden sie in die Irre geleitet werden, so dass sie nachfolgen dem Weg Balaams, des Sohnes Bosors, der den Lohn der Ungerechtigkeit liebte, 16 empfing aber eine Zu-

rechtweisung für seine Übertretung: das stumme Lasttier verlautete
mit Menschenstimme und wehrte der Verrücktheit des Propheten.
17 Diese sind Quellen ohne Wasser und Wolken, Nebelschwaden vom
Wirbelwind umhergetrieben, denen die Finsternis der Dunkelheit be-
wahrt ist. 18 Denn indem sie Hochtrabende (Worte) über Nichtigkeit
verlauten, ködern sie durch Begierde der Ausschweifung des Fleisches
diejenigen, die wirklich denen entrinnen, die im Irrtum ihr Leben füh-
ren, 19 indem sie ihnen Freiheit verheißen, obwohl sie selbst Knechte
des Vergehens sind. Denn durch was jemand überwunden ist, dessen
Knecht ist er geworden. 20 Denn wenn sie, nachdem sie den Befle-
ckungen der Welt entronnen durch die Erkenntnis unseres Herrn und
Heilands Jesus Christus aber wiederum mit diesen (den Befleckungen)
sich verbanden, dann sind sie überwunden, (dann) stehen die Dinge
des Endes für sie schlechter als vorher. 21 Denn es wäre besser für sie
gewesen, den Weg der Gerechtigkeit nicht erkannt zu haben, als dass
sie, nachdem sie ihn erkannten, sich abkehrten von dem heiligen Ge-
bot, das ihnen überliefert worden war. 22 An ihnen hat sich erwiesen
die Wahrheit des Sprichworts: Der Hund, der umkehrt zum eigenen
Ausgespeiten; und: Die Sau, die sich abgewaschen hat, (die umkehrt)
zur Jauchen-Suhle.

10b–22 Ein Ausruf markiert mit dem Wechsel zur 3. Person einen Abschnittswechsel. In 10b–22 prangert Pseudopetrus an, die Gegner würden sich selbst zu Tieren machen und so ihren höheren Status leichtfertig aufgeben. Die drastischen Sprüche 22 nehmen dieses Thema auf. Der Vorwurf kommt aus einer vernunftlosen Triebverfallenheit und Geldgier der Gegner. Beide Vorwürfe gehören zum üblichen Repertoire der Gegnerpolemik und lassen kaum zu, auf deren Anliegen zurückzuschließen. Auch dass Epikureer gerne mit Tiervergleichen diffamiert werden, belegt keinen Einfluss Epikurs auf die Gegner, sondern nur die Verbreitung der Polemik (Einl., 6). Das Thema Mensch und Tier regt 15f an, das Bileam-Beispiel aus Jud 11 zu erweitern. Die vertierende Wirkung der Gegner auf andere behandeln 17–22.

10b Einzelne Vokabeln sind abgewandelt aus Jud 8f übernommen. Der Ausruf richtet sich nach außen, denn der folgende Satz nimmt diese Leute in 3. Person auf. Diese verleumden Herrlichkeiten. Bislang war nur vom Verleugnung des Herrn (2,1), Verleumdung des Weges der Wahrheit und Herabsetzen seiner Herrschaft (2,10a) die Rede. Den Plural *Herrlichkeiten*, der in der Vorlage Jud 8 auf mehrere Engelsmächte zielt, erklären die Verse 10f nicht. Im Kontext von 2,11 sind die Herrlichkeiten wohl auf das Umfeld des Herrn (11) zu beziehen, ohne dass damit Engelsmächte gemeint sein müssen. **11** Die ungleich höher als die Gegner stehenden Engel verleumden *diese* nicht im Umfeld des Herrn, d.h. Gott oder

Christus. Grammatikalisch kann sich *diese* auf die Herrlichkeiten ebenso beziehen wie auf die 10b angeredeten Gegner. Wenn *diese* auf die Gegner zu beziehen wäre, verrät uns 1,11, dass die Engelmächte sich nicht so schäbig verhalten wie die Gegner. Wer würde das anders erwarten?

12–14 V. 12–14 bilden einen Satz mit dem Hauptverb *sie werden vernichtet werden* (12fin), das viele Partizipien umgeben. Subjekt sind seit 10b die Gegner. Ein Partizip und ein vergleichender Nebensatz stellen die Gegner dar als zum Verderben bestimmte Tiere und Verleumder, dann folgen nach dem Hauptverb sieben präsentische Partizipien, die das Verhalten der Gegner beschreiben. Die immer kürzer werdenden Satzteile enden dann in einer zwei Worte umfassenden Anrede (14fin, vgl. 12). **12** Der Nebensatz übernimmt aus Jud 10 das Stichwort der unvernünftigen Tiere für die Gegner, die vergehen, ja zum Vergehen bestimmt sind. Weil die Gegner angeblich hinter dem Fleisch her sind (10), beschreibt Pseudopetrus sie hier als Schlachtmaterial. Da in griechischer philosophischer Tradition die Sprachfähigkeit bzw. Vernunft den Menschen über das Tier hinaus hebt, waren Tiervergleiche für Epikureer verbreitet, die angeblich nur die tierischen Freuden des Menschen fördern. Horaz begegnet solcher Polemik souverän ironisch, wenn er sich als Schwein aus der Herde Epikurs vorstellt (Horaz, ep 1,4,16). Die Gegner werden wie das Schlachtvieh *auch* vernichtet werden. Das Futur des Hauptverbs könnte auf das Endgericht zu beziehen sein, oder, wie andere Futura bei den Gegnerankündigungen in 2 Petr, aus der Perspektive des angeblichen Autors Petrus auf die Gegenwart der Adressaten zielen und so eine baldige Vernichtung ankündigen. Für 2 Petr sind beide Positionen wohl verbindbar: Das lange ausgebliebene Endgericht kommt jetzt bald. **13–14** V. 13f fügen an das Hauptverb sieben präsentische Partizipien, die andauernde oder wiederholte Verhaltensweisen der Gegner beschreiben. Ich übersetze die Partizipien in begründenden Nebensätzen. Für seine Beschimpfungen genügen Pseudopetrus wenige Vorgaben aus Jud 12, die er stark erweitert. Über das Verderben der Gegner selbst hinaus blickt bereits 14 auf den schlechten Einfluss der Gegner auf ungefestigte Gemeindeglieder (*Seelen*), die von den negativen Menschenfischern angezogen, geködert werden. Das *Ködern*, also mit Lockmitteln zu agieren, die einen Haken verbergen (2,14. 18; vgl. Jak 1,14), gehört ebenso zum Standard der Vorwürfe wie *Ehebruch*, Völlerei (*schlemmen, schwelgen*), *Habsucht* und *Betrügereien* (gegen Lügenpropheten ähnlich: Hermas, mand 9,12). Die Reihe beschließt ein auf die Gegner zielender Ausruf, wie ein solcher den Abschnitt 10b eröffnete. Dabei stehen *Kinder* wie im biblischen Sprachgebrauch („Kinder Israels") für erwachsene Menschen. Ähnliche Verbindungen der Bibel stellen das Wort Kinder vor den qualitativen Genitiv, der hier vorangeht: *des Fluchs* Kinder. Pseudopetrus formuliert mit biblischen Klang, aber eigenständig.

15–16 Aus Jud 11 nimmt Pseudopetrus das Beispiel *Balaams*, so die gr. Benennung des hebr. Bileam. Nach der biblischen Erzählung Num 22–24 wollte der Moabiterkönig Balak den Bileam vom oberen Euphrat (Num 22,5; Num 23,7; Josephus, ant 4,104) gewinnen, das anrückende Volk der Israeliten zu verfluchen. Die Gesandten Balaks halten Lohn für das Wahrsagen bereit (Num 22,7). Auf dem Weg zu Balak sieht sein Esel, aber nicht Bileam einen den Weg verwehrenden Engel des Herrn (Num 22,22–27). Erst nachdem der Herr den Esel sprechen ließ, sieht dann auch Bileam den Engel und kommt zur Einsicht (Num 22,28–34). Die nachbiblische Überlieferung stilisiert Bileam zum Verführer, der keinen Anteil an der kommenden Welt habe und redet von Schülern Bileams (z. B. mAbot 5,19; Bill. 3, 771 f; vgl. Offb 2,14). Solche Weiterführungen der biblischen Überlieferung setzt auch 2,15 f voraus.

15 Die Gegner sind gleichsam Schüler Bileams und verließen den *richtigen Weg*, so nennt auch 2,2. 21 die christliche Wahrheit.

Textüberlieferung: Mit Nestle[28] ist das Partizip Aorist zu lesen, das auf den Beginn der Abweichung vom rechten Weg zielt und nicht wie die präsentischen Partizipien in 12 f auf wiederholtes Verhalten der Gegner (so Nestle[27]).

Das aus der Jesusüberlieferung positiv geprägte *Nachfolgen* verwendet Pseudopetrus hier wie 1,16; 2,2 für falsche Nachfolge. In der biblischen Überlieferung ist Balaam einhellig Sohn des Beor nicht des *Bosor* (Num 22,5; 31,8; Dtn 23,5). Diese bislang nicht überzeugend erklärte Sonderüberlieferung korrigieren sekundär viele Handschriften. **16** Aus Num 22–24 wird nicht deutlich, welche *Übertretung* dem Bileam vorgeworfen werden kann. Der heidnische Bileam ist nicht an die Tora gebunden. Wohl deutet 2,16 den Aufbruch zu Balak als Übertretung und parallelisiert diesen mit den Gegnern, die den geraden Weg verlassen (2,15). Im Beispiel ist das Lasttier (so auch Philon, Mos 1,269; nicht Num 22; dort immer Eselstute) dem Bileam überlegen, weil jener aus Gewinnsucht das Wort des Herrn verdrehen will, dieses aber ausrichtet, was Gott es sehen ließ. Ohne diese Einsicht ist der Bileam dümmer als das vernunftlose Tier (vgl. 1,21; 2,12; Philon, Mos 1,272). Das Alte Testament wie auch Philon und Josephus vermeiden den Titel *des Propheten* für den Heiden Bileam, den 16 ihm zugesteht (Philon, Mos 1,276; mut 203 [ausdrückliche Abgrenzung]; Josephus, ant 4,108 nennen ihn Orakelsprecher; gr. *mántis*). Freilich verbindet 2,16 den Titel mit der *Verrücktheit* des Propheten, ein Motiv, das mit anderen Vokabeln auch sonst für Bileam belegt ist (z. B. Philon, mut 203; Mos 1,293; imm 181). Die seltene Vokabel gestaltete wohl Pseudopetrus, um die Verrücktheit des Bileam mit dessen (Gesetzes-)Übetretung zu parallelisieren gr. *paranomía/parafronía*).

17–22 V. 17–22 zielen auf die Gefahr, welche die Gegner darstellen für Menschen, die ihnen nachfolgen.

17 Mit Worten aus Jud 12f, die 17 erweitert, polemisiert Pseudopetrus gegen die Falschlehrer. Sie seien *Quellen ohne Wasser*, also versiegte Quellen oder Brunnen, die den Durstigen enttäuschen werden. In *Nebelschwaden* verlieren die Falschlehrer und ihre Anhänger jegliche Orientierung. Die *Finsternis der Dunkelheit* (vgl. 2,4) ereilt die Falschlehrer als endgültige Vernichtung (2,1. 3. 9) wie die sündigen Engel (2,4), Sodom und Gomorra (2,6). Dieser Strafort ist schon eingerichtet und besteht. **18** Die Polemik unterstreicht bildreich, dass der äußere Schein nicht der tatsächlichen Bedeutung entspricht, so bei den stolzen Worten. Sie *ködern* mit Sexangeboten eben zum Christentum bekehrte Menschen. In nachbiblischen Erweiterungen zur Bileamgeschichte rät Bileam dem heidnischen Herrscher Balak, die Israeliten durch Frauen aus seinem Reich zu verführen und dann zum Götzenopfer zu verleiten (Philon, Mos 1,294–301; Josephus, ant 4,126–130, LibAntB 18,13f, Offb 2,14; bSanh 106a; dt. Goldschmidt 9, 110f; vgl. zu Jud 11). So wird das in Num 25,1f konstatierte Fehlverhalten der Israeliten auf den unmittelbar vorher, Num 22–24, vorgestellten Bileam zurückgeführt. Wie 2,18 benützt auch Philon dabei das Stichwort Köder (Philon, Mos 1,295). Nicht aus der Überlieferung, sondern wohl aus der anvisierten Praxis der Falschlehrer heraus beklagt Pseudopetrus die Anfälligkeit der eben Bekehrten (vgl. 2,14. 20). Sexuelle Reize sind für heidnisch geprägte Menschen, so Pseudopetrus, besonders gefährlich.

Textüberlieferung: Nestle[28] liest *wirklich* (gr. *óntōs*), statt „kaum“ (gr. *olígōs*, so Nestle[27]). Beide Lesarten sind gut bezeugt. Die Aussage, dass noch nicht ganz Bekehrte zurückfallen, passt sachlich nicht (s. 2,20).

19 Der Vorwurf, die Falschlehrer würden *Freiheit* versprechen, gehört nicht zu den üblichen Schmähungen und deutet so auf ein tatsächliches Anliegen der Falschlehrer. Das Stichwort ist v. a. durch Paulus prominent entfaltet worden (Röm 8,2. 21; 1 Kor 7,21; 9,1; 12,13; 2 Kor 3,17; Gal 2,4; 5,1. 13). Da die Gegner Paulusbriefe kennen (3,16), dürften die Gegner von da ihr Stichwort hernehmen. Pseudopetrus wirft den Falschlehrern vor, hochtrabend von Freiheit zu reden, aber die klägliche Realität der Verknechtung durch die Macht der Sünde dabei zu ignorieren (vgl. Sünde im Singular 2,14). Wie aus 3,3f geschlossen werden kann, meinen die Falschlehrer jeglicher Beurteilung ihrer Lebensweise durch die Freiheit enthoben zu sein. Wahre Freiheit ist nie individueller Besitz, sondern immer zur Solidarität mit Gott und den Menschen verpflichtendes Geschenk, das der Beurteilung durch Gott entgegengeht. **20** V. 20 entfaltet die Aussage von 19 über die eben Bekehrten (*sie*), die den Falschlehrern verfallen sind. Befleckungen der Welt setzt ein sauberes Gewand der eben Bekehrten voraus, das in der Welt gefährdet ist, besudelt zu werden (2,10; Jud 8; vgl. Offb 3,4f). Die Erkenntnis (s. 1,2) Jesu Christi (s. zu 1,1) und das Entrinnen gehören offenbar zusammen, vielleicht eine Anspielung auf die Taufe. Ein Rückfall verschlimmert den Status, denn jetzt sind sie trotz Erkenntnis zurückgefallen. Ohne von 2,20 abhängig zu sein, bespricht ähnliche Probleme auch ein Abschnitt aus dem Hirt des Hermas (Hermas, sim 9,17,5–18,2), den viele Kommentare zu 2,20 zitieren. *Verbanden*, wörtlich „sich verflechteten", wird übertragen verwendet für eine Lebensweise der Weltannäherung, von der einer nicht mehr leicht loskommt, der sich auf sie einließ (Spr 28,18; 2 Makk 15,17; 2 Tim 2,4; Epiktet, diss 3,22,69). Das sich Einlassen auf die Welt („sich verbinden") hat Folgen im Gericht (*die Dinge des Endes*). Der letzte Teilsatz nimmt mehrere Worte aus Mt 12,45par Lk 11,26 auf, das Schlusswort des Abschnitts Lk 11,24–26par Mt 12,43–45. Dort beschreibt der schlechtere Zustand einen Menschen, den Plagegeister heimsuchen, nachdem er von einem unreinen Geist geheilt worden war. Das Thema des Rückfalls behandelt mit einem anderen Bild auch Hermas und bietet ebenfalls wörtliche Übereinstimmungen zum Schlusswort Mt 12,45par und weitere zu 2 Petr 2,20 (Hermas, sim 9,17,5). Wahrscheinlich schöpft 2 Petr aus den uns vorliegenden Evangelien (s. Einl., 3) und teilt Auslegungstraditionen, die auch Hermas aufnahm (mit Ruf: 2011, 463f; vgl. Joh 5,14; 1 Tim 5,8). **21** Die Aussage von 20 wiederholt 21 im Stil der weisheitlichen Worte („Besser ist ... als" z. B. Spr 21,9. 19; Neues Testament: 1 Kor 7,9b; 1 Petr 3,17) und bezeichnet dabei die rechte Lebensführung als Weg (s. 2,2), hier biblisch vorgeprägt als Weg der Gerechtigkeit (Hi 24,13; Spr 21,16. 21; Mt 21,32; Barn 5,4; ApkPetr 7 [äth] =22 [gr], NTApo^5 2, 570). Mit dem Begriff Gebot fasst 21 die christlichen Überlieferungen zusammen (auch 3,2; 1 Tim 6,14; Ignatius, Trall 13,2; im Plural: Ignatius, Philad 1,2; Papias nach Euseb, h.e. 3,39,4). **22** Die Falschlehrer und deren Schüler vergleichen zwei Sprichworte mit vernunftlosen (2,12), zudem weitgehend verachteten Tieren. Das Schwein ist das klassische unreine Tier. Hunde sollen dem Lager ferngehalten werden, „denn diese fressen (dann eventuell) etwas von den Knochen des Heiligtums", so ein Qumrantext (4QMMT Frg. 8 iv Z. 8f; dt. Maier II, 366). Hunde und Schweine nennt auch die Bergpredigt nebeneinander (Mt 7,6). Der Straßenköter – Haushunde waren selten – meidet nicht das *Ausgespeite*, weiß Spr 26,11. Die *Sau* suhlt sich, so 22b, nach der Reinigung wieder in der *Jauche*. Sprachlich haben beide Sprichworte statt eines Hauptverbs ein Partizip, das ich in einem Nebensatz auflöse (*der umkehrt; die sich abgewaschen hat*), wobei das Partizip des ersten Sprichworts im zweiten wohl zu wiederholen ist. Diese sprachliche Verknüpfung legt nahe, dass Pseudopetrus beide Sprichworte schon verbunden vorfand. Beide Sprichworte enthalten vier nur hier im Neuen Testament vorkommende Worte (Sau, Ausgespeites, Suhle, Jauche) und zeigen so, dass sie einem unüblichen Traditionsbereich entstammen. Das Sprichwort vom Schwein nimmt Beobachtungen auf, die auch als

Spruch Heraklits überliefert werden: Schweine erfreuen sich am Dreck mehr als an reinem Wasser (Heraklit, Frgm 22 B 13 Diels/Kranz). Eine syrische Übersetzung der apokryphen Achikar-Sprüche belegt zudem das Motiv des Umkehrens des Schweins zum Kot (Ruf: 2011, 470), so dass eine Übernahme ähnlicher Überlieferungen durch 2 Petr plausibel gemacht werden kann.

II 3 Die Zeitenwende wird kommen (2 Petr 3,1–13)

3,1–13 Der zweite Hauptteil setzt sich mit Spöttern auseinander (s. Einl., 6). Diese kündet Pseudopetrus zunächst an (3,1–4), dann nennt er vier Argumente gegen sie (3,5–10) und schließt mit einem ethischen Appell (3,11–13).

II 3.1 Die Ankündigung der Spötter (2 Petr 3,1–4)

1 Diesen zweiten Brief nun, Geliebte, schreibe ich euch; in diesen (Brie-
fen) halte ich durch Erinnerung euren integren Verstand wach, 2 um
euch zu erinnern an die vorher durch die heiligen Propheten mitge-
teilten Worte und an das Gebot eurer Apostel vom Herrn und Retter,
3 so dass ihr vor allem dies versteht, dass in den letzten Tagen Spott
treibende Spötter kommen werden, die ihren eigenen Begierden nach-
gehen 4 und sagen: Wo bleibt die Verheißung seines Kommens? Denn
nachdem die Väter entschlafen sind, bleibt alles, wie es von Anfang der
Schöpfung an gewesen ist.

1–4 Die Verse bilden einen Satz. Dem Hauptverb *ich schreibe* sind nach einem Relativsatz (1b) eine finale Infinitivkonstruktion (2: *um zu erinnern*) und zwei Partizipien angehängt (3: *so dass ihr versteht*; 4: *indem sie sagen*). Das Partizip in 3,3 nimmt die in 3,1f Angeredeten („euch“) auf und müsste daher bei korrekter Satzkonstruktion wie das Objekt in 3,1f im Akkusativ stehen (BDR 137[3]; 468[3]). Da das Subjekt von 3,1f („ich“) zu 3,3 („ihr“) wechselt, teile ich 1–4 in zwei Sätze auf. 2 Petr 3,1–3 übernimmt viele Vokabeln aus Jud 17f, so die Anrede „Geliebte“ (wiederholt in 3,8. 14. 17), das Stichwort „erinnern“, dann Worte, die auf die apostolische Überlieferung verweisen.

1 Pseudopetrus verweist auf einen ersten *Brief*, indem er den vorliegenden als *zweiten* bezeichnet. Er meint mit dem ersten Brief den 1 Petr. Inhaltlich liegt dem 2 Petr wenig am 1 Petr. Nirgends bezieht er sich auf Argumente aus dem 1 Petr, die wenigen Stichwortanknüpfungen bleiben äußerlich. Auch dass er erst in 3,1 auf den 1 Petr verweist, lässt wenig inhaltliches Interesse erwarten. Er stützt sich auf die anerkannte Autorität des 1 Petr und fasst daher die Zielsetzung des 2 Petr mit der des 1 Petr zusammen. Beide Briefe *halten* die Gemeinde *wach*, um Erinnerung zu stiften (s. 1,13). Es geht Pseudopetrus darum, den Verstand *integer* zu bewahren, also von beschmutzenden Einflüssen der Gegner frei zu halten (s. 2,20). **2** Integer bleibt der Verstand, wenn er sich an das in 2 genannte Überkommene erinnert. Pseudopetrus benennt das Überkommene mit Vokabeln, die er aus Jud 17 mit Veränderungen aufnimmt. In seiner Fiktion beansprucht „Petrus" so, dass er zu den in Jud 17f genannten Aposteln gehöre. Er erinnert an *Worte* und das *Gebot eurer Apostel.* Beide, Worte und das Gebot, führt er mit bestimmten Artikel ein und setzt sie so als bekannt voraus. Wie in Jud 17 sind Worte näher bestimmt als *vorhergesagt* durch die heiligen Propheten. Jud 17 führt die Worte dagegen auf die Apostel zurück. 3,2 verweist so auf die schriftlich vorliegenden Propheten der Schrift, unser Altes Testament, die Pseudopetrus nun zuverlässig auslegt (vgl. 1,19–21). Als zweiten Gegenstand der Erinnerung nennt Pseudopetrus das Gebot (vgl. 2,21). Dieses Gebot stamme „von euren Aposteln", zu denen neben Petrus zumindest auch Paulus gehört (3,15f). Die Formulierung setzt vielleicht den Gedanken voraus, dass einzelne Apostel in besonderen Gegenden wirkten und so unterschiedliche Überlieferer des einen Gebots möglich sind (Justin, apol 1,45,5, Euseb, h.e. 2,1,8; 3,1,1–3). Da 2 Petr in seiner Briefadresse keinen bestimmten Adressatenort nennt, will er mit dem *euren Apostel* vielleicht nur die kollektive Verantwortung dieser für die Adressaten unterstreichen. Autorität hat der Ausgangspunkt, *der Herr und Retter* (s. zu 1,1). Dass am Anfang der Kette der irdische Jesus, nicht der auferstandene Christus zu setzen ist, ergibt sich aus der Logik der Kette, die auf die Überlieferung aus der Vergangenheit abzielt (vgl. 1,21). Nur ein Gebot, das von persönlichen Vertrauten des Herrn ausgeht (1,16b), verdient Vertrauen (vgl. Papias nach Euseb, h.e. 3,39,3). Pseudopetrus verändert die Herkunftsangabe über die wesentlichen Erinnerungsgegenstände gegenüber Jud 17 so, dass das ihm wichtige Gebot in eine Überlieferungskette vom irdischen Jesus über „eure Apostel" bis zur Gemeinde einbezogen werden kann. Auf diese Weise fügt der Briefschreiber seine Ausführungen (2 Petr) an die anerkannten Schriften an, die den Adressaten vorliegen (1 Petr, mehrere Paulusbriefe). **3** Zum Satzanschluss zu 3,2 s. zu 3,1–4. Das Partizip *Verstehende* ist wohl final aufzulösen und gibt so das Ziel des Erinnerns (3,1f) an. Es geht Pseudopetrus um eine bestimmte Ankündigung (*dies*), die 3b nach der Konjunktion anführt. Die Ankündigung hat ein eigenes Subjekt, die Spötter, die auch in 3,4 Subjekt bleiben. Die Ankündigung *in den letzten Tagen* des Pseudopetrus spricht in die reale Gegenwart der ersten Leser des 2 Petr. Die 2,1 als Falschlehrer bereits eingeführten Gegner bezeichnet 3,3 als *Spott treibende Spötter*. Das Stichwort *spotten* übernimmt er aus Jud 18 und gibt der Beschreibung einen die hebräische

Bibelsprache nachahmenden Klang, weil er zum Partizip das stammesverwandte Nomen in den instrumentalen Dativ stellt (*figura etymologica*, vgl. BDR 153[1]). Dass diese Spötter ihren Begierden verfallen sind, übernimmt Pseudopetrus aus Jud 18, ein Gegnerklischee (auch 2 Tim 4,3). **4** V. 4 beschreibt die Position der Gegner. Sie zweifeln daran, dass wesentliche Änderungen, wie sie einst angekündigt waren, je in Erfüllung gehen würden. Die Form der Frage (*wo ist*) lehnt sich an biblische Vorlagen an (z. B. Ri 6,13; Mal 2,17). Solche Zweifel sind auch schon in alttestamentlicher und jüdischer Literatur vielfältig belegt. In 4 geht es um den Zweifel an einer Wiederkunft (gr. *parousía;* s. zu 1,16) Christi, also einer Kontinuität zwischen dem Auftreten Jesu und der Erlösung. Die Gegner verstehen sich selbst als Christen, legen also grundsätzlich auf einen Christusbezug wert. Solche Positionen sind auch im 1/2Klem belegt. 1Klem 23,3f und 2Klem 11,2–4 haben bei kleinen Abweichungen so viele wörtliche Übereinstimmungen, dass sie auf eine Vorlage zurückgehen müssen, die uns nicht erhalten ist. Im Alten Testament ist sie jedenfalls nicht genannt. 2 Petr ist nun nicht wörtlich von dieser Vorlage oder gar 1/2Klem abhängig, aber seine Gegner haben eine ähnliche Position vertreten, wie sie in diesen Belegen genannt wird, sie zweifelten nämlich daran, dass alte Verheißungen in Erfüllung gehen würden (s. Einl., 6). Offenbar haben sie an die Lebenszeit von Zeitgenossen Jesu (Väter) Hoffnungen gehängt, die mit dem Tod (*sind entschlafen*) dieser Leute enttäuscht wurden. Solche Hoffnungen könnten Terminworte wie Mk 9,1parr geweckt haben. Ähnliche Erwartungen verhandelt Joh 21,21–23: „Als Petrus nun diesen (den Jünger, den Jesus liebte) sah, sagt er zu Jesus: Herr, was ist mit diesem? Sagt zu ihm Jesus: Wenn ich will, dass er bleibt, bis ich komme, was geht es dich an? Du folge mir nach. Das Wort nun ging so an die Brüder heraus, dass jener Jünger nicht sterbe“. Dass der Lieblingsjünger in seinem Zeugnis „bleibe“, verarbeitet den offenbar von zumindest mehreren Brüdern nicht erwarteten Tod des Jüngers vor der Wiederkunft Christi (Parusie). Die Nähe der Brüderposition aus Joh 21,23 zu den Gegnertraditionen in 3,4 verlangt keine Identität der Vertreter dieser Position. Joh 21,18f war auch schon in 2 Petr 1,14b vorausgesetzter Prätext (s. zu 1,14).

Die zweite Behauptung, alles bleibe von der Schöpfung an gleich, verhandelt Philon in seiner Schrift „Über die Unvergänglichkeit der Welt“ (aet). Nach Philon habe Aristoteles die Unvergänglichkeit der Welt behauptet (Philon, aet 10f u.ö; =Aristoteles, Fragm. 18–21 [Rose 3. Aufl.]). In seinen erhaltenen Schriften ist dies weniger deutlich, aber belegbar (Aristoteles, coel 1, 10–12; bes. 279b12; 280a25–28; Meteor 1, 14; 352b17). Dem Philosophen geht es darum, den Kosmos als geschlossenes System zu verstehen. Mag auch die genaue Herkunft der Spötterposition nicht geklärt werden, deren Anliegen ist dem neuzeitlichen Weltbild durchaus ähnlich. Dass die Geschichte ein Ende durch Gott erfährt, der richtet, dass

Christus wieder erscheinen wird, erschließt sich dem neuzeitlichen Weltbild so wenig wie den Falschlehrern einst. Die Argumente des Pseudopetrus können nicht innerhalb dieses Weltbildes überzeugen. Pseudopetrus verwies dagegen bereits auf die Eingriffe Gottes in der Geschichte, die Verklärung Jesu (1,16–18) und andere biblische Zeugnisse (2,4–16). Nun fügt er noch weitere Deutungen als Argumente an, die das kommende Eingreifen in die Geschichte plausibel machen sollen. Die kosmologische Argumentation aus 4b nehmen 5–7 auf, das Ausbleiben der Parusie nehmen 8–10 auf.

II 3.2 Argumente gegen die Spötter (2 Petr 3,5–10)

5 Denn es ist ihnen verborgen, weil sie dies wollen, dass die Himmel vorzeiten waren und die Erde, die aus Wasser und durch Wasser Bestand hat durch Gottes Wort; 6 durch dieses (Wort) wurde damals die Welt, als sie überflutet worden war, vernichtet; 7 so werden auch der Himmel, der jetzt ist, und die Erde durch dasselbe Wort aufgespart für das Feuer, bewahrt für den Tag des Gerichts und der Vernichtung der gottlosen Menschen.
8 Eins aber sei euch nicht verborgen, Geliebte, dass ein Tag vor dem Herrn wie tausend Jahre ist und tausend Jahre wie ein Tag.
9 Der Herr verzögert nicht die Verheißung, wie es einige für eine Verzögerung halten; sondern er hat Geduld mit euch und will nicht, dass jemand verloren werde, sondern dass jedermann zur Buße finde.
10 Es wird aber des Herrn Tag kommen wie ein Dieb; dann werden die Himmel zergehen mit großem Krachen; die Elemente aber werden vor Hitze schmelzen, und die Erde und die Werke, die darauf sind, werden gefunden werden.

5–10 3,5–10 untergraben die Ansichten der Parusieleugner mit vier Argumenten: 1. (3,5–7); 2. (3,8); 3. (3,9); 4. (3,10), die an unterschiedliche jüdisch-christliche Überlieferungen anknüpfen (vgl. 3,2). Die Autorität der Prätexte oder Überlieferungen setzt Pseudopetrus voraus und erinnert in seiner anspielenden Auslegung an sie. Es sind Worte aus den Psalmen (Ps 90,4 in 8), aus den Propheten (Hab 2,3 in 9) und ein Wort Jesu („Dieb in der Nacht“ in 10).

5–7 1. Argument: Das Wort Gottes verbürgt Schöpfung und Gericht (3,5–7). In der gefährdeten und vergänglichen Schöpfung hat allein Gottes Wort bestand. Diesen Gedanke hält auch Joh 1,1–18 oder Hebr 1,1–3 fest.

5 Gottes Wort erschuf die Welt aus Himmel und Erde (Gen 1,3. 6; Ps 33,6; 148,5b; Weish 9,1b; 4 Esr 6,38; Hebr 11,3; 1Klem 27,4; Hermas, vis 1,3,4) und erhält sie. Himmel und Erde werden dem Wasser abgerungen. Pseudopetrus liest dies aus dem Schöpfungsbericht, der vom Wasser redet, über dem Gottes Geist schwebt (Gen 1,2fin). Die Beteiligung des Wassers bei dieser Schöpfung, ausgedrückt mit den Präpositionen *aus ... und durch Wasser* klingen nach philosophischen Diskursen, die über die jüdischen Auslegungstraditionen von Gen 1 zu 2 Petr gelangen (vgl. PsClem, hom 11,23,1–11,24,1).

6 Textüberlieferung: Die von Nestle[28] bevorzugte Lesart *durch dieses* stützt sich auf zwei gr. Handschriften aus dem 9. und 10. Jh. gegen die gut bezeugte Lesart, die noch Nestle[27] las: *durch diese (Wasser und Wort)*. Die Lesart Nestle[27] ist aber nicht sinnvoll, da nach ihr das Wasser Ursache und Mittel der Weltvernichtung wäre.

Das Wort *Welt* scheint Himmel (Plural) und Erde aus 3,5 aufzunehmen. Wenn die damalige Welt durch die Überflutung vernichtet würde, wären bei der Sintflut nicht nur die Bewohner der Erde, sondern diese selbst und die Himmel zerstört worden. Weil 3,7 von den jetzigen Himmeln und der Erde redet, könnte an eine komplette Weltvernichtung mit der Sintflut gedacht sein. Doch weder die biblische Vorlage (Gen 6–9) noch die erhaltenen Auslegungstraditionen kennen eine solche Komplettzerstörung bei der Sintflut.

Die Stellen (a; b; c), die diese Sintflutdeutung bestätigen sollen, sind nicht einschlägig. (a) Ein Traum Henochs, der die Himmel zusammenstürzen sieht, beschreibt nicht die Sintflut (äthHen 83,3–10). (b) Die Wiedergeburt, die Noah durch seinen Dienst verkündet (1Klem 9,4), setzt keinen Untergang der Welt voraus, sondern Noah wird Anfang der zweiten Schöpfung der Menschen (Philon, Mos 2,60). (c) Die Rede von einer „zweiten Periode" meint wie (b) eine zweite (Menschen-)Periode (Philon, Mos 2,65).

Welt steht in 3,6 wie in 2,5 (2×) für die Bewohner der Erde. Fast alle Erdbewohner sind bei der Sintflut vernichtet worden. Bei dem anstehenden Endgericht werden dann auch Himmel und Erde vergehen. **7** Das in 3,7 angekündigte *Feuer* vernichtet die gegenwärtige Welt. Das Motivfeld vom Feuergericht benennen die V. 7–12 in unterschiedlichen Vokabeln (10: schmelzen; 12: zerschmelzen, verbrennen; vgl. Frey 333–337). Das Motiv eines die Welt vernichtenden Feuers kennt schon Platon in einer Erzählung, die ein betagter ägyptischer Priester einst Solon mitgeteilt haben soll (Platon, Tim 22C 1f). In der Stoa wurde ein zyklischer Weltenbrand (gr. *ekpýrōsis*) angenommen. Das hellenistische Judentum und das frühe Christentum kennt das Feuer als Strafgericht z. B. über Sodom und Gomorra (s. zu Jud 7), bald auch auf die ganze Schöpfung erweitert (Frey 334–336). Justin benennt die Motivparallelen ausdrücklich (Justin, apol 1,20,1–4; 2,7,3). 2 Petr dagegen befindet sich nicht in einem Diskurs mit Themen der gr. Philosophie (Ruf: 2011, 511–537). Lutherische Theologen im frühen 17. Jh. reden im Anschluss an 3,7 von der Vernichtung der Welt am Ende der Zeiten (Th. Mahlmann, Art. Annihilation, RGG[4], 1, 508).

Paul Gerhardts Lied „Die güldne Sonne“ dichtet entsprechend: „Himmel und Erden die müssen das werden, was sie vor ihrer Erschaffung gewest“ (Evang. Gesangbuch 449.7). Damit hätte die bestehende Schöpfung jeglichen endzeitlichen Wert verloren und ihrer beliebigen Ausbeutung steht so gedeutet nichts entgegen. Die neuzeitliche industrielle Naturbearbeitung erliegt dieser Gefährdung und greift die ökologischen Grundlagen der Schöpfung an. Die Lehre von der Vernichtung der Welt übersieht, dass schon in dieser Welt die neue Schöpfung angebrochen ist und soweit die vorfindliche Welt auch endzeitliche Bedeutung hat. Paulus gibt in Röm 8 der gegenwärtigen Schöpfung eine bleibende Rolle. 2 Petr allerdings fördert es, die Schöpfung als ohnehin vergehendes Material zu missachten.

8 2. Argument: Gottes Tag ist lang (3,8). Das Argument baut auf eine bereits frühjüdisch nachweisbare Auslegung von Ps 90,4 auf (Bill. 3, 773 f): Tausend Jahre sind wie der Tag, der gestern vergangen ist (Ps 90,4b, vgl. Jub 4,30; Barn 15,4; Justin, dial 81,8; Irenäus, advhaer 5,23,2; 5,28,3). Mit diesem Vers wird der Tag Gottes lang (vgl. Offb 20) und für Pseudopetrus auch die Zeit davor. Diese Deutung wahrt die Souveränität Gottes über die Geschichte, entzieht aber seine Verheißungen der menschlichen Erfahrung.

9 3. Argument: Gott gewährt Zeit zur Buße (3,9). Das Argument setzt Gedanken voraus, wie sie Hab 2,3 ausspricht: „Die Weissagung wird ja noch erfüllt werden zu ihrer Zeit und wird endlich frei an den Tag kommen und nicht trügen. Wenn sie sich auch hinzieht, so harre ihrer; sie wird gewiss kommen und nicht ausbleiben“. Nach einer Auslegung aus den Funden von Qumran kündet Hab 2,3 Zeit zur Bewährung an (1QpHab 7,5–14). Dass Gott eine Zeit zur Umkehr gewährt, ist vielfältig im frühen Christentum festgehalten worden (Röm 2,4; 1 Petr 3,20; 2Klem 8,1–3; 16,1; Hermas, sim 8,11,1; 9,14,2; PsClem, hom 9,19,1).

10 4. Argument: Gott kommt ohne Vorzeichen (3,10). Nach den allgemeinen Hinweisen auf Gottes Zuverlässigkeit nennt 3,10 nun ausdrücklich den Tag des Herrn als den Tag des Gerichts. Die Unberechenbarkeit des Anbruchs unterstreicht das Motiv vom Dieb, das aus dem ältesten Paulusbrief (1 Thess 5,2) und der synoptischen Tradition (Mt 24,43par Lk 12,39) und sonst (Offb 3,3; 16,15; EvThom 21) bekannt ist. Es handelt sich wohl um ein ohne Erzählrahmen überliefertes Jesuslogion. *Himmel* und *Elemente*, wohl Himmelskörper (3,12; Justin, apol 2,5,2), werden im Gericht erhitzt und verbrannt. Pseudopetrus übernimmt Motive aus dem biblischen Läuterungsgericht und in der frühjüdischen Überlieferung bereits hinzugenommene mythologische Elemente, um die Universalität von Gottes Endgericht herauszustellen (vgl. ApkPetr [äth]; NTApo[5] 2, 568 f). Er zielt auf das Strafgericht für die Abtrünnigen, die 10 als *Erde und die Werke in ihr* anspricht. Das abschließende Verb, wörtlich: „sie wird gefunden werden“ ist im Kontext nicht leicht verständlich und wurde daher in der Textüberlieferung vielfach geändert.

Textüberlieferung: Nestle[28] trägt ohne griechischen Textzeugen im Haupttext eine Verneinung ein: werden nicht gefunden werden. Ausgangstext ist der gut bezeugte Text ohne Verneinung (mit Nestle[27]).

3. Person Singular des Verbs passt nur entweder zur Erde oder den Elementen, die gr. als Neutrum Plural mit singularischem Verb konstruiert werden. Da Erde und Elemente vor dem Verb genannt sind, wäre in 3,10 eine pluralische Verbform zu erwarten (BDR 135.1a; vgl. Mt 24,35 [Sg.] gegen seine Vorlage Mk 13,31 [Pl.]). Mit dem Gefunden-Werden umschreibt 10 das Erscheinen der Menschen zum Gericht. Die inhaltlich ähnliche Stelle 2Klem 16,3 liest statt „gefunden werden“ (gr. *heurískomai*) gleichbedeutend „erscheinen“ (gr. *faínomai*) zum Gericht. Dem ausstehenden Gericht wird niemand entkommen (vgl. 2,4. 17; Jud 6. 13).

II 3.3 Richtiges Verhalten angesichts dieses Endes (2 Petr 3,11–13)

11 Wenn nun das alles so zergehen wird, wie müsst ihr dann dastehen in heiligen Lebensformen und Frömmigkeitsstilen, 12 weil ihr das Erscheinen des Tages Gottes erwartet und beschleunigt, an dem die Himmel im Verbrennen zergehen werden und die (Himmels-)Elemente vor Hitze zerschmelzen. 13 Wir warten aber auf neue Himmel und eine neue Erde nach seiner Verheißung, in denen Gerechtigkeit wohnt.

11–13 Durch die Anrede und Zusammenfassung des vorangehenden Abschnitts (11a) leitet 11 einen neuen Abschnitt ein. Pseudopetrus ruft in 11–13 zu angemessenen Lebensformen auf.

11 Wie die paulinische Lehre von den Gnadengaben (1 Kor 12; Röm 12) zielt Pseudopetrus nicht auf eine uniforme Idealhaltung, sondern auf individuelle und vielfältige Formen der *Lebensführung* und Frömmigkeit, daher nennt er diese Begriffe im Plural. **12** Die Adressaten können Rettung im Gericht erwarten, und sogar beschleunigen, wenn sie Gottes Geduld nicht strapazieren, sondern sich bekehren (3,9). Einzelne frühjüdischen Quellen behaupten, bestimmte Handlungen der Gerechten könnten Gottes Erscheinen beschleunigen, so ein Anrufen Gottes (äthHen 104,3–6; AssMos 1,18) und Umkehr (TestDan 6,4; vgl. 2Klem 12,6). Der *Tag Gottes*, noch 3,10 wie üblich Tag des Herrn genannt, meint den Tag der Wiederkunft Christi (1,16; 3,4; vgl. ApkPetr [äth] 4,1). Auch hier liegt Pseudopetrus nicht an einer Differenz zwischen Jesus Christus und Gott (s. zu 1,1). *Elemente* s. 3,10. *Verbrennen* s. zu 3,7.

13 Einen neuen Himmel und eine neue Erde verhieß Jesaja (Jes 65,17; 66,22). 2 Petr trägt in diese Verheißungen den Plural *neue Himmel* ein.

Der bestehende Himmel wird nach der biblischen Vorstellung erneuert, nach Offb 21,1 aber von Grund auf neu erschaffen (s. zu 3,7). Pseudopetrus interessiert sich nicht für das kosmische Geschehen, sondern die neue Lebensweise, die nicht erneuert, sondern durch Gott neu erschaffen wird und dann dauerhaft Bestand hat (Jes 9,6; 11,1–9; Ps 72,2–7; PsSal 17,40; Röm 14,17; 4 Esr 7,113f). Das Stichwort *Gerechtigkeit* schließt den Kreis zu 1,1 (auch Weg der Gerechtigkeit 2,21).

II 4 Der Rückverweis auf Paulusbriefe (2 Petr 3,14–16)

14 Daher, Geliebte, seid bestrebt, weil ihr diese Dinge erwartet, dass ihr fleckenlos und tadellos vor ihm vorgefunden werdet in Frieden 15 und die Langmut unseres Herrn achtet als Rettung, wie (es) auch der von uns geliebte Bruder Paulus entsprechend der ihm zuteil gewordenen Weisheit für euch aufschrieb; 16 wie auch in allen Briefen, wenn er in diesen darüber spricht, in welchen einige (Dinge) schwer verständlich sind, welche die Unverständigen und Ungefestigten verdrehen werden wie auch die übrigen Schriften zu ihrem eigenen Verderben.

14–16 Pseudopetrus beschreibt den rechten Lebenswandel wiederum mit Bildern, die er aus dem Kult und der dazu nötigen Reinheit bezieht.

14 Die Adressaten sollen sich des anstehenden Gerichts entsprechend verhalten. Das Bild für den rechten Lebenswandel nimmt Pseudopetrus aus der kultischen Reinheit, wie 1,9; 2,20; vgl. 1 Petr 1,19. *Fleckenlos und tadellos* sollen sie bleiben, exakt gegenteilig wie die Falschlehrer 2,13. Der kultische Verwendungszusammenhang ist biblisch vorgeprägt, die beiden Vokabeln allerdings sind in der gr. Bibel (LXX) selten.

15 Pseudopetrus bezieht sich auf eine Zusammenstellung zumindest mehrerer Briefe des Paulus, d. h.: Die Paulusbriefe sind ihrer ursprünglichen dialogischen Situation zwischen Paulus und einer bestimmten Gemeinde bereits entnommen. Die Mitverfasser sind stillschweigend übergangen, so wie auch der Epheserbrief und die Pastoralbriefe von Paulus als einem allein schreibenden Verfasser ausgehen. Die Paulusbriefe sind nach Pseudopetrus Quelle der Vergegenwärtigung des Paulus, durch sie spricht Paulus zu den Adressaten des 2 Petr. Er schrieb „für euch“, behauptet Pseudopetrus. Da 16 zwischen allen Briefen, also einer Briefsammlung und dem „an euch“ gerichteten Schreiben unterscheidet, könnte hier behauptet sein, der 2 Petr richte sich an eine Gemeinde, an die auch ein Brief des Paulus gerichtet ist. Eher aber soll auch Paulus „für euch“ geschrieben haben, wie er nach 3,2 „euer Apostel“ ist, um die kollektive Bedeutung des schriftlichen Apostelzeugnisses für die Adressaten zu unterstreichen. Ähnlich heißt es von Mose im Neuen Testament öfters, er hätte „für uns geschrieben“ (Mk 10,5; 12,19; Lk 20,28; Joh 1,45).

Welche Briefstellen Pseudopetrus genau im Kopf hatte, wenn er davon spricht, dass Paulus in allen Briefen so spreche, bereitet den Auslegern seit jeher Kopfzerbrechen. Gerne verweist man auf einzelne Stellen aus dem Röm (Röm 2,4; 3,25; 9,22f; 11,22f). Vielleicht ist aber die Frage nach bestimmten Bibelstellen zu eng gestellt. Pseudopetrus tritt nicht in die Schriftexegese einzelner Äußerungen des Paulus ein, sondern verweist auf eine angeblich klare Gesamttendenz der paulinischen Schreiben. Die Bemerkung über Paulus impliziert einige Autorität, die einem „Petrus" zusteht, der hier über eine Generallinie der Paulusbriefsammlung befindet. 3,15 ist schwerlich abschätzig gedacht. Pseudopetrus will seinen berühmten „Kollegen" nicht herabsetzen, im Gegenteil. Ausdrücklich nennt er ihn „unseren Bruder". Der Plural „unser" umschließt hier wohl nicht Adressaten und Absender, vielmehr dürfte die Anrede versuchen, die besondere Bedeutung des Paulus zu unterstreichen, weil im Sinne der Autorenfiktion hier sogar Petrus den Paulus einen Bruder nennt. So treten hier Petrus und Paulus, genauer die Briefe der beiden, als komplementäres Paar auf.

16 Die für uns nicht mehr genau feststellbare Sammlung von paulinischen Briefen ist den Adressaten des 2 Petr und den bekämpften Irrlehrern bekannt. Nach 16 haben die Falschlehrer nicht falsche Briefe, sondern eine falsche Deutung derselben. Wie 2 Petr 2,20–22 zeigt, sind die jetzt bekämpften Gegner aus der christlichen Gemeinde hervorgegangen.

Textüberlieferung: Nestle[28] liest hier mit alten Textzeugen Futur: *verdrehen werden* (mit u. a. Papyrus 72), nicht Präsens (so Nestle[27]).

Das Futur des Verbs „Verdrehen" erleichtert, die „anderen Schriften" auf neutestamentliche Schriften zu beziehen, die aus der Sicht des Pseudopetrus erst zukünftig falsch interpretiert werden. Die Gegner quälen die Briefe. Das Verb beschreibt in der Septuaginta die Folter des Rückgratverdrehens. (2 Sam 22,27, Ps 18,27; 4 Makk 9,17; 12,3. 11; mit Vorsilbe: 2 Makk 9,7). Die Gegner verdrehen auch *die übrigen Schriften*. Diese Schriften könnten alt- wie neutestamentliche sein. Die Zusammenstellung 1,16–21; 2,7–10 lässt v. a. an Apostelschriften und prophetische Verheißungen denken. Es geht um eine Schriftengruppe, die in ihrem Umfang unstrittig ist, wie die Näherbestimmung „die übrigen" erkennen lässt. Der Umfang der Schriften, aus denen heraus zu argumentieren ist, steht nicht zur Debatte, aber deren Auslegung. Durch eine falsche Auslegung droht den *Unverständigen und Ungefestigten* endgerichtliche Vernichtung (*Verderben*), wie den Falschlehrern (2,1. 3; vgl. 3,7. 9). *Unverständige und Ungefestigte* nennt Pseudopetrus eine einzige Menschengruppe, denn im Griechischen steht nur ein Artikel vor den beiden substantivierten Adjektiven. Die Adressaten sind dagegen Gefestigte, die dem Fall entgehen können (3,17). Der 2 Petr will durch apostolische Auslegungen seine Adressaten stärken (1,12. 19), vor Köderungen bewahren (2,14), den Unverständigen Erkenntnis zukommen lassen (1,8. 16; 3,1. 3. 8. 17f) und so deren Glaubensstand bewahren.

III Briefschluss (2 Petr 3,17f)

17. Ihr nun, Geliebte, weil ihr das im voraus wisst, hütet euch, dass ihr nicht, weil ihr durch das Irren der Frevler samt ihnen verführt worden seid, aus dem euch eigenen festen Stand herausfallen werdet, 18 wachst aber in der Gnade und Erkenntnis unseres Herrn und Heilands Jesus Christus. Ihm (sei) Ehre jetzt und für den Tag der Weltzeit!

17–18 17f bietet keinen typischen Briefschluss mit Grüßen, Reiseplänen und letzten Hinweisen wie bei anderen Briefen (1 Kor 16; Gal 6,11–18; Röm 16). Anders als diese Briefe ist 2 Petr wohl nie allein als Schriftstück an einen bestimmten Ort versandt worden. 2 Petr war immer nur Anhang an eine Schriftsammlung (vgl. Einl., 4.). Entsprechend überflüssig waren die konkreten Hinweise an die Adressaten. 2 Petr stilisiert diese Hinweise allerdings auch nicht (wie etwa Kol 4,7–18). Er will Literatur sein und nicht ein Brief an eine bestimmte Gemeinde.

17 Abschließend wendet sich Pseudopetrus nochmal an Gemeindeglieder, die ihm innig verbunden sind („Geliebte“ so auch 3,1. 8. 14, vgl. 1,17 „geliebter Sohn“; 3,15: „geliebter Bruder“). Der Brief ermöglicht Vorauswissen (*ihr … im voraus wisst*), durch das die Adressaten den drohenden Gefahren gewachsen sind. Mit den Begriffen *Irren* und *Frevler* (vgl. 2,7) polemisiert Pseudopetrus (s. Einl., 6.). **18** Das Bild vom Wachsen in der Gnade vermeidet, den festen Stand (vgl. 1,12) als eigene Leistung zu deuten und erlaubt trotzdem Gefährdungen und Veränderungen zu benennen. 2 Petr endet wie Jud 24f mit einer Verherrlichung („Doxologie“). 18 übernimmt Worte aus der an Gott gerichteten Doxologie Jud 24f. Statt der üblichen zeitlichen Entschränkung „bis in alle Ewigkeit“ (Jud 25) verweisen die letzten Worte des Briefes auf den *Tag der Weltzeit*, wohl eine Bezeichnung für den Tag des Gerichts.

Einleitung zu den Johannesbriefen

Die Johannesbriefe sind drei eigenständige Schreiben, die einige Gemeinsamkeiten zeigen. Diese Einleitung bringt die Gemeinsamkeiten der drei Briefe zur Sprache, bevor dann die drei Briefe je eigenständig betrachtet werden.

1. Textüberlieferung 1–3Joh

Der älteste Textzeuge, der Worte aus 1 Joh 4 enthält, stammt aus dem 3. Jahrhundert (Pap. 9= Papyrus Oxyrhynchos 402). Ab dem 4. Jahrhundert ist der Text 1–3Joh in mehreren Handschriften gut bezeugt, u. a. in den umfangreichen Codices Sinaiticus und Vaticanus. Die neuerliche Textrekonstruktion der Editio Critica Maior (1 Joh: 2003; 2–3Joh: 2005) brachte nur wenige kleine Änderungen. Sie ist im Nestle[28] wiedergegeben und weitgehend unbestritten.

2. 1–3Joh im Kanon des Neuen Testaments

Die Johannesbriefe sammelt das Neuen Testament mit vier anderen Schreiben (Jak, 1/2Petr, Jud) unter den sogenannten *Katholischen Briefen* (s. Haupteinl.). Doch es gibt auch eine andere Zuordnung, die vom Namen des Verfassers ausgeht und so die joh Schriften als eigene Gruppe ansieht. Zu diesen Schriften zählt nach kirchlicher Tradition Joh, 1–3Joh und Offb. Seit dem Kirchenvater Irenäus (gest. um 200) bis ins 19. Jahrhundert hinein war weitgehend unbestritten, dass diese Schriften vom selben Autor verfasst wurden, nämlich Johannes, dem Sohn des Zebedäus. Doch in der Forschung der letzten gut hundert Jahre hält kaum noch jemand den Zebedaiden Johannes für den Verfasser aller dieser, ja meist nicht einmal für einer dieser Schriften. Die Offb des Johannes unterscheidet sich schon sprachlich so stark vom Evangelium und den Briefen des Johannes, dass sie fast durchgängig vom Joh und 1–3Joh abgegrenzt wird. Wenn ich im Folgenden von den joh Schriften rede, meine ich Joh und 1–3Joh. Diese Schriften einigt ihre besondere Ausdrucksweise, ihre Gruppensprache.

3. Die besondere Ausdrucksweise von 1–3Joh und Joh-Ev

Die vier Schriften 1–3Joh und Joh verbinden eine spezifische Art der Gedankenführung und eine eigentümliche Sprache.

(1) *Gedankenführung:* Die Art der Gedankenführung vereint Evangelium und Briefe durch eine um Leitwörter kreisende Denkbewegung. Kleineinheiten von wenigen Versen werden so zusammengehalten. Ein am Anfang dieser Kleineinheiten genanntes Thema wiederholt der Abschluss gerne (z. B. „ist nicht in" 1 Joh 1,5. 10). Diese Kleineinheiten sind in ihrer Zusammengehörigkeit weitgehend unbestritten, nur wenige Verse sind als Übergangsverse schwer dem Abschluss einer vorangehenden oder dem Anfang einer neuen Einheit zuzuordnen (z. B.1,5; 5,13). Allerdings ist im 1 Joh das Gedankengerüst der Kleineinheiten schwer anzugeben (s. u. Einl. 1 Joh, 1.). Auch bei Bezeichnungen geht die joh Literatur besondere Wege, etwa bei der Benennung der Geistwirkung. Das vierte Evangelium und 1 Joh reden geradezu personal von einer Art Beistand oder Fürsprecher (gr. *paráklētos*;), der nach Jesu Tod in alle Wahrheit einführt (Joh 14,16. 26; 15,26; 16,7; 1 Joh 2,1). Die Aufgaben dieses Parakleten (Luther: Tröster) entsprechen denen, die im übrigen Neuen Testament der Heilige Geist wahrnimmt.

(2) *Sprechweise:* Neben besonderen Themen fällt in der joh Literatur die besondere Sprache auf. Bei fast jedem einzelnen Satz erlaubt die besondere Ausdrucksweise sofort zu sagen, dass der Satz den joh Schriften entstammt. Typisch sind duale Gegenüberstellungen, etwa von Licht und Finsternis, oben und unten, Wahrheit und Lüge. Auch Wortverbindungen wie „aus der Wahrheit sein", das „Bleiben in Gott und in der Wahrheit" sind joh Sprachformen (s. zu 1 Joh 2,14). Bislang ist keine überzeugende Ableitung dieses *modus loquendi* aus einer anderen bekannten Sprachform geglückt. Es gibt auch keine von den joh Schriften unabhängige Nachwirkung dieser Sprache. Ansätze zur joh Sprache finden sich zwar in Qumran. In den Qumranschriften gibt es eine ähnliche Verwendung von Gegenbegriffen (Dualismen) wie Licht und Finsternis, aber es überwiegen die Unterschiede in der konkreten Anwendung der Dualismen.

Wenn die Sprache so analogielos ist, könnte es sich um die Sondersprache eines Einzelnen handeln. Doch es sprechen manche, vor allem inhaltliche Gründe dafür, dass die joh Schriften von unterschiedlichen Autoren verfasst wurden, obwohl sie alle die auffällige Sprache teilen. Es handelt sich daher nicht um einen individuelle Sondersprache, sondern um eine besondere Gruppensprache, welche die joh Schriften sehr homogen durchzieht.

(3) *Abweichungen innerhalb 1–3Joh:* Innerhalb der Briefe 1–3Joh gibt es kleine sprachliche Abweichungen, die auf unterschiedliche Verfasser hindeuten. Während der 1 Joh die Christen seiner Gemeinde mit der Verkleinerungsform „Kindlein" (gr. *teknía*) anredet, verwendet der 3 Joh an dieser Stelle die nicht verkleinernde Form „Kinder" (gr. *tékna*). Die kleinen Briefe (2 Joh 7; 3 Joh 7) wie auch das Joh-Ev (6×, auch 21,3) haben bei derselben gr. Verbform von „herausgehen" die Endungen des starken Aorist, während 1 Joh 2,19 mit der Endung des schwachen Aorist formuliert (BDR 81[3]). Solche Abweichungen in Kleinigkeiten des Ausdrucks weisen m. E. darauf hin, dass auch die Briefe nicht von einem Verfasser herrühren.

4. Wer schrieb die Briefe des Johannes?

Die kirchliche Überlieferung, für uns sicher greifbar seit Irenäus (gest. um 200), geht mit großer Einmütigkeit davon aus, dass der Apostel Johannes, der Sohn des Zebedäus, das Joh und 1–3Joh schrieb. Im 19. Jh. kommen verstärkt Zweifel an dieser kirchlichen Überlieferung auf. Gegen den Zebedaiden spricht schon der Umstand, dass er nur beiläufig in Joh 21,2 genannt wird. Zudem müsste der Zebedaide rund hundert Jahre alt geworden sein.

Da sich der Verfasser der kleinen Joh-Briefe als Presbyter vorstellt, haben immer wieder Ausleger versucht, die Frage nach dem Verfasser der joh Schriften mit einem Presbyter Johannes zu lösen, der vom Zebedaiden Johannes zu unterscheiden sei. So auch Martin Hengel (Die johanneische Frage, 1993). Nach ihm ist der reale Autor der joh Schriften der in den kleinen Johannesbriefen und auch sonst gelegentlich genannte Presbyter Johannes. Dieser hatte noch gute Verbindungen nach Palästina, schrieb aber sein Werk erst im hohen Alter. Hengel versucht zu zeigen, dass die kirchliche Überlieferung zum Joh-Ev ein Körnchen Wahrheit enthalte. Wenn ein Traditionsgründer, eventuell der Zebedaide Johannes von einem Presbyter Johannes unterschieden wird, kommen zwei eng zusammengehörige, aber doch zu unterscheidende Persönlichkeiten in den Blick, auf die die joh Schriften zurückgeführt werden. Die Rede von der joh Schule nimmt diese Linie auf.

5. Die johanneische Schule

Die besondere Sprache verweist auf einen besonderen Kreis von Menschen, in dem diese Sprache gepflegt wurde: Die joh Schule. Ausgangspunkt für die verbreitete These einer joh Schule sind:

(1) Die joh Sondesprache (s. o. 3.2).

(2) Die sogenannten Wir-Stellen der joh Literatur. Beispiele: Joh 1,14: *wir* sahen seine Herrlichkeit; 21,24: dies ist der Jünger, der dies alles bezeugt und aufgeschrieben hat, und *wir* wissen, dass sein Zeugnis wahr ist; vgl. zu 1 Joh 1,1–4.

(3) Ferner gibt es einige wenige altkirchliche Überlieferungen, die um den Verfasser des vierten Evangeliums einen Kreis von Mitarbeitern nennen, so etwa der „Canon Muratori“, eine Liste von christlichen Büchern, die um 200 verfasst worden sein dürfte (CanMur Z. 10–13; AcA 1, 119).

Der Tradition nach lebte der Evangelist Johannes im westlichen Kleinasien, in Ephesus. Daher vermutet man die joh Schule auch in dieser Gegend. Die trotz aller Eigenständigkeit verbleibende Gemeinsamkeit von 1–3Joh und Joh erklären sich am besten, wenn diese Schreiben auf unterschiedliche Autoren derselben Schule zurückgehen.

6. Der geschichtliche Ort von 1–3Joh in der joh Schule

Die vier Schriften der joh Schule (Joh, 1–3Joh) haben einen unterschiedlichen historischen Ort. Zur Frage wie 1 Joh zeitlich zum Joh-Ev einzuordnen ist s. u. (Einl. 1 Joh, 3.). Hier geht es um die Frage, in welcher Reihenfolge 1–3Joh wohl verfasst wurden. Die Abfolge dieser Briefe in der Bibel gibt nicht die historische Abfolge ihrer Entstehung wieder. Im Neuen Testament werden die Briefe meist nach Länge geordnet, daher steht etwa der Röm vor dem 1 Thess, weil der Röm deutlich länger ist als der ältere 1 Thess. Entsprechend steht der deutlich längere 1 Joh vor dem 2 Joh (gr. 245 Wörter) und dem 3 Joh (gr. 219 Wörter). Über das Alter der Briefe sagt die Reihenfolge nichts.

2 Joh wie 3 Joh nennen als Verfasser einen Presbyter (s. Einl. 2 Joh, 2.) und können daher als *Presbyterbriefe* bezeichnet werden. Die Einschätzung der theologischen Entwicklungsstufe dieser kurzen Briefe muss deren aktuellen Anlass beachten, der keine argumentativen Diskurse verlangt. Beide Presbyterbriefe setzen eine erhebliche ausgefeiltere Theologie voraus, als die knappen Ausführungen auf den ersten Blick erkennen lassen. Etwa die Anrede „erwählte Herrin“ (2 Joh 1) setzt einen umfäng-

lichen Traditionshintergrund voraus, der die Gemeinde als Braut Christi deutet (s. zu 2 Joh 1). 2 Joh und 3 Joh sprechen Vorbehalte aus, warnen und empfehlen, aber sie entwickeln keine argumentativ abgesicherte Begründung ihrer Position. Der 1 Joh dagegen unterstützt seine Thesen durch theologische Reflexionen. Dieser etwas äußerliche, aber grundsätzliche Unterschied spricht dafür, 2/3Joh für älter als den 1 Joh zu halten (mit Schnelle 14f).

Es fehlen eindeutig Beweise für Abhängigkeiten der Briefe voneinander. Es gibt etwa zwischen dem 1 Joh und dem 2 Joh thematische Ähnlichkeiten, die einzeln auf ihr Abhängigkeitsgefälle hin zu prüfen sind. Aber die erkennbaren Ähnlichkeiten genügen nicht, um eine eindeutige Abhängigkeit in einer Richtung zu belegen. Ich halte es für unwahrscheinlich, dass der 2 Joh die Argumentation des 1 Joh aufnimmt.

Dieser Kommentar legt die Briefe in der biblischen Reihenfolge der Schriften aus: 1 Joh/2Joh/3Joh. Verfasst wurden die Briefe wohl in umgedrehter Reihenfolge: 3 Joh wurde vor dem 2 Joh vom selben Autor verfasst. Nach 2/3Joh und auch nachdem Joh 1–20 verfasst wurden, schreibt ein anderer den 1 Joh (s. Einl. 1 Joh, 3.).

Erster Johannesbrief

Vielfach, ja fast in allem spricht er [sc. Johannes] von der Liebe. (…) Wo aber die Liebe ist, da ist der Friede; und dort ist die Liebe, wo die Demut ist. Nun wollen wir den Apostel selber hören, und zu seinen Worten wollen wir, was der Herr uns eingibt, auch euch zu rechtem Verstehen weitergeben.

Augustin, in epistulam Io(h)annis ad Parthos, Prolog, Übers. Biedermann

A Einleitung

1. Gliederung

Beim 1 Joh lassen sich ein Prolog (I: 1,1–4), ein Hauptteil (II: 1,5–5,12) und ein Abschluss (III: 5,13–21) unterscheiden. Die Gliederung des Hauptteils ist wenig deutlich und daher umstritten. Der 1 Joh arbeitet mit recht selbstständigen kurzen Einheiten. Ob diese Einheiten kunstvoll angeordnet sind, oder recht unabhängig voneinander gelesen werden können, bleibt umstritten. Die Behauptung eines Auslegers, der 1 Joh Vers für Vers rückwärts gelesen, würde zur selben Interpretation des Briefes führen, übertreibt nur wenig (vgl. Coombes: 2013, 29). Im Hauptteil 1,5–5,12 ändert sich der Themenfokus vor und nach 2,12–17. Während 1,5–2,11 Themen der joh Tradition aus den Worten Jesu, wie sie das Joh-Ev überliefert aufnimmt, tritt mit 2,18–5,12 die Auseinandersetzung mit den Gegnern ins Zentrum. Der Verfasser weist mit *ich schreibe* im iterativen Präsens auf die allgemeinen Voraussetzungen der joh Tradition hin (2,1. 7. 8 und dreimal in 2,12f). Die auf das Schreiben des 1 Joh verweisenden Aoriste *ich schrieb* beziehen sich auf die aktuelle Gegnersituation (dreimal in 2,14; ferner: 2,21. 26; 5,13).

2. Verfasser und Adressaten des 1 Joh

Die Überschrift parallelisiert den Verfasser des 1 Joh mit dem von 2–3Joh und Joh und unterstützt so die Ansicht, diese vier Texte hätten denselben Verfasser. Über dem 1 Joh stand diese Überschrift ursprünglich nicht.

Ohne diese Überschrift erhält der Verfasser des 1 Joh keinen Namen oder Titel wie etwa „Presbyteros“ in 2/3Joh. Der 1 Joh ist soweit ein anonymes Schreiben, erst die Überschrift ordnet es dem Verfasser der kleinen Briefe zu. Diese Überschrift setzt also die Sammlung der Briefe voraus und ist zweifellos nicht ursprünglich. Wenn die Angabe der Überschrift nicht zuverlässig ist, müssen Hinweise zum Autor aus dem 1 Joh ohne Überschrift erschlossen werden. Der aus 1 Joh erschließbare („implizite“) Autor ordnet sich ein in einen Wir-Kreis, den der 1 Joh nicht einführt und daher voraussetzt, dass die Adressaten diesen identifizieren können. Wenn der 1 Joh im Zusammenhang mit dem JohEv überliefert wird, kann das Wir in 1 Joh anknüpfen an Wir-Stellen wie: „Wir sahen seine Herrlichkeit“ (Joh 1,14) oder die Rede der übrigen Jünger an Thomas „Wir haben den Herren gesehen“ (Joh 20,25). 1 Joh 1,1–4 stellt deutlich heraus, dass der Autor des 1 Joh an der Autorität des Wir-Kreises teilhat. Zwischen dem Wir-Kreis mit dem Absender und den Adressaten markiert der Prolog ein Autoritätsgefälle: Die Autorität des Wir-Kreises steht über den Adressaten. Der Prolog argumentiert dabei mit der Beziehung zum irdischen Jesus, die allein für den Wir-Kreis feststeht. Wären im Kreis der Adressaten auch nur einzelne Menschen zu vermuten, die von sich auch sagen könnten: „wir haben den irdischen Jesus mit unseren Augen gesehen“, liefe die Gegenüberstellung der Wir-Gruppe und der Adressaten ins Leere.

Der Anspruch des Verfassers, zuverlässige Erinnerungen aus der Begegnung mit Jesus zu erhalten, ist für uns schwer überprüfbar. 1 Joh unterstreicht einen Anspruch, den das Joh-Ev erhebt und der bei Einzelheiten einer kritischen Überprüfung standhält. Im Evangelium lassen sich einzelne Überlieferungen feststellen, die nicht in den ersten drei Evangelien zu finden sind, aber doch zuverlässiges Überlieferungsmaterial enthalten. Das Joh-Ev erhält uns also in Einzelheiten eine Überlieferungskette, die bis in die Umgebung Jesu zurückreicht.

Der 1 Joh setzt Adressaten voraus, die zwar von der alten Jesus-Überlieferung etwas gehört haben, diese aber nicht selbst überprüfen können. Er gehört so in eine ungleich spätere Zeit und wohl auch an einen anderen Ort. Es liegt nahe, mit der kirchlichen Tradition an Ephesus im westlichen Kleinasien zu denken. Die Wanderung der Tradition verlangt nicht anzunehmen, die ganze joh Schule sei von Palästina nach Ephesus umgezogen, aber sie verlangt, dass wenigstens einzelne Traditionsträger aus Palästina an fremder Stätte bekannt waren. Der äußere Anlass für die Reise nach Westen könnte der erste jüdische Aufstand 66–70 n. Chr. gewesen sein.

Wir kennen auch andere Traditionsträger, die im westlichen Kleinasien wirken, obwohl sie eindeutig ihre Wurzeln in Palästina hatten. Zu diesen gehören die Schüler von Johannes dem Täufer („Johannesjünger“), deren Existenz in Ephesus die Apostelgeschichte bezeugt (Apg 19,1–7), wohl auch der sog. Evangelist Philippus, der in Hierapolis lebte (Euseb, h.e. 3,31,3; 3,39,9) und andere.

In Ephesus im westlichen Kleinasien kann der Briefautor die Möglichkeiten des personalen Bezugs zum irdischen Jesus bei seinen Adressaten einschätzen und ausschließen. Er beruft sich auf die Traditionsträger, denen zumindest eine Verbindung nach Palästina zugetraut werden muss. So funktioniert seine Selbstvorstellung und Autorisierung in 1 Joh 1,1,-4. Die Stelle setzt voraus, dass die Adressaten zeitlich und räumlich von Palästina entfernt leben (s. zu 1 Joh 1,1–4).

3. Das zeitliche Verhältnis des 1 Joh zum Joh-Ev

Das Evangelium und der 1 Joh beginnen sehr ähnlich, dies stellte schon Dionysios von Alexandrien im dritten Jahrhundert fest (bei Euseb, h.e. 7,25,18–21). Über die Ähnlichkeit streitet auch heute niemand, wohl aber über die literarische Abhängigkeit und zeitliche Reihenfolge. Mit älteren Vorläufern vertreten in jüngerer Zeit mehrere Forscher die These, der 1 Joh ginge dem Evangelium voraus (Strecker; Schnelle; Frey). Der Prolog des Briefes dürfte aber ohne den bereits vertrauten Prolog des Evangeliums nicht verstehbar sein. 1 Joh 1,1–4 setzt eine Leserschaft voraussetzt, die das Evangelium kennt (Klauck; Coombes: 2013; Rusam u.v.a.).

(1) *Der Prolog des Joh-Ev und des 1 Joh:* Die Adressaten des Briefes sollen an den Prolog des Evangeliums denken und erst unter dieser Voraussetzung werden sie an das besondere Thema des 1 Joh herangeführt. Die kleine Änderung von dem „im Anfang“ (Joh 1,1) zum „von Anfang“ (1 Joh 1,1) im Briefprolog erhält noch im ersten Vers eine inhaltlich gewichtige Sinnverschiebung. Im Prolog des Evangeliums steht der Logos zeitübergreifend für den Schöpfungsmittler, für den Lebens- und Lichtspender, dessen irdische Periode, dessen Fleischwerdung das weitere Evangelium entfalten wird. Der Prolog des Briefes scheint zunächst genau diese zeitübergreifende Terminologie aus dem Prolog des Evangeliums zu übernehmen, wenn er mit dem imperfektischen „was von Anfang an war“ einsetzt, dann vom „Wort“ (gr. *lógos*) und vom „Leben“ redet. Doch spätestens das Berühren mit den Händen macht deutlich, dass es in 1 Joh 1,1–4 um den irdischen Jesus geht, um das Wort, das Fleisch ward (Joh 1,14). 1 Joh erinnert mit dem Wort „Anfang“ an den Prolog des Evangeliums und verlässt dann diesen Ausgangspunkt. Der Brief umgreift das Evangelium mit dem Ziel, das tatsächliche Menschsein, oder, wie

er selbst sagt, den „Im-Fleisch-Gekommenen" herauszustreichen: Jesus Christus (1 Joh 4,2). Dazu spielt der Brief nicht nur auf den Anfang des Evangeliums, sondern auch auf dessen Ende an.

(2) *Der Prolog des Briefes und die Thomasperikope:* Nicht nur an den Anfang des Evangeliums knüpft der Prolog des Briefs an, auch die ursprünglich letzte Erzähleinheit, die Thomasgeschichte, Joh 20,24–29, setzt der Prolog voraus (auch 1 Joh 4,14–16). Der Briefprolog erinnert an die Thomasgeschichte mit den wörtlich aus ihr übernommenen Stichworten „wir haben gesehen" und „Hand" (gr. *heōrákamen, cheír*) neben der inhaltlichen Anspielung durch das Stichwort „Berühren" (gr. *psēlafáō*).

Die Thomasgeschichte gestaltet der Evangelist und verdoppelt dazu die vorangehende Erscheinungsgeschichte Joh 20,19–23. Thomas, heißt es etwas nachklappend, war bei der ersten Erscheinung nicht anwesend und vertraut dem Bericht seiner Mitjünger nicht. Als er dann von Jesus angesprochen wird, nennt Thomas ihn: „mein Herr und mein Gott". Nicht die Kunde der Mitjünger, sondern das Wort und das Sehen des Auferstandenen überzeugt Thomas. Dieser Zug der Thomasgeschichte ist durchaus kritisch gegenüber Überlieferungsträgern zu verstehen. Das abschließende Wort Jesu spricht die Leser des Evangeliums an: Selig sind, die nicht sehen, und doch glauben (Joh 20,29c). Dieses Wort zielt darauf, das schriftliche Evangelium in die Rolle des Machtwortes zu rücken, das der Auferstandene zu Thomas sprach: „Sei nicht ungläubig, sondern gläubig".

1 Joh 1,1–4 nimmt Worte aus dem Anfang und Ende von Joh 1–20 auf und dürfte damit das bereits gestaltete Evangelium Joh 1–20 voraussetzen. 1 Joh 1,1–4 hebt die Sonderrolle der ersten Zeugen gegenüber der späteren Leserschaft hervor. Er deutet dabei die Thomasgeschichte. Für den Prolog des Briefs ist der Skopos von Joh 20,24–29, dass es Menschen wie Thomas gab, die Jesus sahen, während spätere Leser des Evangeliums „nur" von ihm hören. Diese Auslegung der Thomasgeschichte ist zwar möglich, aber diese Auslegung erreicht wohl nicht die Pointe der Perikope in Joh 20. Denn um die Sonderrolle der ersten Zeugen zu unterstreichen, wie es 1 Joh 1,1–4 macht, hätte der Evangelist die erste Erscheinungsgeschichte (Joh 20,19–23) nicht verdoppeln müssen. Die erste Erscheinungsgeschichte, in der die Jünger den Geist empfangen, hätte genügt, die historische Ausgangssituation hervorzuheben. 1 Joh bindet das überlieferte Wort historisierend. Der Auferstandene spricht nicht mehr direkt, sondern seine ersten Zeugen geben nach 1 Joh 1,1–4 sein Wort weiter.

(3) *1 Joh zwischen Joh 1–20 und Joh 21:* Joh 1–20 dürfte wie Mt und Lk auch nach der Zerstörung des Jerusalemer Tempels durch die Römer, also nach 70 n. Chr. verfasst worden sein. Die in der joh Gemeinde aufgekommenen Gegner (s. zu 2,18f) veranlassen den 1 Joh. Als Verfasser nennt 1 Joh keine der Autoritäten des Anfangs, weder den Lieblingsjünger (Joh 13–20) noch den Presbyter Johannes wie 2–3Joh. 1 Joh setzt Joh 1–20 voraus, ist aber noch vor dem Nachtragskapitel Joh 21 verfasst worden. So dürfte 1 Joh bis zur ersten Jahrhundertwende vorgelegen haben. Der Brief

versucht, die Überlieferung Joh 1–20 gegen die Interpretation der Gegner abzusichern. In einem zweiten Anlauf gelingt dieses Vorhaben dann dem Autor (oder den Autoren) des Nachtragskapitels Joh 21.

Joh 21 ist als Nachtrag zu Joh 1–20 anzusehen, in dem eine Wir-Gruppe auf das Leben des Lieblingsjüngers zurückschaut. Die Sondermerkmale der joh Sprache finden sich auch noch im Nachtragskapitel in hinreichend großer Dichte (s. Einl. 1–3Joh, 3). Da die gr. Textzeugen keinen Hinweis geben auf ein Joh-Ev ohne Joh 21, kann der Nachtrag Joh 21 nicht lange nach der Jahrhundertwende entstanden sein. Textzusätze ab ca. der Mitte des 2. Jh. wie etwa der Nachtrag zum Mk-Ev (Mk 16,9–20) haben bei der Textüberlieferung Spuren hinterlassen, die diese Texte als nachträgliche Ergänzung erweisen. Joh 21 kann aber auch nicht sehr viel früher angesetzt werden, denn der Autor von Joh 21 kennt redaktionelle Stücke des Lk-Ev und des Mt-Ev. Zudem bezeugt Joh 21,19 den Tod des Petrus (64 n. Chr.). Dessen Tod liegt für Joh 21 schon lange zurück, weil Joh 21,22f auf unterschiedliche Entwicklungen zurückblickt, die nach dem Tod des Petrus einsetzten. Zunächst knüpften sich Erwartungen auf das Anbrechen der Endzeit an das Leben des Lieblingsjüngers, die schließlich enttäuscht wurden (Joh 21,23). Auch darauf blickt Joh 21,23 zurück. Joh 1–21 hat m. E. bis 110 vorgelegen und wurde dann im Verbund mit den Synoptikern (Mt, Mk, Lk) verbreitet.

4. Gegner des 1 Joh

Es lässt sich oft nicht mit Sicherheit sagen, ob ein Briefautor in einer Auseinandersetzung mit Gegnern steht oder Zwischenfragen, Einwürfe und ähnliches nur der rhetorischen Ausgestaltung zu verdanken sind. Manche Verneinung im 1 Joh grenzt sich nicht von Gegnerparolen ab, sondern unterstreicht nur rhetorisch eine aus der Sicht des Autors falsche Position (s. 1,5–10; 5,6a). Doch nicht alle Stellen des 1 Joh lassen sich als rhetorische Stilisierungen erklären. Einem nur für die Darstellung erfundenen Menschen müsste nicht die Fürbitte verboten werden (5,16). Ein stilisierter Gegner hätte auch keine Geschichte in der eigenen Gruppe, wie es 2,18f vermerkt. Die dort beschriebenen Menschen, kurz „Gegner" genannt, sind nicht nur in der Textwelt des 1 Joh existent und zur Abschreckung konstruiert, sondern existierten tatsächlich.

1 Joh 2,18 macht deutlich, dass innerhalb der joh Gruppe Gegner aufkamen, gegen die sich der 1 Joh wendet. Die Gegner gehörten also zur Gemeinde. Jetzt spricht ihnen der 1 Joh diesen Status ab. Deren Absichten können wir nur aus 1 Joh heraus konstruieren und versuchen, nicht der einseitigen Darstellung des 1 Joh zu erliegen.

Waren die Gegner Rückkehrer zum Judentum? Einzelne Forschende meinen, die in 1 Joh 2,19 angesprochenen Abtrünnigen seien ethnische Juden, die, nachdem sie sich vorübergehend zu Jesus als dem Gesalbten bekannten, wieder von ihrem christlichen Glauben abgefallen sind (z. B. Lieu, Griffith, Streett, Rusam). 1 Joh wende sich also nicht gegen christliche Gegner, sondern grenze sich gegen ehemalige Gemeindeglieder ab, die zum Judentum zurückkehrten. Diese Position lässt sich wohl nur halten, wenn der 1 Joh zeitlich vor dem Joh-Ev anzusetzen wäre und der 1 Joh mit dessen ausgearbeiteter Christologie eine klare Eigenständigkeit der christlichen Gruppe gegenüber anderen Juden noch nicht erreicht hätte. Ich halte die Einordnung des Briefes vor Joh 1–20 für unwahrscheinlich (s.o. Einl. 1 Joh, 3). Mit der Abfassung *nach* Joh 1–20 ist dessen weit entwickelte christologische Position auch schon vor dem 1 Joh anzusetzen. Die in 2,18f angesprochenen Abtrünnigen schrecken nicht während der Herausbildung christologischer Thesen zurück, sondern nachdem diese formuliert waren.

Die in 2,18f genannten Gegner interpretieren die Darstellung Jesu in der joh Überlieferung eigentümlich und vernachlässigen die menschlichen Züge und das Leiden Jesu, die das Joh-Ev keineswegs verschweigt. Die hohe Christologie des Joh-Ev hat immer wieder zu kritischen Anfragen geführt, ob nicht das vierte Evangelium die menschliche Seite Jesu bis hin zu seinem Leiden marginalisiere und so eine einseitige Interpretation erleichtere. Im zweiten Jahrhundert werden mehrfach Christen bezichtigt, den Kreuzestod, ja überhaupt alles Leiden von der Gestalt des Erlösers fernhalten zu wollen (Ignatius, Sm 2,1; 4,1f; Ignatius, Trall 10,1f; Irenäus, advhaer 1,23,3 [über Simon]; 1,26,1 [über Kerinth]; 3,11,2f; 3,18,6). Nach diesen Leuten habe Jesus nur scheinbar am Kreuz gelitten. Er schien zu leiden, litt aber nicht wirklich. Dieses „scheinbar" heißt auf griechisch „dokein", die dazugehörige Gruppe „Doketen" oder um bestimmte Gruppen im 2. Jh. anzusprechen „Doketisten".

Der Gedanke, dass sich göttliche Wesen eines Scheinleibs bedienen, ist im hellenistischen Judentum vorbereitet. Etwa das Buch Tobit (AT Apokryphen, ca. 4 Jh. v. Chr.) erzählt von dem Engel Raffael, der sich menschliche Gestalt gab. Die von Gott gesandten Besucher Abrahams (Gen 18,1–15) haben nach der Interpretation von Philon und Josephus (1. Jh. n. Chr.) keinen wirklichen Leib und essen nur scheinbar (Philon, Abr 113–118; Josephus, ant 1,197). Bald überliefern Kirchenväter eine Vertauschungstheorie, nach der eigentlich Simon von Kyrene am Kreuz gestorben sei (Irenäus, advhaer 1,24,4; vgl. 2LogSeth, NHC VII,2, p. 56,9–19; Koran 4,157). Ansätze zu einer solchen theologischen Strömung bietet das Joh-Ev, wenn es den Weg Jesu zum Kreuz als selbstbestimmte, ja geradezu heroisch wahrgenommene Tat Jesu darstellt, der seinen Auftrag ungebrochen erfüllt. Doch das Joh-Ev bietet nur Ansätze für eine doketische Auslegung. Das Joh-Ev verschweigt nicht etwa den Kreuzestod Jesu, aber das Joh-Ev stellt den Weg zum Kreuz als Triumph Jesu dar. Statt eines Schreis am Kreuz wie in Mk 15,37, steht in Joh 19,30 das durchaus auch stolz interpretierbare „es ist vollbracht“, mit dem der Gesandte seinen Auftrag erfüllt.

E. Käsemann (1906–1998) sprach in seiner Studie „Jesu letzter Wille nach Joh 17“ (1. Aufl. 1966) vom „naiven Doketismus“ des Joh-Ev. Weitgehend zeige das Joh-Ev Jesus als den über die Erde wandelnden Gott, der von allem Niederen, Schmerzhaften fernbleibt. Freilich ist zu beachten: Käsemann behauptet nicht, Joh-Ev sei doketisch, er hält es für *naiv* doketisch, es sei gegenüber einer doketischen Auslegung weitgehend ungeschützt. Wer hier Joh 1,14 („Das Wort ward Fleisch“) entgegenhält, hat zwar eine Bemerkung herausgegriffen, die einer doketischen Auslegung massiv entgegensteht, aber das Joh-Ev selbst nimmt diesen Satz nicht mehr auf und unterstreicht auch sonst nie eine antidoketische Ausrichtung.

U. Schnelle (geb. 1952) dagegen hält das Joh-Ev in seiner Studie „Antidoketische Christologie“ (1987) für ein antidoketisches Werk. Das Joh-Ev schaue schon auf eine Doketismus-Debatte zurück und wehre sich gegen doketische Tendenzen. Etwa die Wundertätigkeit Jesu stehe einer doketischen Christologie entgegen. Freilich überzeugen diese antidoketischen Züge nur zum Teil. Das Joh-Ev enthält auch Motive, die eine doketische Auslegung ermöglichen.

Ich halte die geschichtliche Erklärung durch R. E. Brown (1928–1998) für die überzeugendste Gesamtdeutung. Nach Brown war das Joh-Ev, genauer Joh 1–20, weder doketisch noch antidoketisch, aber es war in beide Richtungen auslegbar. Im Joh-Ev stehen doketisch und antidoketisch auslegbare Stellen nebeneinander etwa in der Thomasgeschichte (Joh 20,24–29). Nach dieser Perikope geht der Auferstandene durch verschlossene Türen hindurch. Diese Nebenbemerkung nimmt wohl die Tradition eines besonderen Auferstehungsleibes Jesu auf, wie ihn auch die Erscheinungsgeschichte vor Maria Magdalena kennt, wenn der auferstandene Jesus zu Maria sagt: „Berühre mich nicht“ (Joh 20,17). Doketen verstehen diese Linie: Einen wirklichen Leib hatte der Gesalbte ihrer Meinung nach nie. Andererseits ist der Auferstandene in Joh 20 durch seinen Kreuzestod geprägt, er hat noch die Wunden, welche die Identität des Auferstandenen mit dem Gekreuzigten sichtbar machen. Darauf kann sich die antidoketische Front in der johanneischen Gruppe stützen. Freilich ist damit das Evangelium noch nicht „*anti*doketisch“. Wahrscheinlich war z. Z. von Joh 1–20 die theologische Idee der Doketisten noch nicht erahnbar. Die Art der hoheitlichen Christologie machte vielleicht gerade die joh Darstellung empfänglich für eine tiefe Trennung von göttlicher Leidensfreiheit und der Welt. Denn darauf zielt der doketische Ansatz. Nach ihm wäre Jesus letztlich nur ein über die Erde wandelnder Gott.

1 Joh nimmt in dieser Frage Stellung und favorisiert eine antidoketische Auslegung von Joh 1–20. Dazu knüpft der Prolog des ersten Briefes nicht nur an den Prolog des Evangeliums an, sondern auch an die Thomasgeschichte (s. o.). Die doketische Auslegung setzt sich in der gnostischen Auslegung des Joh-Ev fort. Das Joh-Ev wurde auch bei den

Gnostikern rezipiert, aber nicht nur dort. Die frühe Wirkungsgeschichte verweist *nicht* auf eine gnostische Vereinnahmung des Joh-Ev. Neuere Monographien zum Thema sind den bruchstückhaften Überlieferungen nachgegangen und belegen diese Gesamtthese (Nagel: 2000; Wucherpfennig: 2002; Hill: 2004).

5. Die Textsorte (Gattung) des 1 Joh

Die Briefanteile sind im 1 Joh gering, es fehlen Präskript und Briefschluss, andererseits ist der 1 Joh auch keine zeitenthobene Darstellung. Die Benennung des 1 Joh als Traktat ist wohl ebenso sehr eine Verlegenheitslösung wie der Vergleich mit dem Hebr, der sich v. a. deswegen mit dem 1 Joh vergleichen lässt, weil er sich ebenfalls weitgehend einer Gattungsbestimmung entzieht. 1 Joh hat offenbar einen konkreten Anlass, der hinter der angedeuteten innergemeindliche Spaltung zu suchen ist. Der 1 Joh ist ein Fall eigener Art, er ist aus sich heraus zu erklären.

6. Das historische Fundament der joh Überlieferung nach 1 Joh

Der Brief bezieht sich auf Joh 1–20 und ringt um die Interpretation dieser Überlieferung. Der Brief beginnt, die alte Überlieferung zu sammeln, geradezu programmatisch drückt dies der Brief aus: „Was ihr gehört habt von Anfang an, das bleibe in euch. Wenn in euch bleibt, was ihr von Anfang an gehört habt, so werdet ihr auch im Sohn und im Vater bleiben." (2,24). Die Arbeit des Verfassers dürfte den Grundstock für das Corpus Johanneum gelegt habe. Die Überlieferung der alten Zeugen, also auch des Apostelschülers, des Alten (2 Joh 1; 3 Joh 1), verdient nun aufbewahrt zu werden. 1 Joh gibt das Programm vor, nach dem die joh Überlieferung gesammelt wird. Nach 1 Joh dürfte der Wir-Kreis des Nachtragskapitels (Joh 21) tätig geworden sein. Waren die Auseinandersetzungen im Brief noch innerjohanneisch, setzt das Nachtragskapitel eine Begegnung der joh Überlieferung mit anderen *christlichen* Traditionen voraus. Und Joh 21 stilisiert sich als letztes Wort der im Evangelium bereits eingeführten Gestalt des Lieblingsjüngers. Nicht das Zeugnis des immer wieder wirkenden Geistes („Parakleten"), sondern das vergangene Zeugnis des Schulgründers fixiert das Nachtragskapitel Joh 21. So schließt Joh 21 das historische Programm des ersten Briefes ab und beendet gleichzeitig die joh Überlieferung. Der Lieblingsjünger bleibt im Zeugnis des Evangeliums, wie es in Joh 21,24 heißt: „Dies ist der Jünger, der diese Dinge bezeugt und diese Dinge schrieb; und wir wissen, dass sein Zeugnis wahr ist.“

Die Gestalt des Lieblingsjüngers dürfte auf den verehrten Gemeindegründer zurückverweisen. Die Bezeichnung „der Jünger, den Jesus lieb hatte“ gab sich schwerlich diese Person selbst. Die Bezeichnung prägte wohl eher ein Schüler dieses Jüngers, vielleicht der Alte (Presbyter) Johannes, für seinen verehrten Lehrer.

Auffällig ist, dass der erste Brief auf diese Autorität des Lieblingsjüngers ebenso wenig zurückgreift wie auf den Alten (Presbyter) der kleinen Briefe. Der erste Brief autorisiert sich nicht mit diesen Individuen, sondern mit einem Kollektiv (s. aber zu 5,16). Dies lässt sich erklären, wenn eine Äußerung der beiden anerkannten Autoritäten, des Lieblingsjüngers und des Presbyters, nicht vorlag und auch die Adressaten des Briefes wussten, dass es eine solche nicht gibt. Joh 21 beansprucht mit der Autorität der ersten Zeugen sprechen zu können.

Joh 21 gibt ein Szenario vor, das mehrere unterschiedliche Traditionen nebeneinander bestehen lässt. Petrus und der Lieblingsjünger erhalten vom auferstandenen Herrn in Joh 21 zwei unterschiedliche Aufgabenfelder, die sie unterschiedlich aber nicht gegensätzlich erfüllen mögen. Die Idee einer verbindlichen apostolischen Zeit erweitert Joh 21, indem in diesem Kapitel einzelne Apostel eigenständige Überlieferungen und Aufträge erhalten, ohne gegeneinander ausgespielt werden zu müssen. Die Schriftensammlungen der Evangelien wie der katholischen Briefe sammeln entsprechend die unterschiedlichen Zeugnisse der einzelnen Traditionsträger.

7. Die Lehre von der Kirche (Ekklesiologie) im 1 Joh

Die joh Gruppe entsteht zunächst dadurch, dass sie sich vom Judentum abgrenzt. Zu einer innerjohanneischen Klärung der verbindenden Identität besteht zunächst noch kein Anlass. Doch die innerjohanneische Trennung kurz vor dem 1 Joh zwingt nun zu eben dieser Klärung. Das Joh-Ev bietet dem 1 Joh wenig Ansätze, die verbindende Identität der joh Gruppe zu klären. Das Joh-Ev zeichnet seine Lehre von der verbindenden Identität (Ekklesiologie) mit Bildworten. Bilder wie Weinstock und Rebe oder Hirte und Schafe stehen für das Verhältnis von Christus zu seinen Gemeindegliedern. Das Joh-Ev unterstreicht mit seinen Bildern die Notwendigkeit, mit Jesus Christus verbunden zu sein: Ich bin der Weinstock, ihr seid die Reben. Wer in mir bleibt und ich in ihm, der bringt viel Frucht; denn ohne mich könnt ihr nichts tun (Joh 15,5). Die Rebe bedarf des Weinstocks, ebenso bedarf das Schaf des Hirten. Allerdings zeigen schon diese joh Bilder einen gravierenden blinden Fleck, wenn man sie mit den Bildern des Paulus vergleicht. Die joh Bilder kümmern sich nicht um die horizontale Verbindung der einzelnen Gemeindeglieder. Es stört die eine Rebe wenig, wenn neben ihr eine andere ausgeschnitten wird; die Herde leidet nicht zwingend, wenn ein Schaf gerissen wird.

Davon unterscheiden sich die paulinischen Bilder beträchtlich. Paulus unterstreicht zunächst wie die joh Bilder, dass jeder Einzelne mit dem Auferstandenen verbunden sein muss. Die paulinischen Bilder von der Gemeinde als Leib oder als Tempel unterstreichen aber zugleich, dass die Gemeindeglieder untereinander verbunden sein müssen. Der Körper leidet zwingend, wenn ein Körperglied leidet oder gar entfernt würde. Ein Gebäude bedarf der unterschiedlichen Bauteile und trotzdem bildet es erst im Ensemble ein Gesamtbauwerk, einen „Tempel Gottes". Fehlt ein Bauteil, fehlt dem Tempel und damit der Gemeinde etwas. Die einzelnen Gemeindeglieder sind bei Paulus weder unverbunden noch beliebig ersetzbar.

Im Joh-Ev kommt dieser innerweltliche Zusammenhalt der Gemeinde kaum zur Sprache. Einen zarten Ansatz bieten die Aussagen über die freien Freunde, die alles gemein haben v.a. in den Abschiedsreden (Joh 15,12–15; Justin, dial 8,1, vgl. Lk 12,4; Apg 27,3). Die joh Gemeinde versteht sich offenbar geradezu als Gemeinschaft der Freunde. Doch dieser Zusammenhalt ist kaum theologisch verankert. Dies versucht 1 Joh aufzuarbeiten. Die in den Abschiedsreden (Joh 14–17) angedeuteten Modelle der Freundschaftsethik verstärkt nun der erste Brief. Er fordert Bruderliebe ein (1 Joh 2,9–11; 3,10. 14–17), nennt sie ein Zeichen des Lebens in der Wahrheit. Dazu stellt der 1 Joh das Sühnemotiv (1 Joh 1,7. 9; 2,2; 4,10). So fundiert er das Grundprinzip „Leben für andere". Er verweist auf Jesu Sterben als Vorbild in dieser Frage.

B Kommentar

Überschrift

des Johannes Brief eins

Textüberlieferung der Überschrift: Die wichtigen Textzeugen unterscheiden sich bei der Überschrift (Sinaiticus, Vaticanus und Alexandrinus; 4.–5. Jh.). Die ersten Schreiber von Sinaiticus wie Vaticanus haben wohl keine Überschrift gelesen. Wie der Alexandrinus liest die zweite Korrektur des Vaticanus „des Johannes eins“ wobei die „eins“ nicht ausgeschrieben ist, sondern als gr. Zahlzeichen durch den Buchstaben Alpha notiert wird. Die Überschrift dürfte beim 1 Joh das Wort Brief enthalten (so erste Korrektur des Sinaiticus zu 1 Joh, nicht aber zu 2/3Joh; 2 Petr; Jud).

Die Überschriften sind für die unterschiedlichen Briefe der Sammlung weitgehend analog (s. Überschriften zu Jak; 1/2Petr; Jud) und dürften erst im Zuge der Zusammenstellung von Briefen über die einzelnen Schriften gesetzt worden sein. Die Überschriften benennen die Schriften nach den Autoren, nicht nach den Adressaten wie in der Sammlung der Paulusbriefe. Die Überschrift mit einem Einzelnamen lässt das *Wir* der Verse 1,1–4 unerklärt (s. Einl. zu 1 Joh, 2.).

I Das theologische Programm (1 Joh 1,1–4)

1–4 Die ersten vier Verse des 1 Joh heißen gemeinhin „Prolog“, sie eröffnen 1 Joh programmatisch. Der Prolog setzt die Kenntnis des Joh-Ev und insbesondere dessen Prologs (Joh 1,1–18) voraus (s. Einl. 1 Joh, 3.). Joh 1,1–18 führt an die Begriffe „Wort“ (gr. *„lógos“*) und „Leben“ als Titel für Jesus Christus heran, der Briefprolog setzt diese Hinführung bereits voraus. Schon der Einsatz des Briefes mit dem neutrischen Relativpronomen („das“) dürfte nur für Adressaten nachvollziehbar gewesen sein, die schon bei den ersten Worten „der von Anfang an“ (gr. *ēn ap' archḗs*) an den ihnen vertrauten Anfang des Joh-Ev dachten (Joh 1,1: gr. *en archḗi ēn ho lógos*) und von daher ahnten, dass von Jesus Christus die Rede sein wird, zunächst mit dem neutrische Relativpronomen, dann schon deutlich mit dem „Wort des Lebens“ und schließlich mit dem „Leben“. Ohne das Joh-Ev als vorausgesetzten Bezugstextes dürfte 1 Joh 1,1–4 wohl dunkel bleiben, zumal das Relativpronomen sich auf „etwas“ (neutrum) bezieht, aber dann dieses „etwas“ grammatikalisch sperrig aufnimmt mit „Wort“ (gr. maskulin) und „Leben“ (gr. feminin: *zōḗ*). Wer vom Prolog des Joh-Ev herkommt, ahnt schon, dass 1 Joh 1,1–4 wohl Jesus Christus thematisieren wird und ordnet die unterschiedlichen Verweise ihm zu.

Gegen die These, Joh 1,1–18 sei für 1 Joh 1,1–4 als bekannter Text vorauszusetzen, wenden einzelne Forscher ein, der Begriff des „Anfangs" sei im Brief nicht durch den Evangelienprolog vorgeprägt (Schnelle 61). Tatsächlich füllt der erste Brief diesen Begriff anders als das Evangelium. Aber bei dieser Änderung dürfte der Brief bewusst von der Vorgabe des Evangeliums abweichen und so die Abhängigkeit letztlich doch wieder erweisen.

Der Prolog 1 Joh 1,1–4 klärt die Kommunikationssituation. V. 1 autorisiert den impliziten Autor, V. 2 thematisiert die bereits begonnene Verkündigung, V. 3 konkretisiert auf das vorliegende Schreiben, V. 4 schließlich stellt die Verkündigung in einen eschatologischen Horizont. Der Prolog beginnt mit einem komplexen Satzgefüge. Entkleidet man den ersten langen Satz von seiner verketteten Struktur, behält die etwas undurchsichtige Satzperiode eine einfache Aussage. Der Prolog füllt, ja überfüllt den Satz: „was von Anfang an war (1^{a}), verkünden wir auch euch (3^{c}), damit auch ihr Gemeinschaft habt mit uns (3^{d})".

Gliederung: Der Prolog des 1 Joh gliedert sich in vier Sinnabschnitte. Die ersten drei Sinnabschnitte sind durch eine christologische Aussage gerahmt: 1^{a} und 1^{e} rahmen 1^{b} bis 1^{d}; 2^{a} und 2^{f} rahmen 2^{b} bis 2^{e}, im dritten Vers rahmen die Doppelsatzteile 3^{ab} und 3^{ef} die Versteile 3^{cd}. Diese christologischen Rahmungen lassen die vier Sinnabschnitte entstehen, die genau der Verszählung entsprechen.

I 1 Der erste Sinnabschnitt (1 Joh 1,1)

1^{a} Was von Anfang an war,
1^{b} was wir gehört haben,
1^{c} was wir gesehen haben mit unseren Augen,
1^{d} was wir erblickten,
1^{e} unsere Hände haben es auch berührt, was den Logos des Lebens betrifft.

Im ersten Sinnabschbnitt steht der zeitübergreifende Aspekt des Mittlers am Anfang, der abschließend (1^{e}) mit der Bezeichnung *der Logos* (dt. Wort) *des Lebens* wiederaufgenommen ist. 1^{e} behauptet nicht einfach, den Logos des Lebens berührt zu haben, sondern umschreibt das Berührte: *was ... betrifft* (gr. *perí* mit Genitiv). Diese Umschreibung hält fest, dass erst die nachträgliche theologische Reflexion eröffnet, nicht einfach nur einen Menschen berührt zu haben, sondern in dieser Berührung dem Wort des Lebens nahe gekommen zu sein. In den durch 1^{a} und 1^{e} umrahmten Zeilen $1^{b–d}$ geht es um eine historische Begegnung, um ein tatsächliches

Sehen, dessen Inhalt mit dem anaphorischen *was* mehr angedeutet als genannt wird: Etwas hat die Wir-Gruppe erfahren (s. Einl. 1 Joh, 2.). Dass dieser Kontakt nicht durch andere Menschen oder Medien vermittelt wurde (wir hörten oder lasen von anderen etwas über Jesus), verdeutlicht 1^{e}. *Berühren* setzt einen direkten Kontakt voraus. Genau dieses nicht durch andere vermittelte direkte Berühren des Auferstandenen ist das Thema der Thomasperikope Joh 20,24–29, auf die 1–4 mehrfach anspielt (s. Einl. 1 Joh, 3.2). Was die Wir-Gruppe hörte und mit eigenen Augen sah und berührte (1^{b-e}), war, wie es dann endlich 1^{e} nennt, nicht etwas, sondern betrifft den „Logos des Lebens". Von diesem Ende her wird klar, dass die Wir-Gruppe von ihrem zwar vergangenen, aber bis in die Gegenwart wirkenden Umgang mit dem auf Erden erschienen Christus spricht.

I 2 Der zweite Sinnabschnitt (1 Joh 1,2)

2^{a} Und das Leben wurde gezeigt
2^{b} und wir haben es gesehen
2^{c} und wir bezeugen es
2^{d} und wir verkünden euch das ewige Leben,
2^{e} welches beim Vater war
2^{f} und wurde uns gezeigt.

Der zweite Abschnitt thematisiert den auf Erden erschienen Christus (1^{e}) in seiner Rahmung (2$^{a.\,f}$). Die Versteile 2^{a} und 2^{f} wiederholen wörtlich das dafür stehende Stichwort *er wurde gezeigt*. Das passive Verb verweist auf die Aktivität Gottes und wird daher nicht mit „er erschien" übersetzt, auch wenn diese Übersetzung möglich wäre (vgl. 2,28; 3,2. 5. 8; 4,9). Das Gezeigte des Christus bezeichnen diese Rahmenverse (2$^{a.\,f}$) gut johanneisch nur als *das Leben* und nehmen dabei die Näherbestimmung des Logos aus 1^{e} auf. 2$^{d.\,e}$ erläutert das Leben als *ewiges* Leben, das beim Vater war und verweist so im joh Sprachduktus auf Jesus Christus (s. 2,25, vgl. Joh 5,24; 11,25; 14,6). Die so gerahmten Versteile 2^{b} bis 2^{e} scheinen zunächst nur die Autorisierung der Wir-Gruppe zu wiederholen (2^{b}), doch mit dem Wechsel zum Verb *bezeugen* und dem Wechsel vom Aorist (2^{a}) bzw. Perfekt (2^{b}) zum Präsens (2$^{c.\,d}$) schwenkt der zweite Sinnabschnitt zum übergreifenden und andauernden Verkündigungsauftrag der Wir-Gruppe. Diesen allgemeinen Verkündigungsauftrag konkretisiert die Wir-Gruppe auf die Briefadressaten, die erstmals 2^{d} nennt (2^{d}: *euch*). Auch der zweite Abschnitt zeigt ein christologisches Achtergewicht, die Verkündigung hat ihren Inhalt in der vorzeitigen Verbindung des erschienenen Christus mit dem Vater (2^{e}; *war* gr. Imperfekt). Die jetzt im Brief geschehende Verkündigung gründet sich auf eine lange zurückreichende Offenbarung an die Wir-Gruppe.

I 3 Der dritte Sinnabschnitt (1 Joh 1,3)

3^{a} Was wir gesehen haben
3^{b} und gehört haben,
3^{c} verkünden wir auch euch,
3^{d} damit auch ihr Gemeinschaft habt mit uns
3^{e} und unsere Gemeinschaft aber ist Gemeinschaft mit dem Vater
3^{f} und mit seinem Sohn, Jesus Christus.

Auch der dritte Sinnabschnitt übernimmt die inhaltliche Füllung der vorangehenden Abschnitte ($1^{b–e}$; $2^{c.\,d}$) für seine Rahmung ($3^{a.\,b}$; $3^{e.\,f}$). Sowohl der Inhalt des ersten Sinnabschnitts, die Autorisierung der Wir-Gruppe, als auch der übergreifende Auftrag, wie ihn der zweite Sinnabschnitt thematisiert, finden sich im Rahmen des dritten Sinnabschnittes wieder. Der Rahmen wird dabei umfangreicher. Er umfasst nun die Versteile $3^{a.\,b}$ mit zwei finiten Verben und die Versteile $3^{e.\,f}$ mit zwei Bereichen der Gemeinschaft.

Zur Rahmung 3a. b und e. f: Die beiden Verben in 3^{a} (*gesehen haben*) und ^{b} (*gehört haben*) nehmen die Verben aus 1^{b} (*gehört haben*) und ^{c} (*gesehen haben*) auf. Diese Verben stehen gr. im Perfekt. Das griechische Perfekt verbindet zwei Zeitbezüge, nämlich eine vergangene Handlung, die bis in die Gegenwart wirkt. V. 1 zielt auf das ehemalige Geschehen und wechselt entsprechend vom Perfekt ($1^{b.\,c}$) zum Aorist (1^{d}). Gleichzeitig ging es im ersten Abschnitt um das zunächst etwas undeutlich eingeführte Objekt jener Handlungen, jenes „was" aus $1^{a–d}$, das erst 1^{e} als „Logos des Lebens" genauer benannt wurde. Die in $3^{a.\,b}$ aus Vers 1 wiederholten Verben zielen nun auf die resultative Seite des griechischen Perfekts und damit auf die gegenwärtige Wirkung am Subjekt, die Autorisierung der Wir-Gruppe. Entsprechend fällt schon im Versteil 3^{b} das Objekt weg. Diese leichte Gewichtsverschiebung von der historischen Beauftragung zur jetzt gültigen Autorisierung nehmen $3^{e.\,f}$ auf in einem zeitlos konstatierenden Nominalsatz.

Zum Mittelteil 3c. d: Die Verschiebung weg von der vergangenen Autorisierung hin zum gegenwärtigen Auftrag unterstreicht der Wechsel zum Präsens mit der konkreten Absichtsangabe in 3^{d}. Dass der Auftrag des Wir-Kreis über die Adressaten hinausreicht, besagt 3^{c} („verkündigen wir *auch* euch"). Einige Textzeugen lassen es vielleicht in Angleichung an 2^{d} weg. Das Schreiben zielt auf eine *Gemeinschaft*, die Adressaten und Absender verbinden soll. Genauer sollen die Adressaten in die Gemeinschaft hineingezogen werden, die bereits Absender, Vater und Sohn verbindet. Auch der dritte Sinnabschnitt reicht die christologische Präzisierung nach, die hier das Stichwort Gemeinschaft betrifft. Der 1 Joh benennt mit dem Wort „Gemeinschaft" nicht nur eine vorwiegend gegenwärtige („synchrone") Verbindung, wie es meist etwa Paulus macht, sondern eine durch die Zeit weitergegebene („diachrone") Gemeinschaft, er hat einen diachronen Begriff der Gemeinschaft (vgl. auch Apg 2,42). Ohne den Begriff der Gemeinschaft bereitet das Joh-Ev diese diachrone Gemeinschaft vor, wenn es von Erkenntnis- oder Bezeugungsketten redet: Der Vater ist im Sohn erkennbar (Joh 1,18b, vgl. 1 Joh 5,20), den Sohn kennt der Lieblingsjünger (13,23 vgl. 21,20), der uns das Geschehen (19,35) bzw. das Evangelium (21,24) verbürgt. Diese durch die Zeit hindurch zu wahrende Gemeinschaft hat ihre Ausgangsquelle bei der Gemeinschaft zwischen Vater und Sohn. Das, was verdient, Gemeinschaft genannt zu werden, muss der Gemeinschaft entsprechen, die Vater, Sohn und Wir-Gruppe verbindet ($3^{e.\,f}$).

I 4 Der vierte Sinnabschnitt (1 Joh 1,4)

4^a Und dies schreiben wir,
4^b damit unsere Freude erfüllt sei.

Der kurze vierte Vers bietet gleichsam nur noch den Rahmen und bleibt dabei der Reihung treu, weil er den Inhalt des vorangehenden dritten Abschnitts, das Schreiben thematisiert und dazu einen Wunsch in eschatologischer Perspektive formuliert. Der eschatologische Wunsch hebt dabei hervor, welche Bedeutung das Schreiben für die Wir-Gruppe hat.

Textüberlieferung 1,4: Es ist die Lesart vorzuziehen, die in 1,4 zweimal die erste Person Plural liest, also: „Und dies schreiben (gerade) *wir*, damit *unsere* Freude gefüllt sei". Eine andere ebenfalls gut bezeugte Lesart gleicht den Vers an die sonst bekannten Briefgrüße an: „Und dies schreiben wir euch, damit eure Freude". Nestle^{28} hält die Lesart eure Freude für gleichwertig mit der hier vorgezogenen *unsere Freude*.

Die schwierigere und schon deswegen ältere Lesart mit der ersten Person impliziert einen besonderen Auftrag der Absender, der durch das Schreiben erfüllt wird und so die eschatologische Freude anfüllt, einen Gedanken, den 2 Joh 12 für die persönliche Begegnung formulierte. Der implizite Autor des 1 Joh bezieht diese Freude auf sein Schreiben und beansprucht so für dieses indirekt eine besondere Autorität.

Mit dieser Reihung in vier Sinnabschnitten in 1,1–4 ist die Kommunikationssituation eingeführt. Es stehen sich ein Wir-Kreis, dem sich der Autor zurechnet, und die in zweiter Person Plural angesprochenen

Adressaten gegenüber. Später im Brief formuliert der Autor tatsächlich öfters in der ersten Person Singular, er tritt als einzelner aus einer bedeutenden Gruppe den Adressaten gegenüber (1 Joh 2,1. 7. 8. 12–14. 21. 26; 5,13. 16). 1 Joh 2,4 hat ein rhetorisches „Ich".

II Hauptteil (1 Joh 1,5–5,12)

Der Hauptteil des 1 Joh reicht von 1,5–5,12. Dessen Abgrenzung ergibt sich kaum durch klare innere Gliederung, als durch Ausschluss von Prolog und Abschluss (s. Einl. 1 Joh, 1.). Ich unterscheide im Hauptteil sieben Abschnitte (II 1–7). Der kunstvoll gestalteten Abschnitt 2,12–17 trennt zwei Themenschwerpunkte des Hauptteils. Während 1,5–2,11 Themen der joh Tradition aus den Worten Jesu, wie sie das Joh-Ev überliefert aufnimmt, tritt mit 2,18–5,12 die Auseinandersetzung mit den Gegnern und das Verhalten der Adressaten gegenüber diesen ins Zentrum.

II 1 Die wahre Lichtquelle (1 Joh 1,5–10)

**5 Und eben dies ist die Verkündigung, die wir gehört haben von ihm
und die wir euch verkünden, nämlich: Gott ist Lichtquelle und Finsternis in ihm gibt es überhaupt nicht. 6 Wenn wir sagen, dass wir
Gemeinschaft haben mit ihm und in der Finsternis wandeln, lügen wir
und führen nicht die Wahrheit aus. 7 Wenn wir aber in der Lichtquelle
wandeln, wie er selbst im Licht ist, haben wir Gemeinschaft untereinander und das Blut Jesu, seines Sohnes, reinigt uns von allen Sünden.
8 Wenn wir sagen, dass wir keiner Sündenmacht unterliegen, bringen
wir uns selbst in die Irre und die Wahrheit wirkt nicht in uns. 9 Wenn
wir unsere Sünden bekennen, ist er zuverlässig und gerecht, so dass er
uns die Sünden vergibt und uns reinigt von jeglicher Ungerechtigkeit.
10 Wenn wir sagen, dass wir nicht im Stand der Sünde stehen, machen
wir ihn zum Lügner, er selbst und sein Wort sind (dann) nicht unter
uns.**

5–10 5–10 wechselt von den Personen, die überliefern, zum Inhalt der Überlieferung. Sprachlich (*eben dies* … auch 2,25; 3,23; 5,4b. 11. 14; 2 Joh 6) und auch inhaltlich ähnlich wechselt Joh 1,19 nach dem Prolog des Evangeliums (Joh 1,1–18) zum Inhalt des Zeugnisses. Die 1. These in 1,5b sagt *Gott ist Lichtquelle*, später wird eine analoge Bestimmung Gottes kommen „Gott ist Liebe" (1 Joh 4,8. 16), vgl. Joh 4,24: „Gott ist Geist". Die Licht/Dunkelheit-Thematik bleibt bis 2,17. Das Stichwort Sünde (1,7–9; Verb 1,10) ist in 1,5–10 noch nicht Leitwort wie in 2,1–17. Den Abschnitt 1,6–10 verbindet die jeweils gleichartige Einleitung „wenn wir sagen“ mit Konjuktiv Aorist (1,6. 8. 10, vgl. 4,20) bzw. Präsens (1,7. 9). Als Jesus auf eine Fangfrage der Hohenpriester mit einer ebensolchen antwortet, erwägen die Hohenpriester ihre möglichen Antworten mit dieser Einleitung (Mk 11,31parr). Es gibt Beispiele für innerschulische Diskussionen, die so eingeleitet werden (Griffith: 2002, 122). Daher zitieren 1,6a. 8a. 10a wohl nicht Gegnerparolen. Solche Satzeinleitungen verdeutlichen nur einen Sachverhalt, sie werden also eher pädagogisch-rhetorisch als polemisch verwendet (ähnlich 4,20). **5** Die Vokabel *Verkündigung* findet sich im Neuen Testament nur in 1 Joh 1,5 und 3,11 (mit Vorsilbe 2,25: Verheißung). Der Briefautor beruft sich auf eine den Adressaten bekannte Formulierung, die er dann auslegt. Er spielt auf eine mündliche Unterweisung an (*die wir verkündigen*) und verweist nicht auf schriftlich fixierte Überlieferungen, etwa auf das Joh-Ev. Aber er dürfte auf Worte Jesu verweisen, die im Joh-Ev zu finden sind (vgl. zu 3,11). Dass es solche Wortüberlieferung Jesu im joh Kreis gab, belegt Joh 21,22, die Joh 21,23 dann interpretiert. Diese Verkündigung hat die Wir-Gruppe von *ihm gehört*, d. h. vom irdischen Jesus (1,3). 5b nennt und erläutert die Verkündigung. Die Prädikation Gottes mit dem Licht nimmt eine im Joh-Ev angebahnte Linie auf, die dort Jesus Christus zugeschrieben wird: Er ist das wahre Licht, das in die Finsternis scheint (Joh 1,4–9; 3,19–21; 8,12; 9,5). Die Identifikation Gottes mit dem Licht kennen viele religiöse Überlieferungen, im Judentum ist sie v. a. durch Psalmworte belegt (Ps 27,1; 36,10; 43,3; vgl. 97,11). Vergleiche mit der Sonne als der Lichtquelle schlechthin sind in Ps 104,2 und wohl auch bei Joh 8,12 intendiert (Philon, praem 45). „Wundere dich nicht darüber, wenn die Sonne nach den Regeln der Allegorie dem Vater und Leiter des Weltalls gleichgesetzt wird“, schreibt Philon (somn 1,73). Kurz darauf identifiziert er Gott und das Licht (somn 1,75). Das besondere der Lichtprädikation ist, dass Licht nur positiv wirken kann. Aus einer Lichtquelle kann keine Finsternis strömen. Wohl kann etwas im Schatten stehen, aber nie kann ein direkter Kontakt zur Lichtquelle verdunkelnd wirken. 1,5 verbindet das Licht mit Gott, der im 1 Joh 5,20 mit Jesus Christus gleichgesetzt wird. Eine Differenzierung zwischen den Aussagen, die Gott betreffen und denen, die Christus betreffen, wird der sehr weitgehenden Verschränkung beider im Joh-Ev wie im 1 Joh nicht gerecht (Joh 10,30; 14,9; 17,11. 21. 23). Gott ist durch Christus bekannt (Joh 1,18). So sind Aussagen über Jesus Christus auch Aussagen über Gott und umgekehrt. Das Personalpronomen der dritten Person kann in 1,6–10 ebenso gut auf Gott wie auf Jesus Christus bezogen werden. Die Verkündigung „*Gott ist Lichtquelle*“ führt 1 Joh nicht ein. Wir müssen vermuten, dass die ersten Adressaten durch besondere Umstände, die wir nicht kennen, diese Verkündigung wenig überrascht. An dieser Stelle bezieht sich der Briefverfasser jedenfalls nicht auf eine bestimmte Stelle aus dem Evangelium. Die weitere Entfaltung der

These zeigt, dass sie auf eine Differenzierung zuführt, die bestimmtes Verhalten als Wandeln in der Finsternis offen legen lässt. Schon der nächste Vers steuert auf diese Differenzierung zu: **6** Die aktuelle *Gemeinschaft* mit ihm, sc. Gott (1,3. 5) oder dem Auferstandenen kann nicht mit einem Lebenswandel in der *Finsternis* verbunden sein. Was meint der Verfasser mit dem „*Wandeln* in der Finsternis"? Die folgenden Thesen über die Sündenvergebung lassen sich so deuten, dass die Finsternis die Welt darstellt, sofern sie nicht durch Gott erleuchtet wird. Gott ist nicht nur Licht, er gibt dieses Licht so weiter, dass Gemeinschaft mit ihm auch Gemeinschaft der durch ihn beschienenen Menschen ermöglicht (vgl. 4,7–16). **7** Der Lebensweg im Bereich der Lichtquelle ist ein Lebensweg im Licht und der Gemeinschaft untereinander und mit Gott bzw. Jesus Christus (*wie er*). Sünde stellte sich der Gemeinschaft untereinander entgegen. Solche Sünde kommt immer wieder auf und Jesu Sühneleistung *reinigt* immer wieder (iterativer Präsens). **8** Wenn wir uns des Lichtbesitzes so sicher sind, dass wir meinen, keiner Reinigung mehr zu bedürfen, betrügen wir uns selbst. Dann wirkt auch Gott bzw. das Licht bzw. die Wahrheit nicht in uns. Wenn 1 Joh von der Sünde im Singular spricht, meint er nicht eine einzelne Verfehlung, sondern eine von der Gottesferne ausgehende Macht. Zum Widerspruch von 1,8 zu 3,6 s. zu 3,6. **9** Das Bekennen unserer *Sünden* bringt Gott oder Jesus dazu, uns von diesen zu reinigen. 9 ersetzt Sünde mit der Vokabel *Ungerechtigkeit:* Für den Autor ist der Maßstab der Tora noch so prägend, dass er von Sünde zu Ungerechtigkeit, also Toraverfehlung wechseln kann (vgl. 5,17). Ein heidnisch geprägter Autor würde diesen Sprung von der Vokabel „Sünde" zur „Ungerechtigkeit" nicht leicht vornehmen. **10** Wenn wir uns ungefährdet gegenüber der Sünde erachten, lösen wir uns von der Wirkquelle Gottes, wie sie über seinen Sohn in uns wirken könnte. Die Ausführungen stehen in einem für uns schwer nachvollziehbaren Kontext. Sie unterstreichen, dass die Finsternis weiterhin für Christen bedrohlich bleibt und daher auch nach einer ersten „Erleuchtung" durch Gott behandelt werden muss. Eine Engführung der Erleuchtung auf ein innergeistiges Geschehen könnte versuchen, sich von den Gefahren der Welt zu emanzipieren. Rechte Erkenntnis ist nicht bedroht durch die materielle Welt. Positionen, wie sie Paulus in Korinth bekämpft, könnten diesen Abgrenzungen gut erklären. Sie machen den Lichtanteil Gottes zum Besitz des Gläubigen, über den er verfügt. Paulus antwortet den Korinthern mit dem „eschatologischen Vorbehalt": Solange ihr noch im Leib lebt, seid ihr auch gefährdet, zurückzufallen in die geistfremde Sphäre des Fleisches (Röm 8,23f; 2 Kor 5,7). Die Andeutungen in 1 Joh 1,6–10 lassen nicht entscheiden, ob 1 Joh hier allgemein warnt oder ob er sich schon hier auf tatsächliche Gegner bezieht.

II 2 Sünde und Sühne statt Selbstsicherheit (1 Joh 2,1–17)

Dieser Abschnitt legt großen Wert auf die sühnende Wirkung Jesu, die der ganzen Welt angeboten wird. Dieses Thema nennt das Joh-Ev nur nebenbei, verschweigt es aber nicht (Joh 1,29. 36).

II 2.1 Der Fürsprecher (1 Joh 2,1 f)

1 Meine Kinderchen, dies schreibe ich euch, damit ihr nicht in Sünde fallt, und wenn einer sündigen sollte, haben wir einen Fürsprecher beim Vater, einen Gerechten, Jesus Christus. 2 Und er selbst ist Sühnort für unsere Sünden, nicht allein für unsere, sondern auch für die ganze Welt.

1 Die Anrede *Kinderchen* durchzieht den Brief (2,12. 28; 3,7. 18; 4,4; 5,21). Jesus benützt diese Anrede im Joh-Ev in den Abschiedsreden einmal gegenüber seinen Jüngern (Joh 13,33). Die Vokabel „Kind" ohne Diminutiv kennt der Verfasser nicht als Anrede (so aber der Presbyter: 2 Joh 1. 4. 13; 3 Joh 4), sondern nur im Zusammenhang der Rede von den „Kindern Gottes" (1 Joh 3,1 f. 10; 5,2). Die Anrede „Kind" setzt ein geistiges Vaterverhältnis voraus, wie es bei Lehrer-Schüler-Verhältnissen öfters belegt ist (oft Sir z. B. 2,1; 3,1; vgl. 1 Kor 4,14. 17; Gal 4,19). In 1/2Tim, Tit redet der Verfasser seine Schüler Timotheus und Titus als Kinder an (1 Tim 1,2. 18; 2 Tim 1,2; 2,1; Tit 1,4). Der johanneische Sonderbegriff *Fürsprecher* (gr. *paráklētos*) steht personalisiert für die Wirkung des Geistes. Der Fürsprecher vertritt im JohEv den auferstandenen Christus (Joh 16,7). Ob eine Geistwirkung dem Fürsprecher zuzusprechen ist, lässt sich nicht leicht überprüfen. Jesus kündet in den Abschiedsreden diesen Fürsprecher an, der ihn vertritt und in alle Wahrheit einführt (14,16. 26; 15,26; 16,7). Der so angekündigte Fürsprecher duldet es nicht, seine Lehren durch Überlieferungsketten überprüfen zu lassen. Im 1 Joh vertritt der Fürsprecher keine auf Erden wirksame Gestalt, sondern wirkt im Himmel. Solche Fürsprecher kennen frühjüdische und christliche Überlieferungen, ohne dabei die joh Bezeichnung Fürsprecher (gr. *paráklētos*) zu wählen. So vertreten Boten Gottes die Anliegen der Beter vor Gott, etwa Rafael (vgl. Tob 12,15) oder mehrere Boten in der Henochüberlieferung (grHen 9,1–3; äthHen 13,4). Paulus und Hebr kennen den auferstandenen Christus als himmlischen Fürsprecher (Röm 8,34; Hebr 7,25; 9,24; vgl. Offb 5,8; 8,3 f). Der erläuternde Zusatz *einen Gerechten, Jesus Christus* identifiziert den Fürsprecher mit dem Auferstandenen. *Einen Gerechten* lässt sich auf den Vater (so 1,9) wie auf Jesus Christus beziehen. Da das Adjektiv näher bei Jesus Christus steht, dürfte dieser als gerecht bezeichnet werden (vgl. 2,29; 3,7). Dass der Fürsprecher mit dem Auferstandenen identifiziert

wird, statt in dessen Namen auf der Erde zu wirken (Joh 14,26), dürfte die traditionsgeschichtlich ältere Version der Fürsprechergestalt darstellen (Schnelle 82). Doch diese Beobachtung belegt schwerlich das höhere Alter des Briefes gegenüber dem Evangelium. Der Brief dürfte vielmehr eine Autorisierung prophetischer Worte unterlaufen, die angeblich durch den Fürsprecher bekannt gegeben wurden. Im Brief kann der Fürsprecher nicht irgendwelche Sonderlehren autorisieren, denn er wirkt im Himmel und nicht durch Prophetien auf der Erde. Die irdische Aufgabe des Fürsprechers nach dem Joh-Ev (Joh 14,26; 15,26; 16,7f) bleibt im Brief nicht unbesetzt. Die Adressaten werden an den Geist verwiesen, der dem Wir-Kreis gegeben wurde: „den Geist, den er *uns* gegeben hat" (s. zu 3,24fin; 4,13–14). **2** Das Fernziel „Welt" nimmt der Autor hier in den Blick. Das durch Jesus ermöglichte Werk soll universal wirken. Die hier fast nebenbei eingeführte Sühnetheologie fehlt im Joh-Ev weitgehend. Sie gehört zu dem judenchristlichen Gedanken, mit denen das Christusgeschehen in seiner umfassenden theologischen Bedeutung formuliert wurde, vgl. Röm 3,25f. Im Gedankenverlauf des Briefes stellt dieser Vers die grundsätzliche Bedeutung des historischen Geschehens um Jesus heraus. Dann geht 1 Joh zum Einzelnen über.

II 2.2 Erkenntnis und Gebotserfüllung (1 Joh 2,3–6)

3 Und daran erkennen wir, dass wir ihn erkannt haben, wenn wir seine Weisungen einhalten. 4 Wer sagt: ich habe ihn erkannt und hält seine Weisungen nicht, der ist ein Lügner und in ihm ist die Wahrheit nicht. 5 Wer aber sein Wort hält, in diesem ist wirklich die Liebe Gottes zu ihrem Ziel gekommen, daran erkennen wir, dass wir in ihm sind. 6 Wer sagt: ich bleibe in ihm, der muss auch selbst derartig wandeln, wie jener wandelte.

3–6 Die Verse besprechen den Zusammenhang von Lebenswandel und Erkenntnis bzw. Herkunft (*dass wir in ihm sind* 2,5). Dass die Erkenntnis bzw. Herkunft aus Gott bzw. Christus im Zusammenleben sichtbare Folgen hat, betont der weitere Brief (2,9–11. 29; 3,2f. 7–18. 23f; 4,7–12. 16. 19–21; 5,18–21).

3–4 3f unterscheidet beim Erkennen einen Prozess des Wahrnehmens (*erkennen*) und dessen Endpunkt (*erkannt haben*). Das Erkennen beschreibt hier eine Nähe zur erkannten Sache, eine Vertrautheit, die Wirkung zeigt. Bereits im Joh-Ev wird Erkennen und Glauben weitgehend gleich verstanden (z. B. Joh 6,69). Auch der 1 Joh versteht Erkennen wie das durch die Christenheit weitgehend neu geprägte Wort „Glauben". Das Erkennen bezieht sich auf die Person Jesu Christi (*ihn*) und verändert das eigene Selbstverständnis grundlegend, wie die Formulierungen *erkannt haben* (2,3. 4: resultatives Perfekt, auch 5,2) belegen. In 3f wird das Erkennen am Einhalten der *Weisungen* gemessen. Richtiges Erkennen bleibt nicht folgenlos.

5–6 Textüberlieferung *derartig*: Da viele gute Textzeugen den ausdrückliche Vergleichspartikel nicht lesen, kennzeichnet Nestle[28] die Lesung mit und ohne dem Partikel als gleichwertig. Der Partikel betont den Vorbildcharakter des Lebenswandels Jesu stärker, der auch ohne Partikel vorausgesetzt ist.

Die Verse verwenden joh Sondersprache, wenn sie vom *„sein in"* und *„bleiben in"* sprechen (vgl. 2 Joh 2. 9; Joh 6,56; 15,4–7 etc., ab 2,6 oft in 1 Joh). Es handelt sich dabei um Immanenzaussagen, die der paulinischen Formulierung vom „Sein in Christus" in vielen Anwendungen entsprechen. Die Immanenzaussagen arbeiten oft mit der Metapher der Zeugung oder Adoption oder Familienzusammengehörigkeit. Der 1 Joh strukturiert seine Gemeinden als Familienverband. *Jener* bezieht sich auf den irdischen Jesus (wie 3,5. 16).

Exkurs: Die Immanenzaussagen im 1 Joh

Im Corpus Johanneum finden sich vielfältige Aussagen, die eine Anwesenheit Gottes im Gläubigen ausdrücken, „Immanenzaussagen" (K. Scholtissek: In ihm sein und bleiben, HBS 21, Freiburg 2000). Wie bei der strukturell ähnlichen paulinischen „in Christus"-Aussage setzen diese Aussagen voraus, dass Christus diese Einwohnung ermöglichte und sie dessen Einwohnung in Gott voraussetzt (1,3; vgl. 2,23; 5,12), wobei der 1 Joh diese christologische Voraussetzung anders als das Joh-Ev nicht mehr betont. Die bei Paulus nur seltene Umkehrformulierung, dass Christus auch im Christen ist (Gal 2,20; 2 Kor 13,5; Röm 8,10), findet sich oft bei Joh und auch im 1 Joh: „Und wer seine Gebote hält, bleibt in ihm und er in ihm" (3,24; 4,12. 13. 15. 16). 1 Joh wählt unterschiedliche Begriffe aus der joh Tradition, um diese innere Präsenz Gottes auszudrücken, z. B. die Wahrheit in uns (1,8; 2,4. [8]; vgl. 2 Joh 2. 4; 3 Joh 1. 3. 4; Joh 8,44), das Bleiben des Auferstandenen/ Gottes in uns (3,24; 4,12. 13. 15. 16; vgl. Joh 5,38; 6,56; 15,4. 7 u.ö.), das Wort (2,14), die Liebe Gottes in ihm (2,15; 3,17; 4,12; vgl. Joh 5,42; 13,35; 17,26), der Samen Gottes in uns (3,9; vgl. das Gezeugt sein Joh 3,5. 8). Das *Sein Gottes in uns* (4,4) umschreibt wohl die sonst mit *Bleiben in uns* angesprochene Anwesenheit Gottes in uns. Alle diese Aussagen nehmen die Phänomene auf, die Paulus als Geist anspricht, der durch Christus vermittelt in uns wirkt (z. B. Röm 8,9f).***

II 2.3 Das Liebesgebot als Summe der Gebote (1 Joh 2,7–11)

7 Geliebte, ich schreibe keine neue Weisung, sondern eine alte Weisung, die ihr von Anfang an hattet. Die alte Weisung ist das Wort, das ihr hörtet. 8 Anders gesehen schreibe ich euch eine neue Weisung; Es ist wahr in ihm und in euch, weil die Finsternis vergeht und das wahrhafte Licht schon scheint! 9 Wer sagt: ich bin im Licht und hasst

seinen Bruder, (der) ist immer noch in der Finsternis. 10 Wer seinen Bruder liebt, bleibt im Licht; einen Stolperstein gibt es nicht in ihm. 11 Wer aber seinen Bruder hasst, ist in der Finsternis und wandelt in der Finsternis und weiß nicht, wo er entfliehen soll, weil die Finsternis seine Augen blind macht.

7–11 Die Behauptung, im Licht zu wandeln, lässt sich durch die Bruderliebe erweisen oder widerlegen.

7 Die Anrede *Geliebte*, also durch Gott immer schon geliebter Mensch, wiederholt der 1 Joh oft (1 Joh 3,2, 4,1. 7. 11). Schon der 3 Joh kennt sie im Singular (3 Joh 1. 2. 5. 11). Die in Joh 13,34 „neue Weisung" ist hier die *alte*. Die Perspektive der historischen Erstverkündigung durch Jesus im Evangelium weicht hier der Übermittlung durch Lehrer von Anfang der Verkündigung an. Sie ist für die Adressaten des 1 Joh bekannt und daher „alt". *Wort, das ihr hörtet*: der Verfasser des 1 Joh unterscheidet zwischen den Adressaten, die das Wort von Anfang an hörten und ihm selber bzw. einem Wir-Kreis, der seine Überlieferung von ihm, also Jesus bzw. Gott hat (Wengst 144). **8** V. 8 wechselt die Perspektive (*anders gesehen*) und deutet dies nur durch ein Wort an (gr. *pálin*). Statt auf den Anfang der Verkündigung in der Adressatengemeinde (so 7) blickt 1,8 wie der Prolog Joh 1,1–18 auf die Weltgeschichte. Das neutrische Relativum (*es*) nimmt nicht das Wort Weisung auf, da dies auch im Griechischen feminin ist. Es erinnert vielleicht an 1,1–3 und will sagen: das den Logos Betreffende am irdischen Jesus (vgl. BDR 138.1). Der Prolog des Evangeliums eröffnet die Gegenüberstellung von Finsternis als Welt ohne Christus gegenüber dem Licht, das der Logos, also Christus in die Welt bringt. Die Weisung Jesu kommt mit ihm als Licht in die Welt. Aus der Perspektive der Gläubigen ist es schon in die Welt gekommen. **9** *Ich bin im Licht:* Wer die Gottesaussage so auf sich bezieht, dass er über Gott in sich wie über einen festen Status verfügen will bzw. meint, keiner weiteren göttlichen Einwirkung zu bedürfen, verfehlt Gottes bleibende Unabhängigkeit und zeigt so, dass die Lichtquelle noch nicht bei ihm wirkt. **10** Ohne *Stolperstein* sein, heißt biblisch vorgeprägt, sich oder anderen keinen Anlass zum Abfall zu geben (z. B. 1 Sam 18,21; Ps 119,165; Hos 4,17^{LXX}; Mt 18,7; Röm 14,13; 16,17; Offb 2,14). Das *in ihm* kann sich auf den in 10a angesprochenen Liebenden oder auf das Licht beziehen. Der Kontext legt einen personalen Bezug auf die Liebenden nahe. Dativaussagen der gr. Bibel „dem ist kein Anstoss" (Ps 119,165, Hos 4,17) formulieren Joh wie 1 Joh um mit der Präposition „*in*" (Klauck 126 f). Diese Umformulierung verweist auf die Immanenzaussagen (s. 2,5 f), die eher personal aufzulösen sind: In ihm ist kein Stolperstein, weil er nicht der trügerischen Sicherheit erliegt, selbst Licht zu sein (vgl. Joh 11,9bf). **11** Die Entfernung aus dem Licht führt zur Erblindung (vgl. Joh 12,35–43), die sich als Mangel an Liebe erkennen lässt. Doch die Adressaten seines Briefes sind dieser Gefahr noch nicht erlegen. In 2,12–14 und 2,15–17 warnt der Verfasser vor einer Gefahr, der einige ehemalige Gemeindeglieder bereits erlegen sind.

II 2.4 Gott hat euch alles bereitet (1 Joh 2,12–14)

12 Ich schreibe euch, Kinderchen, dass eure Sünden hinweg genommen worden sind durch seinen Namen.
13a Ich schreibe euch, Väter: Ihr erkennt den, der von Anfang an war.
13b Ich schreibe euch, Jugendliche: Ihr habt den Bösen besiegt.
14a Ich schrieb euch, Kindlein: ihr habt den Vater erkannt.
14b Ich schrieb euch, Väter: ihr habt erkannt, den, der von Anfang an ist.
14c Ich schrieb euch, Jugendliche: ihr seid stark und das Wort Gottes bleibt in euch und ihr habt den Bösen besiegt.

12–14 Die Verse wiederholen das Verb „schreiben“ sechsmal, erst dreimal im Präsens, dann dreimal im Aorist. Diese Anordnung wiederholt sich im 1 Joh. 1 Joh hat in 1,1–2,11 dreimal das Verb „schreiben“ im Präsens (2,1. 7. 8), in 2,15–5,21 dreimal das Verb im Aorist (2,21. 26; 5,13). Der Aorist (*schrieb*) verweist wohl auf den 1 Joh aus der Sicht der ihn aufnehmenden Adressaten (Aorist des Briefstils; BDR 334). Durch das Verb „schreiben“ gliedert 2,12–14 sechs Kurzeinheiten, die jeweils mit einer Anrede einer Gemeindegruppe weitergeführt werden: Kinderchen/Kindlein (12/14a), Väter (13a/14b), Jugendliche (13b/14c). Der kunstvolle Aufbau ist oft beobachtet worden, meist wird er als sprachliche Variation abgetan, der keine inhaltliche Bedeutung entspreche (z. B. Schnelle). Tatsächlich ist nicht erkennbar, warum die Sätze nur an bestimmte Gemeindegruppen gerichtet sein sollen, nur an die Kinder, Jugendliche oder Väter. Für eine solche Differenzierung in der Art eines Haustafelschemas gibt es sonst keine Parallele im Corpus Johanneum. Der Abschnitt führt die Argumentation nicht weiter, aber er hilft, die weiteren Darlegungen einzuordnen. Soweit ist 2,12–14 ein Achsenabschnitt, der den Briefteil 1,5–2,11 aufnimmt und bündelt und den weiteren Brief vorbereitet (Coombes: 2013, 37–47). Bis 2,11 referiert 1 Joh Worte Jesu, wie sie aus dem Joh-Ev bekannt sind, dann ab 2,18 schreibt er den vorliegenden Brief, um vor den aufgetretenen Abweichlern zu warnen. **12** *Ich schreibe*: der Verfasser verweist auf vielfältige Schriften (iteratives Präsens), vielleicht will er damit auf das Joh-Ev als seine Schrift anspielen. Tatsächlich lassen sich zu den in 12f genannten Thesen Stellen aus dem Joh-Ev angeben, die durch sprachliche Besonderheiten in den Thesen aufgenommen sein dürften. *Durch den Namen* findet sich nur hier und Joh 15,21 in den joh Schriften (und Offb 2,3). **13–14** Der Verfasser erinnert an den Status der Angesprochenen, bevor er zur Kritik an den Abtrünnigen ausholt. *Das Wort Gottes bleibt in euch*: Die im Gläubigen wirkende Kraft nennt 1 Joh hier das Wort und ermöglicht so, Überlieferung des Wortes (2,24: das Gehörte; 2,27: das Salböl; 5,10: das Zeugnis) und eine innere Präsenz Gottes zusammen zu denken (vgl. 1,10; vgl. Joh 5,38; 8,37).

II 2.5 Die Liebe zur Welt (1 Joh 2,15–17)

15 Ihr sollt nicht die Welt lieben, auch nicht die (Dinge) in der Welt. Wenn einer die Welt liebt, (dann) ist die Liebe des Vaters nicht in
ihm. 16 Denn alles, das in der Welt, die Begehrlichkeit des Fleisches und die Begehrlichkeit der Augen und der Hochmut aufgrund des Wohlstands: das ist nicht aus dem Vater, sondern aus der Welt. 17 Und
die Welt vergeht und ihre Begehrlichkeit, wer aber den Willen Gottes ausführt, bleibt in Ewigkeit.

15–17 erörtert den Weltbezug wie ein Exkurs ohne klaren Anschluss an 2,11–14. Vielleicht leiten 15–17 zur Thematik der Abtrünnigen in 2,18f über. Der Abschnitt zielt auf den identitätsstiftenden Aspekt einer Liebesbeziehung. Eine intensive Zuwendung führt auch zu einer gewissen Abhängigkeit vom Geliebten, die verletzlich macht, wenn das Geliebte vergeht. Das durch Augustin klassisch formulierte Prinzip, nur den Schöpfer zu genießen (lat. *frui*), Geschöpfe dagegen nur zu gebrauchen (lat. *uti*), warnt ähnlich vor einem Untergang mit dem Geliebten (Augustin, doctr chr 1,4. 20f).

15 *Lieben* steht hier für eine distanzlose Zuneigung, nicht abständige positive Beurteilung. Daher ist ein gleichzeitiges „Liebesverhältnis" zur Liebe des Vaters und zur Liebe der *Welt* nicht möglich. Welt versteht 1 Joh hier als Gegenüber zu Gott, nicht als einen Bereich der Schöpfung Gottes, der auf Gottes guten Ursprung anzuknüpfen erlaubte (anders z.B. Apg 17,28; 1 Tim 4,3f). 1 Joh dagegen warnt: Jedes Sich-Einlassen auf die Welt, insbesondere ein liebevolles, droht der negativen Macht der Welt zu erliegen (s. zu 4,12). Vielleicht verstanden die Abtrünnigen das Weltverhältnis als unbedeutend wie etwa die Gegner des Paulus in Korinth (1 Kor 6,12–20). Dann würde 2,15–17 zum nächsten Abschnitt überleiten. **16–17** Wie seine frühjüdische Umwelt schätzt der 1 Joh die *Begehrlichkeit* und den *Wohlstand* gering ein (Gal 5,16; Jak 4,16; 1 Petr 4,2). Zum Wohlstand s. zu 3,17. Zum aus dem Vater/aus der Welt sein s. zu 3,8f.

II 3 Die Abtrünnigen (1 Joh 2,18–29)

II 3.1 Die Abtrünnigen als Endzeiterscheinung (1 Joh 2,18f)

18 Kinderchen, es ist (die) letzte Stunde, und wie ihr gehört habt: Ein Gegenchristus kommt; und nun sind viele Gegenchristusse aufgekommen, woran wir erkennen, dass (die) letzte Stunde (angebrochen) ist.
19 Sie gingen von uns aus, waren aber nicht von uns; denn wenn sie von uns gewesen wären, wären sie bei uns geblieben. Aber (dies geschah), damit sie offenbar machen, dass sie alle nicht von uns waren.

18–19 Die Thematik der Abtrünnigen verbindet die Verse. Abfall gilt biblisch als Anzeichen des nahen Endes der Welt (Mk 13,22; Jud 18; 2 Petr 2,1). Zur Einschätzung der Gegner s. Einl. 1 Joh.

18 Der Begriff *Gegenchristus* entstammt einem apokalyptischen Gedankengefüge: Die gegenwärtige Welt geht ihrem Ende entgegen, die neue, von Gott bestimmte Welt wird bald kommen bzw. „geboren werden". Die Gegenwart ist dabei im Geburtsbild die Zeit der Wehen. In dieses apokalyptische Grundszenario ist im Frühjudentum bereits mehrfach eine personifizierte gegengöttliche Macht eingezeichnet worden. Diese Gegenmacht nimmt ihre äußerlichen Erscheinungen aus dem Repertoire der Schöpfungsmythen und redet z.B. vom Meeresdrachen (Jes 51,9f) oder dem Leviatan: „Zu der Zeit wird der HERR heimsuchen mit seinem harten, großen und starken Schwert den Leviatan, die flüchtige Schlange, und den Leviatan, die gewundene Schlange, und wird den Drachen im Meer töten" (Jes 27,1). Das biblische Danielbuch stellt in Visionen wohl Antiochus IV. (175–164) als eine solche Gegenkraft vor (Dan 11,21–45), die Psalmen Salomos (um 50 v. Chr.) reden (wohl) von Pompejus als von einem Drachen (PsSal 2,25). Einen Gegenchristus oder Gegenmessias kennt das Frühjudentum nicht. Pseudomessiasse kündet der irdische Jesus an (Mk 13,22), satanische Energie kennt eine widergöttliche Kraft in 2 Thess 2,1–12. Zwar anders benannt, aber in der Sache ähnlich sind die Gegner Michaels in Offb 12,7–9 oder das Tier aus dem Meer Offb 13,1–10. All diese Gedanken prägen das Bildfeld für unseren Vers, nicht den verwendeten Ausdruck, der nur in 1 Joh 2,18. 22; 4,3 und 2 Joh 7 vorkommt. Die Bezeichnung Gegenchristus (gr. *antíchristos*) ist eine sprachliche Neuschöpfung der johanneischen Gemeinde. Der 1 Joh (nicht 2 Joh 7) aktualisiert diesen Gedanken auf die angefeindeten Gegner.

19 Der Vers macht deutlich, dass kürzlich eine Spaltung im Gemeindeverbund zu überstehen war. Der Bezug der Verneinung in 19fin auf das Verb ist aus dem Kontext zu erschließen. Der jetzt vom Verfasser konstatierte Abfall zeige, dass keiner der Abtrünnigen je wirklich zur Gemeinschaft gehörte.

II 3.2 Die Abkunft als Maßstab gegen die Abtrünnigen (1 Joh 2,20–29)

**20 Und ihr habt das Salböl vom Heiligen und ihr alle wisst (es). 21 Ich
schrieb euch nicht, weil ihr die Wahrheit nicht wisst, sondern weil ihr
sie wisst und weil alles Falsche nicht aus der Wahrheit ist. 22 Wer ist
der Lügner, wenn nicht der, der leugnet, nämlich: Jesus ist nicht der
Gesalbte; dieser ist der Gegenchristus, der den Vater und den Sohn
leugnet. 23 Jeder, der den Sohn leugnet, hat auch den Vater nicht; wer
den Sohn bekennt, hat auch den Vater. 24 Ihr, was ihr von Anfang
an hörtet, es soll in euch bleiben. Wenn aber in euch bleibt, was ihr
von Anfang an hörtet, werdet ihr auch im Sohn und im Vater bleiben.
25 Und eben dies ist die Verheißung, welche er uns verhieß, das ewige
Leben. 26 Dies schrieb ich euch bezüglich derer, die euch irreführen.
27 Und ihr? Das Salböl, das ihr empfingt von ihm, bleibt unter euch
und ihr habt es nicht nötig, dass irgendjemand euch belehre, sondern
gerade so wie sein Salböl euch lehrt über alle Angelegenheiten und
wahr ist und nicht falsch ist, ebenso auch lehrte es euch – bleibt in
ihm. 28 Und nun, Kinderchen, bleibt in ihm, so dass, wenn er offenbar
gemacht wird, wir Zuversicht haben und uns nicht beschämen lassen
müssen vor ihm bei seiner Ankunft. 29 Wenn ihr wisst, dass er gerecht
ist, erkennt ihr auch, dass jeder, der die Gerechtigkeit ausführt, aus
ihm gezeugt ist.**

20–29 Die Anrede an seine Adressaten angesichts der aktuellen Gefahr hält den Abschnitt zusammen. Bleibt bei dem, das ihr von Anfang an erhalten habt. Dazu verweist er auf das Salböl (2,20. 27) und eine wohl liturgisch vertraute Formulierung „Jesus ist der Gesalbte“ (2,22).

20 Das Wort Salböl (gr. *chrísma*) verwendet im Neuen Testament nur 1 Joh 2,20. 27 (2×). Mit dem Wort spielt 1 Joh auf etwas an, das seine Leser verstanden haben. Uns aber bleiben nur Vermutungen, den Begriff auszudeuten. Es dürfte sich um einen Initiationsritus handeln, der nach dem benützen Mittel, dem Salböl, benannt wurde.

Exkurs: Die Historisierung der Lehre vom Geist und das Salböl

1 Joh bemüht sich, das Wirken des Geistes historisch zu verorten und so zeitenthobene Autoritätsquellen zu meiden. Auch im Bereich der Lehre vom Heiligen Geist (Pneumatologie) bemüht sich 1 Joh, den historischen Ausgangspunkt des Geistes zu betonen. Ähnlich bietet er auch eine historisierende Christologie an (s. Exkurs zu 3,17). In 1,1–4 normiert der Brief die unmittelbare Wirkung des Geistes durch die Überlieferung des Anfangs. 1 Joh verändert dabei Ansätze, die im Joh-Ev vorliegen. Schon das Joh-Ev bindet den Geist an Christus und lässt ihn nicht wehen, wo er will, wie Joh 3,8 gelegentlich missverständlich zitiert wird. Aber das Joh-Ev kennt auch eine unvermittelte Berufung auf den Geist. Etwa wenn es die Jünger als

durch Gott belehrte bezeichnet (Joh 6,45 zitiert Jes 54,13). 1 Joh 2,1 entzieht dem Beistand (Paraklet) eine im Joh-Ev noch mögliche traditionsgründende Aufgabe. Der 1 Joh verweist mit dem Stichwort Salbung (gr. *chrísma*) wörtlich „Salbungsöl", auf die Geistwirkung in der Gegenwart der Gläubigen (1 Joh 2,20. 27). Dieser Ausdruck ist mit der Lehre und sogar der Lehrweitergabe verbunden, wie denn die Bezeichnung „Salbungsöl" auch übertragen (metonymisch) aus einer individuellen Handlung gewonnen sein dürfte, die diese Weitergabe rituell bestätigt. Das Salböl wird innerweltlich weitergegeben, während der Paraklet sich nicht fest fassen lässt, er durchbricht die Weltzusammenhänge (Joh 14,17), bleibt zwar bei den seinen, er lehrt zwar selbst (14,26), ist seinerseits aber kein Lehrgegenstand. In 1 Joh 2,27 beruft sich der Verfasser auf eine durchgängige Selbigkeit der Lehre, die vom Salböl ausgehe. Offenbar wurde mit dem Salbölritus eine Grundlehre weitergeben, auf die 2,27 anspielt. Abweichende neue Offenbarungen werden so ausgeschlossen. ***

Das Salböl geht vom Heiligen aus, damit wird wohl auf Jesus Christus verwiesen (vgl. Joh 6,69), von dem auch der Beistand (Paraklet) ausgeht (Joh 15,26; 16,7). Diese Zuweisung auf Jesus Christus ist wie oft im 1 Joh nicht klar abgrenzbar gegen eine Zuweisung auf Gott (z. B. 2,26–28). **21–22** *Ich schrieb:* s. zu 2,12–14. Die Verse 21 f verweisen auf einen weiteren Maßstab für die Lehre des Anfangs, nämlich die wohl in der Liturgie geprägten Sätze *Jesus ist der Gesalbte* (gr. *christós*; 5,1) und *der Sohn* (4,15; 5,5). Schwerlich haben die Gegner Jesus und Christus einfach getrennt. Erst später im Brief erweitert der Verfasser die Bekenntnisformel so, dass die Position der Gegner klarer wird. Für die Abtrünnigen hat der Mensch Jesus (*Jesus … im Fleisch* 4,2) keine messianische Würde oder Nähe Gottes (s.u zu 4,1–6). *Gegenchristus* s. zu 2,18. **23** V. 23 nennt ein joh Urbekenntnis: Die Gemeinschaft zum *Vater* haben wir ausschließlich über den *Sohn*, Jesus Christus. Die Ich-Bin-Worte haben entsprechend auch jeweils den bestimmten Artikel (Joh 6,35. 41. 48. 51; 8,12; 10,7. 11. 14; 11,25; 14,6; 15,1). Jesus ist nicht ein Weg zu Gott, sondern der einzige Weg. **24** 1 Joh thematisiert nicht nur die Herkunft aus Gott, sondern auch das Bleiben in dem durch Gott gesetzten Anfang. Die durchgängige Kette der Überlieferung von der ersten Verkündigung einst (*was … ihr hörtet*) gewährt das Bleiben des Heils. Die Nebeneinanderstellung von *Sohn* und *Vater* nimmt das im Evangelium breit entfaltete Ineinander von beiden auf (s. zu 1,3). 24 wirft den Abtrünnigen indirekt vor, an diesem Punkt anders zu lehren. Nach ihnen sei die Wirkung Gottes zum festen Habitus des Menschen geworden, so dass er nicht etwa durch neue Sündenvergebung seinen Status neu erringen muss, wie es aber 1 Joh voraussetzt. **25** Hier legt der Autor wieder auf die Überlieferungskette wert wie im Prolog. Die Verheißung hat er *uns* verheißen. Dieses *uns* meint wie in 1,1–3 ein apostolisches Wir (s. zu 1,1–4), wie der Verweis auf das, was ihr von Anfang an gehört habt (2,24), verdeutlicht. Das *ewige Leben* umschreibt das durch Christus vermittelte Heil (s. zu 1,1 f; 3,14 f; 4,9; 5,11–13. 16. 20).

26–27 Die Gefahr des Verführtwerdens nennt der Vers und begründet so, warum er die Geschehnisse der letzten Zeit anführt. 3,7 wird diesen Faden wieder aufnehmen. Nun wiederholt er noch einmal die Kraft, die den Adressaten gegen die Gefahr helfen wird, die mit einem *Salböl*ritus (s. zu 2,20) verbundene Lehre. **28** *Schrieb:* s. zu 2,12–14. Angesichts des nahen Endes, *seiner Ankunft*, d. h. der Ankunft des auferstandenen Jesus Christus (Jak 5,7f; 2 Petr 1,16; 3,4. 12) mahnt 1 Joh, *in ihm* zu bleiben. Das Personalpronomen (*seiner*) steht wohl für den auferstandenen Christus: der *wird offenbar gemacht werden*, vor ihm lassen wir uns nicht *beschämen* bei seiner Ankunft. *Zuversicht* (Lutherbibel: freimütig reden 2,28; 3,21; Freiheit haben, zu reden 4,17; Zuversicht: 5,14) ist das aus der vertrauten Gemeinschaft heraus gefestigte Selbstvertrauen, alles ohne Scheu ansprechen zu können, so schon jetzt im Gebet (3,21; 5,14) und am Tag des Gerichts (4,17). **29** V. 29 sagt, dass *er gerecht ist*: Wie so oft im 1 Joh ist nicht klar, ob *er* für Gott oder Christus steht. Beide sind gerecht. Die Eigenschaft teilt der Gesalbte mit dem Salbenden (vgl. 1,9; 2,1; 3,7). Allein das Motiv der Wiedergeburt (s. zu 1 Petr 1,3) ist sonst so exklusiv an den Schöpfer gebunden, dass auch 2,29fin davon nicht ausgenommen werden sollte (Joh 1,12f; 3,5; 1 Joh 3,9; 4,4. 7; 5,1. 4. 18; Jak 1,18; 1 Petr 1,3. 23). *Aus ihm gezeugt* meint daher aus Gott gezeugt.

II 4 Gottes Kindschaft (1 Joh 3,1–24)

Der Zusammenhalt des 3. Kapitels ist nicht leicht festzustellen. Entsprechend stark variieren die Gliederungsvorschläge. Nach der Reflexion über den Brief in 2,26 („Dies schrieb ich euch“) wirkt 2,28f wie ein Neuanfang: „Und nun …“ Allein der thematische Zusammenhalt erscheint mir zu Kap. 2 stärker, weil auch 2,28f mehr die Wirkung am Menschen in den Blick nimmt, als die Herkunft der Wirkung von Gott. Dies scheint mir in 1 Joh 3,1, die entscheidende Änderung zu sein, soweit trifft die Kapitelabgrenzung hier das richtige. Leichte Themenverschiebungen lassen sich feststellen: das Stichwort Liebe (gr. *agápe*) nennt zwar schon 1 Joh 2,5. 15, aber mit Blick auf die Wirkung der Liebe beim Menschen, jetzt ab 3,1 thematisiert der Verfasser den Ursprung der Liebe bei Gott. Wenn etwa in 3,4–6 wieder von den Taten die Rede ist, geht es jetzt bei den Taten um die Vorgaben Jesu Christi, durch welche die Taten der Angesprochenen verändert werden sollten. Die anvisierte Zeit wechselt m. E. auch von 2,29 auf 3,2 von der erfüllten Gegenwart (*nun:* 2,29) auf die durch die erwartete Zukunft geprägte Gegenwart. 2,28 thematisiert die Zukunft im Nebensatz, 3,2 im Hauptsatz.

II 4.1 Gottes Kind sein und Gott ähnlich werden (1 Joh 3,1–3)

1 Seht, was für eine Liebe der Vater uns gegeben hat, so dass wir Kinder Gottes genannt werden werden, und wir sind es. Deswegen erkennt uns die Welt nicht, weil sie ihn nicht erkennt. 2 Geliebte, nun sind wir Kinder Gottes, aber noch ist nicht offenbar geworden, was wir sein werden. Wir wissen: Wenn er offenbar werden wird, werden wir ihm ähnlich sein, dass wir ihn sehen werden, wie er ist. 3 Und jeder, der diese Hoffnung hat auf ihn, reinigt sich selbst, wie jener rein ist.

1–3 V. 1–3beschreiben, wie Gott die zu ihm Gehörigen verändert hat und welche Bedeutung dies in Gegenwart und Zukunft hat.

2 V. 2 benennt den endzeitlichen Status der Glaubenden: Wir sind Kinder Gottes. Es gilt allerdings ein eschatologischer Vorbehalt: Erst bei der Wiederkunft Jesu Christi (vgl. 2,28) wird es ein neues Sein und direktes Sehen geben. *Kinder Gottes* sind wir, weil wir aus Gott gezeugt sind (2,29).

Göttliches Erbgut war im Alten Testament meist nur für Könige reserviert (Ps 2,7); selten (Dtn 14,1) wird wie hier dieser Status demokratisiert auf alle Glaubenden ausgeweitet. Ähnlich hat das frühjüdische Buch der Jubiläen (3. Jh. v. Chr.) für die Endzeit eine Gotteskindschaft angekündigt (Jub 1,24f, vgl. Mt 5,9 „sie werden Gottes Kinder heißen"). Der Joh-Prolog spielt auf das Motiv der Gotteskindschaft an: „Wie viele ihn aber aufnahmen, denen gab er Macht, Gottes Kinder zu werden, denen, die an seinen Namen glauben, [13]die nicht aus dem Blut noch aus dem Willen des Fleisches noch aus dem Willen eines Mannes, sondern von Gott geboren sind" (Joh 1,12f). Die Kindschaft wird durch Glauben vermittelt.

Wir sind zwar schon Gottes Kinder, aber dieser Status ist noch nicht vollständig durchgesetzt. Es gibt einen Vorbehalt: Noch haben wir Gott nicht gesehen (vgl. 4,12; Joh 1,18), dann werden wir dem Urbild durch den Anblick verwandelt werden und ihm gleich gestaltet werden (vgl. 2 Kor 3,18; Phil 3,21; Röm 8,29; 2 Petr 1,4).

3 *Reinigen* erhält durch den Kontext die ethische Komponente: auf den Bruder zugehen. 3,3 stellt die Gläubigen Jesus Christus gegenüber. Die Gläubigen und Jesus Christus verbindet die Heiligung bzw. Reinigung. Doch die Eigenschaft liegt in unterschiedlicher Intensität vor. Konstatierend ohne die Unterscheidung von irdischem und auferstandenen Jesus hält 3 an der Sündlosigkeit Jesu fest (vgl. 3,5): Jesus ist rein, bei ihm ist die Reinheit Substanz, die Angesprochenen versuchen ihm zu entsprechen. Bei ihnen ist die Reinheit ein Verhalten. Zu Jesus als Vorbild für uns s. Exkurs bei 3,17.

II 4.2 Sünde und Bekenntnis (1 Joh 3,4–6)

4 Jeder, der die Sünde ausführt, führt auch die Gesetzlosigkeit aus, und die Sünde ist die Gesetzlosigkeit. 5 Und ihr wisst: Jener ist offenbar gemacht worden, dass er die Sünden wegnehmen wird, und in ihm gibt es keine Sünde. 6 Jeder, der in ihm bleibt, sündigt nicht; jeder der sündigt, hat ihn weder gesehen noch ihn erkannt.

4–6 Den Übergang vom Thema Reinheit (3,3) zum Thema Gesetzlosigkeit (3,4) erklärt sich aus dem jüdischen Gesetz, das Reinheit vor Gott thematisiert.

4 *Die Gesetzlosigkeit:* Der Artikel vor dem Prädikat bezeichnet eine bestimmte und bekannte Gesetzlosigkeit (BDR 273.4b), wohl den Abfall aus der Gemeinschaft. **5** Mit *ist offenbar gemacht worden* spricht 3,5 Jesus z.Z. seines irdischen Lebens an. Die Wirkung dauert an, wie es der Nebensatz ausdrückt: *Er wird* weiterhin *die Sünden wegnehmen. In ihm gibt es keine Sünde.* Dies impliziert die Sündlosigkeit Jesu (3,3; 5,18; 2 Kor 5,21, 1 Petr 2,22 vgl. Röm 8,3f; Hebr 2,17). Joh 8,46; 1 Petr 2,22 und auch 1 Joh 3,5 zielen auf das Verhalten der Christen angesichts der Sündlosigkeit Jesu. Die Sündlosigkeit Jesu war schnell urchristliches Bekenntnis geworden und rieb sich dann mit der Überlieferung von der Taufe Jesu (vgl. K. Barth, KD 1/2, 167–173). **6** Dass jeder, der in ihm bleibt, nicht sündige, sagt ähnlich auch 5,18. Allerdings hieß es in 1 Joh 1,7–2,2, es käme immer wieder zu Übertretungen, die vor Gott bekannt werden müssen und dann jeweils vergeben werden. Diesen Widerspruch gilt es zu erklären. Vereinfacht gibt es folgende Erklärungen (1–4):

(1) Wenig hilfreich ist eine literarkritische „Lösung“ des Problems, welche die beide Aussagen unterschiedlichen Schriften zuweist. Nur in der angeblich sekundären Zusammenstellung des uns überlieferten 1 Joh widersprächen sich beide Aussagen. Die dabei angenommenen älteren Einzelschriften sind unbelegt.

(2) 1,7–2,2 ziele auf einzelne Verfehlungen, die weiteren Stellen auf die Anlage zur Sündenfreiheit. Das Präsens „ist sündfrei“ stimmt jeweils nach einer Vergebung. Sünde kommt jeweils durch entfernen von Gott/Sohn auf. Allerdings differenziert 3,6 nicht so.

(3) Die in 5,16f eingeführte Unterscheidung von Sünden nicht zum Tode und unvergebbaren (Tod)Sünden sei schon in 1 Joh 1f vorausgesetzt. Sünden nicht zum Tode würde 1 Joh 1,7–2,2 voraussetzen. Solche kämen auch bei Christen vor und würden vergeben. 3,6 spreche von einer Sünde zum Tode, nämlich einem Abfall vom Herrn. Dies sei bei einem Christen auszuschließen. Die Differenzierung der Sünden wie 5,16f deutet freilich 3,6 nicht an.

(4) Diese mit der vorangehenden verwandten Lösung geht von 5,18 aus: „Wir wissen, dass jeder, der aus Gott gezeugt ist, nicht sündigt, sondern: Der aus Gott

gezeugt worden ist, bewahrt sich selbst und der Üble berührt ihn nicht". Jeder, der aus Gott gezeugt ist (gr. Partizip Perfekt), d.i. jeder Christ steht dem gegenüber, der aus Gott gezeugt wurde (gr. Partizip Aorist), nämlich Christus. Sündlos ist Christus. An dessen Sündlosigkeit nehmen die Christen teil, soweit sie in Christus sind.

Lösung (4) erklärt m.E. den Widerspruch am besten. Mit (4) ist zu sagen: Sündlos sind die an Jesus Christus Glaubenden, so lange sie an ihm bleiben oder durch ihn zurückgeholt werden in die Gemeinschaft mit Gott. Überzeugender wäre diese Lösung, wenn zwischen zwei Anteilen des Menschen unterschieden wäre, nämlich einem sündlosen Anteil, einem „Menschen in Christus" und einem durch die Sünde gefährdeten Anteil des Menschen, einem „Menschen außerhalb Christi". Diese Unterscheidung nimmt allerdings 1 Joh nicht ausdrücklich vor. 3,7–17 unterscheidet freilich zwischen zwei Abkünften des Menschen (aus Gott/aus dem Teufel) und könnte zwei solche Anteile meinen.

II 4.3 Herkunft und Verhalten (1 Joh 3,7–17)

7 Kinderchen, es führe euch keiner in die Irre; wer die Gerechtigkeit
ausführt, ist gerecht, wie auch jener gerecht ist. 8 Der die Sünde aus-
führt, ist aus dem Teufel, weil der Teufel von Anfang an sündigt. Dafür
ist der Sohn Gottes offenbar gemacht worden, dass er die Werke des
Teufels auflöse. 9 Jeder, der aus Gott gezeugt ist, führt keine Sünde
aus: bleibt der Same in ihm, kann er nicht einmal sündigen, weil er aus
Gott gezeugt ist. 10 In diesem Punkt sind die Kinder Gottes offenbar
und die Kinder des Teufels. Jeder, der die Gerechtigkeit nicht tut, ist
nicht aus Gott, und (jeder, der) nicht seinen Bruder liebt. 11 Dies ist
die Verkündigung, die ihr hörtet am Anfang, dass wir einander lie-
ben sollen. 12 Nicht wie Kain: Er war aus dem Bösen und schlachtete
seinen Bruder. Und weswegen schlachtete er ihn? Weil seine Werke
böse waren, die seines Bruders aber gerecht. 13 Und wundert euch
nicht, Brüder, wenn die Welt euch hasst. 14 (Gerade) wir wissen, dass
wir hinüber gegangen sind aus dem (Bereich) des Todes hinein in den
(Bereich) des Lebens, weil wir die Brüder lieben. Der nicht Liebende
bleibt im (Bereich) des Todes. 15 Jeder, der seinen Bruder hasst, ist
ein Menschenmörder; und ihr wisst, dass jeder Menschenmörder nicht
das ewige Leben in sich bleibend hat. 16 Daran haben wir die Liebe
erkannt: Jener gab sein Einzelleben für uns; und wir müssen für die
Brüder unsere Einzelleben geben. 17 Wer aber die Lebensmöglichkeit
der Welt hätte und sähe seinen Bruder Not leiden und schlösse sein
Gemüt vor ihm, wie sollte die Liebe Gottes in ihm bleiben?

7–17 Die vielen Einzelthemen des Abschnitts haben sehr unterschiedliche Gliederungen hervorgerufen. Die Zugehörigkeit zu Gott drückt 3,7–17 in der dualistischen Sprache der johanneischen Schule aus als Abstammen von Gott (s. zu 3,8) und verbindet die Verse.

7 Zur Anrede *Kinderchen* s. zu 2,1. *Wer … ausführt, ist gerecht*: Von den Taten auf das Sein zu schließen, entspricht einer prominent bei Aristoteles belegten Position (EthNik 2,1; 1103a34f; 2,3; 1105a17f). Bei der theologischen Auseinandersetzung in dieser Frage zwischen Luther und dem aristotelischen Verständnis der Gerechtigkeit (etwa: Disputation gegen die scholastischen Theologen 1517, These 42) wäre 1 Joh 3,7 einschlägig, wurde aber dort nicht thematisiert. In 1 Joh ist das Sein des Menschen nicht allein durch seine Taten bestimmt, wie bei Aristoteles, sondern Gott wirkt auf das Sein ein, u. a. durch das Werk Jesu (s. Exkurs nach 3,17). Die paulinische Rede von der Wirkung des Evangeliums als neue Schöpfung, die im Inneren des Menschen beginnt, entfaltet einen ähnlichen Gedanken (2 Kor 4,16b, 5,17; Röm 12,2). **8** Die Gegenüberstellungen *aus dem Teufel/aus Gott* (3,9), Kinder Gottes, Kinder des Teufels (3,10) gehören zur johanneischen Sondersprache (Joh 8,44; 12,36; vgl. Einl. 1–3Joh). Ähnliche Gegenüberstellungen wie die Kinder des Lichts gegenüber den Kindern der Finsternis sind frühjüdisch und christlich belegt (1QS 3,13. 24; Eph 5,8; vgl. 1 Thess 5,5). Diese Gegenüberstellungen scheiden scharf und lassen keinen fließenden Übergang zu. Jüdische und christliche Literatur belegt die Vorstellung, Kain sei einem Verbund Evas mit dem Teufel entsprungen. Dieses Bindeglied in Gedanken erklärt, warum der Briefschreiber von *aus dem Teufel sein* (8), über *Same* (9) auf *Kain* (12) zu sprechen kommt.

Aramäische Übersetzungen (Targume) erhalten manchmal in Zusätzen zum hebräischen Text Auslegungsmotive, die ins 1. Jh. zurückreichen können. So nennt ein Targum eine Teufelsabkunft Kains (TPsJ zu Gen 5,3). Das EvPhil (vor 150 nChr.) kennt ebenfalls diese Tradition: „Zuerst kam der Ehebruch, danach der Mörder (Kain). Und zwar wurde er im Ehebruch gezeugt. Denn er war der Sohn der Schlange. Deswegen wurde er zum Menschentöter …“ (EvPhil, log. 42a; Übers. Schenke, AcA 1, 542). Zur Verführung Evas durch die Schlange, vgl. 4 Makk 18,11; 2 Kor 11,3.

Auflöse: Die Werke des Teufels können nicht mehr unbegrenzt weiter wirken. **9** Das im Joh-Ev seltene *aus Gott* (gr. *ek tou theoú*: 7,17; 8,42. 47; *ek theoú*: 1,13) hat 1 Joh oft (3,9 [2×]; 10b; 4,1. 2b. 4,3. 4. 6[2×]. 7[2×]; 5, 1. 4. 18. 19). Die Herkunft prägt bleibend, sagt dieser Vers wie auch der nächste. Die Geburt aus Gott eint die Gläubigen (s. zu 2,29). Dass der Same in ihm bleibt, drückt eine Immanenz Gottes aus, die 1 Joh gelegentlich ausspricht (s. zu 2,14; 4,4). **10–11** *Bruder liebt … einander lieben*: so auch Joh 13,34; 15,12. 17; 1 Joh 3,14. 23; 4,7. 11; 2 Joh 5; vgl. 1,7; 2,9f; 3,16. Die *Verkündigung* verweist auf Worte und Gebote Jesu, wie sie im Wort Jesu (Joh 15,13) und Gebot Jesu (Joh 15,12) aufgezeichnet sind (s. zu 1,5). Das Gebot nimmt 3,24 mit „sein Gebot“ auf. **12** Das Stichwort „Schlachten“ (gr. *spházō*) kennt die gr. Übersetzung zur Geschichte von Kain und Abel (Gen 4) nicht, auch nicht in Varianten der handschriftliche Überlieferung. Josephus (37–100) allerdings redet von Abel als dem, der geschlachtet worden sei (Josephus, ant 1,67). Josephus kennt also wie 3,12 eine Tradition, die Kains Tat als Abschlachtung deutet. Auch das wohl vorchristliche jüdische Bundesbuch redet von der Schlachtung Abels durch Kain (Bundesbuch, Frgm. 3 [Lührmann], JSHRZ.NF 2, Lief. 12, 25). 3,12 setzt diese Auslegungstradition zu Gen 4 voraus. Allein diese Bemerkung zeigt, wie bedeutsam die Tora (Gen-Dtn) für die johanneische Gruppe war. Auch wenn 1 Joh nicht direkt die Schrift zitiert, ist er durch die jüdische Auslegungstradition geprägt. **13** Nur hier im Kontext der Geschichte vom Brüderpaar Kain und Abel (Gen 4) redet 1 Joh die Adressaten als „Brüder“ an. Als Umschreibung der Gemeindeglieder verwendet 1 Joh das Wort oft (14×), das Joh-Ev dagegen kaum (nur Joh 20,17; 21,23). Im 3 Joh steht das Wort wohl für eine hervorgehobene Gruppe in der Gemeinde (3 Joh 3. 5. 10). Auf dem Hintergrund der biblischen Brüder-Geschichte von Kain und Abel erklärt 1 Joh seine Gegenwart. V. 13 nimmt Joh 15,18f auf: Wenn euch die Welt hasst, so wisst, dass sie mich vor euch gehasst hat. [19]Wäret ihr von der Welt, so hätte die Welt das Ihre lieb. Weil ihr aber nicht von der Welt seid, sondern ich euch aus der Welt erwählt habe, darum hasst euch die Welt. **14** Die Ausdrücke Leben und Tod beschreiben hier Räume oder Bereiche (s. zu 2,25). Das Verb *hinübergehen* wie auch die Partikel *in* (gr. *eis*) legen dies nahe (auch Joh 5,24). **15** Menschenmörder (gr. *anthrōpoktónos*) steht als Wort für den Teufel auch in Joh 8,40–44, auf den sich V. 15 bezieht:

> [42]Jesus sprach zu ihnen: Wäre Gott euer Vater, so liebtet ihr mich; denn ich bin von Gott ausgegangen und komme von ihm (…) [44]Ihr habt den Teufel zum Vater, und nach eures Vaters Gelüste wollt ihr tun. Der ist ein *Menschenmörder* von Anfang an und steht nicht in der Wahrheit

Hier steht die Gesinnung des Hassens für die ausgeführte Tat des Mordens. Kain ist das Urbild, wie aus Hass Mord wird. An was für Übergriffe denkt der Autor? Liegt bislang nur Hass vor, oder kam es bereits zu Tötungen z. B. durch Auslieferungen an fremde Gerichte? Die Fortsetzung legt nahe, dass für den Autor die Gesinnung angeprangert wird, deren fatalen Konsequenzen er durch die Kains-Geschichte illustriert. Denn die Angeredeten sollen mit guter Gesinnung antworten und ihr Leben hingeben. **16–17** Das Gegenbeispiel zum Hass gibt die Liebe des irdischen Jesus (*jener*), der sein Leben hingab. Der Zusammenhang von Liebe, Lebenshingabe und dem Gebot, seinem Vorbild zu folgen, ist in Joh 15,9–17 vorgeprägt. Im Kontext von Joh 15 redet Jesus allgemein, der

Brief setzt voraus, dass Jesus diese Maxime selbst umgesetzt hat. Das hier mit *Einzelleben* (gr. *psychḗ*) wiedergegebene Wort, sollte nicht mit Seele übersetzt werden, weil es in 1 Joh (und Joh 15) keinen Dualismus von Geist und Seele impliziert. Die gefälligere Übersetzung mit Leben (so Luther, Einheitsüb.) erlaubt nicht, die zwei unterschiedlichen gr. Worte des Kontextes zu differenzieren (Leben gr. *zōḗ* in 3,14f; Leben gr. *bíon* 3,17). Der Plural *unseren Einzelleben* unterstreicht, die individuelle Verantwortung. *Lebensmöglichkeit der Welt*, wörtlich „das Leben der Welt", meint Menschen, die nicht dauernd ums Überleben kämpfen müssen. 1 Joh will mit dieser Formulierung nicht nur ausgesprochen Reiche in die Pflicht nehmen. Das Verschließen des Gemüts, wörtlich: der Eingeweide, führt dazu, dass die Liebe Gottes nicht mehr zur Wirkung kommt. Ob der Entzug der göttlichen Liebe der menschlichen Verfehlung vorausgeht, oder ihr folgt, lässt die Formulierung offen. 1 Joh liegt daran, dass ein Bleiben in Gott in der diakonischen Zuwendung sichtbar wird.

Exkurs: Der Irdische Jesus als Kategorie der Christologie im 1 Joh

Christen glauben an den auferstandenen Jesus von Nazaret. Begrifflich kann man den auferstandenen Christus (dt. „Gesalbten") von dem irdischen oder historischen Jesus unterscheiden, als der er bis zu seiner Kreuzigung in Galiläa und Judäa lebte. Der Bezug des auferstandenen Christus zu der historischen Person des Jesus von Nazaret ist z. Z. des 1 Joh klärungsbedürftig geworden. Der 1 Joh nimmt in diesem Streit Stellung und setzt dabei die Christologie des Joh-Ev voraus.

Christologie im Joh-Ev: Der Grundtenor des Joh-Ev ist von einer sehr hohen Christologie geprägt. Für Christus steht im Prolog das Wort (gr. *lógos*). Das Joh-Ev unterstreicht die Einzigartigkeit dieses Wortes (Logos) in seiner Nähe zu Gott. Der Logos war und ist immer bei Gott. Das Evangelium erzählt von der Zeit, in welcher der Logos Mensch wurde, biblisch ausgedrückt „Fleisch annahm", also von der Zeit des irdischen Jesus.

Das Prädikat „Gott" für Jesus findet sich im Prolog (1,18) und als Bekenntnis des Thomas (20,28) und rahmt so das ursprüngliche Joh-Ev (vgl. 1 Joh 5,20). Joh 1,18 nennt den Logos den „einziggezeugten Gott" (gr. *monogenḗs theós*). In der Mitte des Evangeliums sagt Jesus: „Ich und der Vater sind eins." (Joh 10,30). Zwei Grundmotive gehören zu dieser Christologie.

(1) *Die Gesandtenchristologie:* Das Joh-Ev redet davon, dass Gott Jesus Christus als seinen Gesandten oder Boten auf die Erde sandte (Joh 5,36. 38; 6,29. 57 usw.). Dieser Gesandte vertritt den ihn Sendenden mit allen Rechten und Pflichten. Die Sendung beginnt mit der Menschwerdung und endet mit den Worten Jesu am Kreuz „es ist vollbracht". Der Gesandte ist schon immer bei Gott gewesen, er ist der Logos, der bei der Schöpfung beteiligt war. So drückt die Gesandtentheologie im Joh-Ev eine kaum überbietbare Nähe von Gott und seinem Gesandten, Jesus Christus, aus. Dieser steht über allen anderen hohen Autoritäten, er deutet sogar die Schrift und überflügelt damit Mose, er ist *der* Ausleger (Exeget) Gottes (Joh 1,18). So vertraut wie dieser Gesandte mit Gott ist, ist wiederum der Lieblingsjünger mit dem Gesandten, vgl. Joh 13,23.

(2) *Ich-bin-Worte:* Unter dieser Bezeichnung fasst man eine letztlich analogielose Sprachform des vierten Evangeliums zusammen. Diese Worte haben die sprachliche Form „ich bin der/die/das x“, wobei x im Nominativ steht (6,35. 41. 48. 51; 8,12; 10,7. 9. 11. 14; 11,25; 14,6; 15,1. 5). Die Ich-bin-Worte machen einen Lebenszusammenhang aus der Erfahrungswelt der Hörer analogiefähig für das rechte Verständnis Jesu. Die Lebenszusammenhänge sind Brot, Licht, Tür, Hirte, Weinstock, z. T. auch abstrakter: 11,25 Auferstehung und Leben, 14,6: Weg, Wahrheit, Leben. Die Bildbereiche werden jeweils mit bestimmtem Artikel eingeführt: „*der* Weg, *die* Wahrheit und *das* Leben“. So drücken sie die Einzigartigkeit Jesu aus, neben dem es keinen anderen Zugang zu Gott gibt. Etwa mit dem Wort „Ich bin das Licht der Welt“ beansprucht der Sprecher eine weltübergreifende Funktion für das Heil. Die Ich-bin-Worte sind von ihrer Anlage her umfassend auf Jesus Christus bezogen und nicht einer Lebensphase Jesu Christi zuzuweisen. Ein Streit um die Bedeutung der Menschwerdung Jesu lässt sich mit den Ich-bin-Worten nicht ausfechten.

Die Kategorie des Irdischen Jesus in 1 Joh: Der 1 Joh betont, dass diese Repräsentanz Gottes im geschichtlichen Ereignis von Jesu Menschwerdung geschieht. Der Menschgewordene, Jesus, ist als der Gesalbte (gr. *christós*) zu bekennen (2,22; 5,1) und als Sohn Gottes (4,15; 5,5). Terminologisch auf den Punkt bringt diese Ausrichtung eine Ergänzung zum gr. Text zu 1 Joh 4,17. Die Ergänzung nennt Jesus „den zum Menschen gewordenen“ (gr. *enanthrōpḗsanta*). Diese Ergänzung stand anfänglich nicht im Text, aber sie artikuliert ein zentrales Anliegen des Briefes: Der Menschgewordene eröffnet unser Heil.

Der 1 Joh stellt öfters eine Tat Jesu einem erwarteten Handeln der angesprochenen Gruppe („wir“) gegenüber. Oft wird diese Tat Jesu durch ein Verb im Aorist auf den Irdischen Jesus bezogen, z. B.: … der muss auch selbst derartig wandeln, wie jener *wandelte* (2,6); jener *gab* sein Einzelleben für uns; und wir müssen … unsere Einzelleben geben (3,16); ist sein Gebot …, entsprechend (einem) Gebot, das er uns *gab* … aus dem Geist, den er uns gab. (3,23 f); Lasst uns lieben, wie er uns zuerst *liebte* (4,19b; s. auch zu 5,18a). Öfters nennt der 1 Joh eine Vorgabe des Irdischen Jesus auch im Präsens (1,7: sein Blut reinigt; 2,2, vgl. 4,10: er ist Sühnort; 3,3: er heiligt; 4,17: wie jener ist) oder aus seiner Zeit auf die Adressaten vorausblickend im präskriptiven Aorist Konjunktiv (3,5: dass er die Sünden wegnehmen wird; 3,8fin: dass er die Werke des Teufels auflöse). Drei Stellen verbinden diese Aussagen mit einer Sendungsaussage, die das Gesamtwirken des Irdischen Jesus zusammenfasst (4,9. 10. 14). Eine Tendenz, Heilsaussagen an den irdischen Jesus zu binden, zeigt auch die Anspielung von 1 Joh 5,6–8 (s. dort). Die Verse deuten Taufe („Wasser“) und Kreuzestod („Blut“) als geschichtlich durch den Irdischen Jesus vermittelte Heilsereignisse.

Die Entwicklung der Christologie vom Joh-Ev zum 1 Joh: Die Ich-bin-Worte gehören zweifellos zur alten joh Überlieferung. Dass sie sich nur im Evangelium, nicht im 1 Joh finden, spricht dafür, dass das Evangelium älter ist als der Brief. Nach dem Streit, den 1 Joh thematisiert, wären sie historisch abzusichern gewesen. Diese Ich-bin-Worte sind für eine zeitenthobene, ja für eine gnostische Deutung offen, dies zeigen unfreiwillig aber deutlich die Übernahmen dieser Worte in den späteren Offenbarungsschriften gnostischer Provenienz. (Naassener-Bericht bei Hippolyt, ref 5,8,20 f; Clemens Al., ExcTheod 26,2–3; 61,1). Wäre das Evangelium nach 1 Joh anzusetzen, wäre diese offene Flanke erstaunlich. Der Evangelist ist noch nicht sensibel für diese Frage, anders der Briefschreiber, der die Aussagen über Jesu tatsächliche Menschheit in die Bekenntnisrang hebt (1 Joh 4,2; s. u.). So führt erst die Ausrichtung des Briefes dazu, Joh 1,14a „das Wort ward Fleisch" zum Schlüssel des Evangeliums zu machen, während das Evangelium für sich gelesen, nicht nahelegt, Joh 1,14a zum Schlüsselsatz zu erheben. ***

II 4.4 Die Bruderliebe (1 Joh 3,18–24)

**18 Kinderchen, lasst uns nicht durch ein Wort und nicht mit der Zunge
lieben, sondern mit Tat und Wahrheit. 19 Und daran werden wir er-
kennen, dass wir aus der Wahrheit sind, und wir werden vor ihm
unser Herz überreden, 20 dass, wenn unser Herz uns beschuldigen
will, dass Gott größer ist als unser Herz und er alle Dinge erkennt.
21 Geliebte, wenn unser Herz uns nicht verurteilt, haben wir Zuver-
sicht gegenüber Gott. 22 Und wenn wir bitten, empfangen wir von
ihm, so dass wir seine Weisungen bewahren und die besten Dinge vor
ihm ausführen. 23 Und eben dies ist seine Weisung, damit wir dem
Namen seines Sohnes Jesus Christus vertrauen und uns gegenseitig
lieben, entsprechend (einer) Weisung, die er uns gab. 24 Und wer seine
Weisungen bewahrt, bleibt in ihm und er in ihm und darin erkennen
wir, dass er in uns bleibt, aus dem Geist, den er uns gab.**

18–24 Der Abschnitt erklärt, wie die Vorgabe Gottes, die Wahrheit, unser Personzentrum (*Herz*) einnimmt und nicht im Erkennen und Reden verharrt, sondern zur tätigen Nächstenliebe animiert.

18 Die beiden Ausdrücke *Wort* und *Zunge* stehen beide für das Reden über etwas (Hendiadyoin). Warum nur die Zunge den Artikel erhält und nicht das Wort, hat schon die Abschreiber veranlasst, auch bei der Zunge den Artikel wegzulassen (u. a. Sinaiticus). Ein Verweis auf Jesus Christus als das „Wort" nach Joh 1, ist mit und ohne Artikel abwegig. Dass Handeln und Reden übereinstimmen sollen, ist vielfach belegter Allgemeinplatz (etwa Mt 7,22. 26; Röm 2,13; Jak 1,22). V. 18 stellt mit *Tat* und *Wahrheit* ein ungewöhnliches Wortpaar zusammen. Er will wohl unterstreichen, dass Liebeswerke aus der rechten Bezeugung („Wahrheit") herkommen. **19–20** Das Herz ist hier eine innere Instanz, die gegen den Menschen spricht. Diese Vokabel kommt hier der paulinischen Vokabel „Gewissen" (gr. *syneídēsis*) nahe. *Werden erkennen:* Schließlich wird Gottes Wesen über unsere gegenwärtigen Selbstanklagen obsiegen. Paulus wendet in 1 Kor 8,7–12 gegen eine ähnliche Position der Starken in Korinth ein, dass ein Christ, der in seinem Gewissen gefangen ist, sich nicht durch Erkenntnis von der Verurteilung durch sein Gewissen befreien kann und daher geschützt werden muss, um nicht durch Selbstanklagen zugrunde zu gehen (vgl. 1 Kor 10,28 f).

Jochen Klepper (1903–1942), der evangelische Kirchenliederdichter, zitiert diese Stelle in seinen Tagebuch (8.12.1942), als er letzte Versuche unternimmt, seine nach Rassegesetzen nichtarische Frau und deren Tochter vor dem Vernichtungslager zu retten. Als diese abtransportiert werden sollen, tötet er sich mit ihnen aus Verzweiflung. Die Anklage seines Herzens wegen der Selbsttötung kann er mit 1 Joh 3,19f vom Urteil Gottes unterscheiden.

21 Anrede *Geliebte* s. o. zu 2,7. Das Vertrauen auf eine gesicherte Zukunft eröffnet die *Zuversicht* (s. zu 2,28) gegenüber Gott in der Gegenwart (vgl. 5,14). **22** Die Gebetserhörung ist neutestamentlich vielfach bezeugt (Mk 11,24par; Mt 7,7–11par; Mt 18,19; Joh 14,13f; 15,7. 16; 16,23f. 26). Die Erfahrung der Gläubigen ergibt immer wieder, dass die Inhalte der Gebete nicht in Erfüllung gehen trotz der oft so verstandenen Zusage. Die breite Überlieferung im Neuen Testament erklärt sich am besten, wenn die Zusage in ihrem Kern auf Jesus zurückgeht. 22b könnte eine Bedingung nennen („sofern wir … halten"). Doch dann würde der Glauben bzw. das Vertrauen (V. 23) auf Gott bzw. den Sohn zu einer eingeforderten Leistung des Menschen. Es ist eher an eine Gebetserfüllung gedacht, die der Nebensatz einleitet: „so dass wir … einhalten", vgl. 5,3. 14bf. **23** *Vertrauen … lieben*: Die beiden Verben sind im gr. Text in unterschiedlichen Zeitstufen formuliert. Während das Vertrauen als Zustand beschrieben wird (gr. Aorist), ist beim Bewahren auf dessen wiederholte Aktion abgehoben (gr. Präsens). Der Nebensatz 23b gibt nicht einfach den Inhalt der Weisung wieder. Dazu wäre eine andere Konjunktion passender (gr. *hoti*, so 1,5; 5,9. 11; Joh 3,19) oder ein relativer Satzanschluss: die Weisung, die (vgl. 2,25; 3,11; 5,4. 14). Die hier verwendete Konjunktion (gr. *hina*) hat eine Zielperspektive. Sie beschreibt die Weisung auf ihre Ziele hin wie schon Jesus in Joh 13,34; 15,12, vgl. 11,57, so auch in 1 Joh 5,3; 2 Joh 6. Die Weisung zielt auf den Glauben und die gegenseitige Liebe. … die *er* uns gab: Wieder ist undeutlich, ob das Personalpronomen auf Gott oder Jesus Christus aufzulösen ist. 3,23 denkt als Geber wohl eher an Jesus Christus entsprechend der „alten Weisung" s. 2,7. *Namen seines Sohnes*: der Namen hebt wie in der biblischen Redeweise vom Namen Gottes (vgl. Joh 17,6. 26) die umfassende und erkennbare Wesensbestimmung des Benannten hervor (Joh 1,12; 2,23; 3,18; 1 Joh 5,13). **24** Hier fällt erstmals im 1 Joh eine „reziproke Immanenzaussage": ich in Gott und Gott in mir (s. zu 2,5f). Diese Redeweise beschreibt eine gegenseitige Durchdringung, die in Gott ihren Ursprung hat. Das Medium der Durchdringung ist der Geist. Das Stichwort „Geist" fällt hier ebenfalls erstmals im 1 Joh, es wird in 4,1–6 Leitwort sein und in 4,13 wieder aufgenommen. Das neue Stichwort „Geist" leitet über zu 4,1–6. *Dem Geist, den er uns gab:* Die Verbform verweist auf eine bestimmte Zeit, in der der Geist gegeben wurde und passt so zur Erzählung Joh 20,20–23. Anders als der von seinem Anfang her unbestimmte Paraklet wirkt der Geist von seinem historischen Anfang her (vgl. Exkurs zu 2,20).

II 5 Gottes Geist im Menschen Jesu (1 Joh 4,1–6)

1 Geliebte, ihr sollt nicht jedem Geist vertrauen, sondern beurteilt die Geister, ob sie aus Gott sind, weil viele Falschpropheten hinausgegangen sind in die Welt. 2 Daran erkennt ihr den Geist Gottes: Jeder Geist, der bekennt: Jesus Christus ist im Fleisch gekommen, (der) ist aus Gott. 3 Und jeder Geist, der nicht den Jesus bekennt, ist nicht aus Gott und dieser ist (der Geist) des Antichristen, von dem (Geist) ihr gehört habt, dass er kommt, und nun ist er schon in der Welt. 4 Ihr seid aus Gott, Kinderchen, und ihr habt sie besiegt, weil er größer ist, der in euch ist, als der in der Welt ist. 5 Die aber sind aus der Welt, sie sprechen wegen diesem (Geist) gemäß der Welt und die Welt hört sie. 6 Wir sind aus Gott, der Gott Erkennende hört uns. Der nicht aus Gott (Seiende) hört uns nicht. Daher erkennen wir den Geist der Wahrheit und den Geist des Verführers.

1–6 Das in 3,23 gefallen Stichwort „Geist“ nimmt 4,1–6 auf. Der Einschnitt bei 4,1 ist weitgehend anerkannt. Die Anrede unterstreicht den Einschnitt. Das Stichwort Geist verbindet die Verse. 1–6 präzisieren das theologische Problem des joh Schismas. Die Verse bekämpfen eine abweichende Christologie der abtrünnigen Gruppe. Der Briefschreiber bemerkt in 4,2, dass auch die abtrünnigen Gegner nicht bestreiten, dass Jesus der Gesalbte ist (vgl. 2,22). Er präzisiert daher die Bekenntnisformulierung, um zwischen der eigenen Position und der abgelehnten zu unterscheiden. Der Zusatz in 4,2 lautet: Jesus Christus ist im Fleisch gekommen. Hier scheiden sich die Geister, nicht beim Christus-Titel. Wie die Bekenntnisformulierung präzisiert 1 Joh auch die in Joh 1–20 festgehaltene Überlieferung. Joh 1–20 bietet auch Ansätze für eine Deutung der Person Christi, die ihn von der Vergänglichkeit, dem Leiden und Sterben trennt. Dagegen unterstreicht der 1 Joh die Bedeutung des geschichtlich aufgetretenen Jesus, der entsprechend auch berührt werden konnte, wie es der Prolog hervorhebt. Dieser irdische Jesus ist der Maßstab für das Gottesbild. Dieser irdische Jesus starb und litt, in ihm verbindet sich Welt und Gott. Entsprechend betont diese Leserichtung des Evangeliums die antidoketisch deutbaren Aussagen des Joh-Ev und erhebt nun Joh 1,14a zum Schlüsselsatz des ganzen Evangeliums: Das Wort ward Fleisch.

1 *Geliebte* s. zu 2,7. Den Begriff *Falschpropheten* benützt neben dem Neuen Testament (11× u. a. Mt 7,15; 24,11. 24; 2 Petr 2,1) auch Josephus für zwei verschiedene Verkünder. Der eine kam aus Ägypten und sammelte 30.000 Anhänger um sich (Josephus, bell 2,261–263), der andere

stachelte kurz vor der Zerstörung des Tempels um 70 n. Chr. viele Juden an, sich im Tempel zu versammeln und dort die Rettung am Tag (sc. des Herrn) und die „Zeichen der Rettung“ abzuwarten (Josephus, bell 6,285; vgl. Philon, spec 4,51). Josephus kann die beiden wegen des Ausbleibens ihrer Ankündigungen als Falschpropheten bezeichnen. *Beurteilt die Geister:* 4,1 rät zur inhaltlichen Beurteilung der verkündigten Worte. Die frühe Kirchenordnung Didache (Ende 1. Jh.) verbietet eine inhaltliche Beurteilung der Prophetie (Did 11,7), nennt aber den Lebenswandel der Propheten als Maßstab (Did 11,8–12, vgl. 16,1–3). *Hinausgegangen in die Welt* verweist wohl auf reisende Verkünder des Evangeliums; 2 Joh 7 nennt sie Verführer. **2** Als Kriterium des Geistes nennt 4,2 Bekenntnisformulierungen. Bekennen heißt, zu einer Aussage vor Zeugen stehen. Die dabei benützten Worte können als Bekenntnis bezeichnet werden. Der 1 Joh erweitert hier kürzere Bekenntnisse (2,22 Jesus ist [nicht] der Gesalbte; 4,15: Jesus ist der Sohn Gottes). Erst so trifft er den spezifischen Streitpunkt, dass der Mensch Jesus uns Gott offenbart (vgl. zu 2 Joh 7). 4,2 verweigert eine Endzeitgestalt als Offenbarung anzuerkennen, die nicht personidentisch mit dem im Fleisch gekommen Jesus ist. Ein ähnliches Anliegen formuliert wohl unabhängig eine in 1 Tim 3,16 zitierte Überlieferung, wenn es dort heißt, „Er (Gott) ist offenbar im Fleisch“. Vielleicht meint die in 1 Tim 3,16 zitierte Überlieferung mit „im Fleisch“ die Sphäre der Vergänglichkeit und nicht den individuell vergänglichen Leib wie 4,2. Ignatius (gest. um 115) formuliert mit dem vorher nicht belegten Wort „Fleischträger“ dasselbe Anliegen wie 4,2 (Ignatius, Sm 5,2). Wohl abhängig von 4,2 ist Polykarp (gest. um 155): Jeder, der nicht bekennt, dass Jesus im Fleisch gekommen ist, ist ein Antichrist (Polykarp, Phil 7,1). Zwar hat er das Part. Perfekt aus 4,2 in den Infinitiv Perfekt vom selben Verb gewandelt (wie der Vaticanus zu 4,2), aber dass er das in den joh Briefen erstmals belegte Stichwort „Antichrist“ (4,3; auch: 2 Joh 7, 1 Joh 2,18. 22) hinzugenommen hat, macht seine Abhängigkeit von 1 Joh 4 wahrscheinlich. **3** *Den Jesus bekennt*: Der Artikel vor Jesus verweist auf die besondere Bestimmung Jesu als der ins Fleisch gekommene (4,2).

Textüberlieferung: (1) Der Sinaiticus und der Mehrheitstext wiederholen die Worte „der ins Fleisch gekommene“ aus 4,2 ausdrücklich. Eine etwas pedantische nachträgliche Präzisierung. (2) Eine andere vieldiskutierte Textvariante liest statt *nicht bekennen* mit der fast einhelligen lateinischen Überlieferung: auflösen (lat. *solvit*) und setzt dabei das griechisch nur schwach bezeugte Wort „auflösen“ voraus. (gr. *lýei*). Allerdings belegt schon Polykarp die Lesart „nicht bekennen“ (s. zu 4,2). Die Lesart mit „auflösen“ ist dagegen griechisch zu schwach bezeugt, um als ursprünglich angesehene werden zu können.

Das Paar „bekennen“-„nicht bekennen“ statt des Paares „bekennen“-„verleugnen“ (so noch 1 Joh 2,22, auch Lk 12,8f par Mt 10,32f) zeigt, dass bereits bestimmte Inhalte des Bekenntnisses diskutiert werden.

Es geht nicht mehr um eine Haltung des Bekennenden, sondern um bestimmte Formulierungen in der Lehre. *Der Geist des Antichristen* (s. o. zu 2,18) ist schon in der Welt. Der 1 Joh geht davon aus, dass der Endzeitkampf schon eingesetzt hat (vgl. 2,8). 4 Neben der Abstammung *aus Gott* (s. zu 2,16) sagt 4,4 auch die Präsenz Gottes *in uns* aus. Der maskuline Artikel macht im gr. Text deutlich, dass hier nicht an die Einwohnung des Geistes gedacht ist, der gr. neutrisch ist. Es geht in 4,3 also im die Gegenwart Gottes im Gläubigen (vgl. 3,24; 2 Petr 1,4). Die nur andeutungsweise genannte Gegenmacht, der *in der Welt,* ist nach 4,3 der Antichrist. Ihr habt *sie* (sc. die Falschpropheten) besiegt. Der 1 Joh setzt eine geglückte Abgrenzung voraus, die er durch sein Schreiben stützen will. V. 4b vermeidet von einer Einwohnung des Teufels zu sprechen. 5 *Die … aus der Welt*: wie Joh 3,31 umschreibt 4,5 die nicht aus Gott geborenen Menschen. Welt und Gegengeist bzw. Antichrist rückt der Vers nah zu einander (s. zu 2,15; 3,13). Die joh Überlieferung neigt zu einem solchen abwertenden Weltbegriff, kennt aber auch einen anderen, vgl. Joh 3,16. Die Herkunft prägt die Sprache (ebenso Joh 3,31) und erleichtert die positive Rezeption: *die Welt hört sie*. 4,5 deutet Erfolg in der Verkündigung als verdächtige Anbiederung an gottfeindliche Kräfte. Diese Behauptung nennt keinen inhaltlichen Maßstab und wäre geeignet, auch Jesu erfolgreiche Verkündigung in schlechtes Licht zu stellen. Eine solche Sichtweise immunisiert sich gegen Versuche, die eigenen Verkündigung verständlich zu gestalten. 6 Die Wir-Gruppe in 4,6 bildet das Gegenüber zu den in 4,5 genannten Menschen und steht so für alle aus Gott geborenen Menschen, ein kirchliches Wir. 4,6fin nimmt mit dem *Geist der Wahrheit* das Stichwort Geist aus 3,24 auf.

II 6 Gott und die Liebe (1 Joh 4,7–21)

1 Joh 4,7–21 führt die Bruderliebe unter den Christen zurück auf die Quelle der Liebe bei Gott. Ich unterteile zur besseren Übersichtlichkeit in kleinere Einheiten (4,7–10. 11–16. 17–21)

II 6.1 Die Quelle der Liebe bei Gott (1 Joh 4,7–10)

7 Geliebte, lasst uns einander lieben, weil die Liebe aus Gott ist, und jeder, der liebt, ist aus Gott gezeugt und erkennt Gott. 8 Wer nicht liebt, erkannte Gott nicht, weil Gott Liebe ist. 9 Darin ist die Liebe Gottes offenbar geworden unter uns, dass Gott seinen einziggeborenen Sohn gesendet hat in die Welt, damit wir durch ihn leben werden. 10 In diesem ist die Liebe, nicht dass wir Gott geliebt haben, sondern

dass er (d. i. Gott) uns liebte und sandte seinen Sohn als Sühnort für unsere Sünden.

7–10 Die Verse 7–10 führen den Status der Gläubigen und ihr Verhalten auf Gott als Ursprungsort zurück. Von Gott geht die Liebe aus (8), sie wird durch die Sendung des Sohnes erkennbar (9) und für uns wirksam (9b. 10).

7–8 Zu *Gott* als *Liebe* u. zu 4,16. *Einander lieben*: s. zu 3,10f. *Erkannte*: Erkenntnis vertieft die Beziehung zu Gott zur Liebe (vgl. 1 Kor 8,3). **9** *Ist … offenbar geworden unter uns*: dies geschah im Christusgeschehen für die apostolische Gruppe (vgl. zu 1,1–4; Joh 1,14). Der Wechsel bei der Aktionsart des Verbs Senden vom Perfekt (4,9) zum Aorist (4,10) ist schwer interpretierbar, vielleicht nur eine stilistische Variante ähnlich wie in Joh 5,36. 38. Wenn das Perfekt in 9 abgrenzend zum Aorist eingesetzt wäre, würde es die Fortdauer der Sendung unterstreichen, während in 10 auf die vergangenen Sendung zurückgeblickt würde. *Einziggeboren*: dt. auch einzig, einzigartig. Das Attribut ist selten. Hebr 11,17 und Josephus verwenden es für Isaak (Josephus, ant 1,222), einige Handschriften zur gr. Übersetzung von Gen 22,2 setzen es statt „geliebter" zu Isaak, obwohl Abraham auch noch den Sohn Ismael hatte. Die einzige Tochter des Jairus und die Weisheit bekommt auch dieses Attribut (Lk 8,42, Sap 7,22, vgl. Lk 7,12; 9,38;). Joh 1,14. 18; 3,16 verwendet es für Jesus (auch Justin, dial 105). *Leben werden*: das von Gott gewährte, wirkliche Leben (s. zu 2,25). **10** *Wir … uns*: Die Aussagen in 10 gelten schwerlich nur für die Zeugen der ersten Generation, aber für diese natürlich auch, so passt Vergangenheitszeit: *Dass er uns liebte. Sühnort*: mit der seltenen Vokabel (im Neuen Testament nur noch 2,2) benennt 1 Joh die Wirkung der Sendung des Sohnes, der die Folgewirkungen unser *Sünden* unterbrach und so sühnte. 1 Joh deutet hier wohl Jesu Tod als Ort der Sühne und lässt so Jesu Sendung in dessen Tod kulminieren.

II 6.2 Das Leben aus der Quelle der Liebe (1 Joh 4,11–16)

11 Geliebte, wenn Gott uns so liebte, müssen auch wir einander lieben. 12 Keiner hat Gott je erblickt. Wenn wir einander lieben, bleibt Gott in uns und seine Liebe unter uns ist zum Ziel gebracht. 13 In diesem erkennen wir, dass wir in ihm bleiben und er in uns, weil er uns von seinem Geist gegeben hat. 14 Und (eben) wir haben erblickt und bezeugen, dass der Vater den Sohn sandte als Retter der Welt. 15 Wenn einer bekennt, dass Jesus der Sohn Gottes ist, bleibt Gott in ihm und er in Gott. 16 Und (eben) wir haben erkannt und haben vertraut der Liebe, die Gott hat unter uns. Gott ist Liebe, und der in der Liebe Bleibende bleibt in Gott und Gott bleibt in ihm.

11–16 Gottes Wirken bleibt nicht folgenlos. Gottes Liebe zu uns wirkt weiter in unserer Liebe zueinander (s. 2,5; 4,10f).

12 *Keiner hat Gott je erblickt*: Gott zu sehen, ist erst im eschatologischen Status möglich, s. zu 1 Joh 3,2. *Seine Liebe*: Gottes oder unsere Liebe? Philologisch ist diese Frage nicht zu klären, aber der Brief setzt den Anfang der Liebe bei Gott, von der her wir das Lieben des Bruders übernehmen (vgl. 1 Joh 2,5). Hier dürfte Gottes Liebe gemeint sein, die erst zum Ziel gekommen ist, wenn sie alle Brüder bzw. Menschen erreicht hat. Dass die Liebe nicht auf die eigene Gemeinde beschränkt bleiben soll, erweisen Titel wie Retter der Welt (4,14; vgl. 2,2). **13** Der Vers übernimmt fast wörtlich gleich 3,24b. Nur der Zeitaspekt beim Verb für das Geben des Geistes variiert. 3,24b redet von der historischen Herkunft des Geistes (*gab*; gr. Aorist), 4,13 vom Bleiben des Geistes bei der Wir-Gruppe und benützt dazu das resultative gr. Perfekt. Der Wechsel des Zeitaspekts nützt die Möglichkeiten des gr. Tempussystems geschickt aus. Das Stichwort Geist führt über den Kontext hinaus: Der Geist dient als Medium der gegenseitigen Durchdringung des gläubigen Menschen und Gottes bzw. des Auferstandenen („reziproke Immanenz“, s. Exkurs nach 2,6). Der Geist wird erkennbar über die Liebestätigkeit unter Menschen, er wirkt also nicht nur unerkannt zwischen Gott und einzelnen Menschen. **14** *Wir haben erblickt*: Die Wir-Gruppe beansprucht besonderes Wissen (auch 4,16). Wie in 1,1–4 (vgl. Joh 20,24–29) geht es auch hier um physisches Sehen, nicht um mystische Schau. Den Titel *Retter der Welt* kennt das JohEv (4,32, vgl. 3,17). Er findet sich nur selten in frühen christlichen Schriften (geradezu einzig ist Phil 3,20), dann gehäuft im lukanischen Doppelwerk und den Pastoralbriefen. Die Benützung des Titels in der Herrscherpropaganda (Caesar: SIG 3. Aufl. 760; Augustus: Inschrift von Priene, OGIS 458; Caligula: Josephus, bell 3,459; Philon, legat 22) erklärt wohl die anfängliche Zurückhaltung, die erst aufgegeben wurde, als ein Unterscheidung der kaiserlichen Herrscherverheißung und Jesu unproblematisch erschien (Karrer, Jesus Christus im NT, 51–53).**15** Das ausdrückliche Bekennen (s. zu 4,2) verbürgt die Präsenz Gottes, seine Immanenz, im Bekennenden (s. Exkurs nach 2,6). Inhalt des Bekenntnisses ist, dass *Jesus*, also der Mensch, *Sohn Gottes* ist, so auch 5,5 (s. Exkurs nach 3,17); V. 15 ähnlich wie 2,22 und 5,1 unterstreichen, dass Jesus der Christus (dt.: Gesalbte) ist. Der Kirchenvater Tertullian unterstützt diese Interpretation (Tertullian, Prax 28,5; praescr 33,11), zitiert allerdings 4,15 mit Christus statt Jesus (Tertullian, Prax 31,5). **16** Die Wir-Gruppe (vgl. 4,9) leitet aus dem Status der Erkenntnis und des Vertrauens ab (gr. Perfekt vgl. Joh 6,69), dass Gott in dieser Gruppe wirksam ist. 1 Joh gibt dieser von Gott herstammenden Wirkkraft den Namen *Liebe*. Er identifiziert geradezu Gott und die Liebe. 1 Joh 4,7–21 steht neben 1 Kor 13 einzigartig als Lobpreis der Liebe in der urchristlichen

Literatur. Augustin kommentiert: „*'Denn Gott ist die Liebe'*, was hätte er darüber hinaus noch sagen können, meine Brüder? Wenn zum Preis der Liebe auf allen Seiten dieses Briefes sonst nichts gesagt würde, und nichts überhaupt auf den übrigen Seiten der Heiligen Schrift, und wenn wir nur dieses eine aus dem Munde des Gottesgeistes hörten: *'Denn Gott ist die Liebe':* Nichts bliebe mehr, wonach wir fragen müssten!" (Augustin, in ep 1 Joh 7,4; Übers. Biedermann). Der Satz „Gott ist Liebe" (1 Joh 4,8. 16) steht neben ähnlichen Sätzen in der joh Literatur: Gott ist Licht (1,5) und Gott ist Geist (Joh 4,24). Alle drei Sätze eröffnen einen ähnlichen Weg der Offenbarung von Gott über Jesus Christus zur Gemeinde. Am Anfang steht eine Eigenschaft Gottes, die Jesus Christus in seiner irdischen Zeit in Wort und Handlung offen legte. Jesus Christus erweist sich so als der einzige Zugang oder Fenster zu Gott (vgl. Joh 1,18; 6,46; 14,9). Die Vertrauten Jesu werden Zeugen dieser Offenbarung und geben sie ihrerseits weiter. 1 Joh gliedert auch die Begriffe Wahrheit, Lehre und Weisung in eine ähnliche Kette der Überlieferung ein (1 Joh 4,21; vgl. 2 Joh 2. 5f. 9). 1 Joh legt besonders wert auf den Kettenschluss von den ersten Zeugen Jesu hin zur angeschriebenen Gemeinde. Die Kette ermöglicht nicht nur die rechte Erkenntnis Gottes, sondern trägt auch die Wirkung von Gott her bis zur Gemeinde. Gottes Liebe, Licht, Geist, Lehre und Weisung wirken über Jesus und die ersten Zeugen in der gegenwärtigen Gemeinde. Die verwendeten Begriffe Liebe, Licht, Geist erklären und umschreiben den an sich unbeschreiblichen Gott.

In dem Satz *Gott ist die Liebe* steht gr. Gott mit Artikel und kann daher nicht vorangestelltes Prädikat sein. Der Satz kann daher nicht umgedreht werden zu der Aussage: Die Liebe ist Gott. Wer von dem Phänomen „Liebe" auf Gott schließen will, muss die Einzigartigkeit dieser Liebe betonen. So und nur so, weil er hier Gottes Liebe thematisiert sieht, kann etwa K. Barth in seiner Auslegung des Textes von der Umkehrbarkeit des Satzes sprechen (KD IV/2, 858–862). E. Jüngel hebt richtig hervor, dass nicht ein Vorverständnis des Ausdrucks „Liebe" notwendig ist, um die göttliche Liebe angemessen zu verstehen, sondern ein vorher durch Gott geliebt worden sein. (Gott als Geheimnis der Welt, 1977, 448). In der Sprache des 1 Joh heißt dies, dass der Erkennende aus Gott herstammen muss, nicht aus der Welt (vgl. 4,5).

Das Verhältnis von „Liebe" und „Gott" thematisiert auch Platons Symposion (4. Jh. v. Chr.). Für die „Liebe" verwendet Platon im Symposion eine andere Vokabel (gr. *érōs*) als das Neue Testament im 1 Joh (gr. *agápe*). Doch bei Platon weicht nicht nur die Vokabel bei der Verknüpfung von Gott und Liebe ab. In einer Zwischenunterredung widerspricht Sokrates im Symposion der Hochschätzung der Liebe (Symp. 199B–201C). Liebe sei nicht göttlich, weil Liebe immer Mangel am Geliebten bedeute. Negativ wertet auch Platons Politeia die Liebe (Eros), weil die Liebe eine vernunftwidrige Besessenheit entfalten kann, die dem Tyrann eigentümlich ist (resp. 9, 573A–576B). Etwas positiver beschreibt Platon einmal die Liebe als von Gott gewährte Verzückung (Phaidr 244A 9). Der joh und der platonische Diskurs um Gott und Liebe sind lange unabhängig geblieben.

1 Joh denkt von der frei gewählten Abhängigkeit des Gottes her, der sich an seine Berufung bindet und daher den Mangel des Gegenübers erleidet. Es ist für Gott im Alten Testament typisch, dass er an seinen Eigenschaften Anteil gibt, seine Gemeinschaftstreue (hebr. *chäsäd*) ist keine statische Eigenschaft, sondern gleichsam ansteckend. Sie verändert das geliebte Gegenüber. Die Besonderheit der göttlichen Liebe hat Martin Luther treffend festgehalten: „Die Liebe Gottes findet das für sie Liebenswerte nicht vor, sondern erschafft es. Die Liebe des Menschen entsteht aus dem für sie Liebenswerten" (Heidelberger These 28; lat.: WA 1, 355, dt.: LDStA 1, 67; Übers. Härle).

II 6.3 Die Vollendung der Liebe (1 Joh 4,17–21)

17 In diesem wird die Liebe zur Vollendung gebracht bei uns, dass wir
Zuversicht haben am Tag des Urteils, dass wie jener ist auch wir sind in
dieser Welt. 18 Furcht ist nicht in der Liebe, sondern vollendete Liebe
verwirft die Furcht, ja die Furcht hat Strafe, aber der sich Fürchtende
ist nicht zur Vollendung gebracht in der Liebe. 19 Lasst uns lieben, wie
er uns zuerst liebte. 20 Wenn einer sagt: „ich liebe Gott" und hasst
seinen Bruder, ist er ein Lügner, denn der seinen Bruder nicht liebt,
den er sieht, kann Gott nicht lieben, den er nicht sieht. 21 Und diese
Weisung haben wir von ihm, dass wer Gott liebt, auch seinen Bruder
lieben soll.

17–21 Die Verse gehen vom Ursprung der Liebe bei Gott weiter zur gegenwärtigen Wirkung in den Geliebten als Bruderliebe und blicken auf das Zielstadium der Wirkung, in dem die Furcht überwunden ist.

17 *Zuversicht* s. zu 2,28.

Textüberlieferung: Zwei Lesarten verstärken die ausdrückliche Ausrichtung auf den irdischen Jesus. (1) Einzelne Handschriften ergänzen: „am Tag des Urteils *vor dem Menschgewordenen*". Da dieser Zusatz erst in Handschriften ab dem 11. Jahrhundert bezeugt ist (Minuskeln 1505; 1611; 2138), stand er wohl nicht im Ausgangstext 4,17 (vgl. Exkurs nach 3,17). (2) Einzelne Textzeugen präzisieren das überzeitliche „ist" auf die irdische Zeit Jesu: „jener war in der Welt" (z. B. Minuskel 2243), zum Teil noch ergänzt mit „war in der Welt untadelig und rein" (Minuskel 876; 1832; 2138). Auch diese Lesart ist zu schwach bezeugt, um sie als Ausgangstext anzunehmen.

18 Liebe beschreibt dieser Vers als Wirkbereich, in dem man leben kann. Das der Wirkbereich der Liebe letztlich Furcht ausschließt, stellt das gegenwärtige Leben unter einen eschatologischen Vorbehalt: Noch gibt es Furcht auch unter denen, die im Wirkbereich der Liebe leben. Augustin deutet die Furcht hier als bitteres Heilmittel auf dem Weg zur endgültigen Gesundheit, in der dann die Furcht überwunden sein wird. (Augustin, in ep. Joh 9,4). **19** Der Imperativ *Lasst ... lieben* hält an, der göttlichen Wirkung in uns Raum zu geben. Dieser Imperativ bindet nicht die Wirksamkeit Gottes an unsere Unterstützung, setzt aber voraus, dass es dem Menschen auch möglich wäre, die Wirkung zu behindern. Das Heil kann zwar nur Gott erschaffen, aber der Mensch kann es zurückdrängen. Paulus betont ähnlich wie der 1 Joh, dass allein Gottes Initiative Heil schaffen kann (Röm 3,24, Gal 2,16; vgl. Eph 2,8), trotzdem warnt auch er, diese Initiative Gottes nicht zu behindern (1 Thess 5,19), vielmehr fest zu halten (1 Kor 15,2b).

20 *Wenn einer sagt*: Mit diesen Worten eröffnet 1 Joh eine mögliche Erwägung, ohne auf tatsächliches Vorkommnisse zu verweisen (s. zu 1,6). V. 20 hält fest, dass ein bestimmtes Verhalten ein von der Formulierung her korrektes Bekenntnis obsolet macht. Ähnlich mahnt der 1 Joh öfters ein Tätigwerden an, das den Vorgaben Gottes entspreche (s. zu 3,17). *Den er nicht sieht* s. zu 4,12. **21** *Haben wir von ihm*: zielt auf die gegenwärtige Gültigkeit und bezieht hier die Adressaten mit ein. Die historische Herkunft von den Adressaten unterstreicht dagegen 3,23fin („das er uns gab"). *Auch seinen Bruder*: das auch verbietet, die Liebe auf die individuelle Beziehung auf Gott zu beschränken.

II 7 Zeugnisse für die Liebe (1 Joh 5,1–12)

Der Abschnitt geht der Wirkung der Liebe von Gott über seinen Sohn bis zu den Gemeindegliedern nach und beschließt den Hauptteil des Briefs.

II 7.1 Die Liebe des Gekommenen (1 Joh 5,1–8)

1 Jeder der glaubt, dass Jesus der Gesalbte ist, ist aus Gott gezeugt,
und jeder der den liebt, der ihn zeugte, liebt den aus ihm Gezeug-
ten. 2 Daran erkennen wir, dass wir die Kinder Gottes lieben, wenn
wir Gott lieben, führen wir auch seine Weisungen aus. 3 Eben dies
ist die Liebe zu Gott, dass wir seine Weisungen bewahren; und seine
Weisungen sind nicht belastend. 4 Ja: Jedes aus Gott Gezeugte besiegt
die Welt, dies ist der Sieg, der die Welt besiegte: unser Glaube. 5 Wer
aber ist es, der die Welt besiegt, außer der glaubt: Jesus ist der Sohn
Gottes? 6 Dieser ist es, der Gekommene durch Wasser und Blut, Jesus
Gesalbter, nicht im Wasser allein, sondern im Wasser und im Blut; und
der Geist ist es, der bezeugt: der Geist ist die Wahrheit. 7 Diese drei
sind die Bezeugenden. 8 Der Geist und das Wasser und das Blut, und
die Drei kommen auf eines hin zusammen.

1–8 Die Verse beschreiben mehrere Wirkungen, die auf Gott als Ursprung zurückverweisen, der im Mensch gewordenen Jesus Christus durch den Geist wirkt.

1 *Jesus … der Gesalbte:* s. zu 2,22; 4,15. Da es *eine* Liebe ist, die Vater und Sohn zugleich erfasst, liebt keiner *auch* den Sohn, sondern die Liebe trifft Vater und Sohn zugleich. *Den … Gezeugten*: Das Partizip Perfekt zielt auf den auferstandenen Sohn.

Textüberlieferung: (1) Statt *liebt den aus ihm Gezeugten*: so mit bedeutsamen Handschriften (Vaticanus, Min. 33 u. a.), viele andere lesen *liebt auch …*, ergänzen also ein *auch* (gr. *kai*) und erweitern so den kürzeren Ausgangstext (gegen Nestle[28]). (2) *Den Gezeugten*: Zwei Textzeugen (049: 9. Jh.; 1735: 10. Jh.) lesen hier das Partizip Aorist und machen somit die Liebe zu Gott von der Liebe zum irdischen Jesus abhängig. Diese sekundäre Lesart überspitzt die Ausrichtung auf den irdischen Jesus.

2 Der Vers ergibt zu 4,20 einen Erkenntnis-Zirkel: Nach 4,20 erkennt man an der Bruderliebe die Gottesliebe, 5,2 schließt von der Gottesliebe auf die Bruderliebe. Beide Erkenntniswege betonen, dass die wahre Liebe unteilbar ist und notwendig immer zugleich in beiden Bereichen wirkt: Sie führt immer zugleich zur Bruderliebe wie zur Gottesliebe. Augustin legt aus: „Wenn du aber deinen Bruder liebst, liebst du da vielleicht deinen Bruder, und Christus liebst du nicht? Wie wäre das möglich, wenn du die Glieder Christi liebst? Wenn du also die Glieder Christi liebst, liebst du den Sohn Gottes. Wenn du den Sohn Gottes liebst, liebst du auch den Vater. Unteilbar ist die Liebe“ (Augustin, in ep Joh 10,4; Übers.: Biedermann). **3** Die Leichtigkeit der Gebote ist jüdische Lehre (Dtn 30,11, auch Philon, spec 1,299). Christliche Polemik machte daraus die angebliche Last der Gebote (Apg 15,10. 28; Gal 5,1; Mt 23,4). **4** *Jedes*: Das Neutrum bezieht sich hier auf Personen, weil deren generelle Eigenschaft im Vordergrund steht (ähnlich Joh 3,6; 17,2. 7. 24; 1 Joh 1,1; 5,1vl, vgl. 1 Joh 2,8). *Besiegt … der besiegte*: der Glaube nimmt jeweils den Sieg auf (*besiegt*: gr. Präsens), der ein für alle mal errungen (*besiegte* gr. Partizip Aorist) wurde. So unterscheidet die Zeitstufe zwischen der einmaligen Tat Gottes, die den Sieg erbrachte und deren individuellen Aufnahme im Glaube. **5** Wesentlicher Inhalt des Glaubens ist, dass der Mensch *Jesus* so eng zu Gott gehört, dass er *Sohn Gottes* ist (s. 1 Joh 4,15). Dieser Glaube wurde schon bekannt und kann daher als bestätigter Sieger angesprochen werden . **6** *Der Gekommene* bezeichnet den irdischen Jesus, also die Zeit, in der Gottes Wort Mensch war (Joh 1).

Textüberlieferung: (1) Einige wichtige Textzeugen ergänzen nach der Gekommene durch Wasser: *und Geist.* Diese Lesart überfrachtet wohl sekundär den Vers und gleicht an Joh 3,5 an. (2) Statt *durch Wasser und Blut* lesen einige wichtige Textzeugen (u. a. Sinaiticus) *durch Blut und Wasser*, stellen also die zeitliche Reihenfolge von Menschwerdung Jesu (*durch Blut*) und Taufe (*durch Wasser*) richtig. Diese

Reihenfolge lässt sich eher als sekundäre Korrektur erklären als der umgekehrte Vorgang.

1 Joh 5,6 nennt drei Zeugen, *Wasser*, *Blut* und *Geist*. Nach den Aktionsarten der gr. Verben wirken diese Zeugen in Vergangenheit und Gegenwart. Zu den Zeugnissen der Vergangenheit, nämlich aus dem Leben Jesu (*der Gekommene*) gehören *durch Wasser und Blut*. Wasser und Blut spielen kaum auf die Sakramente Taufe und Abendmahl an, sondern umreißen die Biographie Jesu, von Jesu Taufe (Wasser) bis zu seinem Tod (Blut). Er kommt *durch das Wasser*: Wasser spielt auf Jesu Taufe an, vgl. Joh 1,32–34. Vielleicht spielt die Stelle auch an auf das Wasser aus Jesu Seite nach dem Lanzenstich: Blut und Wasser treten aus der Wunde (Joh 19,34). Es könnte eine besondere Spitze des 1 Joh sein, in 1 Joh 5,6 die von den Gegnern vielleicht eingebrachte Taufdeutung durch eine Anspielung auf Joh 19,34 zu überlagern (Klauck 297). Die Gegner könnten gelehrt haben, Jesu Nähe zu Gott sei erst durch göttliche Adoption bei der Taufe geschehen. 1 Joh betont: er kam in Wasser und im Blut d.i. in seiner Menschwerdung, nicht etwa nur als in der Taufe durch einen Geist verwandeltes Wesen. Der Lebensweg des irdischen Jesus gibt das historische Vermittlungsfeld vor, aus dem Gott erkannt werden kann (s. Exkurs bei 3,17). Oft wird dies als Antwort auf eine Gegnerparole gedeutet. Die Verneinung (*nicht im Wasser allein …*) könnte aber auch eine unpolemische Intensivierung sein, ohne eine Gegnerparole vorauszusetzen (Griffith: 2002, 153f). Auf die Gegenwart der Gemeinde zielt erst das *Bezeugen des Geistes*. So geht es auch in 5,6 um die geschichtliche Verankerung der Heilstat Jesu. **7–8** Historisches Leben Jesu und gegenwärtige Aktualisierung im Geist wirken im Zeugnis zusammen.

Exkurs: Das Comma Johanneum

An dieser Stelle ergänzen Vulgata-Handschriften und wenige späte wohl aus der lat. Überlieferung rückübersetzte griechische Minuskeln eine sicher nicht ursprüngliche Texttradition, die neu-lat. „*comma Johanneum*“ genannt wird. Der genaue Wortlaut des Zusatzes variiert stark. Dieser Zusatz lautet auf deutsch kursiviert in seinem Kontext: „Denn drei sind es, die bezeugen *im Himmel der Vater, der Logos und der heilige Geist, und diese drei sind eins. Und drei sind es, die bezeugen auf Erden* (8) der Geist und das Wasser und das Blut …“ Die Kirchenväter des Ostens kennen diesen Zusatz nicht. Zweifelsfrei belegt findet er sich erstmals bei Priscillian, Ende 4.Jh. und in lat. Handschriften ab dem 7.Jh. Tertullian (gest. um 222) bietet trinitarische Gedanken unter Hinweis auf 1 Joh 5,8, ohne auf das Comma zu verweisen (Adversus Praxean 25,1). Augustins tractatus zum 1 Joh bricht bei 1 Joh 5,3 ab. Auch in seinem übrigen Werk verwendet er nie das Comma. Im ausgehende 5.Jh. zitieren mehrere lat. Kirchenväter das Comma. Es fehlt aber z.B. bei Ambrosius (gest. 397) und Gregor dem Großen (gest. 604). Ein Ergänzer dürfte im ausgehenden 4.Jh. das *comma Johanneum* in den lat. Bibeltext eingetragen haben. Diese Ergänzung wurde durch die Trinitätslehre angeregt, die im 4. Jahrhundert ausformuliert wurde. Einige Handschriften übernahmen die Ergänzung in ihren Text und sie fand sich so auch in der lateinischen Bibelübersetzung, die Papst Clemens VIII. veranlasste, die Clementina von 1592. Die Ergänzung ist kontroverstheologisch brisant geworden, weil das Trienter Konzil eben diese Vulgataversion, die Clementina, für verbindlich erklärte (4. Sitzung, 1546). In der durch die röm.-katholische dt. Bischofskonferenz empfohlenen Einheitsübersetzung weist eine Fußnote hin auf diese Ergänzung durch „späte Textzeugen" (1980; ebenso Revision 2016). ***

II 7.2 Das Zeugnis Gottes und die Annahme im Glauben (1 Joh 5,9–12)

9 Wenn wir das Zeugnis der Menschen annehmen – das Zeugnis Gottes ist mehr: Eben dies ist das Zeugnis Gottes, das er bezeugt bezüglich seines Sohnes. 10 Wer an den Sohn Gottes glaubt, hat das Zeugnis in sich; wer Gott nicht glaubt, macht ihn zu einem Lügner, weil er nicht geglaubt hat an das Zeugnis, das Gott bezeugt (hat) über seinen Sohn.
11 Und eben dies ist das Zeugnis: Gott gab uns ewiges Leben, und eben dies Leben ist in seinem Sohn. 12 Wer den Sohn hat, hat das Leben. Wer den Sohn Gottes nicht hat, hat das Leben nicht.

9–12 Gottes Zeugnis wird im Vertrauen auf ihn wirksam zum ewigen Leben.

9 V. 9 stellt das *Zeugnis* Gottes über das von Menschen. Es bleibt in 1 Joh offen, wo genau Gott das Zeugnis ablegt. Vielleicht denkt 9 an die Verklärung Jesu (Mk 9,2parr). Im Bericht von der Verklärung Jesu in den ersten drei Evangelien und in der Aufnahme des 2 Petr ist der zugesprochene Titel *Sohn* zentral („mein geliebter Sohn"; Mt 17,5; Mk 9,7; Lk 9,35; vgl. 2 Petr 1,16–18). **10–11** *Wer … glaubt, hat … in sich*: der Glauben verändert zunächst das Selbstverständnis, versetzt den Glaubenden in einen neuen Zustand, der das Gemüt, modern gesprochen das Bewusstsein samt Unbewussten neu ausrichtet: Er hat nun *das Zeugnis* in sich. Das Zeugnis meint nicht nur den ausgesagten Inhalt des Zeugnisses, sondern umschließt auch die Wirkung des Zeugnisses, nämlich ewiges Leben (s. zu 2,25). Der ausgesagte Inhalt des Zeugnisses betrifft den *Sohn Gottes*: Das ewige Leben gab Gott zu einem historisch bestimmten Anfang. Nun ist es an den auferstandenen Sohn gebunden. Der Sohn ist durch eine geschichtliche Zeit bestimmt und wirkt durch den Glauben über sein Zeugnis im Inneren des Glaubenden. **12** *Sohn Gottes*: Jesus, wie er vom Vater ins Fleisch gesandt wurde und jetzt beim Vater ist. 1 Joh hat den Titel „Sohn" so an den irdischen Jesus gebunden, dass er seine christologische Auseinandersetzung nun abschließen kann. Das Heilsgut *Leben* (s. zu 2,25) bindet 12 an das rechte Verständnis des Sohnes.

III Abschluss (1 Joh 5,13–21)

Der Abschluss blickt auf das vorangehende zurück (5,13) und zieht eine strenge Grenze, die gegenüber bestimmten Abweichlern zu beachten sei (5,14–21).

III 1 Zusammenfassung der Schreibabsicht (1 Joh 5,13)

13 Dies schrieb ich euch, damit ihr wisst, dass ihr ewiges Leben habt, (für) die an den Namen des Sohnes Gottes Glaubenden.

13 *Schrieb:* s. zu 2,12–14. *Ich:* s. zu 1,1–4. 5,13 (vgl. 5,20) fasst die Heilsbedeutung zusammen, welche die Glaubenden erhalten: *ewiges Leben* (s. zu 2,25). *An den Namen*: s. zu 3,23. Eine ähnliche christologische Zusammenfassung bietet Joh 20,30f für das vorangehende Evangelium.

III 2 Christus als der uns zugängliche Gott (1 Joh 5,14–21)

14 Und eben dies ist die Zuversicht, die wir haben vor ihm, dass, wenn
wir etwas erbitten gemäß seinem Willen, er uns erhört. 15 Und wenn
wir wissen, dass er uns hört, was immer wir erbitten, wissen wir, dass
wir die Gebetsanliegen erfüllt bekommen, die wir von ihm erbeten
haben. 16 Wenn jemand seinen Bruder sieht, während er eine Sünde
nicht zum Tode begeht, wird er bitten und er wird ihm Leben geben,
denen, die nicht zum Tod sündigen. Liegt Sünde zum Tod vor, sage ich
nicht: für jenen wird gebetet. 17 Jede Ungerechtigkeit ist Sünde, aber
es gibt eine Sünde nicht zum Tod. 18 Wir wissen, dass jeder, der aus
Gott gezeugt ist, nicht sündigt, sondern: Der aus Gott gezeugt worden
ist, bewahrt sich selbst und der Üble berührt ihn nicht. 19 Wir wissen,
dass wir aus Gott sind und die ganze Welt liegt im Üblen. 20 Wir
wissen aber, dass der Sohn Gottes kam und hat uns Einsicht gegeben,
so dass wir den Wahren erkennen; und wir sind in dem Wahren, in
seinem Sohn Jesus, dem Gesalbten. Dieser ist der wahrhaftige Gott
und das ewige Leben. 21 Kinderchen, bewahrt euch selbst angesichts
der Götzen!

14–21 V. 14–21 halten manche Exegeten für einen von zweiter Hand angehängte Ergänzung (z. B. Bultmann, Wengst, Klauck). Das gerne vorgebrachte Argument verfängt nicht, 1 Joh 5,14–21 argumentiere wie Joh 21 (vgl. Einl. 3.2 zu 1 Joh). Die gegenüber 1,1–5,13 neuen Themen, z. B. die Unterscheidung der Sünde zum Tode/nicht zum Tode (5,16) oder das Stichwort „Götze" (5,21) sind eher als einem Ergänzer demselben Verfasser zuzutrauen, der schon 1,1–5,13 schrieb (mit z. B. Strecker; Schnelle).

Nach der inhaltlichen Auseinandersetzung mit den Abtrünnigen, schließt der 1 Joh mit einer Aufforderung zur Fürbitte für bestimmte Glaubensgeschwister.

14 Das Stichwort *Zuversicht* kommt in 1 Joh 2,28; 3,21 und zuletzt in 4,17 vor. In 2,28 und 4,17 ist es Zuversicht bei der Parusie oder beim Gericht. In 3,21 und 5,14 ist der endzeitliche Kontext unsicher bis unwahrscheinlich. *Bitten gemäß seinem Willen* schränkt die allgemeine Gebetserhörung ein, vgl. zu 1 Joh 3,22. 5,16f nimmt diese Einschränkung auf: eine Bitte für einen notorischen Sünder ist nicht nach Gottes Willen. **15** *Was immer*: das Relativpronomen im Neutrum sg. bezieht sich auf die Gebetsanliegen (Neutrum pl.). 1 Joh hat schon in 1,1–4 und 2,8 inhaltlich Wesentliches mit abweichender Kongruenz aufgenommen. *Erfüllt bekommen*: wörtlich: haben (vgl. Jak 4,2f).**16** *Sieht, während er eine Sünde … begeht*: der gr. Text zielt weniger auf ein Erwischen des Sünders in flagranti, da der Sündigende beschrieben wird als dauerhaft oder wiederholt Tätiger (Part. Präsens). Der Text lässt weitgehend offen, um welche Sünde es sich handelt. Die ursprünglichen Adressaten werden die Andeutung auflösen haben können, welche Sünde gemeint ist. Es handelt sich um ein Vergehen eines Bruders, also Christen. 18 deutet an, dass es sich um einen Rückfall in den vorchristlichen Status handelt, der hier als Sünde bezeichnet wird. Auch das Stichwort Götze in 21 lässt sich am ehesten mit einen Abkehr vom einzig wahren Gott erklären. *Sünde zum Tode*: Die Unterscheidung der Sünde nach ihrer Schwere kennt auch das Frühjudentum. Das Alte Testament unterscheidet bewusste und unbewusste Sünden und legt wert darauf, dass Sünden mit erhobener Hand unvergebbar sind (vgl. Num 15,30). Wie 16f reden Jub 21,22 und Testament Issachar 7,1 von der „Sünde zum Tode“ (Jub: JSHRZ 2/3, 433; TestIss: JSHRZ 3/1, 83). Dass eine Tat vom Heil ausschließen kann, halten in anderen Zusammenhängen auch andere ntl. Schriften fest (Hebr 6,4–8), sachlich gehört auch das vielumrätselte Wort von der Sünde gegen heiligen Geist hierher (Mk 3,28–30). *Ich*: Der Wechsel zur 1. Person Sg. verweist auf eine besondere persönliche Autorität, die den Angesprochenen gegenüber steht. Eine apostolische Autorität hat 1,1–4 kollektiv eingeführt. Gelegentlich wechselte der Briefschreiber schon in die 1. Person Sg. (s. 1,1–4). Durch die Überschrift wird diese Autorität mit Johannes identifiziert. *Sage ich nicht:* der Verfasser enthält sich ausdrücklich einer Weisung. Jesus nach Joh 17,9 betet für die Seinen und nicht für die Welt. Den Einsatz für Sünder zu begrenzen, mahnt etwa 2 Joh 10f. **17–18** *Ungerechtigkeit* als Sünde s. zu 1,9. Der Nachsatz erklärt indirekt Sünde zum Tode zum Sonderfall. **19–20** Die Verse bezeichnen Jesus Christus als Gott (auch Joh 1,18, 20,28; s. zu 2 Petr 1,1). *Ewiges Leben*: s. zu 2,25.

21 Der Ausdruck *Götzen* ist in 1 Joh nicht vorbereitet, aber als Gegenbegriff zum wahrhaftigen Gott in 5,20 auch nicht unpassend. Das hier mit Götze übersetzte Wort bezeichnet gr. wörtlich das Bildchen. Der Ausdruck wurde im Judentum geprägt, um heidnische Gottheiten abwertend zu bezeichnen und steht in der gr. Übersetzung des Alten Testaments oft für ein hebr. Wort, das Götzen wörtlich als „Nichtse" benennt (z. B. Lev 19,4; Jes 10,11; Ps 97,7). Das frühe Christentum behält diese Sprechweise bei (z. B. 1 Thess 1,9, 1 Kor 8,4. 7; 10,19). Der Imperativ Aorist und der bestimmte Artikel vor den Götzen setzen voraus, dass eine bestimmte, den ursprünglichen Adressaten wohl bekannte aktuelle Gefahr angesprochen wurde. Um 21 nicht vom 1 Joh zu isolieren, ist es nötig, das Stichwort „Götze" an ein vorher angesprochenes Thema anzubinden. Etwa in der Form, dass ein vom wahrhaftigen, durch Jesus bekannten Gott (5,20) abweichendes Wesen hier als Götze diffamiert würde. Wieweit die christologischen Präzisierungen erlauben, hier zu sagen, jeder vom irdischen Jesus gelöste Gott würde als Götze bestimmt, lässt sich nicht sicher sagen. Klare Traditionslinien, die zu dieser Deutung hinführen, sehe ich nicht. Noch problematischer allerdings ist m. E. der Versuch, 5,21 aus einer anderen Situation heraus als der des vorangehenden Briefes erklären zu wollen. Etwa dass 1 Joh mit dem Teufel bzw. dem Bösen verschlüsselt den Kaiser meine, der göttliche Verehrung einfordere (Rusam), deutet eher Verhältnisse aus der Offb in den 1 Joh. Wäre der Brief durch einen Herausgeber etwa in der Situation der Verfolgungen bei Ablehnung des Kaiserkults aktualisiert angewendet worden (Wengst), würde diese Ergänzung darauf verzichten, ihre Anfügung zu motivieren. Zudem fehlt für diese Zweitanwendung jeglicher sonstige Hinweis etwa an anderem Ort in der joh Literatur. Der Ausruf des Thomas (Joh 20,28) nimmt zwar wörtlich die von Domitian geforderte Anrede auf (Sallust, Domitian 13,2; vgl. Martial, Epigramme 10, 72, 1–3), die Abgrenzung zum Kaiserkult deutet aber weder die Thomasgeschichte (Joh 20,24–29) noch das Joh-Ev oder der 1 Joh sonst an.

Zweiter Johannesbrief

A Einleitung

1. Textüberlieferung

Zu Textüberlieferung, Sprache und Stil s. Einl. 1–3Joh.

2. Der Presbyter Johannes als Absender des 2 Joh

Der Absender nennt sich ins Dt. übersetzt der Ältere (gr. *presbýteros*). Der von der Wortbildung her komparative Sinn (der Ältere) muss nicht betont werden, es kann auch einen Alten bezeichnen (BDR 244[3]). In jüdischen Gemeinden gab es öfters eine Gemeindeleitung durch das Gremium der Älteren (Presbyter), die dann Presbyter einer bestimmten Gemeinde waren. In 2 Joh 1 und 3 Joh 1 allerdings steht der Titel absolut, daher ist diese auf eine bestimmte Gemeinde geltende Bedeutung nicht naheliegend. Eine andere Bedeutung der Bezeichnung Presbyter lässt sich im christlichen Schriftum des 2. Jhs belegen, etwa bei Irenäus (advhaer 2,22,5; 4,26,2; 5,5,1 u.ö.). Hier gehört der Titel in eine Überlieferungskette, die mit Jesus Christus beginnt. Dessen Schüler sind die Apostel, die Schüler der Apostel werden „die Älteren“ genannt. So dürfte es auch hier sein. Die Bezeichnung Presbyter in 2 Joh 1 und 3 Joh 1 besagt, dass der Briefschreiber „Schüler eines Schülers“ des Herrn war.

3. Zur Reihenfolge der Presbyterbriefe

Die Reihenfolge der Briefe im Neuen Testament richtet sich meist nach der Länge der Briefe, nicht nach deren Alter. Wer Argumente sucht, welcher Brief von 1–3Joh der älteste sein dürfte, könnte von 3 Joh 9 ausgehen. In 3 Joh 9 verweist der Verfasser mit der Vokabel „ich schrieb“ auf ein vorangehendes Gemeindeschreiben. Da 2 Joh an die Gemeinde gerichtet ist, könnte 3 Joh 9 auf den 2 Joh verweisen (Strecker u. a.). Doch inhaltliche Gründe stehen dem Bezug von 3 Joh 9 auf 2 Joh entgegen. 3 Joh 9 tadelt Diotrephes, weil dieser Mitarbeiter des Presbyters nicht aufgenommen hat. Der 2 Joh empfiehlt ein solches Verhalten in besonderen Fällen. Wenn 3 Joh in der Gemeinde des Diotrephes helfen sollte, wäre eine inhaltliche Auseinandersetzung mit Diotrephes unumgänglich, bei der der Presbyter erläutert, wann es angemessen sei, einen Reisenden des Hauses zu verweisen und wann nicht. Ich vermute daher aus inhaltlichen Gründen, dass 3 Joh 9 auf ein uns verlorenes Schreiben verweist und 2 Joh erst nach dem 3 Joh geschrieben wurde (s. zu 3 Joh 7). Die beiden kleinen Briefe (2/3Joh) sind älter als das Joh-Ev und 1 Joh (s. Einl. zu 1–3Joh).

4. Gliederung 2 Joh

Der 2 Joh zeigt ein deutliches Briefschema mit Briefeingang (1–3), Briefkorpus (4–11) und Briefschluss (12f).

5. Theologische Linien des 2 Joh

Der 2 Joh warnt vor Irrlehrern (s. zu 2 Joh 7), die er durch das Festhalten an der Wahrheit bekämpft. Für den Presbyter verdient, Wahrheit genannt zu werden, was in der Überlieferungskette über die Schüler Jesu wie ihn und Jesus bis zum Ursprung bei Gott zurück reicht. Dieses Traditionsprinzip entfaltet dann auch 1 Joh (s. Einl. 1 Joh, 2.).

B Kommentar

Überschrift

des Johannes 2.

Die Überschrift ordnet den 2 Joh neben 1 Joh und 3 Joh. Diese Überschrift setzt die Zusammenstellung der drei Briefe voraus. Da Jak, 1–2Petr und Jud ihre Überschriften ähnlich bilden, könnte diese Überschrift auf die Redaktionsarbeit zurückgehen, welche die Sammlung der kleinen apostolischen Briefe erstellte (s. Haupteinl.). Ob eine Teilsammlung 1–3Joh schon vor der Sammlung der kleinen apostolischen Briefe vorlag, lässt sich nicht mehr sicher erheben. Da Polykarp von Smyrna (Mitte 2. Jh.) zwei thematisch ähnliche Abschnitte aus 1 Joh und 2 Joh vermengt aufnimmt, könnte er eine solche Teilsammlung der joh Briefe belegen (s. zu 1 Joh 4,2).

I Briefeingang (2 Joh 1–3)

1 Der Ältere an die erwählte Herrin und ihre Kinder, die ich in Wahrheit liebe, und nicht (nur) ich allein, sondern alle, welche die Wahrheit erkannt haben, 2 damit die ausdauernde Wahrheit in uns und mit uns sein wird in Ewigkeit. 3 Es soll mit uns sein Gnade, Barmherzigkeit, Friede von Gott Vater und von Jesus Christus, des Vaters Sohn in Wahrheit und in Liebe.

1–3 Der Briefeingang enthält Präskript mit Absender (1a), Adressatin (1b) und Erweiterung (1c–d. 2), Segenswunsch (3) und einen angedeuteten Briefanlass (4). 4 schließt weniger die im Briefeingang zu klärenden Umstände und Verhältnisse bei Absender und Adressaten ab, sondern leitet mehr zum Kernproblem ein, wegen dessen der Brief versandt wurde und ist daher zum Briefkorpus zu rechnen.

1 Zum *Präskript*: Der Verfasser des 2 Joh wie auch der des 3 Joh stellt sich ohne weitere Zusätze als der *Ältere* (Presbyter) vor und ist damit offenbar hinreichend bekannt (s. Einl. 2 Joh, 2.). Die Adressatin dagegen heißt *eine erwählte Herrin* und bedarf der Erläuterung. Lange wurde phantasiert, ob der Presbyter hier an eine Frau Elekta schreibt, die Herrin genannt würde. Doch dagegen spricht, dass eine solche Elekta nach v. 13 eine Schwester gleichen Namens hätte. Es war auch in der Antike unüblich, zwei Geschwistern den gleichen Namen zu geben. Die

Anrede gilt der Gemeinde, die hier als erwählte Herrin angeredet wird. Der Bildhintergrund dieser Anrede geht davon aus, dass die Gemeinde die Braut ist, die Christus zugeführt wird oder als Gast an der Hochzeitsfeier teilnimmt. Dieses für uns etwas überraschende Bild ist im frühen Christentum oft und z.T. unabhängig voneinander belegt, etwa in der Verkündigung Jesu (Mk 2,19f, vgl. Mt 22,1f), bei Paulus (2 Kor 11,2), in der Paulusschule (Eph 5,22–32) und fast zeitgleich im Joh-Ev (Joh 3,25–30) und der Offb (Offb 19). Das Bild verdankt sich einer im Judentum schon verbreiteten metaphorischen Auslegung des Hohenlieds, wobei die Anrede Herrin (gr. *kýria*) auf den Herrn (gr. *kýrios*) anspielt wie im Hohenlied 7,1 der Namen Sulamit auf den angeblichen Verfasser des Liedes, Salomo. Das Bild impliziert einige Theologie, weil es die Erwählung der Gemeinde ausdrückt, die nicht einfach aus der Erwählung Einzelner abgeleitet wird (Hengel: 1998). Diese Anrede verbindet die Einzelgemeinden zu einer übergreifenden Gemeinschaft von Schwestern (2 Joh 13). Diese Beobachtung verdient, beachtet zu werden, zumal das Joh-Ev und 1–3Joh insgesamt wenig über Gemeindestrukturen reflektieren (s. Einl. 1–3Joh, 7.). Die Anrede „Herrin" spricht die Gemeinde in ihrem Zusammenhalt an. Denn nur die ganze Gemeinde kann erwählte Herrin bzw. Braut sein. 2 Joh zeigt zudem, dass die Gruppe auch durch gegenseitige Besuche den Zusammenhalt institutionalisiert hatte. In anderer Sprache, aber sachlich ähnlich richten sich Sendschreiben der Offb an je einen „Engel der Gemeinde", der so für viele einzelne steht (Offb 2f). *Und ihre Kinder:* Mit einem erläuternden (epexegetischen) *und* redet der Presbyter die Gemeindeglieder einzeln an. Der Verfasser unterscheidet die Gemeinde als Einheit im Gegenüber zu den Gemeindegliedern. Er lernt einzelne Menschen (*Kinder*) in ihrer Zugehörigkeit zu einer Gemeinde (*Herrin*) kennen. Der Verfasser redet zunächst die Gemeinde an (*Herrin, deine*), wechselt dann aber zur Anrede der einzelnen Gemeindeglieder (*Kinder*, gr. neutrum). Der Relativsatz (*die*, gr. maskulin) nimmt grammatikalisch etwas hart das gr. weibliche bzw. neutrische Bezugwort (*Herrin*; *Kinder*) auf (*constructio ad sensum*, BDR 296). Mit der kollektiven Anrede an die Gemeinde öffnet (1: *Herrin*) und schließt der Alte seinen Brief (13: *dich*). Die angehängte Versicherung *die ich liebe in Wahrheit* nennt nach der förmlichen titularen Benennung noch den persönlichen Bezug, auch darin stimmen 2 Joh und 3 Joh überein. Die Formulierung *in Wahrheit* spricht im joh Sprachstil von der Wahrheit wie von einem Raum, in dessen Wirkfeld etwas passiert. Soweit entspricht sie dem paulinischen „in Christus" (4; 3 Joh 1. 3f, vgl. zu 1 Joh 2,14). *Alle, welche die Wahrheit erkannt haben:* Hier ist nicht klar, ob der Presbyter alle Christen anspricht, oder ob er eine hervorgehobene Gruppe davon meint. *Die die Wahrheit erkannt haben* sind so beschrieben, dass sie eine längere Lehrzeit hinter sich gebracht haben (gr. Partizip Perfekt). Es sind gefestigte Leute, vielleicht herausgehobene Leute (vgl. 1 Joh 1,1–4). **2** *In uns und mit uns*: die Präsenz der Wahrheit ist nicht nur im Einzelnen („Seelenfünklein Gottes“). Eine solche individualistische Engführung genügt dem Presbyter sowenig wie eine Kollektivierung der Wahrheit, die den Einzelnen übergeht, daher ist die Wahrheit in uns und (auch) mit uns. Und diese Wahrheit wirkt im Geschichtsverlauf, sie soll *durchgängig* erhalten bleiben. **3** Der Segenswunsch hat standardisierte Stichwörter wie Barmherzigkeit und Frieden (1 Kor 1,3; 1 Petr 1,2; 2 Petr 1,2; Jud 2) und den Verweis auf Gott, den Vater und Jesus Christus (1 Kor 1,3, vgl. 1 Petr 1,2). Wie in 2 begonnen, bezieht der Verfasser sich ein in den Segenswunsch (*uns* statt euch). Das Stichwort *Gnade* ist im joh Kontext selten (nur noch Joh 1,14. 16. 17), es dürfte hier das übliche und wurzelverwandte Verb grüßen (gr. *chaírein*) wie in den paulinischen Briefen ersetzen.

II Briefkorpus (2 Joh 4–11)

4 Ich freute mich sehr, dass ich (einige) von deinen Kindern vorfand,
die in Wahrheit wandeln, entsprechend (der) Weisung, die wir vom
Vater empfangen haben. 5 Und nun bitte ich dich, Herrin, nicht als ob
ich dir eine neue Weisung schriebe, sondern die, die wir von Anfang an
hatten, dass wir einander lieben (sollen). 6 Und eben dies ist die Liebe,
dass wir wandeln nach seinen Weisungen. Eben dies ist die Weisung,
wie ihr es zu hören pflegtet von Anfang an, damit ihr in dieser wandelt.
7 Weil nämlich viele Verführer in die Welt hinein ausgegangen sind,
welche nicht bekennen Jesus Christus als der ins Fleisch Kommende.
Eben dies ist der Verführer, der Gegenchristus. 8 Schaut hin auf euch
selbst, damit ihr nicht verlieren werdet, was wir erarbeitet haben, son-
dern vollen Lohn empfangen werdet. 9 Jeder, der vorangeht und nicht
in der Lehre des Gesalbten bleibt, hat Gott nicht. Wer bleibt in der
Lehre, der hat sowohl den Vater wie den Sohn. 10 Wenn irgendeiner
zu euch kommt und eben diese Lehre nicht vorbringt, lasst diesen
nicht ins Haus und sprecht keinen Gruß zu ihm. 11 Denn wer zu ihm
einen Gruß spricht, wird Gemeinschaft haben mit dessen schändlichen
Werken.

4–11 V. 4 nennt die Erfahrung, welche die Bitte in 5 eröffnet. Die neue Anrede in 5 kennzeichnet keinen tiefen Einschnitt, vielmehr leiten 4f den Hauptteil ein. Der Alte sorgt sich, dass die bislang von Anfang an (5. 6) bewährte und durchgehaltene Wahrheit, Weisung und Lehre von Gemeindegliedern der Adressatengemeinde verlassen werden.

4 Der Absender summiert nicht allgemein wie vielleicht in einleitenden Lobesworten üblich positive Erfahrungen im Präsens (ich liebe: 3 Joh 1;

ich danke: Röm 1,8; 1 Kor 1,4; Phil 1,3; Philem 4; wir danken: Kol 1,3; 1 Thess 1,2, vgl. 2 Thess 1,3; 2 Tim 1,3; Papias bei Euseb, h.e. 3,39,3), sondern bezieht sich auf eine konkrete, zurückliegende Erfahrung, die ihn er*freute* (gr. Aorist; auch 3 Joh 3). Anlass der Freude war, dass er mehrere Mitglieder der Adressategemeinde *vorfand* (gr. resultatives Perf.). Ob der Absender dazu verreiste, oder die Begegnung durch eine Reise dieser Gemeindeglieder ermöglicht wurde, lässt 4 offen. Die ursprünglichen Adressaten brauchten keine genaueren Hinweise. Da der Absender zur Feder greift, war ihm wohl eine direkte Anrede der Adressatengemeinde verwehrt. So dürften eher die Gemeindeglieder zu ihm gekommen sein, als er zu ihnen. Für die Auslegung von 4fin ist das nicht unbedeutend. Wäre der Alte gereist und hätte nur einige gelobt, wäre das kaum anders denn als Tadel an den übrigen zu verstehen gewesen. Er benennt diese Leute im Bild als *Kinder*. Die Gemeinde als Mutter mit den Gemeindegliedern als Kinder nimmt das in 1 verwendete Bild auf. Der Verfasser sah die Gemeindeglieder immerhin solange, dass er ihre Gemeindezugehörigkeit erfuhr (*deine Kinder*), und ihren Lebenswandel beurteilen konnte. Er schließt dabei vom Lebenswandel auf deren Leben im Bereich der Wahrheit. Die Formulierung sagt nichts darüber, ob er auch Gemeindeglieder aus der Adressatengemeinde vorfand, die ihn nicht erfreuten. Der Fortgang deutet eher an, dass er von solchen anderen Gemeindegliedern nur hörte, solche aber nicht bei sich antraf. Der Presbyter benennt hebraisierend einige oder mehrere Leute aus einer Gruppe durch eine partitiven Genitiv mit Partikel (gr. *ek* mit Genitiv), die wohl auf das Verb *vorfand* bezogen werden soll, nicht auf das Partizip des Wandels. Er fand also Gemeindeglieder der Adressatengemeinde vor, die durchgängig *in Wahrheit wandeln*, nicht etwa unter den vorgefundenen Leuten nur einige, die in der Wahrheit wandeln. Die joh Sprechweise *in Wahrheit wandeln* (auch 3 Joh 3.4) muss der Absender nicht erklären, er konkretisiert sie nur, indem er die Weisung ausdrücklich nennt. Die Weisung vom Vater ist auch vom Sohn, sie ist neu im Munde Jesu (Joh 13,34) und alt beim Verfasser des 1 Joh (2,7f). Die Kette der Überlieferung beginnt beim Vater, geht über eine Wir-Gruppe zu den Adressaten. Schon die Bezeichnung Presbyter geht von dieser Kette aus (s. Einl. 2 Joh, 2.).

Textüberlieferung; statt *das wir … empfangen haben* lesen einige wichtige Textzeugen *das* ich *… empfangen habe* (Sinaiticus, Min. 33; 2344). Das *ich* glättet den Übergang zu einer vorher nicht angeführten Wir-Gruppe.

5 Die Anrede impliziert wohl eine Verlesung des Briefes in der Gemeindeversammlung. Dabei beansprucht der Verfasser, nicht etwa neue Weisungen zu erteilen, sondern nur auf die von Anfang an gültigen zu verweisen. **6** V. 6 springt von der in 5 genannten Weisung zur Liebe, um dann 6b wieder zur Weisung zurückzukehren. Den Sprung vom einen Stichwort zum anderen erleichtert die weitgehende inhaltliche Übereinstimmung der Weisung, der Liebe und auch der Wahrheit. Alle drei Begriffe umschreiben einen von Gott über den Sohn vermittelten Heilsraum. Im Finalsatz *damit ihr in dieser* wäre das nächst stehende Wort die Weisung, auf die das *dieser* bezogen sein könnte. Inhaltlich dürfte eher die Liebe (6a) oder Wahrheit (4) als Maßstab gemeint sein, nach dem die Adressaten *wandeln* sollen. Wandeln meint das Ausrichten des Lebens in der Gemeinschaft (vgl. 4). 7 *Verführer ... in die Welt hinausgegangen*, vgl. 1 Joh 4,1, dort werden die Verkünder Falschpropheten genannt. Ob in 1 Joh 4,1 und 2 Joh 7 nur die Worte weitgehend übereinstimmen oder ob auch dieselben Leute angegriffen werden, können wir nicht mehr entscheiden. *Gegenchristus* s. zu 1 Joh 2,18. *Ins Fleisch* meint in biblischer Sprechweise das Menschwerden (vgl. Joh 1,14). *Der ... Kommende* benützt gr. ein Partizip Präsens, zu dem drei Deutungen vorliegen:

(1) *Futurische Deutung:* Nach älteren Vorgängern deutet v. a. G. Strecker futurisch: Jesus Christus käme zum Reich Gottes auf Erden im Fleisch wieder. Strecker vermutet, dass in einer frühen Phase der joh Schule erhofft wurde, Jesus käme als menschlicher Herrscher auf die Erde zurück, eine Position, die nach Offb 20 als chiliastisch bezeichnet wird. Ein futurisch zu deutendes Partizip Präsens (gr. *erchómenos*) kennt Offb 1,4. 8; 4,8. Die in 7 verurteilten Verführer würden diese chiliastische Postion ablehnen. Allerdings ist die Sprechweise „im Fleisch" für den wiederkommenden Christus ohne Analogie und daher eine futurische Deutung unwahrscheinlich.

(2) *V 7 lehne eine sakramentale Anwesenheit Christi ab:* Er käme nicht im Sakrament im Fleisch. Ähnliche Streite, wie sie hinter Joh 6,51–58 anzunehmen sind, seien bereits hier tragend. Dann wäre aber auch eine Streitigkeit anzuprangern, die innerhalb der Gruppe ausbrach. Dafür gibt es hier aber kein Anzeichen. Das Verb *ausgegangen sind* (7, vgl. 3 Joh 7) verweist nicht auf ein Ausgehen aus der johanneischen Gemeinde, sondern ist Missionsterminus (gegen Painter z.St.).

(3) *Doketische Tradition aus Täuferkreisen:* Nach dieser These ist das Präsens wie das Perfekt in 1 Joh 4,2 zu deuten. Vielleicht nimmt die Bezeichnung die Sprechweise des Täufers Johannes auf, der auch im Joh häufig den von Gott gesandten Messias als den Kommenden bezeichnet (gr. *erchómenos*, Joh 1,15. 27; 3,31; vgl. Joh 6,14; Apg 19,4). Diese Anspielung an ein in Täuferkreisen geprägtes Wort gibt der 1 Joh 4,2 auf und wählt das für die Sache angemessenere Partizip Perfekt. Diese Änderung spricht wie manch andere Erwägung für zwei unterschiedliche Verfasser von 2 Joh und 1 Joh.

8 Textüberlieferung: Der von Nestle[28] bevorzugte Text stellt die Gefahr für „euch" der Vorarbeit von „uns" gegenüber und stützt sich auf wenige einzelne Textzeugen (u. a. Vaticanus). Die meisten Textzeugen lesen erleichternd entweder zweimal „ihr" oder zweimal „wir".

Das Thema Lohn für missionarischen Erfolg entfaltet auch das Joh-Ev:

> Sagt ihr nicht selber: Es sind noch vier Monate, dann kommt die Ernte? Siehe, ich sage euch: Hebt eure Augen auf und seht auf die Felder, denn sie sind reif zur Ernte. [36]Wer erntet, empfängt schon seinen Lohn und sammelt Frucht zum ewigen Leben, damit sich miteinander freuen, der da sät und der da erntet. [37]Denn hier ist der Spruch wahr: Der eine sät, der andere erntet. [38]Ich habe euch gesandt, zu ernten, wo ihr nicht gearbeitet habt; andere haben gearbeitet, und euch ist ihre Arbeit zugute gekommen. (Joh 4,35–38)

9 Das hier im Corpus Joh einmalige Verb *vorangehen* beschreibt aus der Sicht des Verfassers ein Zu-weit-Gehen. Es muss kein von anderen übernommenes Wort sein, sondern beschreibt eine besondere Tätigkeit, vielleicht meint es „Mission treiben", oder aus Gründen der Gewinnung neuer Anhänger bestimmte Weisungen oder Lehrtraditionen außer Kraft setzen. Das Stichwort *Lehre* fehlt bis auf drei Stellen im Corpus Johanneum. In Joh 7,16f und 18,19 bezeichnet es weniger die schriftlich fixierte Lehre als ein Kontinuum im Lehren von Christus über die joh Zeugen bis zur Gegenwart. Der Verfasser sieht in einem Vorangehen die Gefahr, die Verbindung zum heilsrelevanten Ursprung zu verlieren. Nur wer in der Überlieferungskette bleibt, hat Anteil an dem vom Vater ausgehenden Heil. Die Bedeutung der bis zum Herrn zurückreichenden Überlieferungskette unterstreichen auch bei Euseb überlieferte Worte des Papias von Hierapolis (um 120 n. Chr., bei Euseb, h.e. 3,39,4). Papias gibt an, er habe seine Überlieferungen von Presbytern übernommen (Euseb, h.e. 3,39,3). Die Ähnlichkeit der Argumentation wäre wenig überraschend, wenn Papias Hörer des Presbyters war, der den 2 Joh schrieb (vgl. Irenäus, advhaer 5,33,4). Zur Rede vom Haben des Vaters vgl. 1 Joh 2,23; 5,10–12. **10–11** Die Gastfreundschaft für herumreisende Verkünder ist im frühen Christentum selbstverständliche Voraussetzung der Verbreitung des Evangeliums gewesen (vgl. Mt 10,13f; Lk 10,5–7; 3 Joh 8). Während die Jesusüberlieferung aus der Sicht der wandernden Verkündiger spricht, redet 10f zu den ansässigen Gemeindegliedern. Das in 5f angeführte Liebesgebot ließe eigentlich eher eine uneingeschränkte Aufforderung zur Gastfreundschaft erwarten. Stattdessen fordert 10 auf, die Gastfreundschaft zu verweigern, ja schon einen Gruß des Gastes zu unterlassen. Verbreiter von abweichenden Lehren empfiehlt 10f wie schwer ansteckende Krankheitsüberträger zu behandeln. Diese Aufforderung radikalisiert einen gegenüber Gästen kritischen Ansatz, wie ihn die Gemeindeordnung Didache (um 100 n. Chr.) nennt: „Wer immer nun kommt und euch all das vorher mitgeteilte lehrt, den nehmt auf. Wenn aber der, der lehrt, sich selber abkehrt und eine andere Lehre lehrt, so dass er zerstörend wirkt, dann hört nicht auf ihn" (Did 11,1f, vgl. Tit 3,10f). Ähnlich warnt wenig später Bischof Ignatius (um 115 n. Chr.): „Ich lernte gewisse Leute kennen, die mit einer schlechten Lehre auf der Durchreise

... kamen. Ihr ließt diese Saat bei euch nicht ausstreuen und verstopftet die Ohren, um ihre Saat nicht aufzufangen“ (Ignatius, Eph 9,1), denen sollen die Angeschriebenen „wie Bestien ausweichen“ (Ignatius, Eph 7,1), „sich von solchen Leuten fernhalten“ (Ignatius, Sm 7,2). Es seien „Bestien in Menschengestelt, die ihr nicht nur nicht aufnehmen, sondern denen ihr womöglich nicht einmal begegnen sollt“ (Ignatius, Sm 4,1). Da die angereisten Gäste schon vor einem Gruß abzulehnen sind, fragt sich, wie diese erkannt werden können. Der angegebene Maßstab, die durch sie verbreitete Lehre dürfte schwerlich vor einem Gruß erkennbar sein. Offenbar genügen Informationen über die reisenden Gäste, um sie gemeindeweit (*zu euch*) auszuschließen. Vielleicht stammen die Informationen aus vorgelegten Empfehlungsbriefen (s. Einl. 3 Joh, 2.). Der Presbyter verweigert also jegliche Auseinandersetzung mit den Abweichlern. Für seine Aufforderung ruft er keine Machtinstrumente auf, wohl aber seine persönliche Autorität, die aus seinem Zugang zur alten Tradition entstammt. Im Kampf gegen Irrlehrer versäumt kaum ein späterer Kirchenvater oder Inquisitor auf 10f zu verweisen (Klauck 69f). Während 10f durch scharfe Abgrenzung jegliche „Ansteckung“ zu vermeiden sucht, leiten spätere Ketzerbekämpfer aus den Versen ab, den Irrlehrern auch physisch schaden zu dürfen. 2 Joh denkt eher von der Reinheitsvorstellung her, die Juden den Besuch in einem heidnischen Haus verbaten, damit verbinden sie aber keine Maßnahmen gegen Heiden (vgl. Apg 10,28; Bill. 2, 838f).

III Briefabschluss (2 Joh 12f)

12 Obwohl ich vieles für euch zu schreiben hätte, will ich nicht mit Papyrusblatt und Tinte (schreiben), sondern ich hoffe, bei euch zu sein und von Mund zu Mund zu sprechen, damit unsere Freude vollständig sei. 13 Es grüßen dich die Kinder deiner erwählten Schwester.

12–13 Der Briefschluss ist weitgehend standardisiert (vgl. 3 Joh 13–15).

12 *Mit Tinte*: wörtlich mit Schwarzem, eine übliche Bezeichnung für Tinte. Bedenken, die eigene Lehre schriftlich zu verbreiten, formuliert fast wörtlich gleich 3 Joh 13. Die Ausdrucksweise *von Mund zu Mund* meint einen direkten mündlichen Austausch. Mit dem Mund wird übertragen auf das Sprechen verwiesen. Die Formulierung entstammt der griechischen Übersetzung des Alten Testaments (Num 12,8^{LXX}; Jer 39,4^{LXX} [hebr. Jer 32,4]). Der so angestrebte persönliche Austausch sieht die Gesprächspartner und kann sich auf diese einstellen bzw. das Gespräch auch verweigern, kann körpersprachliche Signale aufnehmen, erlaubt Rückfragen, Korrekturen und Präzisierungen und kann sich der Wirkung der Botschaft versichern. Eine schriftlich weitergegeben Information hat diese

Regulative nicht wie schon Clemens Al. (gest. um 215) mit Verweis auf entsprechende Hinweise Platons festhält (Clemens Al., strom. 1,14,4). Nur weil vorerst ein persönliches Gespräch nicht möglich ist, hat der Presbyter einen Brief geschrieben, den er als defizitären Ersatz für das Gespräch erachtet. Nach mehreren Zeugnissen ab dem späten 2. Jahrhundert habe der Verfasser des Joh-Ev lange gezögert, seine Überlieferung aufzuschreiben. Erst durch seine Vertrauten gedrängt, habe er dies schließlich gemacht (CanMur Z. 10, AcA 1, 119; Clemens Al., strom 1,11,3–12,1; 1,14,1–4; vgl. Euseb, h.e. 6,14,7). Auch Papias, den manche Überlieferungen als Hörer des Presbyters Johannes bezeichnen (z. B. Irenäus, advhaer 5,33,4), habe lange Zeit das gesprochene Wort den Büchern vorgezogen (nach Euseb, h.e. 3,39,4). Auch Irenäus berichtet von der mündlichen Überlieferungskette, die von Johannes über Polykarp bis zu ihm in seiner Jugend reichte (bei Euseb, h.e. 5,20,5f). Diese Stellen verweisen auf eine Kultur der mündlichen Traditionsweitergabe in der joh Schule, die erst um 100 aufgegeben wurde. *Unsere*: dasselbe „Wir" wie in 2 Joh 8. **13** Das Stichwort „erwählte" schließt des Kreis zum Anfang, bei dem Gott als der Erwählende genannt wurde (1: erwählte Herrin).

Dritter Johannesbrief

A Einleitung

1. Textüberlieferung

Zu Textüberlieferung, Sprache und Stil s. Einl. 1–3Joh.

2. Gliederung: Briefmerkmale eines Empfehlungsbriefs

Der 3 Joh ist ein Brief mit Briefeingang, Briefkorpus und Briefabschluss. Nach dem Briefeingang (V. 1–4) formuliert das Briefkorpus das inhaltliche Anliegen des Schreibens (V. 5–12), der Briefschluss reflektiert über das Schreiben und die weitere Kommunikation (V. 13–15). Aus 11f lässt sich erschließen, dass der 3 Joh wohl als Empfehlungsbrief für Demetrios gedacht war, den dieser bei Gaius vorlegen kann, um bei seiner Missionsreise unterstützt zu werden (Leutzsch: 1994, 18–30. 48f). Empfehlungsbriefe waren in der Antike übliche Schreiben, um sich an fremden Orten zu legitimieren. Sie wurden auch von den ersten umherreisenden Verkündern im Christentum verwendet (Apg 18,27; Philem; vgl. 2 Kor 3,1f).

3. Der theologische Ort des 3 Joh

Wer den 3 Joh im Verbund der biblischen Schriften liest, fragt kaum, ob der 3 Joh von Anfang zu der Gruppe gehörte, die später als rechtgläubig bezeichnet wurde. Walter Bauer (1877–1960) hinterfragte diese Annahme in seinem Werk „Rechtgläubigkeit und Ketzerei im ältesten Christentum" (1934, 2. Aufl. 1964, hg. v. G. Strecker). Bauers These lautet, dass die später mit dem Titel „Rechtgläubigkeit" versehene Lehre eine späte Frucht sei gegenüber manchen Strömungen, die erst nachträglich ketzerisch genannt werden. Nachträglich versuchten die Sieger, ihre Position als die alte und wahre und damit orthodoxe darzustellen und bezichtigen die Unterlegenen des Abweichens und der Ketzerei. Der Wissenschaftler darf die nachträgliche Darstellung nicht mit der tatsächlichen Geschichte verwechseln. Zu 2/3Joh äußert sich Bauer nur nebenbei (aaO.

96f). Ernst Käsemann (1906–1998) verhalf Bauers Ansatz bei den Johannesbriefen zu einiger Aufmerksamkeit (Ketzer und Zeuge, ZThK 48, 1951, 292–311; wieder in: Ders., Exeg. Versuche 1, Göttingen 1960, 168–187). Käsemann behauptet: Bischof Diotrephes wehre sich gegen Wandermissionare in seiner Gemeinde, die der Presbyter verwalte, und der als der eigentliche Sektierer gelten müsse: „Der Presbyter ist ein christlicher Gnostiker, der die geradezu unvorstellbare Kühnheit besitzt, ein Evangelium des von ihm erfahrenen, in die Welt der Gnosis hineinsprechenden Christus zu schreiben" (Käsemann, Ketzer 178). Diese These ist ebenso eine unbeweisbare Vermutung wie die meist unhinterfragt angenommene Ansicht, der Presbyter stehe für die sich später als rechtgläubig durchsetzende Position. Die Erhaltung des 3 Joh spricht für die letztgenannte Annahme: Wenn der Presbyter nach späteren Maßstäben gemessen auf der falschen Seite kämpfte, warum sind dann dessen Ausführungen erhalten geblieben?

B Kommentar

Überschrift

des Johannes 3.

S. zu Überschrift 2 Joh.

I Briefeingang (3 Joh 1–4)

Der Briefeingang besteht aus Präskript (V. 1) und Proömium (V. 2–4). Wer an wen schreibt sagt das Präskript, während das Proömium den Boden für das Anliegen des Briefkorpus bereiten soll und daher alles bei dem Adressaten lobt, das irgendwie gelobt werden kann.

I 1 Präskript (3 Joh 1)

1 Der Ältere an den geliebten Gaius, den ich liebe in Wahrheit.

1 Der Text nennt zuerst seinen Verfasser im Nominativ, dann den Adressaten im Dativ. Der knappe Satz weist den Text als Brief aus. Der *Ältere*: Der Verfasser dieses Briefes wie auch des 2 Joh stellt sich ohne weitere Zusätze als der Ältere (gr. *presbýteros*) vor und ist damit offenbar hinreichend bekannt (s. Einl. 2 Joh). Über *Gaius* wissen wir außer dieser Briefadresse nichts. Was können wir aus den wenigen Angaben herauslesen? Gajus war ein sehr häufiger lat. Namen, auch im gr. oft belegt, auch im Neuen Testament (u. a. 1 Kor 1,13; Röm 16,23). Schwerlich ist hier ein sonst genannter Gajus angesprochen. Der Gajus des 3 Joh erhält eine attributive Näherbestimmung: dem geliebten, genauer: dem, der geliebt wird (von wem?). Diese Anrede soll wohl bedeuten: dem von Gott Geliebten (so ausdrücklich Röm 1,7). Als Anrede der Christen untereinander kennt sie auch Paulus, der darin Psalmensprache aufnimmt (gr. *Geliebte;* Luther: *Freunde*: Ps 60,7; 108,7, 127,2. Zusätze gr. Bibel bei Ps 37,21^{LXX}; Jes 26,17^{LXX}). Nicht nur Gott, sondern auch der Presbyter ist dem Gajus zugewandt: *den ich liebe* und zwar *in Wahrheit*, gemeint ist damit ein Bereich der Wahrheit. Den Bereich um die Worte Liebe und Wahrheit entfaltet der Presbyter im weiteren Brief, so nennt schon der erste Satz Signalworte der joh Schule (s. Einl. 1–3Joh). Es fehlt ein Gruß. Vielleicht verbietet das Sachanliegen einen allzu persönlich vertrauten Gruß. Es geht um eine wichtige Sache, nicht um eine private Beziehungspflege.

I 2 Proömium (3 Joh 2–4)

2 Geliebter, bei allen Gebetszeiten bete ich für dich, dass es dir wohlergehe und du gesund bist, ebenso wie sich deine Seele wohlbefindet. 3 Denn ich freute mich sehr als Brüder kamen und bezeugten deine Wahrheit, wie du auch in der Wahrheit wandelst. 4 Eine größere Freude als über diese (Dinge) kenne ich nicht, dass ich höre, dass meine Kinder in (dem Bereich) der Wahrheit wandeln.

2–4 Das Proömium ist ein relativ fest geprägter Abschnitt in antiken Briefen. Man lobt und wünscht sich Wohlergehen. Selbst relativ harsch kritisierende Briefe versuchen, ein Lob vor allem Tadel zu äußern. Der Verweis auf eine einmalige Erfahrung (*freute*, gr. Aorist) in 3 leitet bereits das Thema des Briefkorpus ein.

2 Die Anrede im Vokativ wiederholt der Presbyter, es wird gleichsam ein Gliederungsmerkmal (2a, 5a, 11a). *Beten*: wörtlich: auf einem guten Weg geleitet werden, v. a. LXX: Gott bereitet den Weg. Die Stichworte Wohlergehen und Gesundheit gibt die Briefkonvention vor. Dass es um mehr als nur äußerliche Dinge geht, verrät die angehängte Versicherung, die Gebete befassten sich auch mit dem persönlichen Leben des Gajus, der Seele.

3 Warum wandern da Brüder, also Christen herum? Die Leute kommen öfters (gr. Präsens), nachdem sie dem Gajus begegnet waren, deswegen können sie berichten. Sind es Leute, die eigentlich zum Presbyter gehören? Der zweiteilige Genitivus absolutus verschleiert die Zusammenhänge: Kamen Leute, um zu berichten?, oder: kamen Leute, bei deren Ankunft sich ergab, dass sie etwas über Gajus erzählen konnten? Die Anrede *Brüder* durch den Presbyter klingt vertraut, es handelt sich wohl eher um Gemeindeglieder des Presbyters, wohl nicht um dessen Schüler, die hätte er wohl als seine „Kinder“ begrüßt (so 4). Die Bezeichnung *Brüder* könnte wie in 1 Joh allgemein für Gemeindeglieder stehen. Allerdings nehmen die in 3, 5 und 10 als Brüder bezeichneten Menschen besondere Dienste für Reisende wahr oder reisen selbst und bekommen wohl daher den Titel Brüder zugesprochen. 3 Joh redet jedenfalls seine Adressaten nicht als Brüder an (wie 1 Joh 3,13). Gajus kennt den Zusammenhang, wir können nur vermuten, dass die in 6–8 ausgeführten Angelegenheiten und die dort genannten Brüder schon hier angesprochen sind.

Ich sortiere die Wanderungen und Gespräche wie folgt:

- Der Presbyter schickt Verkündiger los.
- Diese kommen bei Gajus und bei Diotrephes vorbei. Gajus versorgt sie, bei Diotrephes bewirkten sie eine nicht näher erklärte Unstimmigkeit, dann müssen sie von dort gehen.
- Einige in der Gemeinde des Diotrephes kritisieren dessen Maßnahme und bekommen nun ihrerseits Schwierigkeiten mit ihm.

- All das erfährt der Presbyter von den ausgesandten Verkündern, als diese von ihrer Mission in der Gemeinde des Presbyters berichten.
- Nun schickt der Presbyter den Demetrios los mit dem 3 Joh als Empfehlungsbrief und bittet den Gajus, den Demetrios zu unterstützen (6).
- Letztlich will sich wohl der Presbyter selbst aufmachen, er erwartet, sich bei Diotrephes mehr Gehör verschaffen zu können als seine Gesandten.

So etwa könnte die Abfolge der Ereignisse gelegen haben, die der Brief etwas unklar und durcheinander voraussetzt.

Zurück zu V. 3: Sie, die Brüder *bezeugen*: gab es einen offiziellen Rahmen für die Befragung, also lag gleichsam ein Visitationsbericht vor? Schickte der Presbyter die Leute? Die große Freude, von der der Presbyter berichtet, entspricht vielleicht einer Sorge über Gajus. Das Zeugnis enthält zwei Seiten: (1) Den Status Wahrheit und (2) das der Wahrheit entsprechende Verhalten; später kommt noch die Liebe hinzu (6). Status und Verhalten bezeugen (Präs.) die ungenannten Brüder und der Presbyter vertraut diesem Zeugnis: **4** Gajus bereitet eine solche Freude, er gehört also zu den geistigen Kindern des Presbyters. Lehrer Schüler-Bezüge werden gerne mit Vater-Sohn Bezeichnungen ausgedrückt: Kindlein (Diminutiv!) heißt es im 1 Joh oft (s. zu 1 Joh 2,1). Hier eröffnet der Presbyter zunächst mit der Anrede Geliebter, weil sie die durch Gott gesetzte Grundlage für des Lehrer-Schüler-Verhältnisses herausstreicht. Der Presbyter hatte eine Gelegenheit (wohl nicht Anlass), sich über seinen ehemaligen Schüler zu informieren. Soweit ist das Thema nun angekündigt. Jetzt, nachdem er Betreff und Vorgang ausgeführt hat, kommt der Presbyter zur Sache, zum Briefkorpus (5–12).

II Briefkorpus (3 Joh 5–12)

5 Geliebter, du machst es treu, was immer du für die Brüder machst
und dies (sogar) gegenüber fremden (Brüdern). 6 Die bezeugten deine
Liebe vor (der) Gemeindeversammlung, bezüglich diesen wirst du
(weiterhin) gut (daran) tun, sie des Gottes würdig auszurüsten. 7 Denn
unter dem Namen sind sie herausgegangen, wobei sie von den Heidnischen nichts annehmen sollen. 8 Wir nun müssen die derartigen
(Brüder) aufnehmen, damit wir Mitarbeiter sind für die Wahrheit.
9 Ich schrieb dieser Gemeinde etwas, aber der Möchtegern-Chef von
diesen (Leuten), der Diotrephes, hat uns nicht zugelassen. 10 Deshalb,
wenn ich komme, werde ich ihn erinnern an die Taten, die er macht,
indem er uns mit üblen Worten herabsetzt, und indem er sich nicht
begnügt bei diesen (Worten); einerseits lässt er nicht die Brüder ein,

anderseits hindert er die Willigen und wirft sie aus der Hausgemeinde heraus.
11 Geliebter, sei kein Nachahmer des Schlechten, sondern des Guten. Der Gutes Tuende ist aus Gott, der Schlechtes Tuende hat Gott nicht gesehen.
12 Dem Demetrius wurde von allen ein gutes Zeugnis ausgestellt, auch von der Wahrheit selbst; und auch wir freilich empfehlen (ihn), und du weißt, dass unsere Empfehlung wahr ist.

5–12 Als Briefanliegen bittet der Presbyter den Gajus, seinem vertrauten Demetrius gut aufzunehmen und zu helfen. Als Negativbeispiel verweist der Alte auf einen Diotrephes, der Brüder, die der Alte geschickt hatte, abwies und auch andere potentielle Gastgeber in seinem Umfeld anhielt, diese nicht aufzunehmen.

5 Die Anrede markiert den Neueinsatz. Die Verkünder waren Brüder, also Christen, aber für Gajus *fremde* Menschen, weil er sie nicht persönlich kannte. Er hat sie trotzdem vorbehaltlos aufgenommen. Die Solidarität der Christen reicht über den Kreis der Bekannten hinaus. Das lobt der Alte. **6** *Die* in 5 genannten und nun zum Presbyter zurückgekehrten Brüder haben einen Bericht vor der *Gemeindeversammlung* abgegeben, wohl die Hausgemeinde des Alten. Dabei bezeugten sie die *Liebe* des Gajus (einmalig: gr. Aorist). Das besondere Engagement des Gajus betont die Voranstellung des Personalpronomens: *deine* Liebe. Diese Notiz erläutert die Bezeugung der Wahrheit (3). Aus dem Lob schwenkt der Alte zur Ermutigung: mach dies weiter so. *Auszurüsten*, wörtlich eigentlich „vorauszuschicken", war in der frühen Missionsbewegung ein *terminus technicus* für das Ausrüsten zur Weiterreise (Apg 15,3; Röm 15,24; 1 Kor 16,6. 11; 2 Kor 1,16; Tit 3,13; Polykarp, Phil 1,1): Dieser Ausdruck schließt alles mit ein vom Proviantpäckchen, finanzielle Zuwendungen, Empfehlungsbriefen bis zur Reisebegleitung. *Des Gottes würdig* soll er sie ausrüsten, also nicht kärglich, sondern so wie es sich gegenüber dem eigentlichen Auftraggeber, nämlich Gott gebührt. **7** *Unter dem Namen* handeln bezeichnet in unterschiedlichen frühchristlichen Zusammenhängen die Tätigkeit für die Verkündigung (Röm 1,5; Apg 9,15f; Ignatius, Eph 3,1; 7,1; Ignatius, Phld 10,1fin; Hermas, sim 9,19,2; vgl. Polykarp, Phil 6,3). *Herausgehen* impliziert ein zumindest gedachtes Zentrum, von dem aus die Gesandten herausgehen in die heidnische Welt (vgl. 2 Joh 7). Die Terminologie hat noch etwas aus der Anfangszeit der Mission. Die Leute wandern nicht einfach (vgl. Mt 28,19), sondern bewegen sich von einem Zentrum her nach außen (vgl. Röm 15,19b). Von welchen Zentrum der Alte her denkt, erlaubt die knappe Ansage nicht zu sagen. Sie sollen nichts von *den Heidnischen* annehmen. Es geht nicht nur darum, den Ruf eines Schmarotzers zu vermeiden, in den sich manche Wanderprediger gebracht haben (Did 12,1–13,2). 7 lehnt nicht etwa jede

Versorgung der Verkünder ab, sondern speziell eine solche durch Heiden. Das hier verwendete Wort (gr. *éthnikoi*) leitet sich von der Bezeichnung Volk (gr. *éthnos*) ab und meint „zum Volk Gehörige", „Volkstümliche". Im jüdisch geprägten Griechisch steht der Plural Völker für Heiden, also Nichtisraeliten, so auch hier. Die Bezeichnung Heidnische statt des üblichen Heiden findet sich im Neuen Testament nur noch im Mt-Ev, dort jeweils kontrastierend abwertend gegenüber der eigenen Gruppe (Mt 5,47 [par Lk 6,33 liest: Sünder]; 6,7; 18,17). Das Verweigern von heidnischer Unterstützung ist für eine bewusst jüdische Gruppe nachvollziehbar, würde aber mit der Heidenmission modifiziert werden müssen (vgl. Röm 15,24). Christen, die aus den Heiden gewonnen wurden, würden als Unterstützer schwerlich abgelehnt. Nur in der frühen Zeit wie sie der Römerbrief belegt, gab es in Jerusalem Kreise, die Unterstützungen von Heiden ablehnten, wie sie etwa die Kollektensammlung des Paulus erbrachte, weil das Geld heidnischer Herkunft war (Röm 15,25–32). Bei einer Ansetzung des 3 Joh am Anfang der joh Überlieferung, wäre diese Stelle so zu deuten, dass die Christusgläubigen sich als Reformjuden verstehen und nicht als vom Judentum geschiedene Christen. Als Juden bzw. Reformjuden nehmen sie nichts von Heiden an. Dies dürfte implizieren, dass die hier angesprochenen Verkünder nur zu Menschen gehen, die bereits im Umfeld der Synagoge leben. **8** *Derartige* Brüder sind persönlich unbekannte Brüder. Mit dem etwas undeutlichen *aufnehmen* deutet der Verfasser ein Verhalten gegenüber den fremden Brüdern an, das nicht nur die Unterkunft, sondern vielfältige Zurüstung und Ausrüstung umfassen wird. Das Stichwort *Wahrheit* steht hier typisch johanneisch für einen göttlichen Wirkbereich, vergleichbar mit dem Reich Gottes in der Jesusverkündigung. **9** *Ich schrieb dieser Gemeinde etwas:* In der Zusammenstellung der drei Joh-Briefe verleitet die Angabe, den Briefverweis auf den 1 Joh oder 2 Joh zu beziehen. Der Kontext in 3 Joh legt allerdings nahe, dass der Presbyter sich auf einen Empfehlungsbrief für die ausgesandten Verkünder bezieht und nicht auf den 2 Joh oder 1 Joh. Der *Möchtegern-Chef*, wörtl.: „der es liebt, der erste zu sein", eine im Neuen Testament sonst nicht vorkommende Vokabel, stellt Diotrephes wenig demütig dar. Die angedeutete Sache ist im Ergebnis klar, aber wohl polemisch verzerrt dargestellt. Der Diotrephes verbittet sich die Gesandten des Presbyters, warum auch immer. **10** Diotrephes geht es offensichtlich nicht nur um die Kosten. Er will die Leute nicht wirken lassen und greift zu drastischen Mitteln. *Aus der Hausgemeinde herauswerfen*, meint nicht, rechtlich exkommunizieren, sondern wörtlich: aus seinem Haus herauswerfen. Die Christen waren für ihre Zusammenkünfte auf Privaträume angewiesen. Ein Hausherr konnte Besucher entfernen, wie es wohl Diotrephes tat. Das umfassendere Annehmen der Brüder (8) verweigert Diotrephes sogar im Detail, er *lässt* sie *nicht* einmal *ein* (Präsens). D. h. die Boten des Presbyters waren kein Einzelfall in der Vergangenheit, behauptet der Presbyter. Gehörte Gajus zu den Herausgeworfenen? Oder ist er ein Nachbar, der den Verschmähten half – das passt besser zu dem Möchtegern-Chef *von ihnen* (V. 9; nicht: von euch). Die *Willigen* sind wohl solche, die Brüder aufnehmen wollten.

11 Der Presbyter sorgt sich um das weitere Handeln des Gajus. Er fordert ihn auf, nicht der Linie des Diotrephes zu folgen. Dabei wertet er eindeutig, was gut und was schlecht sei. Der Maßstab für diese Wertung bleibt für uns vage. Zwei johanneische Formulierungen erläutern die beiden Seiten. *Aus Gott sein*: Durch Gott geprägt und gehalten sein z. B. durch den Geist. Dieses Kriterium ist schwer verifizierbar und daher in diesem Streit ein reine Einforderung von Vertrauen. *Die Gott nicht gesehen haben* ist etwas undeutlich. Anders als die Seligpreisung der Bergpredigt (Mt 5,8, vgl. Ps 11,7) ortet dieser Vers die Gottesschau in der Vergangenheit. Vielleicht verweist der Presbyter hier auf die Zeugenkette der Augenzeugen, die er als Presbyter hat. Auf eine solche Kette deutet auch die nächste Parallele in 1 Joh 2,6 (vgl. 1 Joh 3,5. 10). Diotrephes dürfte eine solche Überlieferungskette, die bis in die Umgebung des irdischen Jesus zurückführt, nicht vorweisen können. Sein heidnischer Name (dt. etwa: „der durch Zeus Genährte“) spricht dagegen. **12** Nach dem allgemeinen Hinweis, fortlaufend gastfrei aufzutreten, wird es jetzt konkret. Ein *Demetrius* wird kommen. Der hat eine dreifache Prüfung durchlaufen. Er wurde von allen für zuverlässig erachtet, wohl analog zu der Beurteilung, die über den Gajus gesprochen wurde. Diese Beurteilung fand auch eine nicht näher erläuterte Bestätigung im Urteil des Auferstandenen, der Wahrheit selbst. Die Gleichsetzung von Jesus Christus mit der Wahrheit kennen wir aus Joh 14,6. Dass bei dieser Beurteilung Überlieferungsketten die Bürgschaft übernehmen können, zeigt Papias (um 120 n. Chr.), der diesen Maßstab im erhaltenen Prolog seines Werkes „Auslegungen der Worte und Taten des Herren in fünf Büchern“ nennt. Also: Demetrius hat die Bestätigung der versammelten Gemeinde und einer apostolischen Quelle und schließlich auch die Bestätigung des Presbyters selbst. Diese Empfehlung durch den Presbyter kann Gajus als ehemaliger Schüler des Absenders selbst gut beurteilen. Alle diese Kriterien sind personal, nicht inhaltlich, sie tun also so, als ob die Zuverlässigkeit eines Menschen die Zuverlässigkeit seiner Theologie hinreichend begründet. Etwa ein Paulus hatte diese Absicherung mehrfach problematisiert. Was ist nun mit diesem Demetrius? Aus dem Zusammenhang kann erschlossen werden: der kommt bald zu Gajus und bedarf dessen Unterstützung. D. h. aber: Der Presbyter selbst macht sich nicht zu Gajus auf, obwohl er doch eine solche Reiseabsicht gegenüber Diotrephes ankündigte. Zunächst will er also das Umfeld absichern. Demetrius hält wohl den Brief in Händen, den wir als 3 Joh kennen und ist somit persönlicher Überbringer. Wenn dieser nun gut angekommen ist und ausstaffiert wird durch Gajus, braucht der Presbyter nichts mehr weiter zu regeln bei Gajus.

III Briefabschluss (3 Joh 13–15)

13 Viele Dinge hätte ich dir zu schreiben, aber ich will dir nicht durch Tinte und Federkiel schreiben. 14 Ich hoffe aber, dich bald zu sehen, und wir werden (von) Mund zu Mund reden. 15 Frieden dir. Es grüßen dich die Freunde. Grüße die Freunde namentlich.

13–15 V. 13–15 enthalten typische Themen eines Briefschlusses, weitgehend analog zu 2 Joh 12f.

13 Die Abschlussformel (vgl. 2 Joh 12f) hat hier noch den Nebensinn, auf Sonderinformationen des Briefüberbringers hinzuweisen, der ohne Tinte (wörtlich „Schwarzes“) und Federkiel ausrichtet, was ihm sein Meister, der Presbyter zur mündlichen Weitergabe aufgetragen hat. Im 1.Jh. konnten nur staatliche Stellen auf einen unpersönlichen Brieftransport zurückgreifen, andere, insbesondere Privatleute mussten ihren Brief einem Reisenden mitgeben oder einen Überbringer beauftragen (vgl. Phoebe in Röm 16,1f). Ein solcher Überbringer konnte weitere Informationen zum Schriftsück beitragen: „Das Übrige erfrage von dem, der Dir dieses Schriftstück überbringt, denn er ist uns kein Fremder“ (PapCol Zen 3,6,14–16; nach: H.-J. Klauck, Die antike Briefliteratur, Paderborn 1998, 69). Demetrios könnte ein solcher Überbringer des 3 Joh gewesen sein (s. zu 12). **14** Der persönliche Kontakt wird das Hilfsmedium des niedergeschriebenen Wortes übertreffen, wenn der Presbyter sich selbst aufmacht oder Gajus zu ihm reist (vgl. 2 Joh 12). **15** Die Grußadresse deutet mit dem Stichwort *die Freunde* einen etwas engeren Verbindungskreis innerhalb der Brüder an, also innerhalb der Christen.

Judasbrief

A Einleitung

Der Judasbrief hat in der Geschichte des Christentums von allen neutestamentlichen Schriften wohl die geringste Aufmerksamkeit geweckt. In der Sammlung der Lesetexte für den evangelischen Gottesdienst, im Lektionar oder Perikopenbuch, kommt er nicht mehr vor, weder in der Version von 1978, noch im Entwurf für die Neuordnung ab 2018. In der evangelischen Predigtordnung von 1958 war er einmal vorgesehen (Jud 17–25 am 1. So. nach dem Christfest in der VI. Predigtreihe).

1. Textüberlieferung des Jud

Der Jud wurde ursprünglich in griechischer Sprache verfasst. Der älteste Textzeuge mit Worten des Jud ist Papyrus 72 (um 300; s. Einl. 1 Petr). Eine Rekonstruktionen des Textes aus der Menge der erhaltenen Textzeugen bieten die kritischen Ausgaben des Nestle^{28} und mit sehr viel mehr Bezeugungen auch die Editio Critica Maior (^{2}2013; vgl. Landon: 1996; Wasserman: 2006). Jud 5 und 22f sind weiterhin umstritten und deuten auf eine gegenüber anderen ntl. Schriften insgesamt schlechtere Textüberlieferung des Jud hin. Bei Jud 5 und 22f weiche ich vom Text Nestle^{28} ab. Die Textrekonstruktion außerhalb dieser Streitfälle hat keine großen Bedeutungsunterschiede aufzuweisen und ist weitgehend gesichert.

2. Zur Person des Judas

Der Briefautor nennt sich ohne weitere Zusätze Judas. Der Autor des Briefes wurde von alters her mit dem Bruder Jesu (Mk 6,3par Mt 13,55) identifiziert. Jud 1 passt nicht zu Judas, dem Sohn des Jakobus, einer der zwölf Jünger Jesu (Lk 6,16; Joh 14,22, Apg 1,13). Mk 6,3 nennt Judas nach Jakobus, Joses und vor Simon, die Mt-Parallele 13,55 nennt ihn nach Simon, Lk gar nicht (s. Einl. Jak). Er war der jüngste oder nach Mk zweitjüngste Bruder Jesu. Der Name „Judas“ fehlt sonst in den Evangelien für einen Bruder Jesu. Dem griechischen Namen Judas entspricht der hebräische „Juda“ (hebr. *Jeudah*) mit über 800 Nennungen im Alten Testament. So heißt etwa der Sohn Jakobs und Leas (Gen 29,35).

Über das Leben des Judas können wir nur aus vereinzelten Bemerkungen etwas erschließen, etwa, dass er verheiratet war und Nachkommen hatte (vgl. 1 Kor 9,5). Unter Domitian (81–96) sind nach einem Bericht des Hegesipp (um 160) zwei Enkel des Judas, „der ein leiblicher Bruder des Herrn war“, vor den Kaiser gebracht worden. Der Kaiser hielt diese Bauern mit ihren schwieligen Händen für ungefährlich und entließ sie (Euseb, h.e. 3,20,1–7, vgl. 3,32,5). Noch Julius Africanus (ca. 160–240) berichtet von Verwandten des Erlösers, die „Herrenverwandte“ genannt wurden (Euseb, h.e. 1,7,14). Es gibt darüber hinaus keine nennenswerten weiteren Zeugnisse zum Herrenbruder Judas. Die erhaltene apokryphe Judasliteratur wie das Judasevangelium bezieht sich meist auf Judas Iskariot.

3. Zur Verfasserschaft des Jud

Es gilt in der kritischen Forschung weithin als ausgemacht, dass der Jud von einer uns unbekannten Person unter dem Namen des Herrenbruders pseudonym verfasst wurde (z. B. Vögtle, Paulsen, Frey). So setzt Jud 17f voraus, dass die besonderen durch Jesus beauftragten Apostel bereits verstorben sind. Petrus, Paulus und Jakobus sind also wohl bekanntermaßen bereits umgebracht worden. Der Brief kann also nicht vor 65 n. Chr. verfasst worden sein. Judas, der Bruder Jesu, müsste den Brief schon im fortgeschrittenen Alter verfasst haben. Die Rahmenverse des kleinen Briefes stellen die christliche Überlieferung als etwas ursprünglich Vollständiges dar, die in der Gegenwart gefährdet ist. Ähnliche Gedanken finden sich in der christlichen Literatur gegen Ende des 1. Jh.s, etwa in den Briefen 1/2Tim und Tit, die gemeinhin einem Schüler des Paulus zugeschrieben werden, der in seinem Namen diese Briefe schrieb. Auch das durchaus anspruchsvolle Griechisch und der ausgearbeitete Stil des Jud werden einem Bruder Jesu nicht zugetraut (vgl. Einl. Jak).

Es lassen sich allerdings auch Argumente dafür finden, dass Judas, der Bruder Jesu, den Jud verfasst hat (z. B. Bauckham). Für die Echtheit des Jud spricht der unbesetzte Name. Wir kennen keine relevante Personalüberlieferung zum Herrenbruder Judas, auf die ein pseudepigraphisches Schreiben aufbauen könnte.

Aus dem Jud selbst können wir einige wenige Daten zum Verfasser erschließen. Der Autor erklärt sich über Jakobus, nicht über Jesus. Diese Zurückhaltung, die irdische Verwandtschaft zu Jesus anzusprechen, vermerkt schon Clemens Al. in seiner lat. erhaltenen Auslegung zum Jud

(Clemens, Fragm. inJud 2). Um so mehr hebt er seinen anderen Bruder Jakobus hervor, der in Adressatengemeinden offensichtlich bekannt und angesehen war. Dass der Autor sich in seinem Schreiben nicht weiter einführt, wäre leicht nachvollziehbar, wenn er nach der Ermordung des Jakobus gleichsam in Stellvertretung an Gemeinden schreibt, zu denen Jakobus guten Kontakt hatte.

4. Ort und Adressaten des Jud

Der Jud ist an „Berufene" und für Christus Bewahrte gerichtet. Über deren Wohnort und Gemeindezugehörigkeit erfahren wir im Brief nichts. Die im Jud als bekannt vorausgesetzten Belegtexte (äthHen, TestMos) aus der jüdischen Tradition deuten auf Adressaten in Palästina hin oder wenigstens in der Nähe davon. Das hebräische Original der im Jud vorausgesetzten Henochüberlieferung dürfte in Palästina entstanden sein. In der Umgegend des Toten Meeres werden Schwefeleruptionen und andere Naturerscheinungen gerne mit dem Untergang der Städte Sodom und Gomorra in Verbindung gebracht. Jud 7 könnte auf die nicht nur textlich vermittelte Kenntnis dieser Gebiete hinweisen (s. zu 7).

5. Stil des Jud

Der Brief ist in gewandtem Griechisch geschrieben, dies bestätigt schon im frühen 3. Jh. der gr. Muttersprachler Origenes (Origenes, inMt 10,17). Wenn Jud 3 behauptet, an einem größeren Werk gesessen zu haben, als er kurzfristig den Jud verfassen musste, glaubt man diesem Autor. Er kennt neben den biblischen Zeugnissen auch zahlreiche frühjüdische Auslegungstraditionen. Der Jud liebt es, in Dreier-Reihen zu formulieren. Viele Ausleger sammeln Listen der Dreier-Reihen (z. B. Landon: 1996, 55f), die den Brief durchziehen von der dreifachen Selbstbezeichnung in Jud 1 (Judas, Knecht, Bruder), den Aktivitäten der Gegner (8) oder Michaels (9) usw. Jud ordnet den Stoff klar, weder schematisch noch konzeptlos. In seinen Reihen weiß er Spitzen zu setzen. Der Hauptteil ist in fünf Beispielreihen gestaltet. Je eine überlieferte Autorität wendet Jud auf die Gegner in seiner Zeit an. Viele seltene Worte belegen den großen Wortschatz des Autors. Neben alttestamentlich geprägten Worten und semitisierenden Sprachfiguren verwendet Jud auch Wörter, die der Septuaginta fremd sind, z. B. Jud 12. 16 („mitspeisen"; „mit dem Schicksal hadern"). Der knappe Briefrahmen ist mit Geschick ohne Überladungen oder überflüssiger Formelsprache gestaltet.

6. Anknüpfungen des Jud an frühchristliche Überlieferungen

Der Jud setzt gelegentlich Formulierungen voraus, die wir aus Paulusbriefen kennen (s. u. 7.). An mehreren Stellen überschreitet der Brief seine (früh)jüdische Prägung und nimmt Entwicklungen auf, die wohl erst im frühen Christentum vorkamen, so etwa der Titel „Knecht Christi" (1) oder „Apostel" (17). Die „Liebesmähler" (12), bei denen Frauen und Männer zusammenkommen, setzen eine Veränderung der Geschlechterrollen voraus, wie sie wohl auf dem Boden des Judentums erst durch die Christen aufkam (vgl. Gal 3,28). Die Überlieferung der Apostel ist für den Verfasser des Jud noch mündliche Überlieferung, vgl. zu Jud 18. Zu Recht halten sich heute weitgehend alle Forscher sehr zurück, den Jud von anderen ntl. Schriften abhängig zu sehen. Die Ähnlichkeiten zum 2 Petr entstehen durch Abhängigkeit des 2 Petr von Jud (s. Einl. 2 Petr, 3.1). Jud stützt sich auf die Person des Jakobus, wohl kennt er auch den uns bekannten Jak.

7. Die Gegner des Jud

Jud warnt eindringlich die angesprochenen Gemeindeglieder vor „einigen Menschen", deren umgreifende Gefährlichkeit er drastisch herausstellt. Er polemisiert dazu mit weitgehend geprägten Vorwürfen, die kaum eine Rekonstruktion der Gegner zulassen. Etwa deren Unfrommheit (gr. *asébeia*: 4. 15. 18); viehische Dummheit (10); Hochmut (16); Spotten (18) oder allerhand wohl v. a. sexuelle Laster (4: Schwelgerei/Ausschweifung; 8 Fleisch beflecken; 12: schamlos; 13: aufschäumende Schande; 16. 18: wandeln nach ihren Begierden; 23: besudeltes Gewand) sind die üblichen Vorwürfe solcher Ausfälle, die über angegriffene Gegner ausgeschüttet werden, auch wenn keine belastbaren Zeugnisse dafür vorliegen. Jud kritisiert den Umgang mit Geld (11: Bileams-Lohn; 12: sich selbst Weiden; 16: Schmeicheln). Er hält die Gegner für unnütz und wirkungslos (12: wasserlose Wolken, 12: fruchtlose Bäume). Sie seien ohne Tradition (8: Träumer, 12: herumgetriebene Winde; 12: entwurzelte Bäume; 13: Irrsterne). Jud dürfte ursprünglich über bestimmte, ihm wenigstens vom Hören-Sagen bekannte Leute gewettert haben und nicht nur einen abstrakten Katalog beliebig anwendbarer Beschimpfungen vorlegen. Für eine ursprünglich konkrete Situation sprechen einzelne Bemerkungen im Brief, die nicht zum üblichen Repertoire der Polemik gehören, etwa die Bezeichnung „sich auf Visionen Stützende" (8) oder der Vorwurf, sie würden himmlische Mächte schmähen (8).

Welche Vermutungen über die Gegner lassen diese Angaben zu? Sind soziale Prägungen ausschlaggebend, steht etwa eine eher städtische Kultur der Gegner einer traditionelleren Landgemeinde gegenüber (deSilva 186 Green 12–15)? Sind die Gegner etwa extreme Pauliner? Einzelne Hinweise könnten in dieser Richtung gelesen werden. Auch Paulus muss sich verteidigen, dass seine Position die Sünde fördere (Röm 3,8; 6,1, vgl. Jud 4). Das Stichwort „auferbauen“ benützen Jud 20 und Paulus, um bildlich den Zusammenhalt der Gemeinde zu unterstreichen (1 Kor 14,3. 5. 12. 26; 2 Kor 12,19; Röm 14,19), aber das Bild ist nicht spezifisch paulinisch (vgl. Mt 16,18; 1 Petr 2,5). Auch der Vorwurf, sie seien Psychiker ohne Geist (Jud 19), knüpft vielleicht an paulinische Auseinandersetzungen an. Freilich sind diese Hinweise zu dürftig, um eine Verbindung der Gegner des Jud zur Paulusschule zu bestätigen. Allerdings nennt etwa Kol 2,18 Positionen, die Jud bei seinen Gegnern ankreidet (Frey 36).

Jud zeigt auch konkrete Informationen, wenn er durchblicken lässt, dass die Gegner reichlich unbehelligt in der Gemeinde leben (12). Erst seine Warnungen sollen den Adressaten die Augen öffnen für die Gefährlichkeit dieser Leute, die wie ein Riff das Schiff der Gemeinde bedrohen (12).

Losgelöst von seiner Ursprungssituation an eine bestimmte Gemeinde und eingebunden in eine Briefsammlung, werden die für die ersten Adressaten noch konkretisierbaren Polemiken durchgehend abstrakte Warnungen vor Menschen in der Gemeinde, die Spaltungen und Abfall verursachen könnten. Ein solcher Vorwurf lässt sich mit wenig Aufwand gegen jede Gemeindegruppe erheben. Jud hält die Gefahr für die Gemeinde durch die Gegner für so groß, dass er schroffe Ausgrenzung propagiert (vgl. 2 Joh 10). Dass abweichend geprägte Menschen in der Gemeinde auch durch einen Dialog die Gemeinde stärken können, hält er für ausgeschlossen. Seine Einschätzung ist für uns nicht mehr zu beurteilen. Von der Ursprungssituation gelöst sind die Gegnerinvektiven schwer erträgliche Polemiken ohne theologische Abwägungen. Wenn der Brief aus seiner Ursprungs-Situation gelöst und als vorbildliche, weil frühchristliche Handlungsanweisung gelesen wird, wird er u. U. benützt, Dialoge abzubrechen, statt sie aufzunehmen.

8. Zur zeitlichen Ansetzung des Jud

Die Einführung des Judas über Jakobus legt nahe, dass der Brief erst nach dem Tod des Herrenbruders Jakobus, also nach 62 n. Chr. verfasst wurde. Unter Domitian (Kaiser 81–96) gab es Nachforschungen nach Abkömmlingen des Hauses Davids. Dabei werden zwei Enkel des Judas vor

Domitian geführt, nicht Judas. So darf man annehmen, dass zu dieser Zeit Judas selbst nicht mehr lebte. Der Brief passt soweit in eine Zeit zwischen 64 und ca. 80. Da der Brief in oder in der Nähe von Palästina verfasst sein dürfte, überrascht, dass er keinerlei Anspielungen auf den jüdischen Aufstand gegen die römische Oberherrschaft enthält. Der Aufstand begann 67 n. Chr. und endete 70 n. Chr. mit der vollständigen Niederwerfung und Tempelzerstörung durch die Römer. Die letzten in Masada verschanzten Aufständischen wurden 73/74 tot aufgefunden. Etwa das Mt-Ev deutet diese Niederwerfung als innergeschichtliches Gericht gegen zwei Generationen von Juden. Trotz seiner Gerichtsthematik deutet Jud an keiner Stelle diesen Aufstand an. Das wäre m. E. leichter verständlich, wenn der Jud noch knapp vor diesem Aufstand verfasst wurde.

Der Jud könnte freilich später auf diese Zeit hin fingiert worden sein, doch bleiben nach hinten nicht viele Jahrzehnte dafür Zeit. 2 Petr verwendet Jud, ist seinerseits freilich nicht genauer datierbar. Die Schriftenliste „Canon Muratori" (um 200) kennt Jud (CanMur Z. 68; AcA 1, 120). Weiter zurückreichende Belege für eine Kenntnis des Jud sind unsicher, weil sie nur thematische Ähnlichkeiten und ähnliche Stichworte bieten, so die Didache (um 100; Did 2,7 vgl. Jud 22; Did 4,1 vgl. Jud 8) oder das Martyrium Polykarps (um 160; MartPoly inscr. vgl. Jud 2). Schon um 200 schreibt Clemens Al. Anmerkungen zum Jud (inJud), von denen einige in Cassiodors (gest. 580) lateinischer Übersetzung erhalten geblieben sind (engl.: Ante Nicene Fathers 2, 573f). Clemens Al. zitiert den Jud öfters (5f: paid 3,44,4 „sagt Jud"; paid 3,45,1 „stellt er [sc. Judas] vor Augen"; s. auch zu Jud 22f; zu strom 3,11,2 s. u. Einl., 9). Tertullian (gest. um 220) verweist einmal auf den Brief (Tertullian, cult fem 1,3; s. zu 14f).

9. Auslegungs- und Wirkungsgeschichte des Jud

Vom Brief zur Briefsammlung: Der Jud wurde ursprünglich als Brief an „Berufene" gesandt. Der Verfasser des 2 Petr gelangte an diesen Brief und benützte ihn ausgiebig. Noch im 2. Jh. wurde der Jud aus seiner ursprünglichen Kommunikationssituation herausgelöst und als Literaturstück neben andere Zeugnisse gestellt (s. Haupteinl.). In dieser bald sieben Briefe umfassenden Sammlung sind die Warnungen des Jud vor Gegnern nicht mehr bestimmten Leuten zuzurechnen. Die Angriffe des Jud werden so zur Schablone gegen jede Art von Gegnern der christlichen Überlieferung. Da der Jud kaum theologisch argumentiert, sondern nur mit groben Vorwürfen poltert, dient der Jud als Kampfschreiben gegen andere, das fast beliebig eingesetzt werden kann. Schon Clemens Al. verweist auf Jud in seinem Kampf gegen die unter Hadrian (117–138) in Kleinasien wirkenden Karpokratianer, einer sonst kaum bekannten christlichen Sondergruppe (Irenäus, advhaer 1,25,1; Clemens Al., strom 3,5,1–11,2). Deren Mahlgemeinschaften gingen über in Sex-Orgien, behauptet Clemens und schließt seine Darstellung mit Zitaten aus Jud 8. 16: „Von diesen und ihnen ähnlichen Irrlehrern hat, wie ich meine, Judas in seinem Brief prophetisch gesagt: ‚In gleicher Weise jedoch sind auch diese Träumer' (denn nicht in wachem Zustande suchen sie die Wahrheit zu erfassen) bis zu den Worten ‚und ihr Mund führt hochfahrende Reden'" (strom. 3,11,2; Übers. Stählin, BKV 3, 264).

Zeitlich nach Origenes (gest. 254) wurde der Verbund der katholischen Briefe abgeschlossen. Soweit wir die Reihenfolge belegen können, steht Jud am Ende (s. Haupteinl.). Seine Schlussdoxologie beschließt so die Sammlung der kleinen apostolischen Briefe (s. Nienhuis/Wall 47. 238f. 257). Gewisse Vorbehalte gegen Jud vermerken im 4. Jh. Euseb und Hieronymus, (Euseb, h.e. 2,23,25; Hieronymus, vir ill 4). In der syrischen Kirche wurde der Jud erst nach mehreren Jahrhunderten als kanonisch anerkannt, d. h. neben 1 Petr, 1 Joh und Jak zur Verlesung im Gottesdienst vorgesehen.

B Kommentar

Überschrift

(des) Judas Brief

Diese Überschrift lesen die wichtigsten erhaltenen Handschriften über oder unter dem Text des Jud oder zweimal. Sie reiht den Jud ein in die Sammlung der wegen ihres Autors gesammelten Briefe und dürfte erst mit der Sammlung entstanden sein. Viele Handschriften erweitern in der Überschrift das Wort Brief mit dem Attribut katholisch (gr. *katholikḗ*) und sagen damit, der Brief sei an die Allgemeinheit, an alle gerichtet (vgl. Euseb, h.e. 2,23,25). Um die Bedeutung des Judas zu unterstreichen, nennen ihn viele spätere Handschriften in den Über- und Unterschriften einen Apostel (Kirchenväter ab Tertullian, cult. fem. 1,3). Viele jüngere Handschriften – durchweg Minuskeln – bezeichnen den Judas auch als „Bruder Gottes“ (gr.: *adelfótheos*), diese Bezeichnung belegen auch Kirchenväter ab Kyrill Al. (gest. 444). Das Wort ist für Jakobus und Judas neu gebildet worden.

I Briefeingang

I 1 Präskript (Jud 1f)

1 Judas, des Gesalbten Jesu Sklave, Bruder aber des Jakobus, (schreibt) an die Berufenen, die durch Gott-Vater geliebt und für den gesalbten Jesus bewahrt sind. 2 Erbarmen für euch und Frieden und Liebe möge euch anfüllen.

1 *Judas* ordnet sich ein zwischen dem von Gott *gesalbten* Jesus, dem er sich als *Sklave* unterordnet und seinem *Bruder Jakobus*. So unterscheidet er deutlich zwischen Jesus und Jakobus, obwohl beide seine Brüder waren. Etwas paradox zeichnet der Sklavenstand gegenüber Jesus den Autor aus. Apostel, also durch Jesus beauftragt, konnte sich Jud nicht nennen. Judas war wohl wie Jakobus zu Jesu Lebzeiten kein Anhänger der Lehren seines Bruders und erhielt auch keine Beauftragung, die ihn zum Apostel machen würde. Der Gesalbte wie auch Jakobus war den Adressaten bekannt, daher kann sich Judas weitere Erklärungen sparen. Er schreibt also an Christen, die mit Jakobus Kontakt hatten. Dem Briefstil entsprechend folgt im Dativ unter Auslassung des Verbs die Benennung der Adressaten. Sie sind als die durch Gott *Berufenen* bezeichnet (vgl. Röm 8,28;

Offb 17,14). Der Lebensort der Adressaten ist nicht genannt. Die im weiteren Verlauf z. T. konkrete erkennbare Situation lässt erschließen, dass der Jud ursprünglich an eine bestimmte Gemeinde gerichtet gewesen sein dürfte, über deren geographische Lage wir aber nichts erfahren. Jud stellt zwischen den Artikel *die* und das dazugehörige Nomen *Berufene* zwei Näherbestimmungen der Adressaten. Beide sind durch Partizipien im Perfekt Passiv ausgedrückt. Das Passiv umschreibt die Tätigkeit Gottes, die Zeitstufe des gr. Perfekts deutet auf einen in der Vergangenheit begründeten bis jetzt durchgehaltenen Status der Adressaten hin. Zunächst sind die Berufenen solche, *die durch Gott geliebt* wurden und werden. Gott ist als *Vater* genauer bestimmt. Ferner sind die Berufenen *bewahrt* worden und werden bewahrt für den *gesalbten Jesus*, also den auferstandenen Jesus. Das Stichwort „bewahren" macht Jud zum Leitwort seines Briefes (1. 6. 13. 21). Das Wort beschreibt das Christenleben als Weg oder Prozess, den Gott eröffnet und zu dessen Gelingen jeder beiträgt (s. zu 20f). **2** Im Gnadenzuspruch ist die Dreizahl der Nomen verbreitet und die Formulierung weitgehend konventionell. Daher belegt ein ähnlicher Gnadenzuspruch im Martyrium Polykarps (um 160) keine Abhängigkeit von Jud 2 (Martyrium Polyk. inscr.).

I 2 Anlass des Schreibens (Jud 3f)

3 Geliebte, weil ich (wiederholt) jeglichen Fleiß daran setze, euch zu schreiben über unsere gemeinsame Rettung, entstand (jetzt) die Notwendigkeit, euch zu schreiben, um ermahnend zu kämpfen für den einmal vollständig den Heiligen überantworteten Glauben. 4 Denn einige Menschen sind hineingesickert, die vor Zeiten schriftlich vorgemerkt sind zu eben diesem Urteil, Unfromme, welche die Barmherzigkeit unseres Gottes verwandeln zur Schwelgerei und den einzigen Herrscher und unseren Herrn Jesus, den Gesalbten, verleugnen.

3 Aus einer lang gehegten Absicht, über die Adressaten und Autor verbindende Rettung zu schreiben (gr. Infinitiv Präsens), entstand plötzlich die Notwendigkeit, das vorliegende Schreiben abzufassen (gr. Infinitiv Aorist). Ob zwei verschiedene Schreiben vorausgesetzt sind, ein lange geplantes über das Thema Rettung und der nun vorliegende Brief, ist nicht ganz deutlich. Die unterschiedlichen Zeitaspekte (Präsens/Aorist) verlangen wenn nicht zwei Schreiben, so doch zwei unterschiedliche Projekte zu unterscheiden. Jud kann jedenfalls jetzt nicht mehr an einem Werk feilen, da eine Not besteht. Dass er sprachlich gewandt und bedacht arbeiten kann und überhaupt mit zahlreichen Schriften der jüdischen Überlieferung vertraut ist, zeigt der weitere Brief. Statt erwartungsvoll auf das bevorstehende Heil blicken zu können, sorgt sich Judas um die aus der Vergangenheit heran reichende Überlieferungskette. Der *einmal vollständig* (zum gr. Wort s. zu 5) überantwortete *Glaube* ist jetzt in Gefahr. Die ursprünglich angeschriebenen Adressaten konnten diese Andeutungen auflösen. Vielleicht ist neben den im Folgenden genannten Irrlehrern auch ein Traditionsgarant der ersten Stunde wie z.B. Jakobus gestorben. Die Ankündigung setzt voraus, dass Jud bislang nicht an diese Adressaten geschrieben hat und ihnen wohl auch nicht persönlich bekannt war. Die Nähe zu seinem Bruder Jakobus autorisiert Judas zum Schreiben des Briefes. Er beansprucht, an den Anfängen der Glaubensüberlieferung Anteil zu haben (Jud 4. 17). **4** Judas ist zu Ohren gekommen, dass einige Missstände bestehen, die er an bestimmten Menschen festmacht. Er vermeidet, sie Brüder zu nennen, und beschreibt ihr Auftreten mit einem seltenen Verb „einschleichen" oder *einsickern* (im Neuen Testament nur hier, nicht gr. Bibel), das unliebsame Erscheinungen beschreibt, die erst nachdem sie eingetreten sind so benannt werden können. Diese Menschen, so Jud, haben sich eingeschlichen wie Wasser in einem Keller. Sie treten nun jedenfalls innerhalb der Gemeinde auf. Mit drei Partizipien beschreibt Jud diese Gegner (die vorgemerkt sind / verwandeln/verleugnen; zum Stil s. Einl. Jud, 5). Die weitere Beschreibung der Leute ist nicht um Objektivität bemüht, sondern will die Gefährlichkeit dieser Menschen verdeutlichen. Dabei bedient sich Jud standardisierter polemischer Bezeichnungen. Das tatsächliche Anliegen, Denken und Handeln der in Schmähreden herabgewürdigten Menschen ist aus diesen Beschimpfungen kaum herauszufiltern. Zunächst seien sie Unfromme (auch Jud 15. 18). Die übliche Übersetzung mit „gottlos" ist missverständlich. Das Wort bezeichnet Menschen, welche die üblichen Formen der Verehrung und Lehren Gottes ablehnen. Hier liegt wohl mehr eine allgemeine Brandmarkung als ein verwertbarer Hinweis über die Gegner vor. Schwelgerei oder Ausschweifung bezeichnet ein Verhalten, das vom anerkannten Verhaltenskodex abweicht durch Verschwendung oder sexuelle Freizügigkeit. Der Vorwurf, die Gnade Gottes in Schwelgerei zu verwandeln, könnte aus jüdischer Sicht eine teilweise Abkehr von jüdischen Reinheitsgesetzen bei den Gegnern kritisieren. Auch wenn Paulus sich ähnlichen Vorwürfen ausgesetzt sieht (Röm 3,8; 6,1; Gal 5,13), verlangt diese Ähnlichkeit nicht, eine paulinisch beeinflusste Gegnerfront anzunehmen. Dass die Gegner die Herrschaft Gottes verwerfen, muss überzeichnet sein, da sie sonst schwerlich im Gemeindebereich verbleiben könnten. Vielleicht haben die Gegner bestimmte Engelmächte abgelehnt (vgl. 8fin) und werden nun dafür kritisiert, sie würden mit diesen Mächten auch Gott den Oberbefehl über diese Engel absprechen. Wie der Autor an die Informationen gekommen ist, die ihm die Gegnerangriffe in 7f. 10. 12f. 16. 19 ermöglichen, verrät er nicht. Die Angabe über die Gegner z.B. in 12 ist zu konkret, um von Anfang an als auswechselbare Schablone fungieren zu können. Für die Erstadressaten des Jud waren die Informationswege so klar, dass sie nicht erläutert werden mussten.

II Hauptteil (Jud 5–23)

Der Hauptteil sammelt zunächst fünf Belege aus der Heilsgeschichte, aus denen Jud seine Schlüsse zieht. Je einen Beispielbereich aus der Vergangenheit im Aorist (5f/ 9/ 11/ 14f/ 17f) wendet Judas auf die Gegner in der Gegenwart an („diese …“) mit präsentischen Verben (7f/ 10/ 12f/ 16/ 19). Das Briefkorpus beschließt eine Anweisung zum Verhalten (20–23).

Die fünf Beispiele in Übersicht:

	Bsp.	Anwendung	Thema der Quelle
1.	5–6	7–8	Verlorene Errettete, gefallene Engel, Sodom
2.	9	10	Die Bewahrung des Leibs Mose
3.	11	12–13	Kain, Bileam und Korach als Warnung
4.	14–15	16	Henoch-Prophezeiung über das Endgericht
5.	17–18	19	Apostelzeugnis über die Spötter

Manche Ausleger trennen 17–19 von der Beispielreihe 5–16 ab, weil 17 eine Neuanrede bietet. Die Neuanrede in 17 unterstreicht, dass die Belege nun sehr viel näher an die Adressaten heranreichen. Jud führt seine Belegreihe im selben Stil auch in 17–19 weiter. Für ihn sind die Worte der Apostel in 17f ebenso Autorität wie die vorher genannten Schriften aus der jüdischen Überlieferung, so dass diese Verse eher als fünften Beispiel denn als zu den vier Beispielen paralleler Hauptteil angesehen werden sollten.

II 1 Erstes Beispiel: Verworfene unter den Befreiten (Jud 5–8)

**5 Ich will euch aber erinnern, obwohl ihr alles wisst, dass der Herr, nachdem er einmal vollständig das Volk aus dem Land Ägypten rettete, das zweite Mal die nicht Glaubenden vernichtete;
6 und die Engel, die ihren eigenen Ursprung nicht bewahrten, sondern ihren eigenen Wohnbereich verließen, verwahrte er zum Urteil am großen Tag in ewigen Fesseln von Finsternis bedeckt;
7 etwa Sodom und Gomorra und die diese umgebenden Städte, die auf ähnliche Art wie diese (Engel) anstößig geworden sind und hinterhereilten hinter anderem Fleisch, liegen als Beispiel vor Augen, weil sie als Strafurteil ewiges Feuer**

erleiden. 8 Genauso aber nun besudeln diese sich auf Traumvisionen Stützenden sowohl das Fleisch, als sie auch die Herrschaft verwerfen und Herrlichkeiten schmähen.

5–8 Jud erinnert an Grundlagen, die seine Adressaten mit ihm teilen, nämlich Ereignisse aus der Geschichte Israels, wie sie in der Schrift bezeugt sind. Jud nennt drei von Gott abgefallene Wesen aus der Geschichte Israels.

(1) Die nach der Befreiung aus dem ägyptischen Frondienst Abgefallenen. Er mag an das Murren vor dem Einzug ins gelobte Land denken: „Wie lange wollen sie nicht an mich glauben" (Num 14,11) oder die „Rotte Korach" (Num 16).

(2) Engelwesen, die ihren himmlischen Bereich verlassen haben (Gen 6).

(3) Die Einwohner von Sodom und Gomorra (Gen 18f).

Diese Beispiele werden in Texten aus dem hellenistischen Judentum gerne warnend genannt, auch die Zusammenstellung der drei Beispiele ist nicht ohne Parallele (z.B. Sir 16,7–10), freilich sind die Reihen nicht wörtlich standardisiert. Eine frühjüdische Nacherzählung der Genesis (1 Mose) etwa verbindet Verfehlungen der Riesen und Sodoms (Jub 20,5). Jud stellt die Beispiele so zusammen, dass sich das Verderben intensiviert. Nach einigen Verdammten aus der Exodusgeneration und einigen gefallenen Engelwesen verweist er mit den Städten um Sodom und Gomorra auf ein umfassendes Strafgericht Gottes. Diese Ungläubigen hat Gott vernichtet oder lässt sie gefesselt das Endgericht erwarten.

5 Textüberlieferung: Der Ausgangstext ist schwer zu ermitteln. Zahlreiche abweichende Lesarten spiegeln das Problem. Nestle[28] erstellt einen anderen Text als Nestle[27]. Bei allen Schwierigkeiten besteht Einigkeit, dass der älteste Textzeuge, Papyrus 72 (um 300), bereits eine sekundäre Lesart bietet.

(1) Umstritten ist die Zuordnung des Wortes „einmal" (gr. *hápax*). Nestle[28] ordnet es in den Satzteil vom Wissen: „ihr wisst ein für alle Mal" (mit Vaticanus). Diese Lesart würde weniger den Adressaten schmeicheln wollen, als die Bedeutung der apostolischen Zeit hervorheben. Soweit nähme das Wort den Gedanken aus 3b auf. Doch dürfte das Wort „einmal" mit Nestle[27] zum Partizip „retten" zu ziehen sein (mit Sinaiticus): „der Herr errettete einmal (vollständig)". Stilistisch und inhaltlich bereitet diese Lesart allerdings Probleme. Stilistisch passen die beiden gr. Worte „einmal (vollständig)" und „zum zweiten Mal" nicht ganz zusammen. Inhaltlich schwierig ist die Lesart wegen der Fortsetzung, weil die Rettung, die einmal vollständig geschehen sein soll, in 5fin doch zum Verderben führt. Vielleicht lassen sich beide Probleme beheben, wenn man das gr. Wort (*hápax*) nicht auf die Bedeutung „ein für alle Mal" festlegt, sondern mehr auf „einmal vollständig".

(2) Nestle[28] liest mit guten Textzeugen (Alexandrinus, Vaticanus u. a.) als Subjekt der Rettung „Jesus". Diese Lesart deutet so vielleicht eine Entsprechung zwischen Josua, dem Nachfolger des Mose, zu Jesus an, die ab dem 2. Jh. belegt ist (Barn 12,8–10; Justin, dial 120; Irenäus, epid 27). In der griechischen Bibel heißt Josua auch „Jesus". Doch die Textüberlieferung lässt sich leichter erklären, wenn der Ausgangstext „Herr" (gr. Kyrios) las (mit Wasserman: 2006). Die Lesart mit Jesus unterstreicht, dass mit dem „Herr" nicht Gott, sondern der noch nicht Mensch gewordene Jesus angesprochen sein soll. Dazu erweitern auch viele Textzeugen das Subjekt zu „unseren Herrn Jesus Christus" (so Papyrus 72. 78 u. a.). Diese Erweiterungen sind sicher sekundär, wohl auch die Lesart mit „Jesus". Die in der Lesart „Jesus" ausgedrückte Christologie dürfte dem Jud noch fremd gewesen sein. Der Text Jud 5 bleibt schwierig. Ein Spezialist zu Textrekonstruktion erschließt einen Ausgangstext, für den er keinen gr. Handschriftbeleg anführen kann: weil ihr ein für allemal wisst, dass der Herr … (Wasserman: 2006; Frey). Die Textüberlieferung im Neuen Testament erlaubt sonst fast immer, solche Konjekturen zu umgehen (s. zu 2 Petr 3,10).

Dass Gott Menschen vernichtet, vermeidet Jud zu schreiben, so aber 1 Kor 10,5, vgl. Hebr 3,17, so auch 2 Petr 2,4. 6. Jud warnt, dass selbst in der Exodusgeneration abgefallene Ungläubige (Num 14,11 f. 22 f. 28–30) nicht bewahrt wurden (vgl. Sir 16,9 f; 1 Kor 10,1–11, Hebr 3,7–11).

6 V. 6 spielt auf das Thema der „gefallenen Engel" an, also Wesen, die ursprünglich zum göttlichen Bereich gehörten, aber dann der Welt verfielen. Die zahlreichen Ausgestaltungen zu diesem Thema im Frühjudentum gehen aus von Gen 6,1–4: „Als aber die Menschen sich zu mehren begannen auf Erden und ihnen Töchter geboren wurden, [2]da sahen die Gottessöhne, wie schön die Töchter der Menschen waren, und nahmen sich zu Frauen, welche sie wollten" (Gen 6,1 f; vgl. Bill. 3, 780–783). Schon die griechische Übersetzung macht z. T. aus den Göttersöhnen in Gen 6,2 Engel (Alexandrinus zu Gen 6,2; auch äthHen 6,2; slHen 18,1–4; Philon, gig 2; vgl. Dtn 32,8) und übersetzt die Riesen in 6,4 mit Giganten. So erleichtert die Septuaginta, diesen Stoff mit den Titanenerzählungen aus der griechischen Mythologie zu verbinden, wie dies etwa Josephus ausdrücklich macht (Josephus, ant 1,73). Schon vorchristlich wird die Begehrlichkeit als Grund für den Fall der Engel angegeben, so redet die frühjüdische Damaskusschrift von den „unzüchtigen Augen", durch die viele in die Irre gingen (CD 2,17–3,1; dt. Maier I, 10; vgl. Jub 4,22; 5,1; syrBar 56,12f: „Und einige von ihnen [nach 56,10: Engel] stiegen ab [zur Erde], um sich mit Weibern zu vermischen. Die damals so gehandelt hatten, – mit Fesseln wurden sie gepeinigt." [Brandenburger, JSHRZ 5/2, 162]). Derartige Auslegungen setzt Jud 6 als bekannt voraus und knüpft daran an. **7** Im letzten Beispiel verweist er nicht nur auf die berüchtigten und oft genannten Städtenamen, sondern nennt biblisch korrekt auch die umliegenden Städte (vgl. Gen 19,25. 28). Nicht nur der rhetorische Effekt, sondern die exegetische

Überprüfbarkeit ist Jud offenbar wichtig. Die göttliche Strafe antwortet der jüdischen Auslegungstradition nach auf unterschiedliche Vergehen der Sodomiter, wobei oft sexueller Verkehr unter Männern im Vordergrund steht (Gen 19,5; slHen 10,4; Philon, Abr 135. 137; angedeutet Jub 16,5f; 20,5; Josephus, ant 1,194; Bill. 1, 572–574), aber es werden auch andere Verfehlungen genannt: Philon nennt auch Vorwürfe, die Jud aufgreift: Völlerei und Ausschweifung, eine große Menge von Lüsten (Philon, Abr 133). Daneben wird auch Gottlosigkeit bzw. Unfrommheit genannt (Josephus, bell 4,483f: „wegen Gottlosigkeit [gr. *di' asébeian*] zerstört"; ApkPaul 39fin [NTApo[5] 2, 665]). Die Strafe ewigen Feuers an Sodom und Gomorra sei augenfällig (zum Feuer s. 2 Petr 3,7. 10. 12). Mehrere jüdische Quellen deuten Naturerscheinungen, die im Umfeld des Toten Meeres auftreten, als Relikte des Untergang Sodoms (Gen 19,28; vgl. Dtn 29,22; Weish 10,7; Philon, Abr 140f; Josephus, bell 4,483f; Josephus, ant 1,195). *Liegen vor Augen:* Jud 7 verweist auf eine Naturerscheinung, ohne sie zu erklären. Er setzt wohl Adressaten voraus, die diese Gegend selbst kennen. Philon dagegen erklärt die Phänomene. Nachdem Philon beschrieb, wie Gott ein Straffeuer über Sodom brachte, sagt er: „Ein klarer Beweis dafür ist das, was man jetzt noch dort sieht: ein Erinnerungszeichen des Unglücks" (Philon, Abr 141). Allerdings kann Josephus mit fast derselben Wortverbindung wie Jud 7 auf ein nur literarisch vorliegendes Beispiel verweisen (Josephus, bell 6,103). **8** V. 8 wendet die Beispiele aus der Schrift auf die Gegner an, die Jud hier wie sonst auch mit „diese" benennt (10. 12. 16. 19). Jud setzt voraus, dass Ereignisse aus der Schrift und insbesondere Ankündigungen sich in seiner Gegenwart wiederholen oder erfüllen. Ähnlich wie die Auslegungen der alttestamentlichen Propheten in Qumran legt Jud die Schrift – unser Altes Testament – so aus, dass er deren Ankündigungen in seiner Gegenwart als sich erfüllend deutet, er legt die Schrift also „eschatologisch" aus. Jud geht nicht dem Wortlaut der alttestamentlichen Texte entlang wie die einschlägigen Qumran-Texte (pHab; pNah), sondern deutet die Personen des Alten Testament als Typen, die auf die Gegner seiner Gegenwart voraus verweisen. Jud bezeichnet zunächst die Gegner mit einem Partizip, das vom Verb „träumen" abgeleitet ist: „die sich auf Traumvisionen Stützenden" wären als „Träumer" missverständlich übersetzt. Es geht nicht um deren partielle geistige Abwesenheit oder Zerstreutheit, sondern das Partizip beschreibt, wie diese zu ihren Lehren kommen. Diese Bezeichnung gehört nicht zum üblichen Repertoire, mit dem Gegner beschimpft werden und könnte daher einen Wesenszug der Gegner aufdecken. Das Verb ist im Alten Testament durchaus auch positiv verwendet, etwa bei Jakob (Gen 28,12) und Josef (Gen 37,9f). Vielleicht haben die Gegner individuelle Visionen als Wirkungen des Geistes angesehen. Wenn diese Visionen dann z. T. auch über die Überlieferung gestellt wurden, erklärt sich die Polemik des Jud stimmig. (vgl. 1 Joh 2,4; Clemens

Al. strom 3,44,3–5). Drei Vorwürfe ergießt Jud nun über die Gegner in der Auslegung zu seiner Beispielreihe: (1) Die Gegner besudeln das Fleisch, (2) verwerfen die Herrschaft und (3) schmähen Herrlichkeiten. Der erste Vorwurf deutet sexuelle Verfehlungen an. Solche Vorwürfe sind konventionell und lassen kaum auf besondere Handlungen der Gegner schließen. Der zweite Vorwurf, dass die Gegner die Herrschaft verwerfen, muss einen Teilaspekt der Herrschaft Gottes betreffen, sonst könnten diese Gegner schwerlich noch bei den Zusammenkünften der Adressaten anwesend sein. Sie schmähen schließlich „Herrlichkeiten", damit dürften Himmelswesen (Ex 15,11^{LXX} [nicht im masoretischen Text], Philon, spec 1,45), also Engel gemeint sein. Dieser Vorwurf gehört nicht zum Standard der Polemik und könnte daher etwas über die Gegner erschließen lassen. In den Paulusbriefen gibt es Ansätze, die Engel in ihrer Bedeutung zu relativieren, etwa wenn die Glaubenden über Engel zu Gericht sitzen können (1 Kor 6,3) oder die Engel das Heil nicht begrenzen können (Röm 8,38). Insbesondere Kol und Eph, beide wohl von Schülern des Paulus verfasst, betonen, dass die Engel der Schöpfung zuzuordnen und Christus unterzuordnen sind (Kol 1,16; 2,10; Eph 1,21) und keine Verehrung verdienen (Kol 2,18). Jud verehrt Engel, entsprechend wichtig ist ihm die Henochüberlieferung, s. Jud 6. 9.

II 2 Zweites Beispiel: Der Umgang mit dem Leib des Mose (Jud 9–10)

9 Michael nämlich, der Erzengel, als er sich vom Teufel abgrenzte, redete er über den Leib des Mose. Er wagte nicht ein Urteil der Schmähung vorzubringen, sondern sagte: Es möge dich der Herr strafen!
10 Diese aber schmähen einerseits alles, was sie nicht verstehen, anderseits verstehen sie alles natürlich wie die vernunftlosen Lebewesen, darin gehen sie zugrunde.

9–10 V. 9f könnte auch als Verdeutlichung zum Abschnitt 5–8 genommen werden (so Nestle[28]; Frey). M.E. führen die Verse ein zweites eigenständiges Beispiel ein.

9 V. 9 verweist auf eine Szene, die wir direkt nicht erhalten haben. Schon Clemens Al. und Origenes behaupteten im frühen dritten Jahrhundert, die Szene stände in einer Schrift „Assumptio Mosis" (Clemens Al., Frgm. inJud [ANF 2, 573]; Origenes, princ 3,2,1). Die seit 1861 veröffentlichte Handschrift der AssMos hat diese Szene nicht, ist aber am Ende Fragment (vgl. Brandenburger, JSHRZ 5/2, 61). Das verlorene Ende lässt sich aus anderen Schriften erschließen, die das Thema der Beerdigung des Mose ausgestalten (Bauckham 67–76). Nach einer rabbinischen Auslegung des Dtn wartet der Sammael (= Satan) auf die Seele des Mose (Dtn

Rabba 11, dt. Text bei Bill. 3, 786f; 1, 146f). Der Erzengel Michael tritt ihm entgegen und nennt Sammael einen Frevler. Michael lässt kurz später nicht zu, dass der Leichnam des Mose geschmäht würde, sondern überlässt ihn der Behandlung Gottes, der für eine Beerdigung des Mose sorgt. Auch wenn diese Auslegung zu Dtn um Jahrhunderte jünger sein dürfte als Jud, empfiehlt sie, Jud so zu deuten, dass er den Erzengel anführe, der auch gegenüber dem Satan als gefallenem Engel das Urteil Gott überließ. Es lässt sich nicht mehr sagen, wie Jud darauf kam, diese für uns reichlich abgelegene Stelle heranzuziehen. Die Erzählung ist für ihn beispielhaft und soll es auch für seine Adressaten sein. Zeitlich nach dem Jud wurde die hier zitierte Quelle als apokryph eingeschätzt. Vielleicht nimmt Jud eine Auslegung auf, die seine Gegner benützten und die darauf zielte, die Hilflosigkeit des Schutzengels für Israel vor Augen zu stellen. Wie der Teufel die Würde des Leichnams Mose nicht achtet, sagt die Anwendung des Beispiels: Diese, also die angegriffenen Gegner des Jud, schmähen, was sie nicht kennen (Jud 10). Der Tod des Mose erlaubt nicht, ihn zu verdammen. Gottes Urteil soll den voreiligen Satan treffen. Aus Dtn 34,6 kann jeder wissen, dass Mose begraben wurde, auch wenn keiner sein Grab kennt. Der Vers verbirgt hinter dem Passiv das Handeln Gottes (*passivum divinum*). Bereits Philon kennt „unsterbliche Mächte", die beim Begräbnis assistieren (Philon, Mos 2,291). Die Assumptio Mosis deutet Dtn 34,6 so: „Oder wer wird sich erdreisten, deinen Leichnam [von hier] wegzuschaffen, wie [den eines (gewöhnlichen) Menschen], von einem Ort zum andern? Denn alle Sterbenden haben gemäß ihrer [Größe] Gräber auf Erden, aber dein Grab reicht von Sonnenaufgang bis Untergang … die ganze Welt ist dein Grab" (AssMos 11,7f; Brandenburger, JSHRZ 5/2, 78). 9fin nimmt Worte aus dem 4. Nachtgesicht des Sacharja auf, die dort der Herr (gr. *kýrios*) zum Teufel spricht, wobei sich der Herr selbst in 3. Person nennt: der Herr soll dich tadeln (Sach 3,2^{LXX}). Jud 9 zieht thematisch ähnliche Bibelstücke zusammen, denn auch in Sach 3 stehen sich ein Engel des Herrn und der Teufel gegenüber. **10** V. 10 deutet die biblischen Beispiele auf die gegenwärtigen Gegner. Diese würden ebenso lästern, obwohl sie die auf dem Verlästerten liegende Verheißung nicht kennten. Jud bleibt im Rahmen der üblichen Polemik, wenn er die Gegner als vernunftlose Lebewesen bezeichnet (Weish 11,15; Philon, congr 96f, spec 4,121. 123, vgl. Philon, post 68f). Dass sie alles „natürlich" (gr. *fysikṓs*) verständen, gehört nicht zur üblichen Polemik. Die Andeutungen weisen dahin, dass die Gegner geistige Mächte wie Engel (s. zu 8) ablehnen. Sie sind Psychiker, die keinen Geist haben (s. zu 19).

II 3 Drittes Beispiel: Kain, Bileam und Korach (Jud 11–13)

11 Wehe ihnen, dass sie auf dem Weg des Kain wandelten und im Abirren des Bileam um Geldzahlung völlig aufgingen und in der Auflehnung des Korach vernichtet wurden. 12 Solche sind, die bei euren Liebesmählern mittafeln ohne Scheu als Klippen, sich selbst weiden, wasserlose, von den Winden herumgetriebene Wolken, in der Erntezeit fruchtlose, zweimal gestorbene, völlig entwurzelte Bäume, 13 Wilde Wellen, die ihre Schandtaten hochspritzen lassen, Irrsterne, denen das Dunkel der Finsternis für immer bereitet ist.

11–13 Gedrängt verweist Jud auf drei weitere Verworfene der jüdischen Tradition: auf Kain, Bileam (gr. *Balaám*) und Korach (gr. *Kóre*).

11 *Kain* ist der erste gewalttätige Mensch in der Bibel. Vielleicht eröffnet Jud seine Reihe mit diesem Erzsünder mehr des geprägten und abschreckenden Namens willen, als dass er Gewaltübergriffe bei den Gegnern andeuten wollte. Dass die Gegner unbehelligt bei den Liebesmahlen teilnehmen können (12), wäre bei Gewaltdelikten doch wohl nicht möglich. Das Abirren des *Bileam* um Geldzahlung setzt einen gegen Israel wirkenden Bileam voraus, der so nicht zur Bileamerzählung in Num 22–24 passt, denn hier lehnt Bileam angebotenes Geld ausdrücklich ab (Num 22,18; 24,12f). Doch schon Num 31,8. 16, und Jos 13,22; 24,9f kennen einen negativen Bileam, den Jud 11 voraussetzt. Diese nachexilische Tradition wirkt bei Philon fort: Bileam lässt sich doch bestechen (Philon, Mos 1,267f). Mehrere frühjüdische Texte erzählen in unterschiedlichem Wortlaut von Bileams Tipp an den heidnischen König Balak, die Israeliten durch die Midianiterinnen sexuell zu verführen und so zum Handeln gegen das Gesetz zu verleiten (s. zu 2 Petr 2,18; vgl. Num 25,1–5; 31,16). Diese Linie setzt Offb 2,14f fort. *Korach:* Nach ihrem Aufstand werden die Korachiten sofort von der Erde verschluckt, um in der Unterwelt auf ihr Gericht zu warten (Num 16). **12** V. 12 deutet die biblischen Beispiele auf die Gegner, die er in sechs unterschiedlichen Bildfeldern beschreibt (a–f).

(a) Sie sind bei den Liebesmählern ohne Ausgrenzung anwesend als „Mittafelnde“. Das Verb ist nicht aus der biblischen Überlieferung und auch im Neuen Testament nur hier und in der davon abhängigen Stelle in 2 Petr 2,13 belegt (bei Philon nur spec 4,119; Josephus, ant 1,92; 4,203). Es zeigt, dass bei den Zusammenkünften nicht nur ein symbolisches Mahl gefeiert wurde, sondern tatsächlich gegessen wurde. Die Bezeichnung *Liebesmähler* (gr. *agápē*) ist hier ohne Einführung als bekannt vorausgesetzt. Das Liebesmahl steht in Zusammenhang mit der sonst unter „Herrenmahl“ (1 Kor 11,20), „Eucharistie“ (Did 9,1) oder „Brotbrechen“ (Apg 2,42. 46; 20,7. 11) bekannten spezifisch christlichen Versammlung der Gläubigen, die das eschatologische Festmahl (vgl. Jes 25,6–8) in der Gegenwart feiert. Jud 12 ist der älteste Beleg für diese Benennung der Zusammenkünfte (auch Ignatius, Sm 8,2; Clemens Al., strom 3,10,2 – hier vielleicht in Aufnahme von Jud 12, vgl. paid 2,4,3). Auf dem jüdischen Mutterboden ist diese Bezeichnung und die Zusammenkunft von Männern und Frauen, die der weitere Vorwurf voraussetzt, noch nicht bekannt. Es handelt sich hier um eine spezifische christliche Weiterentwicklung, die auf Jesus zurückgeht.

Das hier mit *Klippen* wiedergegeben Wort ist in seiner Bedeutung umstritten. Es könnte allgemein für „Schmutzflecken" stehen und würde soweit 23fin vorbereiten. Die Gegner würden also bei einer Betrachtung von außen auffallen. Doch der Zusammenhang legt nahe, dass die Gegner äußerlich noch nicht aufgefallen sind, ihre Gefährlichkeit also noch verborgen ist. Dies passt eher zur anderen Deutung des Wortes als „Klippen". Bei den Zusammenkünften sind die Gegner eine große, aber unsichtbare Gefahr, wie Felsen in einer Hafeneinfahrt, die knapp unter der Wasseroberfläche verborgen sind. Jud überträgt bei Beschreibung der Gegner sein Grundbild vom Leben eines Christen als Weg, auf dem einen Gott bewahrt (s. zu 1), auf die Schifffahrt, bei der solche Felsen besonders tückisch sind. Die genannte Schamlosigkeit verdächtigt die Gegner, bei den Liebesmahlen die Gemeinschaft von Frauen und Männern zu sexuellen Überschreitungen auszunützen. Clemens Al. beschreibt wilde Orgien, die nach ihm in Jud 12 vorhergesagt worden seien (s. Einl. Jud, 6. 9.).

(b) Im zweiten Bildfeld bezeichnet Jud die Gegner als Hirten, die sich selber weiden (vgl. Ez 34,1–10), also ihre geistliche Verantwortung eigensüchtig missachten.

(c) Im dritten Bildfeld sind die Gegner als wasserlose Wolken diffamiert. Wenn über die karge Landschaft Wolken ziehen, erwartet der Landmann einen belebenden Regen. Der Vergleich wirft den Gegnern vor, dass ihr zunächst vielversprechender erster Eindruck nicht die erhoffte und zu erwartende Wirkung erbringt. Jud lehnt sich vielleicht an Spr 25,14b an: „der ist wie Wolken und Wind ohne Regen", oder er formuliert nur zufällig ähnlich. Die Gegner sind herumgetrieben (vgl. Eph 4,14; Hebr 13,9), ohne feste Verbindung zu einer überlieferten Tradition oder „völlig entwurzelt", wie es gleich heißt (vgl. Weish 4,3f).

(d) Auf die mangelnde Wirkung zielt auch das vierte Bildfeld vom Baum, der in der Erntezeit ohne Frucht ist. Das im botanischen Bild kaum verständliche „zweimal gestorben" soll wohl andeuten, dass die Gegner nach einer Wiedergeburt ein zweites Mal ihr Leben verloren haben. Jud sieht die Gegner als Proselyten bzw. Heidenchristen, die trotz ihrer leiblichen

Geburt geistig tot waren, dann zum Heil errettet wurden und doch wieder abfielen, also zweimal starben (vgl. 5).

13 (e) Wie Wellen und Gischt erzielen die Gegner äußeren Eindruck, ohne feste Substanz bieten zu können (vgl. Jak 1,6). Auch diesen Bildbereich durchbricht Jud, um eine sexuelle Verfehlung der Gegner anzudeuten: wie Gischt spritzen ihre Schandtaten hoch (vgl. Jes 57,20). Nachdem Jud die Gegner mit Erfahrungen aus dem Hirtenleben (b), der Landleute (c/d) und der Seefahrt beschrieb, blickt das letzte Bild an den Nachthimmel.

(f) Die Gegner seien wie die Sterne, die ihren Platz verlassen, am Himmel herumirren und so keine sichere Orientierung geben. Alle Sterne, die nach den Kenntnissen der antiken Beobachter nicht ihren Platz behalten, also der Mond und die um die Sonne kreisenden Himmelskörper, nannten die Alten „Irrsterne“ (gr. *planḗtai*), weil sie deren Bahnen nicht nachvollziehen konnten. Der griechische Name „Planeten“ ist diesen Gestirnen geblieben, nur den Mond nehmen wir als Erdtrabanten davon aus. Diese Sterne haben keinen durch Gott bereiteten Weg, sondern sind für die Finsternis, also für die Gottesferne bestimmt. Nach antiker Auffassung sind die Gestirne Himmelsmächte mit personalen Zügen, die durch Gott gerichtet werden (vgl. 1 Kor 15,40; Offb 9,1). Auch hier wählt Jud wieder das Verb „bereiten“, das in seiner passiven Formulierung die Aktivität Gottes andeutet.

II 4 Viertes Beispiel: Henochs Vision (Jud 14–16)

14 Es kündete aber auch diese der siebte von Adam an, Henoch, folgendes: Siehe, der Herr kam mit seinen heiligen Zehntausenden, 15 um Gericht zu halten gegen alle und abzuwehren jede Seele wegen aller Werke ihrer Unfrommheit, die sie unfromm verrichteten und wegen aller Verdrehungen, die sie gesprochen haben gegen ihn, unfromme Sünder. 16 Diese sind die mit dem Schicksal hadernden Nörgler, während sie ihren Begierden nachgebend wandeln, und hochtrabende Dinge spricht ihr Mund, während sie die Angesichter bestaunen um eines Vorteils willens.

14–16 Das vierte Beispiel kündet den Gegnern das unentrinnbare Gericht Gottes an.

14–15 Hierfür zitiert Jud als Autorität eine Vision Henochs. Dessen Visionen sind in äthiopischer und kirchenslavischer Sprache erhalten (neben Fragmenten in gr. u. a.) und im Frühjudentum und frühen Christentum hoch geachtet gewesen, dann aber nicht in den Kanon der Schriften aufgenommen worden und bald in Vergessenheit geraten. Tertullian (gest.

um 220) verteidigt die Bedeutung der Henoch-Visionen mit dem Hinweis auf Jud 14f, der Henoch als Autorität zitiert (Tertullian, cult fem 1,3). 14f verweist auf Henochüberlieferungen als eine Autorität. Aus der uns vorliegenden Henoch-Überlieferung erkennen wir das Zitat durch äthHen 1,9 und in den dazugehörigen griechischen Fragmenten, trotz mehrerer kleinerer Abweichungen. Zunächst zitiert Jud Henoch, weil dessen Worte über die Endzeit seine Gegenwart auslegen. Soweit habe Henoch nach Jud vorher prophezeit. Judas versteht unter dem bei Henoch genannten „Herrn" den zum Gericht wiederkommenden Christus. Diese christologische Auslegung der Stelle ist weder in äthHen 1,9 noch den dazu bekannten gr. Fragmenten nachzuweisen. **16** V. 16 wendet die Henochprophezeiungen auf die Gegner des Judasbriefes vierfach an (a–d).

(a) Die Gegner sind Nörgler. Das dem Nomen verwandte Verb „nörgeln, murren" gehört biblisch zur Exodusgeneration, die in der Wüste murrte (LXX: Ex 17,3; Num 11,1; 14,27 [2×]. 29, vgl. 1 Kor 10,10). *Mit dem Schicksal hadern* (gr. *mempsímoiroi*) ist biblisch sonst nicht belegt (vgl. Theophrast, Charak 17,1–9).

(b) *ihren Begierden nachgebend* deutet im Stil üblicher Polemik moralische Verwerflichkeit an.

(c) ihr Mund spricht hochtrabende Dinge: auch dieser Vorwurf ist so verbreitet, dass er kaum etwas über die tatsächlichen Gegner verrät.

(d) *sie bestaunen Angesichter*, d. h.: Sie schmeicheln um eines Vorteils willens. Die verwerfliche Geldbezogenheit der Gegner deutet Jud mehrfach an (Einl. Jud, 7.). Freilich ist auch dieser Vorwurf so stark standardisiert, dass er schwerlich einen Rückschluss auf die Gegner erlaubt.

II 5 Fünftes Beispiel: Worte der Apostel über die Endzeit (Jud 17–19)

17 Ihr aber, Geliebte, erinnert euch an die Worte, die durch die Apostel unseres Herrn Jesus Christus vorher verkündet worden sind, 18 als sie euch sagten: Am Ende der Zeiten werden Spötter sein, die gemäß ihrem Verlangen der Unfrömmigkeit wandeln. 19 Diese sind die abtrennen, Psychiker, die Geist nicht haben.

17–19 Der Einsatz mit dem „Erinnern" spricht für einen Neuansatz nach dem 4. Beispiel. Aber das Stichwort „Glaube" verbindet 3 zu 20 und spricht so dafür, 5–19 zusammen zu nehmen. Inhaltlich geht Jud über von den Schriftbelegen zu einer mündlichen Äußerung der Apostel. Hier deutet sich eine christliche Perspektive an, welche die jüdische Überlieferung mit der Überlieferung der Apostel in eine Reihe stellt.

17 Apostel haben für die Adressaten Worte ausgerichtet. Jud geht wohl von einer mündlichen Überlieferung aus. Er spricht von einer Gesamtheit der Apostel: noch sind nicht unterschiedliche Stimmen zu unterscheiden, vgl. 1 Kor 15,11. Die Zuordnung von Traditionen zu einzelnen Aposteln geht in Joh 21 los (Petrus und der Lieblingsjünger; die vier Evangelien sammeln unterschiedliche Zeugnisse desselben Geschehens). Jud gehört m. E. noch in die Zeit, als die Apostel als homogene Gesamtheit verstanden wurden (so etwa auch bei Lukas). **18** Die Spötter sind von Leidenschaften oder dem Verlangen der Unfrömmigkeit geleitet, vgl. 16. Sie gehören zu den Gegenkräften der Endzeit (Mk 13,22; 1 Joh 2,18; 2 Petr 2,1). **19** V. 19 deutet dieses apostolische Wort formal wie die Schriftworte, d. h. Gott redet durch Schrift und Apostel. Dem Triebverlangen folgen, heißt den Geist ablehnen: so sind es nur Psychiker, nicht Pneumatiker, die den Geist haben (vgl. zu Jak 3,15). Die ursprünglichen Adressaten mögen aus diesen Worten Anspielungen auf die Gegner herausgehört haben, die wir nicht mehr nachvollziehen können.

II 6 Korpusabschluss (Jud 20–23)

20 Ihr aber, Geliebte, wenn ihr euch selbst aufbaut auf euren allerheiligsten Glauben, wenn ihr im heiligen Geist bittet, 21 bewahrt euch selbst in der Liebe Gottes, um die Gnade unseres Herrn Jesus Christus zum ewigen Leben zu erwarten. 22 Und die ihr (jetzt) aus dem Feuer herausreißt, 23 erbarmt euch aber gegenüber den Unsicheren in Furcht, weil ihr auch das vom Fleisch beschmutzte Gewand hasst.

20–23 20 nimmt das in 3fin genannte Stichwort Glauben wieder auf. Jud schließt mit aktueller Ermahnung (Paränese), die nach innen gerichtet ist (21) und das rechte Verhalten gegenüber den Gegnern empfiehlt (22f).

Textüberlieferung: In 22f ist der Text bis auf den letzten Satzteil unsicher überliefert. Der letzte Satzteil („weil ihr auch das vom Fleisch beschmutzte Gewand hasst“) ist kaum verständlich und hilft daher wenig bei der Texterschließung. Aus den vielen Varianten zu 22f lassen sich zwei als Ausgangstext ansehen. Viele weiterer Varianten versuchen, die disparaten Überlieferungen zusammenzuführen oder sind anderweitig eindeutig sekundär, so auch die zweigliedrige Lesart des Vaticanus.

(1) Die erste Variante, belegt vom Sinaiticus und mit kleinen Abweichungen vom Alexandrinus, unterscheidet drei Menschengruppen: „Und den einen gegenüber erbarmt euch, wenn sie zweifeln, die anderen aber rettet, indem ihr sie aus dem Feuer herausreißt, wieder andere beurteilt in Furcht …“ Diese Lesart hält Nestle[28]

für den Ausgangstext, entsprechend setzen ihn die meisten neuen Übersetzungen voraus.

(2) Die zweite Variante, bezeugt u. a. von Pap. 72, unterscheidet nur zwei Menschengruppen: „Und die ihr (jetzt) aus dem Feuer herausreißt, erbarmt euch aber, wenn ihr sie beurteilt in Furcht …" Für Variante 2 als Ausgangstext spricht: Die Variante ist die kürzeste, schon Clemens Al. (frühes 3. Jh.) scheint sie zu kennen (Clemens Al., strom 6,8,65,4) und Pap. 72, der sie bezeugt, ist der älteste Textzeuge zur Stelle. Die Aufteilung in zwei Gruppen verlangt von den Adressaten auch nicht, milde mit den Gegnern selbst umzugehen, wie es sich für eine der Gruppen in Variante 1 kaum ausschließen lässt. Ich ziehe (2) vor (mit Landon: 1996; G.L. Green; Frey).

20–21 Zum Korpusabschluss erinnert Jud an die Glaubensgrundlage, auf der die Adressaten stehen. Er wählt dazu das Bild vom Bau, in den die Adressaten sich einpassen sollen. Während in 3 auf die einmalige Grundlage verweist (der Glaube, der euch übergeben worden ist), zielt das Präsens des Partizips „aufbauen" nun auf die beständige auch gegenwärtige Aufgabe, Anschluss zu halten. Diese Aufgabe ermöglicht der Geist durch das Gebet. Das „sich-Aufbauen" interpretiert Jud nun als sich bewahren in der Liebe Gottes. Dahinter steht das Bewusstsein, dass die einmalig gelegte Glaubensgrundlage der Ort ist, an dem Gottes Bewahrung gewährleistet wird. So zu leben heißt, das Erbarmen des auferstandenen Herrn zu erwarten, das zum ewigen Leben führen wird.

22–23 Das vom Herrn erwartete Erbarmen soll auch das Verhalten gegenüber den Geschwistern prägen. Zunächst sollen die aus der Gefahr herausgerissen werden, die dem Feuergericht zu verfallen drohen. Sodann sollen sich die Adressaten denen gegenüber erbarmen, die mit den Gegnern kommunizieren. Die in der Partikelwahl klar abgegrenzten Gruppen sind zwei durch die Gegner gefährdete Menschengruppen. Die erste Gruppe ist eher durch Unbedarftheit gefährdet, die andere setzt sich der gefährlichen Rhetorik der Gegner aus. Der letzte Teilsatz ist nicht sicher deutbar. Er dürfte wohl polemisch mit dem Bild der Verschmutzung des Untergewands auf die Verfehlungen der Gegner hindeuten, die gehasst werden sollen (vgl. Offb 3,4). Vielleicht will das Bild vom Gewand zwischen der Verfehlung und dem Verfehlenden unterscheiden und so mahnen, die Sünde zu hassen, nicht den Sünder.

III Epilog: Schlussdoxologie (Jud 24f)

24 Dem aber, der es vermag, euch vor dem Straucheln zu bewahren und hinzustellen vor seine Herrlichkeit untadelig und in Jubel,
25 dem einzigen Gott, unserem Retter, durch Jesus Christus unseren Herrn, dem (gehört) Herrlichkeit, Majestät, Herrschaftsgewalt und

Vollmacht vor jeder Zeitperiode und nun und in allen Zeitperioden. Amen.

24–25 Statt eines in Briefen üblichen Briefschlusses bietet Jud eine verehrende Anrufung Gottes, eine Doxologie. Jud beschreibt das Leben als Weg, auf dem einen Gott bewahrt. In der Eröffnung sprach Jud vom bewahrt werden für Jesus Christus durch Gott (1), nun schließt er mit der Versicherung, dass Gott die Adressaten auf dem Weg beschützen wird (24) vor dem Straucheln oder Fallen. Jud richtet den Blick auf das bevorstehende Gericht.

24 Nach dem Aufruf an die Adressaten erinnert Jud an den einzigen, der die Macht hat zu helfen, den rettenden Gott, der durch den Auferstandenen wirkt. Jud verwendet hier den Titel „Retter" für Gott wie das Judentum (Jes 12,2 und oft) und frühe Christentum (Phil 3,20; Lk 1,47; 1 Tim 1,1; 2,3; 4,10; Tit 1,3; 2,10; 3,4). Der Titel wird in den 1–2Tim/Tit und bei Joh auch auf Christus angewandt (2 Tim 2,10; Tit 1,4; 2,13; 3,6; Joh 4,42; 1 Joh 4,14). Diese Titelverwendung kennt Jud noch nicht. **25** Ein abschließendes Amen bezeugen bei allen sieben „katholischen Briefen" einzelne Textzeugen, bei Jud haben nur wenige Textzeugen das Amen nicht. Nestle^{28} liest es als Text. So wird der Abschluss der Teilsammlung dieser sieben Briefe insgesamt als im Gottesdienst zu verlesender Text gekennzeichnet.

Literaturhinweise

1. Literatur zu den kleinen apostolischen Briefen allgemein

Balz/Schrage, NTD: Balz, Horst/Schrage, Wolfgang: Die „Katholischen" Briefe. Die Briefe des Jakobus, Petrus, Johannes und Judas, NTD 10, Göttingen [4]1993.

Davids, Peter H.: A Theology of James, Peter, and Jude. Biblical Theology of the NT 6, Grand Rapids, MI 2014.

Doering, Lutz: The Catholic Epistles and Other Early Christian Letters, in: Ders.: Ancient Jewish Letters and the Beginnings of Christian Epistolography, WUNT 298, Tübingen 2012, 429–497.

Grünstäudl, Wolfgang: Was lange währt …: Die Katholischen Briefe und die Formung des neutestamentlichen Kanons, EC 7, 2016, 71–94.

Jobes, Karen H.: Letters to the Church. A Survey of Hebrews and the General Epistles, Grand Rapids, MI 2011.

Lockett, Darian R.: Letters from the Pillar Apostles. The Formation of the Catholic Epistles as a Canonical Collection, Eugene, OR 2017.

Niebuhr, Karl-Wilhelm/Wall, Robert W. (Hgg.): The Catholic Epistles and Apostolic Tradition, Waco, TX 2009.

Niebuhr, Karl-Wilhelm: Art. Epistles, Catholic I New Testament, EBR 7, 2013, 1086–1092.

Nienhuis, David R.: Not by Paul Alone. The Formation of the Catholic Epistle Collection and the Christian Canon, Waco, TX 2007.

Nienhuis, David R./Wall, Robert W.: Reading the Epistles of James, Peter, John & Jude as Scripture. The Shaping & Shape of a Canonical Collection, Grand Rapids, MI 2013.

Schmidt, Daryl D.: The Greek New Testament as a Codex, in: McDonald, Lee Martin/Sanders, James A. (Hgg.): The Canon Debate, Peabody, MA 2002, 469–484.

Schlosser, Jacques (Hg.): The Catholic Epistles and the Tradition, BEThL 176, Leuven 2004.

2. Literatur zum Jak

Kommentare zum Jak

Adam, A. K. M.: James. A Handbook on the Greek Text, Waco, TX 2013.

Allison, Dale C. Jr.: A Critical and Exegetical Commentary on the Epistle of James, ICC, New York/London 2013.

Beda Venerabilis: In epistulam Iacobi expositio. Kommentar zum Jakobusbrief, hg. v. Karsten, Matthias, FC 40, Freiburg 2000.
Burchard, Christoph: Der Jakobusbrief, HNT 15/1, Tübingen 2000.
Dibelius, Martin: Der Brief des Jakobus. Mit Ergänzungen von Heinrich Greeven, 6. Aufl. mit Nachtrag hg. v. Hahn, Ferdinand, KEK 15, Göttingen 1984.
Johnson, Luke Timothy: The Letter of James, AncB 37A, New York 1995.
Frankemölle, Hubert: Der Brief des Jakobus, ÖTBK 17/1+2, Gütersloh 1994 (GTB 517/518).
Hartin, Patrick J.: James, SaPaSe 14, Collegeville, MN 2003.
Martin, Ralph P.: James, WBC 48, Waco, TX 1988.
McCartney, Dan G.: James, BECNT, Grand Rapids, MI 2009.
McKnight, Scot: James, NICNT, Grand Rapids, MI 2011.
Metzner, Rainer: Der Brief des Jakobus, ThHK 14, Leipzig 2017.
Mussner, Franz: Der Jakobusbrief, HThK 13/1, Freiburg ^{5}1987 (ND 2002).
Painter, John: James, in: Ders./de Silva, David A.: James and Jude, PaidCNT, Grand Rapids, MI 2012, 1–174.
Popkes, Wiard: Der Brief des Jakobus, ThHK 14, Leipzig 2001.
Schrage, Wolfgang: Der Jakobusbrief, in: Balz/Schrage, NTD, 5–59.
Vlachos, Chris A.: James, Exegetical Guide to the Greek NT, Nashville, TN 2013.

Neuere wichtige Literatur zum Jak

Bauckham, Richard: James and the Jerusalem Community, in: Skarsaune, Oskar / Hvalvik, Reidar (Hgg.): Jewish Believers in Jesus. The Early Centuries, Peabody, MA 2007, 55–95.
Bienert, Wolfgang A./Gemeinhardt, Peter: Jesu Verwandtschaft, AcA, Bd. 1/1, Tübingen 2012, 280–298, zu Jakobus 283–289.
Deines, Roland: Jakobus. Im Schatten des Größeren, BG 30, Leipzig 2017.
Hengel, Martin: Jakobus der Herrenbruder – der erste Papst? (1985), in: Ders., KlSchr 3, WUNT 141, Tübingen 2002, 549–582.
Klein, Thorsten: Bewährung in Anfechtung. Der Jakobusbrief und der Erste Petrusbrief als christliche Diaspora-Briefe, NETh 18, Tübingen 2011.
Konradt, Matthias: Christliche Existenz nach dem Jakobusbrief. Eine Studie zu seiner soteriologischen und ethischen Konzeption, SUNT 22, Göttingen 1998.
Niebuhr, Karl-Wilhelm: Der Jakobusbrief im Licht der frühjüdischen Diasporabriefe, NTS 44, 1998, 420–443.
Niebuhr, Karl-Wilhelm: „A New Perspective on James“? Neuere Forschungen zum Jakobusbrief, ThLZ 129, 2004, 1019–1044.
Painter, John: Just James. The Brother of Jesus in History and Tradition, Studies on Personalities of the New Testament, Columbia, SC 1997.
Popkes, Wiard: Adressaten, Situation und Form des Jakobusbriefes, SBB 125/126, Stuttgart 1986.
Pratscher, Wilhelm: Der Herrenbruder Jakobus und die Jakobustradition, FRLANT 139, Göttingen 1987.

Wenger, Stefan: Der wesenhaft gute Kyrios. Eine exegetische Studie über das Gottesbild im Jakobusbrief, AThANT 100, Zürich 2011.

3. Literatur zum 1 Petr

Kommentare zum 1 Petr

Achtemeier, Paul J.: 1 Peter, Hermeneia, Minneapolis 1996.
Brox, Norbert: Der erste Petrusbrief, EKK 21, Zürich/Neukirchen [4]1993.
Davids, Peter H.: The First Epistle of Peter, NICNT, Grand Rapids, MI 1990.
Dubis, Mark: 1 Peter. A Handbook on the Greek Text, Waco, TX 2010.
Elliott, John H.: 1Peter, AncB 37B, New York 2000.
Feldmeier, Reinhard: Der erste Brief des Petrus, ThHK 15/I, Leipzig 2005.
Forbes, Greg W.: 1 Peter, Exegetical Guide to the Greek NT, Nashville, TN 2014.
Goppelt, Leonhard: Der erste Petrusbrief, KEK 12/1, Göttingen [8]1978.
Jobes, Karen H.: 1 Peter, BECNT, Grand Rapids, MI 2005.
Merkt, Andreas: 1. Petrus. Tlbd. 1, NT Patristicum 21/1, Göttingen 2015.
Michaels, J. Ramsey: 1 Peter, WBC 49, Waco, TX 1988.
Schlosser, Jacques: La premiére épître de Pierre, CbNT 21, Paris 2011.
Schrage, Wolfgang, in: Balz/Schrage, NTD, 60–121.
Schweizer, Eduard: Der erste Petrusbrief. ZBK.NT 15, Zürich [4]1998.
Selwyn, Edward Gordon: The First Epistle of St. Peter. The Greek Text with Introduction, Notes and Essays, London [2]1947, ND 1964.
Senior, Donald P.: 1 Peter, in: ders./Harrington, Daniel J.: Jude and 2 Peter, SaPaSe 15, Collegeville, MN 2003, Lit. erg. 2008, 1–158.
Vahrenhorst, Martin: Der erste Brief des Petrus, ThKNT 19, Stuttgart 2015.
Watson, Duane F.: First Peter, in: Ders./Callan, Terrance: First and Second Peter, PaidCNT, Grand Rapids, MI 2012, 1–128.

Neuere wichtige Literatur zum 1 Petr

Balch, David L.: Let Wives Be Submissive: The Domestic Code in I Peter, SBL.MS 26, Atlanta 1981.
Bockmuehl, Markus: Simon Peter in Scripture and Memory, Grand Rapids, MI 2012.
Böttrich, Christfried: Petrus. Fischer, Fels und Funktionär, BG 2, Leipzig 2001.
Doering, Lutz: ‚Apostles, Co-Elder, and Witness of Suffering: Author Construction and Peter Image in First Peter', in: Frey, Jörg: Pseudepigraphie und Verfasserfiktion in frühjüdischen Briefen, WUNT 246, Tübingen 2009, 645–681.
du Toit, David S. (Hg.): Bedrängnis und Identität. Studien zu Situation, Kommunikation und Theologie des 1. Petrusbriefes, BZNW 200, Berlin 2013.
Elliott, John H.: A Home for the Homeless: A Social-Scientific Criticism of I Peter, Its Situation and Strategy, Minneapolis [2]1990, ND 2005.

Feldmeier, Reinhard: Die Christen als Fremde. Die Metapher der Fremde in der antiken Welt, im Urchristentum und im 1. Petrusbrief, WUNT 64, Tübingen 1992.
Feldmeier. Reinhard (Hg.): Wiedergeburt, BThS 25, Göttingen 2005.
Heckel, Theo K.: Neuere Literatur zum Ersten Petrusbrief, ThLZ 139, 2014, 522–530.
Horrell, David G.: Becoming Christian. Essays on 1 Peter and the Making of Christian Identity, Early Christianity in Context, LNTS 394, London 2013.
Metzner, Rainer: Die Rezeption des Matthäusevangeliums im 1. Petrusbrief, WUNT 2. R. 74, Tübingen 1995.
Müller, Peter: Der 1. Petrusbrief, ThR 80, 2015, 335–371. 425–465.
Pierce, Chad T.: Spirits and the Proclamation of Christ. 1 Peter 3:18–22 in Light of Sin and Punishment Traditions in Early Jewish and Christian Literature, WUNT 2. R. 305, Tübingen 2011.
Schweizer, Eduard: Zur Christologie des ersten Petrusbriefs, in: Breytenbach, Cilliers u. a.: Anfänge der Christologie, FS Ferdinand Hahn, Göttingen 1991, 369–382.
Söding, Thomas (Hg.): Hoffnung in Bedrängnis. Studien zum Ersten Petrusbrief, SBS 216, Stuttgart 2009.
Williams, Travis B.: Persecution in 1 Peter. Differentiating and Contextualizing Early Christian Suffering, SNT 145, Leiden 2012.
Williams, Travis B.: Good Works in 1 Peter. Negotiating Social Conflict and Christian Identity in the Greco-Roman World, WUNT 337, Tübingen 2014.

4. Literatur zum Jud/2Petr

Kommentare zum Jud/2Petr

Bauckham, Richard J.: Jude-2 Peter, WBC 50, Grand Rapids, MI 1983, ND 2014.
Callan, Terrance: Second Peter, in: Ders./Watson, Duane F.: First and Second Peter, PaidCNT, Grand Rapids, MI 2012, 129–220.
Davids, Peter H.: The Letters of 2 Peter and Jude, Pillar NTC, Grand Rapids, MI 2006.
Davids, Peter H.: 2 Peter and Jude. A Handbook on the Greek Text, Waco, TX 2011.
deSilva, David A.: Jude, in: Painter/de Silva: James and Jude, PaidCNT, Grand Rapids, MI 2012, 175–227.
Frankemölle, Hubert: 1. und 2. Petrusbrief, Judasbrief, NeueEB 18/20, Würzburg ²1990.
Frey, Jörg: Der Brief des Judas und der zweite Brief des Petrus, ThHK 15/2, Leipzig 2015.
Green, Gene L.: Jude & 2Peter, BECNT, Grand Rapids, MI 2008.
Harrington, Daniel J.: Jude, in: Senior, Daniel P./ders.: 1 Peter. Jude and 2 Peter, SaPaSe 15, Collegeville, MN 2003, Lit. erg. 2008, 159–299.

Knoch, Otto: Der Erste und Zweite Petrusbrief. Der Judasbrief, RNT, Regensburg 1990.
Neyrey, Jerome H.: 2Peter, Jude, AncB 37C, New York 1993.
Paulsen, Henning: Der Zweite Petrusbrief und der Judasbrief, KEK 12/2, Göttingen 1992.
Schrage, Wolfgang: Der Zweite Petrusbrief, in: Balz/Schrage, NTD, 122–155.
Schrage, Wolfgang: Der Judasbrief, in: Balz/Schrage, NTD, 225–241.
Vögtle, Anton: Der Judasbrief. Der Zweite Petrusbrief, EKK 22, Neukirchen/Solothurn 1994.

Neuere wichtige Literatur zu Jud/2Petr

Blumenthal, Christian: Prophetie und Gericht. Der Judasbrief als Zeugnis urchristlicher Prophetie, BBB 156, Göttingen 2008.
Grünstäudl, Wolfgang: Petrus Alexandrinus. Studien zum historischen und theologischen Ort des zweiten Petrusbriefes, WUNT 2. R. 353, Tübingen 2013.
Heckel, Theo K.: Die Traditionsverknüpfungen des Zweiten Petrusbriefes und die Anfänge einer neutestamentlichen biblischen Theologie, in: Gebauer, Roland / Meiser, Martin (Hgg.): Die bleibende Gegenwart des Evangeliums, FS Otto Merk, MThSt 76, Marburg 2003, 189–204.
Landon, Charles: A Text-Critical Study of the Epistle of Jude, JSNT.SS 135, Sheffield 1996.
Käsemann, Ernst: Eine Apologie der urchristlichen Eschatologie, Exegetische Versuche und Besinnungen, 1. Bd., Göttingen 1960, 135–157.
Kraus, Thomas J.: Sprache, Stil und historischer Ort des zweiten Petrusbriefes, WUNT 2. R. 136, Tübingen 2001.
Ruf, Martin G.: Die heiligen Propheten, eure Apostel und ich. Metatextuelle Studien zum zweiten Petrusbrief, WUNT 2. R. 300, Tübingen 2011.
Schmidt, Karl Matthias: Mahnung und Erinnerung im Maskenspiel. Epistolographie, Rhetorik und Narrativik der pseudepigraphen Petrusbriefe, HBS 38, Freiburg 2003.
Wasserman, Tommy: The Epistle of Jude. Its Text and Transmission, CB.NT 43, Stockholm 2006.

5. Literatur zu 1–3Joh

Kommentare zu 1–3Joh

Augustinus: in epistulam Io(h)annis ad Parthos tractatus decem, dt. Übersetzung: Biedermann, Hermenegild M. (Hg.): Unteilbar ist die Liebe. Predigten des heiligen Augustinus über den ersten Johannesbrief, Augustinus – heute 5, Würzburg 1986.
Balz, Horst: Die Johannesbriefe, in: Balz/Schrage, NTD, 156–224.

Brown, Raymond E.: The Epistles of John, AncB 30, New York 1982.

Culy, Martin M.: 1, 2, 3 John. A Handbook on the Greek Text, Waco, TX 2004.

Klauck, Hans-Josef: Der erste Johannesbrief, EKK 23/1, Zürich/Neukirchen 1991.

Klauck, Hans-Josef: Der zweite und dritte Johannesbrief, EKK 23/2, Zürich/Neukirchen 1992.

Lieu, Judith M.: I, II, and III John, NTL, Louisville, KY 2008.

Painter, John: 1,2, and 3 John, SaPaSe 18, Collegeville, MI 2002.

Rusam, Dietrich: Der erste, zweite und dritte Johannesbrief, Die Botschaft des NT, Göttingen 2018.

Schnelle, Udo: Die Johannesbriefe, ThHK 17, Leipzig 2010.

Smalley, Stephen S.: 1, 2, and 3 John. Revised., WBC 51, Gran Rapids, MI 2014.

Strecker, Georg: Die Johannesbriefe, KEK 14, Göttingen 1989.

Vouga, Francois: Die Johannesbriefe, HNT 15/3; Tübingen 1990.

Yarbrough, Robert W.: 1–3 John, BECNT, Grand Rapids, MI 2008.

Neuere wichtige Literatur zu 1–3Joh

Coombes, Malcolm: 1 John. The Epistle as a Relecture of the Gospel of John, Preston, Victoria 2013.

Griffith, Terry: Keep Yourselves from Idols. A New Look at 1 John, JSNT.SS 233; Sheffield 2002.

Heckel, Theo K.: Zur Historisierung der johanneischen Theologie im Ersten Johannesbrief, NTS 50, 2004, 425–443.

Hengel, Martin: Die johanneische Frage. Ein Lösungsversuch. Mit einem Beitrag zur Apokalypse von Jörg Frey, WUNT 67, Tübingen 1993.

Hengel, Martin: Die „auserwählte Herrin“, die „Braut“, die „Mutter“ und die „Gottesstadt“ [1998], in: Ders.: Studien zum Urchristentum, KlSchr 6, WUNT 234, Tübingen 2008, 508–548.

Leutzsch, Martin: Die Bewährung der Wahrheit. Der dritte Johannesbrief als Dokument des urchristlichen Alltags, Stätten und Formen der Kommunikation im Altertum 2, Bochumer Altertumswissenschaftliches Colloquium 16, Trier 1994.

Streett, Daniel R.: They went out from us. The Identity of the Opponents in First John, BZNW 177, 2011.

Abkürzungsverzeichnis

Die Abkürzungen folgen den „Loccumer Richtlinien" (Ökumenisches Verzeichnis der biblischen Eigennamen nach den Loccumer Richtlinien, Stuttgart ²1981). Abkürzungen bei Literaturangaben richten sich nach: Schwertner, Siegfried M.: Internationales Abkürzungsverzeichnis für Theologie und Grenzgebiete (IATG³), Berlin/Boston ³2014. Im Stellenregister werden die Abkürzungen der Quellentitel aufgelöst.

AcA	Markschies, Christoph – Schröter, Jens (Hg.): Antike christ liche Apokryphen in deutscher Übersetzung, 7. Aufl., 1. Bd.: Evangelien und Verwandtes, 2 Teilbände, Tübingen 2012.
atl.	alttestamentlich
Bauer: Wb	Bauer, Walter: Griechisch-deutsches Wörterbuch zu den Schriften des Neuen Testaments und der frühchristlichen Literatur, 6. Aufl., hg. v. K. und B. Aland, Berlin – New York 1988.
BDR	Blass, Friedrich/Debrunner, Albert: Grammatik des neutestamentlichen Griechisch, bearb. v. Rehkopf, Friedrich, Göttingen 16. Aufl. 1984. [zitiert nach §]
Bill.	Billerbeck, Paul (/Strack, Hermann L.): Kommentar zum Neuen Testament aus Talmud und Midrasch, Bd. 1–4, München 1922. 1924. 1926. 1928.
ECM	Editio Critica Maior: Novum Testamentum Graece. Editio Critica Maior IV. Die Katholischen Briefen, Stuttgart 2. Aufl. 2013 (mit ErgBd).
Goldschmidt	Der babylonische Talmud. […] ins Deutsche übersetzt von Lazarus Goldschmidt, 12 Bde., Berlin 1930–1936.
joh	johanneisch
JSHRZ	Jüdische Schriften aus hellenistisch-römischer Zeit, begründet v. W G. Kümmel, hg. v. H. Lichtenberger u. a., Gütersloh 1973 ff.
lk	lukanisch
LXX	Septuaginta
Maier I/II	Maier, Johann: Die Qumran-Essener: Die Texte vom Toten Meer, Band I/II, München/Basel 1995.
mk	markinisch
Nestle²⁷	Nestle-Aland. Novum Testamentum Graece, hg. v. Aland, Barbara u. a., 27. Aufl., Stuttgart 1993.
Nestle²⁸	Nestle-Aland. Novum Testamentum Graece, hg. v. Aland, Barbara u. a., 28. Aufl., hg. v. Institut für Ntl. Textforschung Münster/Westfalen unter der Leitung von Holger Strutwolf, Stuttgart 2012.
NTApo⁵	Schneemelcher, Wilhelm: (Hg.) Neutestamentliche Apokryphen in deutscher Übersetzung, 2 Bde., Tübingen ⁵1989.
ntl.	neutestamentlich
Q	Logienquelle (Stellenangabe folgen Lk)

Stellenregister

1. Altes Testament und atl. Apokryphen

In Bibelausgaben (z. B. LXX) abweichende Kapitel- und Verszahlen sind im Register umgestellt auf die Zählung des Masoretischen Textes, wie ihn auch die Lutherbibel bietet.

Genesis

Exodus

Levitikus

Numeri

Deuteronomium

Josua

2. *Neues Testament*

Apostelgeschichte

3. Antike Quellen: ohne Name eines Autors überliefert

4. *Antike Quellen: unter dem Namen eines Autors überliefert*